Helli –

das Nachkriegskind

Die große Lebenswende mit 81

Michaela Weinberger-Piskernig

ISBN: 978-3-945973-23-3

Christlicher Mediendienst Hünfeld GmbH
Mackenzeller Str. 12
D-36088 Hünfeld
Tel.: (06652) 91 81 87
Fax: (06652) 91 81 89
mail@mediendienst.org
www.mediendienst.org

Vorwort

Meine liebe Mutti,
dieses Büchlein möchte ich dir gerne anlässlich deines 80. Geburtstages überreichen. Danke, dass du mir Einblick in dein Leben gewährt und damit die Möglichkeit eröffnet hast, deine oft schmerzlichen Erfahrungen in der Kindheit und Jugendzeit niederzuschreiben.

Deine Lebensgeschichte hat mich sehr bewegt. Ich musste so manches Mal mit den Tränen kämpfen, wenn du von den vielerlei Entbehrungen berichtet hast. Es gelang dir jedoch auch, die kleinen Freuden in den schweren Phasen deines Lebens im Gedächtnis zu behalten und fröhlich davon zu erzählen. In diesen Stunden der besonderen Zweisamkeit, in denen du mir die Ereignisse aus deinem Leben diktiert hast, haben wir aber auch immer wieder herzhaft miteinander gelacht.

Mögen die Auszüge aus deiner Biographie allen deinen Lieben vor Augen malen, welche Nöte die Menschen, ob jung oder alt, in der Zeit des zweiten Weltkrieges und danach zu erleiden hatten.

Für mich persönlich ist dein Leben auch ein Zeugnis der bewahrenden Kraft Gottes, dessen Absicht es war, dass mein lieber Bruder Mario und ich leben sollten.

Deine Tochter Sylvia

Kapitel 1

1939 - 1942

Die erste Lebensphase in Wien

Ich wurde am 24.02.1939 im Städtischen Krankenhaus in Wien geboren. Meine Mutter - damals 24 Jahre alt - ließ mich in der Michaeliskirche auf den Namen Michaela taufen.

Mein erstes Zuhause war die Wohnung meiner Tante Pepi im 9. Bezirk Wiens in der Nähe vom Stephansdom. Als wir in die Familie kamen, hatte ich gleich zwei „Geschwister". Mein Cousin Leonhard war vier Jahre und meine Cousine zwei Jahre alt. Phasenweise wohnten wir auch bei meiner Taufpatin. Ihr Mann war Kirschner und besaß ein gut gehendes Pelzgeschäft. Es war für mich schon etwas ganz Besonderes, als Kleinkind mit einem Pelzmantel und einer Pelzkappe und später mit einem reizenden Plüschmantel eingekleidet zu werden.

An eine Pelzmütze erinnere ich mich noch sehr gut. Sie hatte die Form einer Soldatenkappe. Passend dazu wurde mir ein Lederschaft mit ein kleinem Spielschwert um die Hüfte gebunden. Das Hitlerregime war mir sozusagen schon als Dreijährige auf die Stirn geschrieben.

Eine Szene aus der NS-Zeit blieb mir noch sehr eindrücklich im Gedächtnis. Ich habe miterlebt, wie Adolf Hitler einmal auf einem Jeep in Wien einfuhr. Eine große Menschenmenge stand rechts und links entlang der Straße. Meine Mutti hob mich hoch, und so konnte ich das ca. drei Meter vor uns passierende Auto mit dem stehenden „Führer" erkennen. Die Menschenmassen jubelten ihm zu in der Hoffnung, dass ihr Reichskanzler für Arbeit sorgen und dadurch der Wohlstand einkehren würde. Ihre Euphorie war äußerst ansteckend. Die Hoffnung auf ein besseres Leben schien sich mit dem Parteiprogramm Adolf Hitlers zu erfüllen. Auch meine Mutti war davon überzeugt und sagte mir, was die Bevölkerung allgemein erhoffte: „Mit dem Führer wird es Milch, Honig und Brot geben."

Auch die Einstellung Hitlers gegenüber den Juden prägte unser Denken über dieses Volk und wurde durch negative Erlebnisse noch zusätzlich gefördert. Meine beiden Tanten Pepi und Mitzi waren nämlich in jüdischen Haushalten als Herrschaftsköchinnen angestellt und konnten hautnah miterleben, wie stolz sich die Herrschaften immer wieder benahmen. Als ich erwachsen war, erzählten sie mir von ihren Erfahrungen, die sie in diesen jüdischen Herrschaftshäusern während der Kriegszeit gemacht hatten. Sie berichteten zum Beispiel, dass die jüdischen Herrschaften im Umgang mit ihrem Personal wenig Barmherzigkeit gezeigt hätten.

Eine Begebenheit aus ihrem Arbeitsalltag möchte ich an der Stelle wiedergeben. Beide Tanten berichteten, dass sie als Angestellte nach einem von ihnen zubereiteten Fischgericht für den persönlichen Bedarf nur die Köpfe und den Schwanz erhielten und für sich daraus noch eine Fischsuppe kochten. Dieses demütigende Verhalten der jüdischen Herrschaftsleute förderte bedauerlicherweise die Abneigung gegen dieses Volk.

Als Alleinerziehende musste meine Mutter ihren Lebensunterhalt selbst bestreiten. Ich habe vergessen, mit welchen Gelegenheitsarbeiten sie häufig das Geld verdiente. Auf jeden Fall hatte sie als Kind das Vorrecht, die zur damaligen Zeit angesehene Bürgerschule zu besuchen, was ihr in der Kriegs- und Nachkriegszeit noch sehr zugute kommen sollte.

Obwohl Krieg herrschte, nahm ich diese schwere Zeit als Kleinkind nicht richtig wahr. Ich kann nicht sagen, dass ich in dieser Lebensphase irgendeinen Mangel empfunden hätte. Ein Foto aus dieser Zeit zeigt mich als gut ernährtes und schick gekleidetes dreijähriges Mädchen.

Kapitel 2

1942 - 1944

Die zweite Lebensphase in Polen

Weil meine Mutti das Stenographieren und Maschineschreiben beherrschte, wurde sie von der Wehrmacht nach Tschenstochau in Polen mit eingerückt. Offiziersfamilien und auch alleinerziehende Mütter durften zu meinem Glück ihre Kinder mitnehmen.

Obwohl allgemein bekannt war, dass die Qualität der polnischen Wohnungen sehr bescheiden sei, staunte meine Mutti nicht schlecht, als wir eine wunderschöne Wohnung mit hohem Standard beziehen durften. Auf den Böden lagen teure Holzparketts und die Toiletten waren nach englischer Art. Das ganze Haus hatte das Flair eines vornehmen Patrizier-Gebäudes.

In dieser Zeit besuchte ich einen deutschen Kindergarten. Wir Kleinkinder wurden mit einem Jeep dorthin gefahren. Der Kindergarten war sehr komfortabel, beinahe luxuriös. Ein großer Garten zum Spielen, häufige Geburtstagsfeiern mit Torten und anderen Leckereien gaben uns deutschsprechenden Kindern das Gefühl, geadelt zu sein.

Das Hitlerregime machte aus uns deutschsprechenden Kindern tatsächlich etwas Besonderes. An den Wochenenden organisierte man für uns sogar Parade-Kutschenfahrten durch die Stadt. Sechs bis acht Kutschen mit jeweils acht Kindern wurden herrschaftlich „ausgefahren“. Auch unsere Kleidung sollte zum Ausdruck bringen, dass wir zu einer vermeintlich „edlen“ Rasse gehören würden. Wir trugen weiße Blusen mit dunkelblauen Faltenröcken, deren Herzlätzchen mit Perlen bestickt waren. Dazu gehörten weiße Socken und schwarze Halblackschuhe. Ein ebenso mit Perlen verziertes Umhängetäschchen gab der gesamten Kleidung eine noble Note.

Der Sonderstatus, den wir deutschsprachigen Kinder genossen, hing mit Hitlers Ideologie zusammen. Sie beinhaltete das perfide Ziel, die sogenannte „deutsche Edelrasse“ zu vermehren; dazu sollten blonde, blauäugige deutsche Frauen viele Kinder gebären. Sie wurden sogar als Zuchtstuten bezeichnet, die man aber nicht unbedingt heiraten musste.

Meine Mutti nahm mich auch regelmäßig in ein Offizierskasino mit. Dort wurde ich von Offizieren, Unteroffizieren und Leutnants von Schoß zu Schoß gereicht und mit Süßigkeiten verwöhnt. Meine blonden Haare und meine blauen Äuglein zogen ihre Bewunderung auf mich und gaben mir als kleines Mädchen das Gefühl, eine Prinzessin zu sein.

Die Männer behandelten mich wie Väter, da sie ja ihre eigenen Kinder vermissen mussten. Niemals gab es irgendwelche anrüchigen Annäherungen.

Ich wurde kein einziges Mal ungebührend berührt. Die Kriegsatmosphäre bekam ich als Kind nur indirekt mit. In dem schönen Haus, das wir bewohnen durften, hörte ich nämlich hin und wieder dumpfe „Schüsse". Um mich zu schützen, behauptete Mutti, dass in der Nähe von uns Männer kegeln würden.

Erst als ich ca. 18 Jahre alt war, konnte ich diese Geräusche durch einen Kinofilm identifizieren. Als ich meine Mutti daraufhin ansprach, dass mir diese Knaller von unserem Aufenthalt in Polen bekannt vorkamen, klärte sie mich auf: Es sind Schüsse gewesen, durch die Menschen getötet worden waren.

Immer wieder gab es in unserer Nähe auch hörbare Detonationen von angreifenden Russen.

Eines Tages, als wir gerade im Kasino beim Essen saßen, schlug dort plötzlich eine Bombe ein. Die Fensterscheiben klirrten, überall gab es Glassplitter. Auf den weißen Tischdecken sah man viele rote Flecken. Ob es nun roter Rübensalat oder Blut war, konnte ich als Kleinkind nicht unterscheiden. Auf jeden Fall verlief alles ruhig und diszipliniert ab. Meiner Mutti und mir kam es aber auch in solchen Situationen nicht in den Sinn, Gott um Hilfe zu bitten.

Bei einer Kommandobesprechung, die bald nach diesem Zwischenfall folgte, wurde beschlossen, dass Mütter mit Kindern heimreisen durften. Das läutete das Ende meines Aufenthaltes in Polen ein.

Eine lustige Episode aus dieser Lebensphase will ich noch einstreuen: Als ich einige Abendstunden allein daheim war, genoss ich es, im Gitterbett einen ganzen Tiegel voll der damals kostbaren Nivea-Creme in meine mittellangen Haare zu schmieren. Und aus Langeweile schnitt ich mit einer Schere einen schönen Flanellpyjama in kleine Stücke.

In dieser Zeit in Polen litt ich leider einige Monate lang unter starkem Keuchhusten. Meine Medizin bestand aus Brot bestrichen mit Gänsefett, was mir als Kind sehr gut schmeckte. Auch war schon geplant, dass mich ein Pilot in einem kleinen Flugzeug mitnehmen sollte, weil die Höhenluft angeblich heilsam für den Keuchhusten wäre. Doch wegen der schnellen Abreise und dem Einfall des russischen Militärs wurde dieser Plan nicht mehr umgesetzt. Mit Sack und Pack fuhren Mutti und ich mit dem Zug über Wien nach Kärnten in die Heimatstadt Wolfsberg.

Ich kann aufrichtig sagen, dass ich dank meines damaligen kindlich-kleinen Horizonts die erste Lebensjahre trotz der Kriegswirren insgesamt als sehr schön und unbeschwert in Erinnerung habe.

Kapitel 3

1944 - 2019

Die dritte Lebensphase im Kärntner Lavanttal

1944 - Erste Station in Wolfsberg

Muttis Familie wohnte in Wolfsberg. Sie hatten aber mit sechs Personen in einer Zwei-Zimmerwohnung keinen Platz mehr übrig, um uns beide auch noch aufzunehmen. Mit viel Einsatz gelang es meiner Mutti jedoch, ganz in der Nähe von meiner Oma eine Zwei-Zimmerwohnung zu mieten. Ich durfte dann in Wolfsberg den Kindergarten besuchen, fing mir dort aber leider Läuse ein. Der ganze Kopf wurde mir daraufhin mit Petroleum eingerieben und dann mit einem Tuch fest eingewickelt, damit die Tierchen keinen Fluchtweg hatten. Auf diese Weise konnte das lästig juckende

Geziefer getötet werden. Nach der Haarwäsche wurden die Eier der Läuse zusätzlich mit einem Kamm ausgekämmt. Ach, war das ekelig!

Nach dieser Prozedur sträubte ich mich mit Geschrei, weiterhin in diesen Kindergarten zu gehen, noch dazu, wo mir dort mein hübscher hellblauer Plüschmantel gestohlen worden war. Doch mein Widerstand wurde mit einer Radikalkur gebrochen. Als ich mich schreiend auf den Boden warf, kam meine Oma mit einem Topf voll kaltem Wasser und schüttete diesen über mich. Nie wieder wagte ich es, mich gegen den Besuch des Kindergartens aufzulehnen.

Oma war Bauernschneiderin, und ich erinnere mich noch gut daran, wie sie mir aus einer weißen Wolldecke einen schönen Kindermantel mit passender Kappe anfertigte. Vielleicht wollte sie ihre harte Maßnahme damit wieder gut machen, ich weiß es nicht.

Mutti fand als Schreibkraft bei der englischen Besatzung, die nach Kriegsende das Lavanttal besetzte, in der Kaserne Arbeit. Scheinbar reichten ihre Englischkenntnisse aus, um sich verständigen zu können und den Posten nicht zu verlieren. In dieser Zeit erhielt sie Unterstützung durch ein Dienstmädchen, das mich während ihrer Arbeitszeit betreute. Ich erinnere mich noch gerne daran, wie Mutti mit mir vor dem Schlafengehen ein Kindergebet sprach. Das gab mir als Kind Geborgenheit.

Meine Erfahrung mit den englischen Soldaten war bestens. Vis a vis von unserer Wohnung war ein Teil der englischen Offiziere und Soldaten einquartiert. Weil ich so gerne am Fenster sitzend frühstückte, (Buttersemmel mit Marmelade und Kakao – eine Besonderheit in der Kriegszeit), konnten mich die englischen Männer beobachten. Sie riefen mir zu: Come on, my blond girl!

Äußerst naiv folgte ich als Sechsjährige ihrer Einladung und ging zu ihnen hinüber. Ich wurde auf den Tisch gesetzt. Mehrere Männer standen bzw. saßen im Kreis um mich herum. Mir wurde eine große Schüssel mit Schokoladenpudding gereicht. Man schaute mir genüsslich zu, wie ich den Pudding verzehrte. Sie freuten sich mit mir, weil mir die Süßspeise so gut schmeckte.

Auch diese Soldaten rührten mich nie ungeziemend an, sondern behandelten mich wie ihr eigenes Kind. Sie reichten mich herum, und ich durfte auf ihrem Schoß sitzen.

Vielleicht genoss ich dies väterliche Zuwendung auch deshalb so sehr, weil ich - wie viele andere Kriegskinder - ohne Vater aufwachsen musste.

Bevor ich wieder nach Hause ging, steckten mir die Soldaten oft viele gute Naturalien zu. Zu Weihnachten erhielt ich Orangen, Schokolade, Kekse und Toastbrot. Die Taschen meines weißen Mäntelchens und meine Hände waren mehrmals prall gefüllt. In den Gassen roch es immer nach angebrannter Milch. Das war den billigen Hefen (Kochgeschirr) und der Magermilch geschuldet.

Die Engländer luden mich auch in das Wolfsberger Schloss ein, das zwanzig Minuten Fußweg von uns entfernt auf einem Hügel lag. Weil mir die Bewunderung der Soldaten so guttat und ich mich gerne verwöhnen ließ, spazierte ich später sogar alleine zum Wolfsberger Schloss hoch, um die Engländer zu besuchen. Dort gab es auch eine tolle Schaukel.

So schön die Erfahrungen mit den Engländern waren, so traurig waren die Begegnungen mit einem vulgären Ausländer und einem ordinären Partisanen.

Ich besuchte die erste Klasse der Volksschule in Wolfsberg, als ich diese unangenehmen, angsteinflößenden Erlebnisse hatte. Davon möchte ich nun berichten:

Auf einer kleinen Mauer saß ein älterer Mann. Er lockte mich mit Komplimenten an, mich zu ihm zu setzen und mit ihm zu plaudern. Er forderte mich dann zu einem sittenwidrigen Verhalten auf. Ich lief so schnell ich konnte davon.

Die zweite Begebenheit spielte sich in der Nähe der Kaserne ab. In einer Seitengasse pflückte ich auf die Bitte meiner Mutti hin Rosskamillen. Mutti verwendete den Tee gerne als Haarspülung. Plötzlich näherte sich mir ein großer dunkelhaariger Mann mit dunklem Teint und versprach mir eine Puppe und Süßigkeiten, wenn ich ihn begleiten würde. Er sagte mir, dass er ganz in der Nähe wohne. Zum Glück wurden wir Erstklässler von unserer Lehrerin des Öfteren gewarnt, niemals mit einem fremden Mann mitzugehen, auch wenn er uns Kindern viele Versprechungen machen würde.

Diese Warnung im Ohr ließ mich ganz langsam rückwärtsgehen, bis ich das Gässchen verlassen hatte und wieder die Hauptstraße erreichen konnte. Unsere Wohnung war dann nur noch 200 Meter weit entfernt. Als meine Mutti von ihrer Arbeit in der Kaserne nach Hause kam, berichtete ich ihr von diesem angsteinflößenden Erlebnis. Sofort kehrte Mutti in die Kaserne zurück und meldete den Vorfall den Soldaten. Ein Engländer kam daraufhin zu uns und forderte von mir eine Personenbeschreibung dieses Mannes. Mehrere Engländer fuhren danach mit ihren Jeeps durch die Stadt und konnten den Partisanen tatsächlich fassen. Nach Muttis Vermutung wurde der Mann wahrscheinlich erschossen.

Eine schöne Erinnerung verbinde ich mit Weihnachten 1945. Wegen des Marschallplanes wurden mittelgroße „Care-Pakete" für Kinder verschenkt. Einmalig erhielt auch ich so ein Paket aus Amerika. Es enthielt einen flauschig-warmen Pyjama, Kekse, Kondensmilch, Rosinen und Schokolade.

Diese Weihnachtszeit war noch von einem anderen Erlebnis geprägt. Die Bevölkerung litt ja in dieser Zeit sehr unter den großen Nöten. Mit dem schwer verdienten Geld konnte man sich fast nichts kaufen. Die Menschen erhielten eine gewisse Anzahl von Lebensmittelmarken, die man für bescheidene Lebensmittelrationen einlösen konnte. Auch untereinander tauschte man häufig Naturalien aus. Meine Oma erhielt zum Beispiel als Bezahlung für ihre Bauernschneiderei von ihren Kundinnen Eier, Brot, Fleisch und immer wieder auch Hühner.

Eine Bauernfamilie brachte uns einmal als Weihnachtsüberraschung ein kleines weißes Hähnchen mit rotem Kamm und stellte es während unserer Abwesenheit in einer Steige vor die Wohnungstür. Das Hühnchen sollte unser Weihnachtsessen werden. Mutti schickte mich mit der Steige zuerst zur Oma, die es für uns schlachten sollte. Meine Oma wollte es aufgrund ihres fortgeschrittenen Alters jedoch nicht mehr machen. Daraufhin schickte mich Mutti zu ihrer Freundin Käthe. Sie wohnte ganz in unserer Nähe, war jedoch während der Feiertage ausgeflogen. Danach sollte ich meine Taufpatin aufsuchen. Zu ihr hatschte ich eine gute halbe Stunde fast bis nach St. Stefan. Leider war sie gerade krank und ihr Mann nicht zu Hause, sodass ich mit dem Hühnchen unverrichteter Dinge wieder heimmarschieren musste.

Nun entschloss sich meine Mutti, das Tierchen erstmal zu füttern. Am nächsten Tag, es war Christtag, kam mein Onkel, ein Polizist, aus Lavamünd zu Besuch. Ich erzählte ihm von dem Hähnchen und zeigte es ihm. Es gefiel ihm so gut, dass er es mir für 20 Schilling abkaufte. Er wollte das süße Tierchen nicht töten, sondern es in seinem

Garten großziehen. Unser Weihnachtsessen bestand dann aus Kartoffeln, Kraut und Pudding.

In dieser Winterzeit gab es keine warmen Hausschuhe zu kaufen. Ich erinnere mich noch gut daran, wie ich bei klirrender Kälte und Sonnenschein mit einer Schulkollegin eineinhalb Stunden nach St. Margarethen hatschte. Wir suchten dort eine Frau auf, die aus Filzhüten, die wir von unseren Müttern mitgebracht hatten, ganz feine Filzpantoffel anfertigen konnte. Als wir durchgefroren in ihrem Haus ankamen, verwöhnte sie uns zuerst mal mit Brot und Nüssen. Eine Woche später durften wir für ein paar Schillinge ein Paar maßangefertigte Filzpatschen abholen.

Ein anderes Erlebnis fällt mir aus der ersten Klasse noch ein. Es gab sehr häufig Fliegeralarm. Das bedeutete, dass Bomben auf die Stadt Wolfsberg flogen und die Bevölkerung den Luftschutzkeller aufsuchen musste. Weil es in diesen Kellern ganz schlechte Luftverhältnisse gab und es sehr dunkel war, versteckten Mutti und ich uns oft hinter großen Sträuchern. Aus diesen Verstecken sahen wir oft, wie die Tiefflieger von der Saualpe auf uns zu kamen. Ich staune heute noch, dass ich bei diesem furchterregenden Anblick nicht in Panik geraten bin und in meiner Gedankenwelt Gott nicht vorgekommen ist.

In dieser Zeit lernte meine Mutti einen deutschen Offizier kennen, der sich in Wolfsberg in Kriegsgefangenschaft befand.

1946, als ich sieben Jahre alt war, bekam ich ein Brüderchen, genannt Hilmar. Mit seiner Geburt begann für mich ein ganz neuer Lebensabschnitt. Mutti konnte mich leider nicht mehr länger bei sich behalten. Die Versorgung von zwei Kindern und das Stemmen von zusätzlichen Gelegenheitsarbeiten als Aushilfskraft in Molkerei und Geschäften überforderten sie; die englischen Soldaten waren (nebenbei bemerkt) mittlerweile abgezogen. So begann für mich das heimatlose Wandern von einem Kostplatz zum andern.

1946 - Zweite Station in St. Thomas

Der erste Kostplatz, den Mutti für mich ausfindig machen konnte, war in St. Thomas. Ich besuchte nun die zweite Klasse der Volksschule in Wolfsberg. Die Frau, die mich aufnahm, war eine Kriegswitwe und hatte ein kleines Häuschen mit

Garten. Ihr erwachsener Sohn wohnte nicht mehr daheim.

Nach einigen Monaten entdeckte meine Mutti bei einem ihrer seltenen Besuche, dass ich bei dieser Frau nur sehr wenig zu essen bekam. Ich hatte mich nie beklagt, aber nun konnte sie sich selbst ein Bild davon machen, wie klein die Essensportionen waren, die für mich bereitgestellt wurden. Auf ihre Frage, ob die Portionen immer so klein wären, bejahte ich. Ich war es so gewohnt. Sofort packte Mutti meine paar Habseligkeiten zusammen und nahm mich mit. Sie war sehr verärgert, weil sie nicht wenig Kostgeld für mich bezahlt hatte.

1947 - Dritte Station auf dem Eichberg

Noch am gleichen Tag kam ich auf den Eichberg, wo mein Bruder mittlerweile schon als Kostkind untergebracht war. Frau Gosch hatte selbst keine Kinder und war bereit, mich vorübergehend und zusätzlich zu meinem Bruder aufzunehmen. Das bedeutete für mich von einem Tag auf den andern ein Schulwechsel, der mir nicht leichtfiel. Doch freute ich mich, dass ich nun mit meinem Bruder, der mittlerweile zwei Jahre alt war, zusammen sein durfte. Für Mutti war es nun auch einfacher, weil sie uns jetzt beide gleichzeitig besuchen konnte.

Bei einem Besuch stellte sie fest, dass Hilmar an einer Lungenentzündung erkrankt war. Sie blieb nun bei uns und durfte im Dachgeschoss auf dem Heuboden schlafen. Sie behandelte Hilmar tagelang mit Topfenauflagen, Holundersaft und kalten Wadenwickeln. Mein kleiner Bruder konnte durch diese Mittel von der schweren Erkrankung bald genesen. Ohne ihren hingebungsvollen Einsatz wäre er wahrscheinlich gestorben.

Eines Nachts kroch ich zu meiner Mutti auf den Heuboden. Ich wollte so gerne bei ihr schlafen. In dieser Nacht schrie ich während des Schlafes ganz laut auf. Ich tobte förmlich vor lauter Angst. Mutti fragte mich erschrocken, was mit mir los sei. Ich schrie: „Da, an der Tür steht ein großer Mann mit einer Kette und will uns schlagen." Mutti fragte weiter, was denn mit mir passiert sei. Daraufhin erzählte ich ihr, was sich des Öfteren zugetragen hatte. Frau Gosch besaß mehrere Ziegen, auf die ich aufpassen musste. Die Tiere durften auf keinen Fall das junge Laub von den Bäumen fressen. Mir gelang es jedoch nicht immer, die Ziegen davon abzuhalten. Wenn die Kostfrau bemerkte, dass ich die Ziegen nicht im Zaum halten konnte, lief sie mit einer Kette schreiend und fluchend hinter mir her. Sie erwischte mich zwar nie, aber ich hatte deswegen sehr große Angst vor ihr.

Das war natürlich für meine Mutti eine große Enttäuschung. Sie wusste, dass wir beide hier nicht länger bleiben konnten.

1948 - Vierte Station auf dem Eichberg

Die nächste Station war bei einem uns bekannten Bauernhof auf dem gleichen Berg - eine halbe Stunde Fußweg weiter auf die Höh'. Die Familie hatte sechs zum Teil erwachsene Kinder. Sie waren bereit, mich in ihre bescheidenen Verhältnisse aufzunehmen. Dort wohnte ich jedoch nur für eine kurze Zeit und besuchte auf dem Eichberg noch einige Monate die dritte Klasse der Volksschule.

Ein nettes Erlebnis ist mir aus dieser Zeit noch gut im Gedächtnis: Der jüngste Sohn der Familie und ich mussten bei Kälte, Regen und sogar bei Herbststürmen auf der Alm die Rinder hüten. Eines Tages gab es eine große Überraschung für uns beide. Eine Tochter der Familie brachte uns in Zeitungspapier gewickeltes, frisch geschlachtetes und gekochtes Schweinefleisch mit einer dicken Scheibe Brot und Salz. Wir machten zu diesem Anlass eine richtig tolle Feier. Zuerst setzten wir uns unter einen Haselnussstrauch und genossen dieses Festessen. Danach wickelten wir trockenes Haselnusslaub in das Zeitungspapier und pafften nach dem Essen genussvoll unsere „Zigarre“.

Leider konnte ich die dritte Klasse auf dem Eichberg nicht mehr beenden.

Da Mutti sich mittlerweile bei einer Kriegsopferbühne als Schauspielerin engagierte, war sie in ganz Kärnten auf Tournee. Sie lernte umfangreiche Rollen auswendig und spielte in anspruchsvollen Stücken die Hauptrolle. Einmal schaute ich bei einer Theaterprobe zu, bei der sie das Gretchen in Goethes Faust rezitierte. Aus diesem Grund war es für sie leider weiterhin nicht möglich, uns Kinder bei sich zu haben.

1948 - Fünfte Station in Twimberg

So kam ich zum nächsten Kostplatz nach Twimberg. Die Kostplatz-Mutter kannte meine Mutti von der Kriegsopferbühne. Hilmar lebte bereits seit einiger Zeit in dem netten, kleinen, sauberen Häuschen der Kriegswitwe. Nun war sie bereit, auch mich dazuzunehmen. So durften Hilmar und ich wieder einmal eine Zeitlang zusammen sein.

Innerhalb der dritten Klasse musste ich erneut die Schule wechseln und fuhr nun zur Burg Waldenstein zum Unterricht. Ein offener Lastwagen brachte mehrere Kinder in den ca. 6 km entfernten Ort. Doch nachdem diese Fahrmöglichkeit eingestellt wurde, musste ich innerhalb der dritten Klasse nochmals die Schule wechseln. Ich kam nun nach St. Gertraud. Als 9jährige fuhr ich jetzt mit dem Zug in die Schule.

Einmal passierte es, dass ich im tiefsten Winter den morgendlichen Zug verpasste. Ich traute mich nicht nach Hause und verbrachte die Schulstunden in einer uralten Ruine, die sich ein paar hundert Meter über unserem Wohnhaus befand. Erst als der Zug, den ich gewöhnlich nach dem Unterricht benutzte, planmäßig am Bahnhof eintraf, wagte ich mich wieder heim. Aus Angst vor einer Bestrafung nahm ich die langweilige Wartezeit von fünf Stunden in Kauf.

Nachdem ich die vierte Klasse in St. Gertraud gestartet hatte, lernte Frau Miller, unsere Kostfrau, einen Witwer kennen. Er hatte neun Kinder und besaß einen eigenen Bauernhof. Ihre Heiratsabsichten bedeuteten für Hilmar und mich, wieder einmal Abschied zu nehmen.

1949 - Sechste Station am Fuße der Koralpe

Der nächste Kostplatz wurde durch meine Tante Hani vermittelt. Am Fuße der Koralpe lebte ihre Freundin Mali mit ihrem Ehemann und ihrer Mutter. Die Familie Weingart-Jörgl nahm Hilmar und mich nun als Nächstes auf. Das bedeutete für mich einen erneuten Schulwechsel. Ich beendete die vierte Klasse nun in Wolfsberg. Das Erfreuliche an diesem neuen Kostplatz war, dass er nur eine halbe Stunde von Muttis Wohnung entfernt lag. So konnte Mutti uns sehr oft besuchen. Mein Bruder war mittlerweile vier Jahre alt und ich zehn. Wenn sich Mutti wieder von uns verabschiedete, fiel Hilmar die Trennung sehr schwer, sodass er ihr immer lange nachweinte. Diese Szenen taten auch mir im Herzen weh. Mutti und ich beschlossen deswegen, einen Zeitpunkt ihres Kommens zu vereinbaren. Ich suchte mit Hilmar dann immer ein Waldstück auf, das wir als Treffpunkt ausgemacht hatten. Mutti brachte uns oft fertig zubereitete Speisen mit. Sie versteckte zuerst die Lebensmittel hinter einen Baum, verbarg sich dann selbst hinter einem anderen Baumstamm und rief als Erkennungszeichen laut: „Kuckuck". Hilmar und ich fanden dann die guten Sachen und genossen sie gleich an Ort und Stelle. Für Mutti war es die einzige Möglichkeit, uns auf diese Weise zu beobachten. Diese Szenen erfüllten mich stets mit großer Traurigkeit, sodass mir beim Erzählen dieser Erlebnisse noch heute, im Alter, die Tränen kommen.

Die Kriegsopferbühne wurde aufgelöst und Mutti war nun erneut auf der Suche nach Arbeit. Sie erhielt trotz ihrer Kenntnisse in Maschineschreiben und Stenographie nur Vertretungsjobs, z.B. in einer Molkerei und in zwei verschiedenen Milchgeschäften. Ich kann mich noch gut erinnern, wie wir abends zusammen stundenlang Marken geklebt haben. Diese Marken bestimmten die Rationen, mit denen die Bürger Butter, Milch und Topfen kaufen konnten. Doch auch diese Aushilfsarbeiten endeten zu dem Zeitpunkt, als die zu vertretenden Arbeiter und Verkäufer wiederkamen. Da sie keine ihren Qualifikationen entsprechende Arbeitsstelle finden konnte, landete sie schließlich in einer Schuhfabrik am Fließband, immer in der Hoffnung, bald wieder einen besseren Arbeitsplatz zu erhalten.

Hilmar kam dann in den Kindergarten und wurde am Nachmittag von der Oma betreut. So war es nun möglich, dass zumindest er wieder bei Mutti wohnen konnte.

1949 – 1954: Siebte Station auf der Koralpe

Für mich - als 10jähriges Mädchen - wurde der sechste Kostplatz gesucht. Ich kam zu einem reichen Bauerngasthof, der sich neben der Dorfkirche befand und deswegen den Namen „Kirchenbauer" erhielt. Die Bauersfamilie hatte zwei erwachsene Kinder. Die Tochter war Lehrerin und in Kassel mit einem Arzt verheiratet. Der ca. 35jährige Sohn Adolf wohnte bei seinen Eltern auf dem Bauernhof und war kriegsgeschädigt. Er humpelte und litt an einem konstanten Augenblinzeln. Diese leichten Behinderungen erschwerten es ihm, eine Ehefrau zu finden.

Fast zeitgleich mit mir nahm das Ehepaar Kirchenbauer ein armes Geschwisterpärchen auf. Lisa war 15 Jahre alt und ihr Bruder Otto sechs Jahre. Auf dem Hof gab es noch einen Stallknecht, der sogar im Stall schlafen musste. Er war Rumäne und hieß Mitler. Auch eine Magd namens Lise gehörte mit zur Großfamilie. Wir waren also im Jahr 1949 insgesamt acht Personen auf dem Bauernhof.

Aus dieser Zeit gibt es nun viel zu berichten, da ich fünfeinhalb Jahre auf diesem Kostplatz zubrachte.

Ich teilte mit dem 15jährigen Mädchen Lisa ein Zimmer im Obergeschoss. Wir verstanden uns recht gut, doch die innigsten Freundinnen waren wir nicht.

Einige Streiflichter aus dem Schulleben

Gerne besuchte ich die Dorfschule, die nur 200 Meter vom Gasthof entfernt lag. Die gesamte Schule, die von ca. 80 Kindern besucht wurde, war in zwei Klassen mit jeweils vier Abteilungen aufgeteilt. Die erste Klasse war für die 6 – 10jährigen und die zweite Klasse für die 11 – 14jährigen. Ich besuchte die erste Abteilung der zweiten Klasse. Insgesamt bestand das Lehrerkollegium aus einem ganz tollen Schuldirektor, einem Lehrer, einer Handarbeitslehrerin und einem Katecheten, der den katholischen Religionsunterricht erteilte. Einige Schüler legten täglich einen ein- bis zweistündigen Fußmarsch zurück, um in die Schule zu kommen. Der Unterricht dauerte bis 15.00 Uhr. Manche Schüler waren im Winter deswegen erst zwischen 17.00 und 18.00 Uhr wieder zu Hause. Tagsüber gab es für die Betroffenen nur die mitgebrachte Jause, die bei ärmeren Kindern oftmals aus einem Stück Brot und ein paar Äpfeln bestand, die dann in der einstündigen Mittagspause genüsslich verzehrt wurde.

Nur zwei Schülerinnen und ich hatten das Vorrecht, in der Mittagspause daheim ein warmes Essen genießen zu können.

Gerne möchte ich einige Episoden aus meinem Schulalltag berichten, die mir lebhaft in Erinnerung geblieben sind:

Der Katechet hatte es mit uns Schülern oft nicht leicht. Seine Gutmütigkeit verleitete uns zu manchen Streichen. Die Jungs warfen z.B. Speckschwarten und Apfelputschen (Kerngehäuse eines Apfels) auf das Lehrerpult. In die Blumenvase frischten wir die Unkräuter Brennesseln und Hahnentritt ein. Die Begrüßung „Guten Morgen, Herr Katechet", wurde ein bis zwei Minuten lang als Kanon gesungen, bis einmal der Schuldirektor, der im gleichen Gebäude im ersten Stock wohnte, diesem Ritual ein Ende setzte. Anstelle des gutmütigen Katecheten stellte er dann einen strengen Pfarrer an. Der Religionsunterricht hatte für mein persönliches Leben absolut keine Bedeutung. Auch der sonntägliche Kirchgang war nur eine Pflichterfüllung, die ich nur als Arbeitspause bewertete.

Viele Jahre später traf ich als erwachsene Frau den Katecheten einmal in der Stadt. Mein schlechtes Gewissen trieb mich an, auf den ehemaligen Lehrer zuzugehen und mich voller Reue für die damaligen Streiche, an denen ich mich auch beteiligt hatte, zu entschuldigen. Der Katechet, mittlerweile ca. 60 Jahre alt, nahm dieses Geständnis wohlwollend auf.

Der Unterricht selbst war lebensnah und für das praktische Alltagsleben sehr nützlich. Wir lernten im Vergleich zu den heutigen Hauptschülern sehr viel. Es war für den Direktor nicht immer leicht, vier verschiedene Altersstufen parallel zu unterrichten. Während einige Schüler eine Stillarbeit erledigten, wurden andere an der Tafel unterrichtet. Ich kann mich trotz dieser Struktur an keine gravierenden Disziplinprobleme erinnern. Ich weiß nur noch, dass einmal einige größere Buben mit ihrem ständigen Geplauder während des Unterrichts unseren Lehrer dermaßen reizten, dass er sein Stöckchen in die Luft warf und dabei den Luster (Lampe) erwischte. Das gute Stück fiel auf die Bänke und Stühle und zerbrach in tausend Scherben. Die ganze Sache ging aber glücklicherweise ohne Verletzungen ab. Das Gerechtigkeitsempfinden der Landkinder funktionierte noch so gut, dass allen Schülern klar war, dass dieser Ausrutscher des Direktors keine Beschwerde bei den Eltern oder beim Schulamt nach sich ziehen durfte. Niemand trug unserem Direktor diesen Vorfall nach.

Im Gegenteil, wir schätzten ihn alle sehr, weil er sich stets für das Wohl seiner Schüler einsetzte. So besorgte er zum Beispiel für die armen Bauernkinder Winterschuhe. In der Adventszeit sammelte er bei den Bauern Naturalien, Kekse, Nüsse und Dörrfrüchte, um die Kinder zu Weihnachten beschenken zu können. In der Geschenktüte befanden sich auch eine Zahnbürste mit Zahnpasta-Pulver, eine kleine Tafel Schokolade und eine Handvoll Zuckerln (Bonbons), die einige Firmen und Geschäfte auf seine Initiative hin gespendet hatten.

Als wir einmal neue Schulmöbel bekamen, mussten die Tische und Bänke von einer Haltestelle im Tal ca. eineinhalb Stunden bergauf geschleppt werden. Zwei Jungs trugen jeweils einen Tisch, jedes Mädchen einen Stuhl. Die Tafel wurde mit einem Fuhrwerk transportiert.

Eine andere Episode aus dem Schulleben will ich an der Stelle auch gerne zum Besten geben: Meine Freundin Wetti und ich hatten einmal unsere Hausaufgaben nicht erledigt. Wir sollten die größten Flüsse und Berge Österreichs aufzählen können. Zur Bestrafung wurden wir beide auf dem Schulgelände in eine Holzhütte eingesperrt und mussten die versäumte Hausübung nachholen, während die übrigen Schüler auf einem herrlichen Turnplatz den immer lustigen Sportunterricht genießen durften.

Im Winter wurden vom Dorfmessner bereits um 6.00 Uhr morgens die zwei Kachelöfen in den jeweiligen Klassenräumen beheizt. Wenn wir von draußen kamen, zogen wir unsere selbsthergestellten Hausschuhe an. Die Anfertigung verlief folgendermaßen: Die Patschen (Hausschuhe) wurden aus Maiskolbenblättern gebastelt. Zuerst sammelten wir die Blätter auf den Äckern der umliegenden Bauernhöfe ein. Dann wurden die Blätter eingeweicht, in Streifen gerissen und zu dünnen, langen Zöpfen geflochten. Danach wurden die Zöpfe miteinander vernäht und um die Leisten gewickelt, die wir zu diesem Zweck von einem Schuster ausgeliehen hatten. Unter die Strohsohle wurde noch eine Filzsohle genäht. Individuelle Verzierungen mit bunter Wolle kennzeichneten, wem die jeweiligen Strohpatschen gehörten. Die älteren Kinder fertigten im Handarbeitsunterricht jeweils auch für die Erstklässler die Hausschuhe an. Auf diese Weise gab es in unseren Klassen keinen Schmutz und keinen Lärm.

In den gesamten vier Schuljahren wurden für uns Schüler nur zwei Tagesausflüge organisiert. Ein Wandertag ging mit dem Bus nach Graz in die Landeshauptstadt der Steiermark, und der zweite Ausflug hatte die Gerlitzen am Ossiacher See zum Ziel. Da wir Kinder sonst nirgends hinkamen, waren diese Ausflüge tolle Höhepunkte für uns.

Auf die Gerlitzen durften wir das erste Teilstück mit einer Gondel und das zweite sogar mit dem Sessellift fahren. Jeder Schüler bekam für diesen besonderen Tag auch etwas Taschengeld mit, um sich auf der Almhütte ein Getränk und etwas zum

Essen kaufen zu können. Meine Gastfamilie gab mir 20 Schilling mit. So viel Geld hatte ich noch nie erhalten. Der Zwanzig-Schillingschein war in meiner Schürzentasche verstaut. Als wir bei der Hütte ankamen, liefen wir Kinder um das Haus, um den herrlichen Almrausch, diese – für uns unbekannten rotblühenden Blumen – zu bewundern. Als ich danach mein Getränk und meine Jause kaufen wollte, fand ich den Zwanzig-Schillingschein nicht mehr in meiner Tasche. Der Schreck war groß, doch der Schuldirektor half mir aus dieser Verlegenheit und bezahlte meine Rechnung. Außerdem ordnete er an, dass mir die älteren Buben und Mädchen helfen sollten, im 30 bis 40 cm hohen Almrausch das Geld zu finden. Die Mädchen unterstützten mich tatkräftig bei der Suche, während die Buben sich davor drückten und in der Zeit im Almrausch spielten. Als der Schuldirektor die fehlende Kameradschaftlichkeit der Schüler aus dem Fenster der Almhütte beobachtete, durften die Buben zur Bestrafung nicht mehr mit der Gondel und dem Sessellift den Berg hinunterfahren, sondern mussten ca. eine Stunde zu Fuß laufen. Ich war froh, dass ich keinen Unmut der Jungs ausbaden musste. Die Buben sahen ihr Fehlverhalten tatsächlich ein.

Die besonderen Aktivitäten an Weihnachten und anderen Festtagen sind mir noch sehr positiv in Erinnerung.

Zum Schulschluss wurden von den Schülern Theaterstücke einstudiert und Volkstänze eingeübt. Unser Lehrer begleitete diese musikalischen Darbietungen mit seiner Ziehharmonika.

Als Resümee über die heimelige Dorfschule möchte ich hervorheben, dass alle Schulabgänger lebenstüchtige Menschen wurden, die beruflich gut durchs Leben kamen.

Das Leben auf dem Gasthof

Nun will ich ein paar Streiflichter aus dem Leben auf dem Gasthof weitergeben. Als 10jähriges Mädchen musste ich regelmäßig vor Schulbeginn die Gläser vom Vorabend spülen, die Gaststube kehren und drei bis fünf Öfen mit Holz einheizen. Nach der Schule arbeitete ich auf dem Feld oder erledigte Gartenarbeiten. Dazu gehörte: Gemüse ernten, jäten und Kühe hüten. Immer wieder wurde ich losgeschickt, um kleinere Einkäufe zu tätigen. Das bedeutete für mich, einen Fußmarsch von insgesamt ca. drei Stunden zurückzulegen. Meistens war es auf dem Nachhauseweg schon finster, und manchmal fürchtete ich mich, da ich ja ganz alleine war. Aber gebetet habe ich nie.

Einmal registrierte ich auf dem Heimweg ein grünes Licht. Es leuchtete durch die Bäume und machte mir Angst. Ich lief und hörte dann hinter mir ein Geräusch. Ich dachte, ich würde verfolgt werden, bis ich endlich verstand, dass mein eigener Rucksack mit den eingekauften Waren, die beim Gehen geschüttelt wurden, diese Geräusche auslöste.

Natürlich gehörte es auch zu meinen Aufgaben, selbständig kleine Dienste in der Gastwirtschaft zu erledigen - vom Nudelmachen in der Küche bis zum Servieren in der Gaststube. Einmal war es mir sehr peinlich, dass ich Gästen aus Wolfsberg Salami mit Würmern servieren musste. Ich weiß nur noch, dass ich bei diesen Gästen nicht die Rechnung kassieren wollte.

Meine Schulaufgaben konnte ich meistens erst abends erledigen. Dazu kauerte ich mich im Winter gerne vor den gemütlichen Kachelofen. Im Sommer lernte ich auf einem großen Kirschbaum sitzend, umgeben von köstlichen Kirschen, das Dividieren. Unter mir liefen die Schweine um den Baum herum und genossen die vom Baum gefallenen reifen Früchte.

Am Wochenende gab es immer wieder Hochzeiten bzw. Begräbnisse, die besondere Vorbereitungen erforderlich machten. Der Kirchenbauer stellte für diese Anlässe selbst verschiedene Liköre aus Weingeist, Zucker und Aromazusätzen her. Für die Zubereitung der Hochzeitsessen wurde ich auch immer eingespannt. Nach den Feierlichkeiten mussten am nächsten Morgen natürlich alle Gläser gewaschen werden. Lisl und ich kosteten dabei von den Resten, die noch in den Likörflaschen übriggeblieben waren.

Einmal war ich nach dieser Kosterei ganz schön beschwipst. Als ich in diesem Zustand aus dem Fenster schaute, beobachtete ich unsere schlaue Kuh Alma, die sich gerade daran machte, die Wäsche, die zum Trocknen im Freien aufgehängt war, anzufressen. Ich rannte ins Freie und wollte die Kuh von der Wäscheleine verjagen. Doch die schlaue Alma lief zwischen den Bäumen im Zick Zack vor mir her, sodass ich bei dieser Hetzjagd mit dem Kopf gegen einen Baum stieß. Eine Schürfwunde und schlimme Kopfschmerzen waren das Ergebnis meiner Jagd im angeheiterten Zustand. Lisl lieferte ich mit meinem Anblick natürlich viel Grund zum Lachen.

Ein anderes Erlebnis muss ich noch mit unserer schlauen Alma zum Besten geben: Vorausschicken möchte ich, dass ich im Schulfach Handarbeiten nicht besonders gut war, aber trotzdem mit viel Einsatz einen schönen Polster (Kissen) mit Edelweißen und Enzianen, den typischen Almblumen, bestickt hatte. Wieder einmal musste ich unsere vier Kühe, einige Ochsen und ein paar Kälber hüten. Es gab ja keinen Zaun, der die steile Wiese umrandete, auf der das Vieh graste. Meine Aufgabe war es nun, die Vierbeiner daran zu hindern, auf die Straße, in den Wald oder auf ein benachbartes Grundstück zu laufen. Als einer der Ochsen wieder einmal ausbrechen wollte und ich ihm hinterlief, um ihn zur Herde zurückzutreiben, nutzte die schlaue Alma die Gelegenheit, meinen Zierpolster zu fressen, den ich während des Hütens der Tiere noch fertigstellen wollte. Als ich meinen kostbaren Polster voller Schrecken im Maul der Alma erblickte, rannte ich ganz schnell zu ihr und riss ihr mit beiden Händen und vollem Kräfteeinsatz den Zierpolster wieder aus dem Maul. Glücklicherweise hatte Alma es nicht geschafft, Löcher in das Kissen zu beißen; doch der Zierpolster war nun voller Grasflecken. In Waschpulverlauge eingeweicht, gewaschen, getrocknet und danach gebügelt, konnte ich dann das gute Stück doch noch meiner Handarbeitslehrerin überreichen. Ich war sehr stolz, dass ich die Note Eins dafür erhielt.

Von Alma gibt es noch eine weitere lustige Geschichte zu erzählen. Ich hatte mal wirklich einen gemütlichen Nachmittag. Ich musste nur vor der Scheune sitzen und aufpassen, dass während der Ernteeinfuhr kein Rind in die Scheune lief. Wie genoss ich es, mit meinen dreizehn Jahren meinen ersten Liebesroman zu lesen.

Damals nannte man diese Hefte „Schundromane". Ich war so vertieft in meine Lektüre, dass Alma trotz ihrer umgehängten Glocke unbemerkt neben mir in die Scheune marschierte. Durch die Scheune führte ein breiter Bretterweg. Links und rechts davon ging es drei Meter in die Tiefe, wo das Heu abgeladen wurde. Die schlaue Alma kam von dem breiten Weg ab und stürzte drei Meter tief in das untere Stockwerk. Ich war entsetzt, als ich nur noch den Kopf der Kuh erblickte. Gleich darauf kam der Kirchenbauer mit der nächsten Fuhre Heu. Mir blieb nichts anderes übrig als zu bekennen, dass ich nicht gut genug aufgepasst hatte und die Kuh an mir vorbeimarschiert und dann ins Heu gefallen war. Der Bauer schimpfte sehr mit mir und drohte mir sogar Schläge an.

Doch zuerst musste das Problem gelöst werden. Zum Glück konnte der Bauer mit seinem Sohn im unteren Stockwerk der Tenne auf eine zehnstufige Treppe Bretter auflegen. So holte er die Kuh aus dem tiefen Heu heraus und führte sie auf den Brettern langsam ins Freie. Nachdem die Aktion erfolgreich abgeschlossen war, gab mir der Bauer sein Taschenmesser und befahl mir, damit eine Birkenrute abzuschneiden. Nun war ich einmal schlau. Ich schnitt mit dem kleinen Messer einen ca. zwei Meter langen Ast ab und schleifte ihn hinter mir her. Da ich den Bauern als einen gutmütigen Mann kannte, hoffte ich, dass ihn der Anblick des langen Astes milde stimmen würde. Und so war es auch. Als der Bauer mich mit dem Ast erblickte, musste er über meine Schläue lachen und ersparte mir die angedrohten Schläge. Eines musste ich natürlich in Kauf nehmen: Am folgenden Sonntag war ich in der Gaststube Tagesgespräch Nummer 1. Das fand ich gar nicht lustig.

Auch mit unseren Hühnern hatte ich einmal ein lustiges Erlebnis. Jeden Abend musste ich dreißig Hühnern Futter geben. Gefüttert wurden die Tiere immer im Freien. Es war Spätherbst und die Bäume waren schon entlaubt. Als ich zufällig vom Schlafzimmer aus dem Fenster schaute, saßen ungefähr die Hälfte der Hühner auf dem Zwetschgenbaum, der ca. 50 Meter vom Haus entfernt stand. Um den Stamm des Baumes schlich ein Fuchs und funkelte mit seinen leuchtenden Augen andauernd in die Höhe, bis den Hühnern so schwindlig wurde, dass eines nach dem anderen vom Ast fiel. Auf diese schlaue Art schleppte der Fuchs seine zerbissene Beute mehrmals hintereinander in den Wald.

Im Herbst hatte ich auch die Aufgabe, vor Schulbeginn die Nüsse von drei großen Walnussbäumen aufzusammeln. Weil an diesen Bäumen auch viele Schulkinder vorbeikamen, nahm ich es mit dem Sammeln nicht so genau. Ich wusste ja, dass ich den Kindern mit der edlen Frucht eine Freude bereiten konnte. In der Schule wurden die Nüsse dann fröhlich geknackt.

Meine Mutti kam mich ca. fünf bis sechsmal im Jahr besuchen. Da sie ja in der Schuhfabrik arbeitete, brachte sie mir immer wieder ganz tolle Schuhe mit. Ich war wohl die Schülerin, die auf dem ganzen Berg die schönsten Schuhe trug.

Zur Weihnachtszeit wollte ich auch meiner Mutti bei einem ihrer seltenen Besuche mit gesammelten Nüssen eine kleine Freude bereiten. In großer Vorfreude kündigte ich gleich nach ihrer Ankunft mein Geschenk an. Ich hatte nämlich in einer Friedhofsmauer eine Lücke entdeckt, die ich als Versteck für die Nüsse gut nutzen konnte. Das Versteck war mit dem kleinen Stein davor für niemanden ersichtlich. Als ich dann mit Mutti das Versteck aufsuchte und schon voller Vorfreude war, ihr die Nüsse in ihren Rucksack zu klauben, stellte ich mit großer Traurigkeit fest, dass der Stein weg war und in meinem Lager keine Nüsse mehr aufzufinden waren. Da an diesem Ort eigentlich niemand vorbeiging, blieb nur eine einzige Erklärung: Es konnten nur einige Eichhörnchen gewesen sein, die sich auch sonst in den großen Bäumen in der Nähe aufhielten.

Der Kirchenbauer selbst war mir wohlgesonnen. Wenn er auf „Tour" war, das hieß, wenn er noch bis Mitternacht in einer Wirtschaft saß und trank, weckte mich einige Male die Kirchenbäuerin, damit ich ihren Ehemann mit unserem Esel Muli heimholen sollte. Geschickt wurde immer ich, weil ich den angetrunkenen Mann mit gutem Zureden bewegen konnte, mit mir heimzukommen. Ich saß dann auf dem Esel und er auf dem Pferdefuhrwerk. Es war mir oft unheimlich zumute, wenn mein Esel in einer klaren Mondscheinnacht mitten im Wald stehen blieb und sich trotz langem, leisen

Zureden – mich sollte im Wald ja niemand hören und entdecken können – nicht von der Stelle bewegte. Die vielen Schatten, die die Bäume warfen, flößten mir zusätzlich große Furcht ein.

Mit 14 Jahren wurde ich – wie alle anderen Teenager in diesem Alter – nach katholischer Tradition gefirmt. Firmpatin war die Kirchenbäuerin selbst. Mein Firmungskleid war ein altes Kleid, das ich zu manchen kirchlichen Anlässen schon getragen hatte, das mir nun aber nicht mehr passte. Die Kirchenbäuerin nähte einen gelben Stoffstreifen an das alte weiße Kleid. Ihr Sohn Adolf brachte mir aus der Stadt braune, breite Stöckelschuhe und eine kleine, knallrote Lacktasche mit. So marschierte ich zweieinhalb Stunden mit der Kirchenbäuerin in die Kirche nach St. Marein. Ich hatte überhaupt kein Verständnis für die Bedeutung der Firmung. Es war für mich alles nur ein Brauch. Zum Firmungsessen kehrten wir bei einer Freundin der Kirchenbäuerin ein. Sie besaß eine Fleischerei (Metzgerei) und servierte uns eine Jause. Das freudige Wiedersehen der beiden Freundinnen stand letztlich im Zentrum meines Firmungstages.

Daheim angekommen, wurde ich noch mit einem Keksteller Linzeraugen beschenkt. Das war es dann, was mir die reichsten Bauersleute auf dem

Berg zu diesem religiösen Fest bescherten. Ihr Geiz erfüllt mich noch bis heute mit Wehmut.

Immer wieder wurde ich noch nach meiner Arbeit in die Stadt geschickt, um Lebensmittel einzukaufen. Der Weg ins Tal dauerte bergab ca. eine Stunde und der Heimweg bergauf eineinhalb Stunden. Gerne nahm ich unseren Jagdhund „Waldmann" mit, damit mir auf der langen Strecke nicht so langweilig war. Im Winter war der Weg oft sehr vereist, weil die Holzstämme, die von den Fuhrwerken gezogen wurden, den Boden glätteten. Mit meinen Lebensmitteln im Rucksack rutschte ich deswegen oft den steilen Weg zurück. Ich erinnere mich an einen besonderen Gang: Ich hatte zwei Liter Himbeersaft im Rucksack. Die Last war so schwer, dass ich immer wieder einige Meter zurückrutschte. Als ich den Rucksack einmal versuchsweise Waldmann auf den Rücken band, damit er ihn schleppen sollte, rutschte auch er zurück. Nun musste ich wieder ein Stück zurück, um ihm die Last wieder abzunehmen. Der Heimweg war nach solchen Einkäufen im Winter besonders beschwerlich für mich.

Ab und zu musste ich nach Wolfsberg zum Zahnarzt. Das waren kleine Höhepunkte für mich, da ich danach bei meiner Mutti übernachten durfte. Sie verwöhnte mich bei meinen seltenen Besuchen gerne mit Fischbrötchen, die ich sehr genoss, weil sie mir so seltsam waren. Abends ging sie mit mir zum krönenden Abschluss des Tages ins Kino. So wurde der Zahnarztbesuch jedes Mal zu einem Highlight.

Mit ca. 13 Jahren hatte ich eine für mich sehr unangenehme Aufgabe zu erfüllen, die mich als Teenager völlig überforderte. Die verheiratete Magd war mit dem ersten Kind schwanger. Als die Zeit des Gebärens kam und die ersten Wehen einsetzten, befahl mir die Kirchenbäuerin, die Magd zur Hebamme nach St. Johann - ca. eine Stunde Fußmarsch - zu begleiten und ihren Koffer zu tragen. Damals gab es noch keinen Krankenwagen. Uns war bange, das Ziel nicht rechtzeitig erreichen zu können, bevor das Baby kommen würde. Wir mussten immer wieder stehenbleiben, damit die hochschwangere Frau die einsetzenden Wehen durchstehen konnte. Doch glücklicherweise erreichten wir die Baracke (Schuppen), in der uns die Hebamme mit den Worten empfing: „Es ist aber schon höchste Zeit." Sie zeigte auch ihre Entrüstung über die Verantwortungslosigkeit der Bauersleute, die mich unerfahrenes junges Mädchen als Begleitperson mitgeschickt hatten. Während der

Entbindung konnte ich mich in der Küche von der aufregenden Anspannung erholen. Die Magd brachte ein gesundes Mädchen zur Welt. Ich konnte dann glücklich alleine den Heimweg antreten.

Als ich ungefähr 14 Jahre alt war und Lisl 19, kamen manchmal zwei uns bekannte Bauernsöhne im Alter von ca. 18 und 21 Jahren in die Gastwirtschaft. Sie kokettierten (schäkerten) mit Lisl und mir. Einmal kündigten sie uns an, dass sie bei uns im 1. Stock brendeln, das heißt: in unser Fenster einsteigen wollten. Zum Glück waren wir klug genug, die Kirchenbäuerin in dieses Vorhaben einzuweihen. Sie machte den Spaß mit und legte sich in Lisls Bett, während Lisl und ich in meinem Bett lagen. Tatsächlich, so gegen 23.00 Uhr stellten die beiden Burschen unter unserem Fenster eine Leiter an die Hauswand. Als die beiden durch das Fenster einstiegen, sich unseren Betten näherten und sich niederlegen wollten, schrie der Erste laut auf, weil ihm die Kirchenbäuerin ihre Arme entgegenstreckte. Der Zweite erschreckte sich dann auch. Nun wollten natürlich beide fliehen und rannten durch die Schlafzimmertüre in die große Diele. Dort wartete der Kirchenbauer. In einer Hand hatte er einen großen Stock und in der anderen ein Luftdruckgewehr (er war Jäger). Die Burschen schrien:

„Tu uns nichts." Der Hausherr bedrohte die beiden, ohne ihnen ernstlich weh zu tun. Es wurde viel gelacht, aber den Burschen war die Sache natürlich sehr peinlich. Irgendwann entließ sie der Kirchenbauer an der Haustüre mit Geschimpfe und Gezeter. Monatelang wurden die beiden bei uns in der Gastwirtschaft nicht mehr gesehen.

Die nächste Episode, die bis heute noch traurige Gefühle in mir auslöst, begann auch mit Lisl: Sie kam mit 15 Jahren – fast zur gleichen Zeit wie ich – auf diesen Kostplatz. Als Lisl 18 war, wurde sie von dem 38jährigen, leicht behinderten Sohn des Hauses verehrt. Er hätte Lisl gerne geheiratet. Auch seine Eltern hätten Lisl gerne als Schwiegertochter aufgenommen. Bei vielen Gelegenheiten, ob bei der Jausenzeit auf dem Feld oder bei den gemeinsamen Mahlzeiten, versuchte Adolf, die Aufmerksamkeit meiner Freundin zu gewinnen. Lisl machte sich jedoch über seine Annäherungsversuche lustig. Auch ich imitierte oft seine Mimik und Gestik und machte ihn damit auf eine lieblose Art lächerlich. Einmal provozierte ich ihn durch mein Verhalten so sehr, dass er sogar mit einer Heugabel hinter mir herlief. Ich rannte, was meine Beine nur hergaben. Zum Glück konnte er mich nicht fangen und beendete dann mit Flüchen diese Hetzjagd.

Seit diesem Vorfall bekam ich seinen Hass mir gegenüber immer wieder zu spüren. Er dachte sich dann die folgende Gemeinheit aus:

Dazu muss ich ein wenig ausholen. Unsere Schmutzwäsche wurde vor den Zimmern in großen Körben gesammelt. Meine Aufgabe war es, die drei Körbe vor den Zimmertüren in die Waschküche zu tragen. Das Wäschewaschen erledigte die Kirchenbäuerin immer selbst. Nichts ahnend brachte ich ihr auch an jenem Wochentag wie üblich die Körbe. Beim Sortieren der Wäsche entdeckte sie in meiner Schürze einen Zwanzig-Schillingschein. Sofort stellte sie mich schimpfend zur Rede, warum ich das Geld gestohlen hätte.

Nun muss ich erwähnen, dass ich die Gäste in der Wirtschaft nicht nur bedienen, sondern auch die Rechnung kassieren durfte. Die Wirtsleute vertrauten mir, dass ich diese Aufgabe pflichtbewusst und ehrlich ausführen würde. Und selbstverständlich war ich als Kind sehr stolz auf diese ehrenvolle Arbeit. Und nun das. Die Kirchenbäuerin vermutete natürlich, dass ich das Geld beim Kassieren für mich behalten hätte. Ich beteuerte meine Unschuld und tippte gleich auf Adolf, der sich an mir rächen wollte. Aber die Kirchenbäuerin schenkte mir keinen Glauben, dass ihr Sohn so eine Intrige gegen mich vorgehabt hätte. Keiner stand in der Sache zu mir. Es war für mich sehr schlimm, dass ich ab diesem Zeitpunkt nicht mehr kassieren durfte. Aber das Allerschlimmste für mich war, dass sich diese falschen Verdächtigungen rasch verbreiteten und sogar mein Schuldirektor und andere Gäste davon erfuhren. Ich schämte mich so sehr und dachte bei so manchem Gast, ob er von meinem angeblichen Diebstahl auch in Kenntnis gesetzt worden war.

Ich war so schockiert, dass ich mich nicht in der Lage fühlte, weitere Versuche zu unternehmen, um meine Unschuld zu beweisen. Auch sprach mich niemand auf diesen Vorfall an, sodass ich hätte Stellung beziehen können. Der Makel, angeblich eine Diebin zu sein, hat mich Jahre lang bis ins Alter belastet.

Es kam der Tag, an dem meine Freundin Lisl diesen Kostplatz beim Kirchenbauer verließ. Weil ich nun keinen Ansprechpartner mehr hatte, fühlte ich mich sehr einsam und wollte nun auch nicht mehr hier leben. Ich war mittlerweile fünfzehneinhalb Jahre alt. Ich teilte meiner Mutti meine Absicht, den Kirchenbauer zu verlassen, mit und sie war glücklicherweise damit einverstanden. Von einem Tag auf den anderen packte ich meine paar Habseligkeiten zusammen. Die Kirchenbäuerin beobachtete mich dabei und war sehr verärgert, dass ich sie nun auch verlassen wollte. Aus Zorn über meine Entscheidung nahm sie mir meinen einzigen Wintermantel weg. Als ich meine Zeugnisse suchte und nicht fand, war klar, dass sie mir die Dokumente nicht aushändigen wollte. Ohne Mantel, nur mit einer Weste bekleidet, ging ich bei klirrender Kälte und im Schnee den Berg hinunter zu meiner Mutti nach Wolfsberg.

Als ich viele Jahre später mit meinem Mann einmal beim Kirchenbauer einkehrte, saß die Kirchenbäuerin mit ihren ca. 75 Jahren vor dem Hof auf einer Bank. Als wir uns zu ihr setzten, gestand sie mir, dass es ihr im Rückblick sehr leidtat, dass sie mich als Kind so schlecht behandelt hatte. Sie berichtete uns dann, dass es nach Lisls und meinem Weggang mit ihrer Familie nur noch bergab ging. Ihr Mann hatte immer mehr Weingeist getrunken und sich dann sogar erschossen. Bald darauf erhängte sich ihr Sohn. Sie selbst hatte einen Schlaganfall erlitten. Ihre Tochter hatte sich scheiden lassen und war mit ihren drei Kindern wieder heimgezogen. Als sie uns diese traurigen Nachrichten mitteilte, war es mir nicht ums Herz, die Geschichte mit dem Rufmord, der mich als Jugendliche so belastet hatte, aufzuklären. Im Vergleich zu ihrem

Schicksal war das, was ich erlitten hatte, eine Bagatelle. Dieses und ein weiteres Treffen, bei dem ich dann auch die Tochter kennenlernen konnte, waren meine letzten Begegnungen mit der Familie Kirchenbauer.

Wieder zurück zur Chronologie.

1954 - 1957: Achte Station (wieder) in Wolfsberg

Nun begann für mich ein neuer Lebensabschnitt. Ich lebte zusammen mit Mutti und Hilmar in einer größeren Zwei-Zimmerwohnung in der Kernstadt von Wolfsberg und war nun auf der Suche nach einer Lehrstelle. Teils mit Mutti, teils alleine klapperte ich die ganze Stadt ab, um eine Lehrstelle zu finden. Gerne wäre ich Frisöse geworden oder hätte als Serviererin im Gastgewerbe gearbeitet. Doch weil die Arbeitslosigkeit in der Nachkriegszeit sehr groß war, konnte ich einfach nichts finden. Viele andere hatten sich bei diversen Stellen schon vor mir angemeldet und standen auf den Wartelisten. Dieser Vorlauf fehlte mir.

Glücklicherweise ergab es sich, dass ich dann als Quereinsteigerin die zweijährige Haushaltsschule in Wolfsberg noch eineinhalb Jahre besuchen durfte. Dort lernte ich Kochen, Gartenanbau und Handarbeiten, also sehr viel hilfreiches Handwerkszeug für das praktische Leben.

Nach der Haushaltsschule unternahmen Mutti und ich einen erneuten Versuch, in einer Gastwirtschaft unterzukommen. In St. Stefan wäre ich sogar genommen worden. Doch als Mutti gesehen hatte, dass schon am Vormittag betrunkenes Publikum im Gasthaus war, lehnten wir dieses Angebot ab.

Nun blieb mir nichts anderes übrig, als wie Mutti in der Schuhfabrik zu arbeiten. Ich musste ja Geld verdienen, um meinen Lebensunterhalt bestreiten zu können. Mein Ziel war, mit dem Lohn zusätzlich genügend Geld anzusparen, um dann die Hotelfachschule in Klessheim bei Salzburg besuchen zu können.

1955 wurde dann das Haus, in dem wir wohnten, umgebaut. Aus diesem Grund mussten wir leider ausziehen. Hilmar war zu der Zeit 10 Jahre alt, und ich besuchte immer noch die Haushaltsschule. Nachdem uns nur Wohnungen in ganz schlechtem Zustand angeboten worden waren, wurde meine

Mutti selbst initiativ. Ihr Engagement ermöglichte es uns, ins Wolfsberger Schloss zu ziehen. Dort bezogen wir eine große Drei-Zimmerwohnung mit herrlicher Aussicht über die Stadt.

Das Schloss ist übrigens auf jeder Ansichtskarte von Wolfsberg zu sehen, und zwar mit Hauptansicht auf unser ehemaliges Wohnzimmerfenster. Das Wohnzimmer selbst umfasste 60 Quadratmeter und besaß vier große Erkerfenster. Leider waren die insgesamt sieben Fenster alle renovierungsbedürftig. Auch gab es keine Heizung. Es musste demnach anfänglich sehr viel Geld und Arbeit in unser neues Zuhause investiert werden. Die Wände mussten alle gestrichen, das Parkett abgeschliffen und ein Ofen gekauft werden. Somit floss auch mein Verdienst in diese Sanierungsarbeiten. Das einzige Vergnügen, das ich mir von meinem erarbeiteten Geld leisten durfte, war ein Kinobesuch am Wochenende. Mein Berufswunsch konnte sich aber leider durch unseren Geldmangel nicht erfüllen.

Zwei Jahre lang arbeitete ich nun in der Schuhfabrik. Auch aus dieser Zeit gibt es eine ganz besonders lustige Begebenheit zu berichten: Mit ca. 16 Jahren besuchte mich meine liebe Freundin Wetti. Wir hatten während meiner Zeit beim Kirchenbauer zusammen die Schulbank gedrückt. Damals waren wir ganz naive unschuldige Mädels. Wetti hatte noch sechs Brüder, die ich auch alle kannte. Ein Bruder von Wetti wollte uns beide in ein Cafe-Haus einladen, in dem abends auch getanzt wurde. In dem gut besuchten Cafe gesellten sich bald zwei uns unbekannte flotte Steirer zu uns. Wir tanzten fröhlich miteinander. Nach lustiger Unterhaltung erzählten uns die beiden, dass sie am Ossiacher See einen Auftrag als Bodenverleger hatten. Sie fragten Wetti und mich, ob wir nicht Lust hätten, sie zu begleiten. Wir könnten ja während ihrer Arbeitszeit den Aufenthalt am See genießen. Wetti hatte zu dem Zeitpunkt noch keinen See gesehen. Meine Mutti vertraute ganz der Aufsichtspflicht von Wettis Bruder Peter und machte sich deswegen auch keine Gedanken, wenn ich erst etwas später heimkommen sollte.

Während Peter eifrig tanzte, schlichen wir uns heimlich davon. Mit guter Laune und stolz darauf, dass wir Peter überlistet hatten, stiegen wir in das Firmenauto der Steirer ein und fuhren zweieinhalb Stunden bis zum Ossiacher See. In den frühen Morgenstunden saßen wir dann zu viert auf einer Bank am See und unterhielten uns glänzend. Um 6.00 Uhr mussten die Steirer dann zur Arbeit. Wetti und ich waren nun alleine und hielten nach einem günstigen Gasthaus Ausschau, um etwas zu frühstücken. Bis zum Nachmittag vertrieben wir uns die Zeit. Gegen 16.30 Uhr suchten wir die Burschen wieder bei der Arbeit auf, um zu fragen, wann sie denn fertig seien. Wir waren ja guten Glaubens, dass wir dann - wie abgesprochen - wieder mit ihnen nach Wolfsberg zurückfahren würden. Zu unserem größten Ärger teilten sie uns mit, dass sie an dem Tag ihr Pensum nicht schaffen würden und schlugen hinterhältig und gewitzt vor, zwei Zimmer zu mieten. Wetti und ich wussten, dass wir uns kein Zimmer leisten konnten und durchschauten mittlerweile die listigen Gedanken der beiden Burschen.

Sehr verärgert liefen wir dann zu Fuß Richtung Villach und konnten auch ein Stück Weg mit dem Bus fahren. Ab Villach hatschten wir an der Bundesstraße entlang Richtung Klagenfurt. Die Entfernung von Villach nach Klagenfurt betrug ca. 30 km. Immer wieder hielten wir ein Auto an, wenn es von mehreren Leuten besetzt war und kamen so langsam aber stetig Stück für Stück voran. Ab Klagenfurt liefen wir viele Kilometer Richtung Völkermarkt. Die Strecke von Klagenfurt bis Völkermarkt betrug ca. 20 km. Die Bundesstraße führte über den

Griffner Berg. Es ging steil bergauf. Mittlerweile war es schon finster, aber mondhell. Zu dieser Nachtzeit um ca. 23.00 Uhr trauten wir uns nicht mehr, ein Auto anzuhalten. Wir hatten sogar Angst, wenn wir Autolichter von Weitem kommen sahen und versteckten uns dann, bis das Auto an uns vorbeifuhr. Bei diesem langen Gewaltmarsch waren wir natürlich schon hundemüde. Die Füße taten uns so weh, dass wir zwischendurch rasten (pausieren) mussten. Meine Freundin band ihre Sandalen mit ihrer Haarschleife zusammen, und so liefen wir beide zeitweise sogar barfuß. Wir legten in 10 Stunden ca. 50 km zu Fuß zurück und kamen um 8.00 Uhr in St. Andrä an. Ab St. Andrä hielten wir dann wieder einmal ein Auto an, das uns dann nach Wolfsberg brachte. Um 8.30 Uhr waren wir endlich daheim. Es war Sonntag. Da es kein Telefon gab, konnte meine Mutti niemanden erreichen. Sie hatte sich vorgenommen, noch bis Mittag zu warten und dann die Polizei zu alarmieren.

Noch bevor wir überhaupt irgendetwas von unserer Tour berichten konnten, gab es verständlicherweise ein mächtiges „Donnerwetter". Nachdem Mutti uns richtig ausgeschimpft hatte, konnten wir endlich unsere Geschichte erzählen. Daraufhin ernteten wir ihr ganzes Mitleid. Wetti musste dann ja noch auf den Berg laufen und erhielt von ihrer Mutti und ihrem Bruder Peter eine Ohrfeige. Wettis Bruder hat uns daraufhin nie mehr eingeladen. Dieses Abenteuer bleibt unvergessen.

Mit 18 Jahren lernte ich dann Toni kennen. Wir trafen uns zum ersten Mal in einem Gasthaus in Frantschach, in dem Lisl, meine Freundin aus der Zeit beim Kirchenbauer, arbeitete. Sie hat die Begegnung mehr oder weniger sogar arrangiert. Die zärtlichen Blicke des einsamen Mannes, der in einer ganz miserablen Einzimmerwohnung hausen musste, hatten es mir angetan. Wir kamen beide nicht aus wohlbehüteten Elternhäusern und sehnten uns nach Liebe. Im Oktober 1957 heirateten wir. Mit diesem großen Ereignis will ich die weiteren Jahre meiner Biographie nur noch kurz zusammenfassen.

Wolfsberg
Die Stadt im Paradies

1957 - 1987: Neunte Station in Frantschach

Mein Mann arbeitete in der Papierfabrik Frantschach im Chemielabor. Als junges Ehepaar konnten wir nach unserer Hochzeit in einer Werkswohnung mitten auf dem Fabriksgelände unterkommen. Da wir keine eigenen Möbel besaßen, kochte ich in der ersten Zeit auf zwei Platten auf dem Fußboden. Ein Kühlschrank und andere moderne Haushaltsgeräte waren für uns unerschwinglich. 1958 kam dann unser Töchterchen Sylvia auf die Welt. Mit 19 Jahren war ich nun Mutter, und Toni war einer der ersten Väter, der mit seinem Baby im Kinderwagen spazieren ging. Das war üblicherweise keine männliche Aufgabe, sondern Frauensache. Da das Labor, in dem mein Mann arbeitete, gleich gegenüber unserer Wohnung war, konnte ich ihm abends immer mal eine Tasse Kaffee bringen. Das war schön.

1959 zogen wir innerhalb von Frantschach in eine nette Kleinwohnung im zweiten Stock eines Mehrfamilienhauses. Da wir uns noch immer keinen Kühlschrank leisten konnten, durfte ich das Fleisch, das ich für das Wochenende kaufte, bei einer Nachbarin ins Kühlfach legen. Ja, damals war Nachbarschaftshilfe noch großgeschrieben. Wäsche gewaschen wurde in einer gemeinsamen Waschküche im Keller. Man reinigte die Wäsche noch mit einer „Wäscherumpel" und legte die Windeln in einen Kessel mit kochendem Wasser. Pampers gab es noch keine. In dieser Zeit kam auch unser Sohn Mario Andre zur Welt.

1964 zogen wir innerhalb von Frantschach noch einmal um. Es ging ins dreistöckige Nachbarshaus - gleich nebendran. Die schöne helle Drei-Zimmerwohnung mit Balkon und Kachelofen haben wir bis 1987 genossen. Insgesamt lebten wir also 30 Jahre an diesem Ort.

Unsere Möbel kauften wir auf Raten und freuten uns über jedes Stück, das wir nach und nach erwerben konnten. Ich kann mich noch gut erinnern, wie Toni eines Tages im Lotto gewonnen hat. Die Freude war groß. 90.000 Schilling war eine enorme Summe; mit dem Geld konnten wir uns eine neue Küche und uns damit den ersten Kühlschrank leisten. Auch der Abschluss einer Lebensversicherung wurde dadurch möglich.

Es machte mir Freude, meine Familie mit meinen hauswirtschaftlichen Kenntnissen zu versorgen. Ein großer Garten gab reichen Ertrag und ermöglichte uns, die Lebenskosten gering zu halten. Es erfüllte mich mit Stolz und Dankbarkeit, dass ich am Ende des Monats noch Geld übrighatte, um zum Metzger zu gehen. Fleisch- und Wurstwaren einzukaufen war für viele Familien dann oft nicht mehr möglich.

Einmal zog ich in unserem Konsumladen ein Los und erwarb einen Gutschein über 1.000 Schilling. Das war eine große Freude für uns alle, als wir vor Weihnachten den voll beladenen Einkaufswagen heimschieben konnten.

Die Schulen der Kinder waren in der Nähe; so mussten sie erst mit dem Besuch der weiterführenden Schulen Bus- und Zugfahrten in Kauf nehmen. Obwohl wir ein bescheidenes Leben führten, bezeugten unsere Kinder immer wieder, dass sie in ihrer Kindheit nichts vermissen mussten. Die vielen sportlichen Aktivitäten wie Schlittschuhlaufen, Schifahren, Rodeln, Schwimmen, Radfahren und später noch Tennis und Langlauf füllten ihr Freizeitprogramm; sie wuchsen beide sehr unbeschwert auf und wurden vor Leid und Krankheit bewahrt. Bald konnten wir uns als Familie auch einige Sommerurlaube in Italien leisten. Zuerst waren wir mit dem Zug unterwegs und später mit dem eigenen Auto.

Sylvia studierte nach der Matura in Klagenfurt Lehramt für Hauptschulen und unterrichtete als Lehrerin insgesamt fünf Jahre lang in den Schulen in Eisenkappel, Eberndorf und Völkermarkt. Im Herbst 1980 berichtete sie uns dann von einem besonderen Erlebnis, das sie mit Gott gehabt hätte. Obwohl sie auch katholischen Religionsunterricht erteilte, erzählte sie uns, dass sie eine bewusste Entscheidung für ein Leben mit Gott getroffen hätte. Sylvia erklärte uns, dass sie jetzt erst verstanden hätte, dass Jesus Christus für ihre Sünden am Kreuz gestorben wäre. Sie hätte nun Frieden mit Gott und wüsste, dass sie nach ihrem Tod in den Himmel kommen würde. Unsere Tochter sprach von einer innigen Beziehung zu Gott. Sie behauptete, dass Gott durch die Bibel, die wir ihr 1979 zu Weihnachten geschenkt hatten, sprechen würde.

Wir empfanden ihre Lebenswende als extrem und fast fanatisch. Es befremdete uns, sie vor dem Bett kniend beten zu sehen. Natürlich gab es nun häufig Gespräche über den Glauben. Und Sylvia schenkte uns auch immer wieder Bücher und zu Weihnachten einen christlichen Abreißkalender. Unser Interesse an Gott war aber zu diesem Zeitpunkt sehr gering, obwohl ich mich nie als Gottesleugnerin bezeichnete. Blasphemische Bemerkungen über Gott habe ich stets verabscheut. Ab und zu gelang es Sylvia, uns auch in eine christliche Veranstaltung mitzunehmen. So lernten wir ihren Freundeskreis etwas näher kennen. Ich muss sagen, dass ich die Atmosphäre bei diesen entschiedenen Christen als wohltuend empfunden habe. Toni hat dann auch bald angefangen, die täglichen Andachten des Abreißkalenders zu lesen.

Zum 25. Hochzeitstag im Jahr 1982 haben Mario und Sylvia uns die Teilnahme an einer christlichen Freizeit in Gmunden / Oberösterreich ermöglicht. Toni war besonders angetan von diesen Seminartagen. Eine Begegnung ist mir bis heute im Gedächtnis geblieben. Bei einem Spaziergang am idyllischen Traunsee lernten wir auf einer Parkbank eine Frau aus der Freizeitgruppe näher kennen. Sie berichtete uns von einer Glaubensheilung ihrer Krebserkrankung. Das beeindruckte uns schon sehr. In einem Gespräch mit Rainer Wende, dem Referenten, bekannte dann mein lieber Ehemann unter Tränen seine Schuld vor Gott und vertraute sein Leben bewusst Jesus Christus an. Nach der Freizeit begrüßte er Sylvia mit den Worten: „Sylvia, du hast nun einen Bruder bekommen.“ Für unsere Tochter war die Freude riesengroß. Ich selbst war noch nicht soweit. Doch bei Toni stellte ich eine gewisse Veränderung fest. Er schien mir geduldiger zu sein.

Als Sylvia uns ihren Freund zum ersten Mal vorstellte, er absolvierte eine theologische Ausbildung in Bad Liebenzell in Deutschland, fanden wir ihn sympathisch, obwohl wir dachten, dass er einen Hungerleiderberuf ergreifen würde.

1985 verließ uns unser Töchterchen und heiratete nach Deutschland. Beide wollten gerne ihr Leben ganz Gott zur Verfügung stellen. Dieser Weg schaffte zwischen unserer Familie und den beiden zunächst doch eine gewisse Distanz, auch wenn ich die Befürchtungen unseres Bekanntenkreises, Sylvia wäre in eine Sekte geraten, vehement verneinte.

Mario wurde Ingenieur im Bereich Chemie und fand eine Arbeitsstelle in einer pharmazeutischen Firma in Wolfsberg. Später heiratete er seine Jugendliebe Birgit, mit der er schon seit seiner Studienzeit befreundet war.

Mein Bruder Hilmar zog als junger Mann auch nach Deutschland und arbeitete viele Jahre als Grafiker in einer großen Firma. Brita und Steffen, seine beiden Kinder, studierten Lehramt.

1985 wuchs in uns der Wunsch nach einem Eigenheim. Das erste Haus bauten wir in Eberndorf, wo auch meine Mutti ein kleines altes Häuschen besaß. Verschiedene Umstände veranlassten uns jedoch, den Rohbau wieder zu verkaufen. Mit dem Verkaufspreis, einer Erbschaft unserer Schwiegertochter und dem tatkräftigen Einsatz unseres Sohnes, der mit 23 Jahren schon die Planung des Hauses bewältigte, konnten wir dann noch einmal ein schönes Zweifamilienhaus in Maildorf / St. Stefan bauen.

Die Beschäftigung mit dem Hausbau und die fehlende Gemeinschaft mit anderen entschiedenen Christen, führten dazu, dass Tonis Erlebnis in Gmunden mehr und mehr verblasste. Übrig blieb das tägliche Lesen des Kalenderblättchens. Er hätte sich gefreut, wenn auch ich die Andachten gelesen hätte, aber ich hatte kein Interesse daran.

1987 - 2019: Zehnte Station in Maildorf / St. Stefan

1987 zogen wir am Fuße der Koralpe, einem traumhaften Schigebiet Kärntens, in den Neubau mit Hanglage ein. Mario bezog mit Birgit die Erdgeschosswohnung, Toni und ich lebten im ersten Stock. Die herrliche Fernsicht und der große Garten gaben uns allen immer wieder das Gefühl, an einem Urlaubsort zu sein.

Die Jahre bis zur Pension meines Mannes und auch die ersten Pensionsjahre unternahmen wir mehrere schöne Reisen in ferne Länder. Die vielen Entbehrungen der Kindheit, Jugendzeit und der ersten Ehejahre hatten somit ihr Ende. Wir durften nun den erwirtschafteten Wohlstand mit dankbarem Herzen genießen.

Die gemeinsamen Spaziergänge auf der Alm mindestens dreimal die Woche hielten uns Senioren fit. Als leidenschaftliche Kartenspieler konnten wir uns als Ehepaar stundenlang miteinander vergnügen. Es wurde dabei viel gelacht. Durch unser Spieltraining daheim behaupteten wir uns auch beim Preisschnapsen, einer jährlichen Veranstaltung einer Bierbrauerei. Einmal gewannen wir bei solch einem Event sogar ein Auto.

Zur Geburt unseres ersten Enkelkindes im September 1988 besuchten wir unsere Tochter mit Schwiegersohn in Karlsruhe. Gleich neben ihrer Wohnung war der Gemeindesaal, in dem sich die Christen zum Gottesdienst versammelten. Nach einer Veranstaltung, die wir als Ehepaar auch besuchten, wurden wir herzlich begrüßt. Diese Menschen hatten eine gewisse Ausstrahlung, die mir bis heute unvergesslich bleibt.

Ab dem Jahr 2000 suchten uns dann leider beide Krebserkrankungen heim. Durch den überaus gewaltigen Einsatz meines Sohnes konnte mein Mann nach einer anstrengenden Therapiephase noch viele Jahre mit ausgesprochen guter Lebensqualität genießen. Meine Krebserkrankung wurde operativ und medikamentös besiegt.

Da wir unsere beiden Enkelkinder Benjamin (geboren 1988) und Amelie (geboren 1991) nur im Sommer- und Winterurlaub bei uns hatten, freuten wir uns ganz besonders, als uns Birgit und Mario 2006 noch einen Enkelsohn namens Robin bescherten. Wir genossen es als Großeltern sehr, ihn bei uns heranwachsen zu sehen.

Meine Mutti konnte ihren Urenkel auch noch im Arm halten. Sie ist dann im 92. Lebensjahr, nachdem sie zuvor noch über ein halbes Jahr bei ihrem

Sohn Hilmar in Deutschland gelebt hatte, 2007 im Altersheim in meiner Nähe verstorben.

Eine uns allen liebgewordene Tradition möchte ich auch noch erwähnen. Viele Jahre lang verbrachten wir unsere Weihnachtsurlaube im Kurbad in Bad Waltersdorf (Steiermark), die Toni und ich mit unseren Kindern und Enkelkindern sehr genossen.

Ab Herbst 2012 ging es Toni immer schlechter. In der Weihnachtszeit musste er dann wieder ins Krankenhaus. Mein Schwiegersohn berichtete mir dann, dass mein lieber Ehemann am 31. Dezember sein Leben erneut Jesus Christus anvertraut hatte.

Es war unser inniger Wunsch, dass er in seinem eigenen Bett die Augen schließen dürfte. So brachte ihn der Rettungswagen wieder heim. Am 31. Januar 2013 begann am frühen Morgen sein Todeskampf. Der Arzt sprach von der normalen Sterbephase - Agonie. Das Röcheln war so quälend, dass ich, obwohl ich damals noch keine persönliche Beziehung zu Gott hatte, das Bedürfnis verspürte, ihm eindringlich zu sagen: „Toni, quäl dich nicht so, die Engel warten schon auf dich.“ Er bewegte noch einmal seinen Kopf energisch hin und her und dann schlief er ein.

Am 31. Januar 2013 verstarb dann mein lieber Ehemann nach einer kurzen Leidenszeit von drei Monaten. Es war für uns alle eine große Erleichterung, dass er in seinem eigenen Bett die Augen schließen konnte. Mein treuer Gefährte, mit dem ich 56 Jahre mein Leben geteilt hatte, war ein sehr liebevoller Vater und Opa, den wir alle in guter Erinnerung behalten.

Mario und Birgit entschlossen sich dann im Jahr 2013, ein Pflegekind im Alter von 5 Jahren aus Wien aufzunehmen. Fabienne, gebürtige Deutsche, darf nun die Geborgenheit eines harmonischen Familienlebens genießen. Robin bekam auf diese Weise noch ein Schwesterchen.

Meine Enkelkinder Benjamin und Amelie heirateten beide im Jahr 2016 und seit 2018 bin ich auch das erste Mal Uromi. Meine Urenkelin trägt den gleichen Namen wie ich: Michaela. Im Dezember 2020 kam dann meine zweite Urenkelin, Johanna, auf die Welt.

Nun lebe ich seit acht Jahren als Witwe mit meinem Sohn und seiner Familie im gemeinsam erbauten Haus und fühle mich sehr gut aufgehoben und versorgt.

Diese Kurzbiographie habe ich anlässlich meines 80. Geburtstags mit Hilfe meiner Tochter verfasst. Das Büchlein wurde im christlichen Verlag (CMD) meines Schwiegersohnes herausgegeben. Ich wollte gerne allen mir nahestehenden Menschen damit eine kleine Freude bereiten.

Nun kommt aber ein neues Kapitel, das in meiner Biographie nicht fehlen darf.

Kapitel 4

Das Jahr 2020

Meine große Lebenswende

Weil ich chronische Schmerzpatientin bin, war mein Sohn immer wieder auf der Suche nach weiteren schmerzlindernden Substanzen. Ich bekam dann von einem Professor der Schmerzambulanz Klagenfurt ein Hanfpräparat verschrieben. Nach einiger Zeit stellte sich bei mir konstante Übelkeit mit Erbrechen ein. Ich konnte kaum noch etwas essen. Innerhalb von drei Monaten nahm ich 10 kg ab. Meine Lebensfreude war dahin. Da ich zwei schmerzhafte Gallenkoliken hatte, wussten wir zu diesem Zeitpunkt nicht, dass es an dem Hanfpräparat lag.

Es ergab sich dann Ende März, dass Sylvia ihre Vortragsreise in die Steiermark, Kärnten und Tirol mit einem Besuch bei mir verbinden konnte. Wie sich später herausstellen sollte, war das göttliches Timing. Meine beiden Kinder kümmerten sich rührend um mich. Mario organisierte einen Ultraschalltermin beim Internisten. Wir waren mittlerweile alle überzeugt, dass ich wahrscheinlich Gallensteine hätte und eine Operation notwendig werden würde. Während der langen Wartezeit im Institut für Radiologie kam Sylvia auf die Ewigkeit zu sprechen. Ich hatte meiner Tochter im Vorfeld gestanden, dass ich lebensmüde wäre und am liebsten nicht mehr essen wollte, um dadurch schneller sterben zu können.

Sylvia beteuerte, dass sie mich im Himmel gerne wiedersehen möchte. Sie beschrieb mir daraufhin, wie man in Gemeinschaft mit Gott kommen könne. Sie fragte mich, ob ich glauben würde, dass ich eine verlorene Sünderin sei. Das konnte ich von ganzem Herzen bejahen. Auch erklärte sie mir überzeugend, dass Jesus Christus für meine Schuld am Kreuz gestorben sei und wenn ich meine Sünden bekennen und Jesus Christus in mein Herz aufnehmen würde, ich von Gott das ewige Leben geschenkt bekäme. Es war für mich unbegreiflich, dass ich mir das ewige Leben nicht verdienen müsse, sondern dass es umsonst sei – ein Geschenk, das ich nur anzunehmen bräuchte. Sylvia hielt als Symbol für das ewige Leben ihren Schal in der Hand und fragte mich, ob ich dieses Geschenk annehmen

möchte. Das wollte ich von ganzem Herzen tun und nahm den Schal aus ihrer Hand an. Dabei kamen mir die Tränen. Ich bat sie, mir daheim in der Bibel zu zeigen, ob das ewige Leben umsonst, ja wirklich gratis sei. Das Wort *umsonst* hatte mein Herz tief berührt.
Dann wurde ich zur Untersuchung aufgerufen. Ich war so enttäuscht, dass der Befund negativ ausgefallen war, weil ich hoffte, dass es mir nach einer Gallenoperation wieder besser gehen würde. Nun tappten wir in Bezug auf meinen schlechten Gesundheitszustand wieder im Dunkeln. Mario kam dann auf die Idee, im Internet zum Thema Verträglichkeit dieses speziellen Hanfpräparates zu recherchieren und wurde tatsächlich fündig. Ein minimaler Prozentsatz, stellte er fest, würde dieses medizinische Produkt nicht vertragen. Es können tatsächlich genau die Nebenwirkungen auftreten, die sich bei mir eingestellt hatten. Wir setzten das eigentlich gute medizinische Hanfpräparat ab und tauschten es gegen ein chemisches Medikament ein. Jetzt konnte ich wieder langsam etwas essen, ohne dass es mir übel wurde und ich erbrechen musste.

Nun nahte Sylvias Abreisetag. Am Abend davor fragte sie mich, ob sie mir noch die Bibelstellen vorlesen dürfe, in denen stehen würde, dass das ewige Leben umsonst sei. Sie hatte diese Verse bereits auf einen Zettel geschrieben, damit ich sie dann später wieder nachlesen könne. Gerne möchte ich diese Bibelverse nun zitieren:

„Denn alle haben gesündigt und erlangen nicht die Herrlichkeit Gottes und werden ***umsonst*** *gerechtfertigt durch seine Gnade, durch die Erlösung, die in Christus Jesus ist“* (Röm 4,23-24).

„Ich bin der Anfang und das Ende. Ich will dem Durstigen aus der Quelle des Wassers des Lebens ***umsonst****“* (Offb 21,6).

„Wen dürstet, der komme! Wer da will, nehme das Wasser des Lebens ***umsonst****“* (Offb 22,17).

Danach las Sylvia mir noch einen Bibelvers vor und setzte danach meinen Namen ein. Der Vers lautete:

„So sehr hat Gott die Welt geliebt, dass er seinen einzigen Sohn hingab, damit alle die an ihn glauben, nicht verloren gehen, sondern ewiges Leben haben“ (Joh 3,16).

„So sehr hat Gott Michaela geliebt, dass er seinen einzigen Sohn hingab, damit, wenn ich, Michaela, an ihn glaube, nicht verloren gehe, sondern ewiges Leben habe“ (Joh 3,16).

Nachdem Sylvia mir die Bibelstellen vorgelesen hatte, fragte sie mich nun ganz konkret, ob ich jetzt mein Leben Jesus Christus anvertrauen wolle. Ja, das wollte ich. Weil ich nicht wusste, wie man das macht, schlug Sylvia vor, ein Gebet zu sprechen, das ich Satz für Satz nachsprechen konnte, wenn ich mit dem Inhalt einverstanden wäre. Ich wollte nichts einfach nur nachplappern und überlegte bei jedem Satz genau, was er bedeutete. Meine konkreten Sünden wollte ich aber für mich alleine vor Gott bekennen und ihn für meine Schuld um Vergebung bitten.

Meine Tochter teilte mir dann freudestrahlend mit, dass ich nun ein Kind Gottes geworden sei. Am nächsten Morgen beim Frühstück war ihre erste Frage: „Mutti, weißt du, ob du nun ein Kind Gottes bist?“ Ich konnte freudig Ja sagen. Dann verabschiedete sich Sylvia und fuhr mit dem Zug weiter nach Tirol.

Ich war nun überzeugt, dass ich seit 5. März 2020 ein Kind Gottes bin. Ich glaubte von ganzem

Herzen daran, dass der Sohn Gottes auch für mich am Kreuz starb.

Durch meinen schwachen Gesundheitszustand hatte ich noch nicht gleich das Bedürfnis, in der Bibel zu lesen, aber bei den regelmäßigen Telefonaten mit Sylvia bekam ich für mein junges Glaubensleben immer wieder gute Impulse.

Doch dann kam die Zeit, in der das Interesse am Wort Gottes immer mehr wuchs. Sylvia teilte mir übers Telefon mit, dass in meinem Wohnzimmer eine Neues Testament mit Großdruck stehen würde, das sie mir schon viele Jahre zuvor geschenkt hatte und ich nicht mal mehr registrierte, dass ich es besaß.

Ich hätte niemals gedacht, dass ich mal die Bibel so freudig in die Hand nehmen würde - wie ein Kind ihre Lieblingspuppe. Nun war ich mit großem Interesse und Spannung dabei, Jesus besser kennenzulernen. Ich konnte es nun selbst oft nicht fassen, dass so viele Menschen, denen Jesus gepredigt und sie geheilt hat, nicht an ihn glauben wollten, obwohl ich selbst über viele Jahre die Gideon-Bibel, die im Kurhotel auslag, ins unterste Fach verbannt hatte.

Zusätzlich wurde mir das Bibel TV zu einer großen Quelle neuer Erkenntnisse. So lerne ich bis heute die Bibel Schritt für Schritt immer besser kennen.

Ich merkte nun auch, wie der Heilige Geist mein Inneres neu prägte und mich für Sünde sensibel machte. Was für mich bislang völlig normal war, konnte ich jetzt nicht mehr mit gutem Gewissen machen. Dazu zwei Beispiele aus meinem Alltag:

Früher machte es mir nichts aus, sogenannte Notlügen zu gebrauchen. Kürzlich forderte mich mein fürsorglicher Sohn auf, zwanzig Minuten lang einige Runden ums Haus zu gehen, um auch mit meinen 82 Jahren noch beweglich zu bleiben. Ich hatte absolut keine Lust dazu. Ich war aber sicher, dass er mich abends danach fragen würde. Früher hätte ich ihn „angeschwindelt". Ich wollte keinen Tadel hören, aber lügen wollte ich auch nicht mehr. Und so marschierte ich eben.

Dann hatte ich einige Male eine Hausfriseuse, die ihre Leistung auf der Basis der Schwarzarbeit anbot. Ich nahm als chronisch kranke Frau diese Dienste gerne in Anspruch. Doch dann las ich in der Bibel die Aussage Jesu: „Gebt dem Kaiser, was des Kaisers ist" (Mt 22,21). Mir wurde plötzlich bewusst, dass ich mit der Inanspruchnahme der Schwarzarbeit nicht den Willen Gottes erfüllte. Obwohl mir die Friseuse sehr sympathisch war, wollte ich Gott Gehorsam sein und war zum Verzicht dieser für mich angenehmen Dienstleistung bereit. Ich muss noch dazufügen, dass Sylvia, die ja darum wusste, dass Schwarzarbeit verboten ist, geduldig wartete, bis Gott es mir durch sein Wort selber klar machte.

Nun hatte ich auch das große Verlangen, dass meine ebenso betagten Freundinnen nicht in die Hölle kommen. Der biblische Bericht vom reichen Mann und armen Lazarus hatte mich in meiner Seele tief berührt. Die Vorstellung, dass Menschen ohne Gott an diesen Ort der Qual kommen, stand mir bildhaft vor Augen.

Einer Freundin konnte ich bereits eine Bibel schenken, und sie liest fleißig darin. Es macht mir große Freude, übers Telefon das an sie weiterzugeben, was ich durch das fast tägliche Bibellesen mit meiner Tochter lerne. Ich bin sehr zuversichtlich, dass sie mittlerweile auch ein Kind Gottes geworden ist und wir uns im Himmel wiedersehen werden.

Eine andere Freundin hatte mich ausgelacht, als ich ihr erzählte, dass ich nun die Bibel lesen würde. Aber das traf mich nicht. Das Wohlgefallen Jesu war mir viel wichtiger. Mit Sylvia bete ich auch immer am Telefon. Wir danken zusammen und beten auch für die Errettung meiner lieben Familie, für Verwandte und Freunde.

Nun weiß ich, dass ich nach meinem Tod bei Jesus sein werde; diese Gewissheit erfüllt mein Herz mit Zufriedenheit. Wenn ich auf mein Leben zurückblicke, bewegt es mich innerlich sehr, mit welcher Geduld Gott mir so viele Jahre nachgegangen ist.

Liebe Leserin, lieber Leser, Sie haben nun meine Biographie bis zu Ende gelesen. Mögen auch Sie diese Lebenswende erfahren. Bitte verlassen Sie sich nicht auf ihren Intellekt, sondern vertrauen Sie der Bibel als dem inspirierten Wort Gottes. Sie ist sein Liebesbrief an uns Menschen.

Ich möchte Sie deswegen von ganzem Herzen ermutigen, sich zu Gott zu bekehren, ihm ihre Sünden zu bekennen und Jesus Christus in ihr Herz aufzunehmen, wie es in Johannesevangelium Kapitel 1 Vers 12 steht:

„So viele ihn aber aufnahmen, denen gab er das Recht, Gottes Kinder zu werden, denen, die an seinen Namen glauben."

Ich wünsche Ihnen von Herzen Gottes Segen.

„Jesus Christus spricht: Ich bin die Auferstehung und das Leben, wer an mich glaubt, wird leben, auch wenn er gestorben ist; und jeder, der da lebt und an mich glaubt, wird nicht sterben in Ewigkeit. Glaubst du das?“ (Joh 11,25-26)

Neuanfang[1]

Zuerst einmal einige Gedanken grundsätzlicher Art, auch durch Skizzen einfach dargestellt.

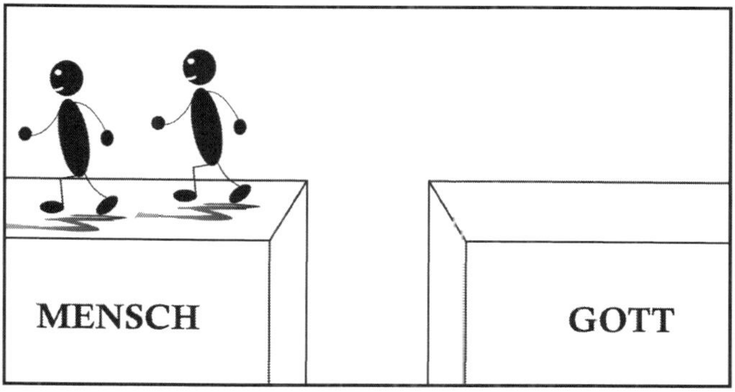

Wir sind Gott wichtig. Er hat uns geschaffen und möchte mit uns in Beziehung stehen. Der Mensch aber hat sich Gott entzogen, ihn abgelehnt, ausgeklammert aus seinem Leben. Wir sind auf Distanz zu Gott gegangen. Der Mensch ignoriert Gott. Wir bewegen uns von ihm weg. Er ist von absolut keiner Bedeutung für viele Menschen unserer Zeit.

[1] Fritz Meier: „Good News", CMD Verlag Hünfeld, 2. Aufl. 2021

Diese Ablehnung oder das Vergessen Gottes prägen unser Leben nachhaltig. Es macht uns zu in sich verkrümmten und verlorenen Leuten, auch wenn das den meisten gar nicht bewusst ist. Wir sind manchmal so gottvergessen, dass wir nicht einmal den Schimmer einer Ahnung haben, was das für uns bedeutet.

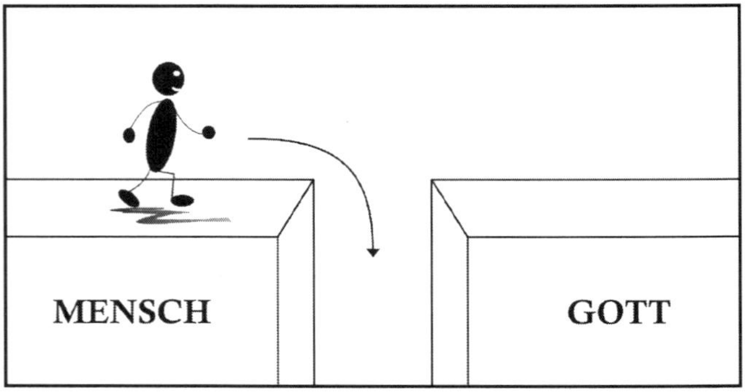

Manche Menschen erahnen, dass da etwas schiefläuft. Und sie versuchen sich zu bessern, was ja ansatzweise auch gelingen kann. Oder man versucht sich zu Höherem aufzuschwingen. Und man ahnt, dass es da noch mehr geben muss als diesen Kosmos. Ein universelles Prinzip, ein höheres Wesen, Gott?

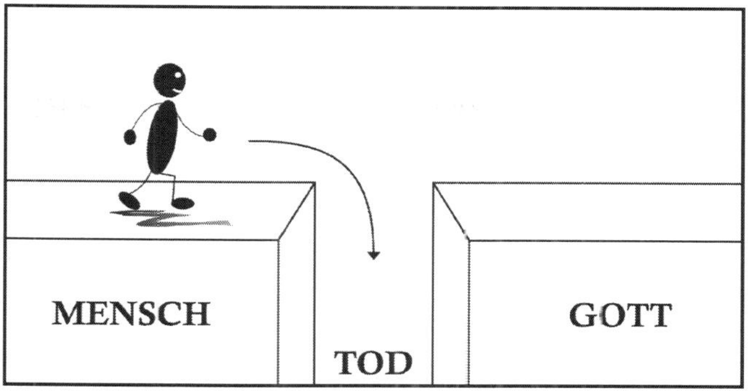

Die eigenen Anstrengungen reichen aber nicht aus. Wir werden nie wirklich gut, und wir gelangen auch nicht in höhere Sphären mit unserem Leben. Zudem bringen die Gottvergessenheit und die Gottesferne den Menschen in einen unheimlichen Sog nach unten, in das ewige Verderben der letzten Trennung von Gott und dem Leben, den Tod, zeitlich und ewig. Das ist der Preis für das Vergessen oder die Leugnug Gottes.

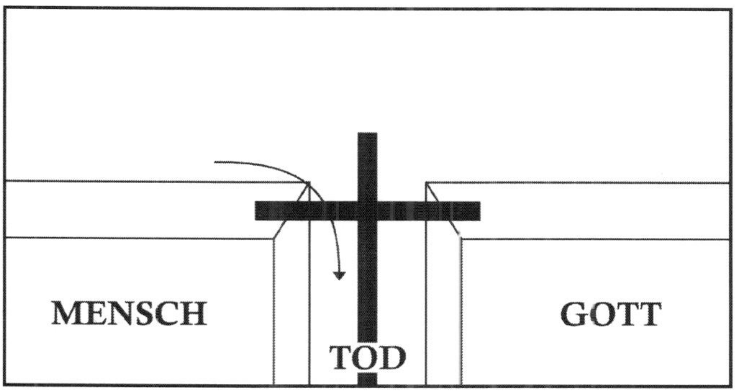

Ja, wir sind Gott wichtig. Darum hat er die Initiative ergriffen. Aus Liebe zu uns. Er hat uns eine Brücke gebaut über den Abgrund zwischen uns und Gott. Was uns unmöglich ist, hat Gott gemacht.

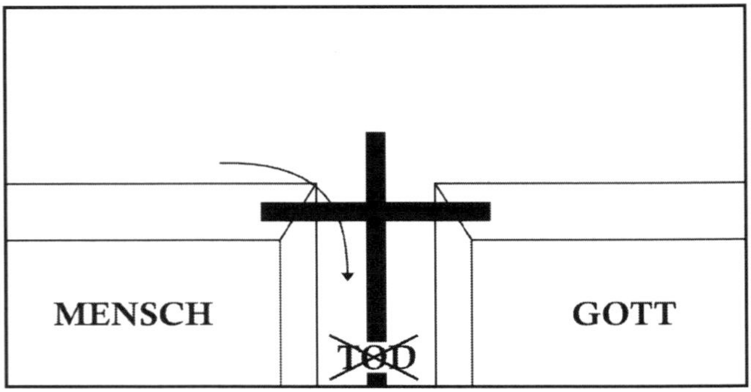

Das ist die zentrale Botschaft: Jesus Christus starb am Kreuz für uns. An unserer Stelle. Er ging in den Tod, damit wir nicht dem ewigen Tod verfallen. Von Herzen daran zu glauben, bringt Vergebung allen Schuldigwerdens. Eine Entlastung von allen Lasten. Das zu wissen ist aber zu wenig.

Wir können, ja sollen, Gott bekennen, dass wir ihn vergessen oder gar abgelehnt haben. Dass wir unser eigenes Ding machen wollten, ohne dass uns jemand dreinredet. Auch Gott nicht. Wir müssen erkennen, dass wir dabei in die Irre gerannt sind, dass wir uns persönlich verheddert haben, dass wir auf dem Holzweg sind und im Grunde eigentlich nicht aus noch ein wissen. Dass wir Vergebung nötig haben.

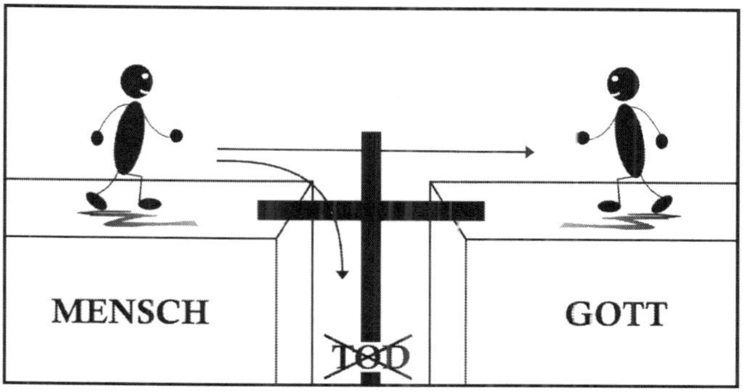

Dies zu bekennen und ins Leben hereinzunehmen bedeutet auch, dass wir in eine lebendige Beziehung zu Gott, zu Jesus Christus finden. Wir lassen dann auch Gott unser Leben und unser Unterwegssein auf dieser Welt bestimmen. Und wir rechnen mit seiner helfenden wie auch korrigierenden Gegenwart Augenblick für Augenblick.

Das folgende Gebet ist ein konkreter und entschei- dender Schritt in ein Leben des Glaubens. Das ist ein echter Neuanfang.

Herr Jesus Christus,
wenn ich mein Leben überschaue, dann wird mir klar, dass da so vieles aus dem Ruder gelaufen ist. Ich habe im Grunde ohne Gott gelebt. Auf der Su-

che nach Erfüllung war ich in falschen Richtungen unterwegs. Ich habe vieles probiert, aber ich habe dabei nicht das gefunden, was ich zutiefst gesucht habe. Und ich bin in vielerlei Hinsicht schuldig geworden. Du aber bist für meine Schuld gestorben. Bitte, vergib mir, was an Not und Elend in meinem Leben da ist! Ich will nicht mehr so weitermachen. Bitte, löse mich von dem, was mir zum Verhängnis geworden ist. Bitte, gestalte mein Leben nach deinem guten Willen. Danke, dass du mich unendlich liebst! Danke, dass du mir jetzt vergeben wirst und mich als dein Kind annimmst! Danke, dass ich ab jetzt bewusst dir gehören darf! Ich vertraue dir und rechne mit dir jederzeit und überall. Du wirst mich richtig führen und mir immer weiterhelfen. Amen.

Wenn dieses Gebet Ihrem Wunsch entspricht, dann machen Sie es doch zu Ihrem eigenen. Wenn Sie es damit ehrlich meinen, können Sie gewiss sein, dass auch geschieht, worum Sie bitten (Matthäus-Evange- lium, Kapitel 7, Verse 7 bis 8 und Kapitel 21, Vers 22; 1. Johannes-Brief, Kapitel 5, Verse 14 bis 15). Jesus, der Auferstandene, ist jetzt bei Ihnen und hört und erhört Sie. Ganz bestimmt!

Haben Sie diesen Schritt gewagt, dann haben Sie Frieden mit Gott, der sich auch durch Ihr Leben aus- wirkt in Ihrer Familie und Ihrer Umgebung.

Sie sind vom Tod ins Leben hindruchgedrungen. Sie sind mit ewigem Leben beschenkt, das nach dem Sterben weitergeht.

Niemals können Sie tiefer fallen als in Gottes gute Hände. In den Armen von Jesus sind und bleiben Sie sicher und geborgen. In Zeit und Ewigkeit.

Christlicher Mediendienst Hünfeld GmbH
Mackenzeller Str. 12
D-36088 Hünfeld
Tel.: (06652) 91 81 87
Fax: (06652) 91 81 89
mail@mediendienst.org
www.mediendienst.org

Belgien

Reinhard Tiburzy

DUMONT
Reise-Taschenbuch

Unterwegs in Belgien

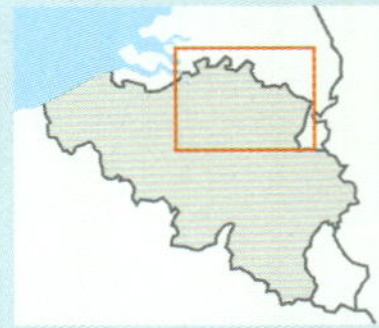

Auf Entdeckungstour

Karten und Pläne

► Dieses Symbol im Buch verweist auf die Extra-Reisekarte Belgien

Schnellüberblick

Die Küste
Badeorte mit kilometerlangen Sandstränden, geschäftigen Häfen, guten Shopping-Möglichkeiten und ausgezeichneten Restaurants, in denen man fangfrischen Fisch und Meeresfrüchte schlemmen kann. Viel Erholung und Ruhe bieten auch die Naturparks an der Küste. S. 108

Flandern
Das mittelalterliche Brügge und das Till-Eulenspiegel-Städtchen Damme, die lebendige Universitätsstadt Gent, kleine flämische Städte mit prächtigen Rathäusern laden zu Entdeckungen ein. Ieper und Diksmuide dokumentieren Kriegsgeschichte. S. 134

Brüssel und Umgebung
Die lebendige belgische Hauptstadt fasziniert mit der von Prachtbauten gesäumten Grand-Place, ihren Museen, einladenden Geschäften und gemütlichen Kneipen. Und die Umgebung lädt zu Ausflügen zu Wasserschlössern oder nach Waterloo ein. S. 76

Antwerpen und Limburg
Zu den Highlights zählen Antwerpen mit so zahlreichen Facetten wie Diamanten, Mode und Kunst, Lier mit seiner berühmten Jubiläumsuhr, die Glockenspielstadt Mechelen, die Provinz Limburg mit dem von den Römern gegründeten Tongeren, Belgiens ältester Stadt, und die Geneverstadt Hasselt. S. 178

Brabant und Hennegau
Hier entdeckt man die Oranierstadt Diest, die Bierstadt Leuven mit dem prunkvollsten Rathaus des Landes, Mons mit seinen faszinierenden Museen, Barockschloss Beloeil, Tournai mit der landesgrößten Kathedrale sowie moderne und museale Schiffshebewerke. S. 210

Ardennen
Den schönsten Landesteil prägen waldreiche Hügel, tiefe Täler mit Flüssen, die zum Kajakfahren einladen, Tropfsteinhöhlen, die faszinierende Moorlandschaft des Hohen Venn und alte Orte, über die mächtige Festungen wachen. S. 230

Mit Reinhard Tiburzy unterwegs
Meeresstrände, Hafen- und Kunststädte, mittelalterliche Belfriede und Beginenhöfe, Natur und Hunderte von Biersorten. Die Vielfalt Belgiens ist manchem nicht bewusst. So ging es auch dem Autor. Bis er selber vor 20 Jahren in das Königreich zog und Land und Leute kennenlernte. Seitdem tourt er kreuz und quer durch das Königreich, schreibt, fotografiert und veröffentlicht seine Arbeiten in Reiseführern, -journalen und Zeitungen. Zu seinen Schwerpunktländern zählen neben Belgien die Niederlande, Luxemburg und die USA.

Der Autor

Belgien – unbekanntes Land im Herzen Europas

Für viele ist das Königreich Belgien ein weißer Fleck auf der Landkarte, den man allenfalls registriert, wenn die EU in Brüssel mal wieder etwas beschlossen hat oder das Land in den Medien auftaucht, weil man monatelang keine Regierung zustande bringt. Mancher reduziert Belgien auch kurz auf das »Frittenland«, was ihm allerdings eher zum Kompliment gereicht, hat man in Belgien doch die Pommes erfunden und zu den leckersten der Welt kultiviert.

Dass Belgien so seltsam unbekannt ist, liegt an den Belgiern selbst. Während sich die holländischen Nachbarn mit Markenzeichen wie Käse und Tulpen weltweit ein hübsches Image zaubern, halten sich die Belgier eher bedeckt. »Still ist's, wo kein Wind weht«, sagt ein flämisches Sprichwort, und nicht viel Wind um die Dinge zu machen ist halt ein Zug belgischer Wesensart.

Dabei steckt das Königreich voller Überraschungen. Die mittelalterlichen Zentren vieler Städte warten mit architektonischen Schätzen gotischer und barocker Rat-, Zunft- und Herrenhäuser auf, mächtige Belfriede überragen prachtvolle Sakralbauten, idyllische Beginenhöfe bilden stille Oasen inmitten städtischer Betriebsamkeit. Museen beherbergen Kunstschätze, die von Werken belgischer Meister wie Pieter Bruegel d. Ä., Peter Paul Rubens, James Ensor, René Magritte und Paul Delvaux bis zu Comics wie beispielsweise »Lucky Luke« und »Tim & Struppi« reichen.

Ungeahnte Vielfalt

Museale Zechenanlagen dokumentieren das industrielle Erbe, Schiffshebewerke aus dem 19. und 20. Jh. künden vom Genie der Ingenieure, Naturfreunde finden in den Ardennen mit ihren Wäldern, geheimnisvollen Tropf-

Frühling in den Ardennen

steinhöhlen und mystischen Mooren ihr Eldorado, Strandliebhaber machen gern Urlaub an der Nordsee.

Und dann die Schlemmerfreuden! Denn im Frittenland Belgien gibt es nicht nur die knusprigsten Pommes und die leckersten Pralinen, hier hat der Gast auch bei über 400 Bieren die Qual der Wahl und Genießer treffen im Königreich auf eine weltberühmte, mit Sternen, Kochlöffeln und -mützen ausgezeichnete Küche.

Land der Mehrsprachigkeit

Vielen Besuchern fallen als Erstes die Ortsnamen auf: Alle Orte haben zwei, wenn nicht sogar drei Namen. Lüttich beispielsweise ist auf den Autobahnschildern sowohl als Liège als auch als Luik ausgewiesen und Mechelen hat auch den französischen Namen Malines. Das wallonische Mons wird von den Flamen als Bergen bezeichnet. In Brüssel sind sämtliche Straßennamen auf Französisch und Niederländisch angegeben. Auf Geldscheinen taucht als dritte Sprache Deutsch auf: die Sprache der »Ostkantone« im Osten Walloniens. Tatsächlich ist das Königreich mehrfach geteilt. In die niederländischsprachigen Regionen Flanderns, das französischsprachige Wallonien, in dem sich zudem die Ostkantone mit der deutschsprachigen Gemeinschaft befinden, und in Brüssel, wo Französisch und Niederländisch offizielle Sprachen sind. Jede Sprachregion hat ihre eigene Regierung und Verwaltung, und da liegt der Hase im Pfeffer, denn zwischen dem flämischen Löwen und dem wallonischen Hahn herrscht seit ewigen Zeiten Gezänk.

Über alles hält der belgische Löwe, sprich föderale Staat, seine Pranke und der König sein Zepter, zwei von etlichen Klammern, die das Königreich zusammenhalten. Noch – muss man hier wohl hinzufügen, weil niemand weiß, wie lange es noch bestehen bleibt.

Tatsächlich geht im Land das Wort vom Zerfall des Staates um und über die Zukunft wird arg spekuliert. Manche glauben, dass Wallonien dann an Frankreich kommt. Ein hoher belgischer Politiker, nach der Nationalhymne Belgiens gefragt, stimmte jedenfalls schon mal die französische Marseillaise an – ein böses Omen?

Kühlender Springbrunnen im Parc de Bruxelles, S. 88

Café Metropole in Brüssels gleichnamigem Belle-Epoque-Hotel, S. 94

Lieblingsorte!

Postkartenblick mit Grachtenhäusern an Brügges Rozenhoedkaai, S. 142

Gents mittelalterlicher Hafen und die St-Michielsbrug über die Leie, S. 160

Oostendes »Weststaketsel« lädt zum Schiffe beobachten ein, S. 114

Naturreservat Het Zwin bei Knokke-Heist, S. 128

Die Reiseführer von DuMont werden von Autoren geschrieben, die ihr Buch ständig aktualisieren und daher immer wieder dieselben Orte besuchen. Irgendwann entdeckt dabei jede Autorin und jeder Autor seine ganz persönlichen Lieblingsorte. Dörfer, die abseits des touristischen Mainstreams liegen, eine ganz besondere Strandbucht, Plätze, die zum Entspannen einladen, ein Stückchen ursprüngliche Natur – eben Wohlfühlorte, an die man immer wieder zurückkehren möchte.

Bei den Dickhäutern im Zoo von Antwerpen, S. 186

Originelle Buchsbaumfiguren im Parc des Topiaires in Durbuy, S. 258

Reiseinfos, Adressen, Websites

Symbol für den Fortschritt – Brüssels Wahrzeichen leuchtet in der Nacht

Informationsquellen

Infos im Internet

Das Internet bietet eine Fülle von Informationen zu Belgien, zur touristischen Infrastruktur, zu Land und Leuten, Hotels, Restaurants etc. Die meisten Städte haben eigene Homepages, die fast alle auch Informationen für Besucher (Sehenswürdigkeiten, Unterkünfte etc.) bereithalten.

www.belgien-tourismus.de
www.flandern.com
www.ostbelgien.be
Ausgezeichnete Homepages der Fremdenverkehrsämter der Wallonie (einschließlich Brüssel), Flanderns (ebenfalls einschließlich Brüssel) und der Ostkantone mit Sitz in St. Vith bzw. Köln. Hier findet man alles, was das Reiseland Belgien zu bieten hat – aktuell und gut dargestellt. Zudem kann man umfangreiches Katalogmaterial bestellen oder als PDF-Datei herunterladen, z. B. zu Sightseeing, Aktivitäten und Unterkünften.

www.b-rail.be,
www.sncb-europe.com
Infos zu Dienstleistungen und Produkten der belgischen Bahnen, einschließlich der Fahrpläne und Sonderaktionen. Bei allen drei Adressen kommt man zur selben Seite (frz., nl., engl., dt.).

www.infobel.com
Belgisches Telefonbuch (frz., nl., engl., dt., ital., span.). Über die Suchfunktion können Adressen oder Telefonnummern gefunden werden.

www.ratgeber-belgien.de
Homepage mit zahlreichen interessanten Links zu verschiedenen Bereichen, die Belgien tangieren (dt.).

www.use-it.be
Für junge Leute – touristische Infos (Kneipen, Dancing, Musik, Shopping, Sightseeing) mit vielen Insider-Tipps zu mehreren interessanten Städten in Belgien (engl.).

www.taxistop.be
Gästezimmer, B & Bs und zahlreiche weitere Themen wie Mitfahrzentrale, Euro-Mitfahrzentrale, Fähren etc. (nl., frz., engl., teilweise dt.).

www.schwarzaufweiss.de
Reisemagazin mit Infos, interessanten Reportagen und Länderporträts, u. a. auch über Belgien.

www.belgieninfo.net
Informationen zu Politik, Wirtschaft, Kultur, Sport, Land und Leuten, Schulen und Unis in Belgien. Interessant sind auch die Leserzuschriften (dt.).

www.uitinbrussel.be
Ereignisse, Festivals, Film, Musik, Ausstellungen, Hotels und Pensionen, Stadt und Menschen und vieles mehr zu Brüssel findet man auf dieser Seite (nl.).

www.belgium.be
Föderale Portalseite Belgiens mit zahlreichen aktuellen Informationen und Themen zu Belgien (nl., frz., z. T. dt.).

www.grenzecho.net
Grenz-Echo Verlag: deutschsprachiger Buchverlag in Belgien mit Büchern zu verschiedenen Aspekten des Landes, darunter auch Wander- und Radwanderführer (dt.).

www.365.be
Touristische Attraktionen und Museen in Belgien.

Fremdenverkehrsämter

... in Deutschland

Belgisches Fremdenverkehrsamt für Brüssel und die Wallonie:
Belgien Tourismus Wallonie-Brüssel
Cäcilienstr. 46
50667 Köln
Tel. 0221 2775 90, Fax 0221 277 59 100
www.belgien-tourismus.de

Belgisches Fremdenverkehrsamt für Brüssel und Flandern:
Tourismus Flandern-Brüssel
Cäcilienstr. 46
50667 Köln
Tel. 0221 270 97 70, Fax 0221 270 97 77
www.flandern.com

... in Österreich

Tourismuswerbung Flandern-Brüssel:
Mariahilfer Str. 121 b
A-1060 Wien
Tel 01 596 06 60
Fax 01 596 06 95
www.flandern.co.at

Infostellen vor Ort

In allen Orten, ausgenommen ganz kleinen Dörfern, findet man – häufig im Rathaus – lokale Touristeninformationen. Hier bekommt man Auskünfte und Broschüren. Das Personal spricht oft mehrere Sprachen. In größeren Orten gibt es dort auch eine Zimmervermittlung.

Lesetipps

Arens, Detlev: Flandern. Kunst-Reiseführer. Köln, 2009.
Aspe, Pieter: Blaues Blut. Frankfurt, 2008.
Claus, Hugo: Der Kummer von Flandern. Stuttgart, 1980.
Ders.: Der Kummer von Belgien. Stuttgart, 2008.
Conscience, Henrik: Der Löwe von Flandern. 1983.
Coster, Charles de: Die Geschichte von Ulenspiegel und Lamme Goedzak. Zürich, 1985.
De Dijn, Rosine, Filz, Willi: Deutsche unter Belgiern. Eupen (Belgien), 2011.
Forgeur, Brigitte, Sarramon, Christian: An der Nordsee. Von der Lust zu leben zwischen Polder und Meer. Eupen (Belgien), 2001.
Heusinger von Waldegg, J.: James Ensor. 1991.
Jost, W., de Geest, Joost (Hrsg.): Flandern. Ein literarisches Landschaftsbild. Frankfurt 1996.
Kieffer, Rob: Büßer, Bürokraten und Bierologen – Belgische Eskapaden. Wien, 2000.
Mouton, Olivier, Wilssens, Marie-Anne, Samoy, Jean-Claude: Belgien – Von der Kunst zu leben. Eupen (Belgien), 2001.
Moës, Philippe: Die Ardennen. Begegnungen mit Flora und Fauna. Eupen (Belgien), 2007.
Schmitz-Reiners, Marion (Hrsg.): Leben in Babel – eine Lesereise durch die belgische Seele. Eupen (Belgien), 2003.
Dies.: Belgien für Deutsche – Einblicke in ein unauffälliges Land. Berlin, 2006.
Schmitz-Reiners, Marion, Filz, Willi: Diesseits von Belgien. Eupen (Belgien), 2009.
Simenon, Georges: Die Flucht der Flamen. Zürich, 1991.
Simenon, Georges: Der Verdächtige, Zürich, 1991.
Simenon, Georges: Als ich alt war. Zürich, 1995.
Schwieren-Höger, Ulrike, Bertemes, Guido: Das Hohe Venn, Eupen (Belgien), 2011.
Weidemann, Sigi: Gebrauchsanweisung für Brüssel und Flandern. München, 2007.

Wetter und Reisezeit

Das Wort »durchwachsen« bringt Belgiens Wetter kurz und einleuchtend auf den Punkt. In den **Ardennen** lehrt der Wettergott einen das Fürchten, wenn sich dort bei westlichen Winden abregnet, was sich über dem Atlantik an feuchten Luftmassen angesammelt hat. Das hat auch etwas Gutes, wie Kajakfreaks versichern, denn dann schwellen die Flüsse an und es ist dort gut paddeln. Im Winter fällt auf die Hügel und Hochebenen oft so viel Schnee, dass die Loipen gespurt werden können. Wasserdichtes Schuhwerk und Anorak sollten zumindest im Kofferraum bereitliegen, sodass man die herrlich grüne, herbstlich bunte oder schneebedeckte Landschaft auf Spaziergängen oder Wanderungen so richtig genießen kann. In regen- und windfester Montur bis hin zu Gummistiefeln und Friesennerz ist man auch an der Küste für Strandspaziergänge an Herbst- oder Wintertagen gut gerüstet.

Klimadiagramm Belgien

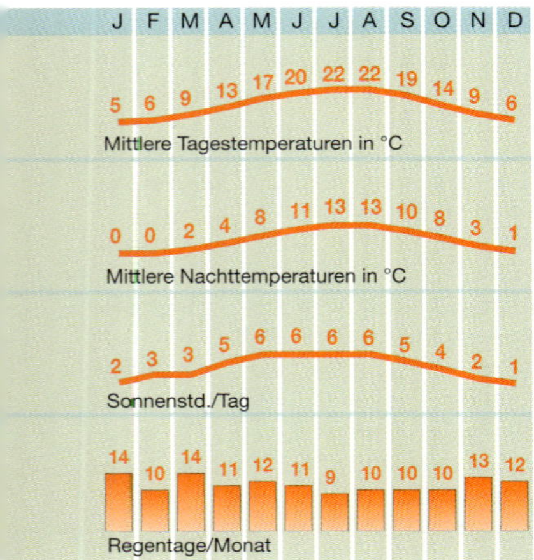

An der Küste und rund 15 km landeinwärts ist es durch die »Warmwasserheizung« des Golfstroms allgemein milder und besonders im Sommer oft und lange wolkenfrei. Sommerliche Wassertemperaturen von bis zu 17 °C laden zum Baden im Meer ein. Dass auch ganz Belgien mit richtigen Sommern aufwarten kann, davon zeugen überall im Land gemütliche Terrassencafés, die vom Frühling bis in den Spätherbst bestens besucht sind.

Rundreisen planen

In die flämischen Kunststädte

Die vier großen Städte Brüssel, Gent, Brügge und Antwerpen gelten wegen der zahlreichen Kunstschätze, die in den Museen und Kirchen zu bewundern sind, als Kunststädte – aber auch wegen der Künstler, die dort ihre Spuren hinterlassen haben: Seien es die kunstvollen Jugendstilvillen von Victor Horta und seinen Schülern in Brüssel, das Werk von Rubens in Antwerpen oder die faszinierenden alten flämischen Bauwerke.

Eine Rundreise beginnt man am besten in Brüssel. Brüssels Grand-Place ist ein Highlight und steht ganz oben auf der Agenda. In Gent sind der stolze Belfried, die düstere Gravensteen und das »Lamm Gottes« nur einige »Must-Sees«. Und die Kunstwerke im Museum für Schöne Künste. Denn diese

Günstig mit der Bahn
Für die Rundfahrt mit dem Zug nach Gent, Brügge und Antwerpen findet ein Berechnungsprogramm auf der Homepage der belgischen Bahnen (www.b-rail.be, in Deutsch) das günstigste Angebot heraus.

Kombitickets
Mit der **Euro<26 Karte** erhalten junge Leute (12–25 Jahre) europaweit zahlreiche Ermäßigungen in den Bereichen Kultur, Transport, Reise und Einkauf. Außerdem ist eine weltweite Reiseversicherung inbegriffen. Die ein Jahr gültige und bis zum 26. Lebensjahr jedes Jahr verlängerbare Karte ist für 15 € erhältlich unter www.euro26.de.

erzählen gemeinsam mit denen im Groeningemuseum in Brügge und im Königlichen Museum für Schöne Künste in Antwerpen die Geschichte der bildenden Kunst in den Niederlanden vom 15.–21. Jh. und bilden zusammen die »Flämische Kunstsammlung« (»Vlaamse Kunstcollectie«, www.vlaamsekunstcollectie.be) – ein Genuss für jeden Museumsbesucher.

Im mittelalterlichen Brügge lassen sich die Sehenswürdigkeiten gut zu Fuß oder mit dem Fahrrad besuchen. Sollten die Energien schwinden, sorgt an fast jeder Ecke eine Chocolaterie für schnellen Ausgleich. Höhepunkt im Groeningemuseum sind die Werke der berühmten flämischen Meister spätmittelalterlicher Malerei. Schließlich Antwerpen: In der Welt-, Kunst-, Mode-, Diamanten-, Einkaufs- und Hafenstadt wird viel geboten. Zunfthäuser schmücken den Marktplatz, wo der Centurio Silvius Bravo auf dem Bravobrunnen zum Wurf mit der abgeschlagenen Hand des Riesen Antigonus ausholt. In der Kathedrale, in zahlreichen Kirchen und im Rubenshaus kann man auf den Spuren des großen Malers Peter Paul Rubens wandeln und sich bei einer Hafenrundfahrt den Meeresduft der großen weiten Welt um die Nase wehen lassen.

Durch die Ardennen

Naturliebhaber kommen in den Ardennen auf ihre Kosten. Sie gelten neben der Küste als Belgiens schönste Landschaft und man kann hier weite Wanderungen durch Wälder unternehmen oder Aktivsport betreiben. Zugleich gibt es einiges Sehenswertes zu entdecken. In Bastogne, dem Startpunkt dieser Tour, werden nicht nur für Geschichtsinteressierte die Ereignisse der Ardennenoffensive wieder gegenwärtig. Weiter geht es nach La Roche-en-Ardenne. Aussichtspunkte in der Umgebung eröffnen den Blick auf das für Kajaktouren beliebte Ourthetal. Stavelot liegt malerisch im Tal der Amblève. Besonders sehenswert ist hier die Abtei. Eine unterirdische Bootsfahrt auf einem Fluss durch eine Höhle kann man in den faszinierenden Grottes de Remouchamps erleben (s. S. 250). Und im Parc des Topiaires in Durbuy (s. S. 258) verweilen auch müde Wanderer gern.

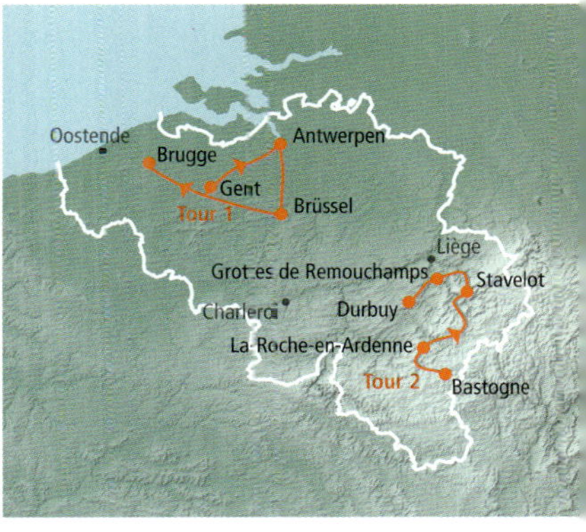

Anreise und Verkehrsmittel

Einreisebestimmungen

Deutsche, Österreicher und Schweizer benötigen für einen Aufenthalt bis zu drei Monaten einen gültigen Personalausweis oder Pass, Kinder und Jugendliche unter 16 Jahren, die nicht im Familienpass eingetragen sind, einen Kinderausweis.

Für Bürger der Schengen-Staaten, zu denen Deutschland, Österreich und Belgien gehören, entfallen die Grenzkontrollen, seit einigen Jahren auch für Schweizer Bürger.

Zollvorschriften

Die Ein- und Ausfuhr von Waren für den Eigenbedarf innerhalb der Mitgliedsstaaten der EU ist weitgehend zollfrei. Tabakwaren: 800 Zigaretten (**oder** 400 Zigarillos **oder** 200 Zigarren **oder** 1 kg Rauchtabak). Alkohol: 10 l Spirituosen **und** 10 l alkoholhaltige Süßgetränke (Alcopops) **und** 20 l Zwischenerzeugnisse (z. B. Campari, Portwein, Sherry) **und** 90 l Wein (höchstens 60 l Schaumwein/Sekt) **und** 110 l Bier.

Die Einfuhr von Waffen aller Art – einschließlich Tränengassprays und Klappmessern – ist streng verboten.

Mitnahme von Haustieren

Für Haustiere werden der EU-Heimtierausweis mit einem gültigen Tollwutimpfeintrag sowie die Identifikation des Tiers anhand einer Tätowierung oder eines Chips verlangt.

Anreise

Flugzeug

Brüssels internationaler Flughafen **Zaventem** wird aus vielen Großstädten Deutschlands sowie von Basel, Genf, Zürich und Wien aus angeflogen. Bis zu 4 Züge stündlich verbinden den 14 km außerhalb von Brüssel liegenden Flughafen mit den Bahnhöfen Brüssels.

Bahn

Von Essen und Köln aus fährt der Hochgeschwindigkeitszug Thalys nach Brüssel (Stopps in Aachen, Liège), von dort auch bis Oostende.

Schnäppchen findet man unter www.thalys.com. Mit dem Kombiticket »Alle belgischen Bahnhöfe« (»Toute gare belge«) können Sie Züge der SNCB für die innerbelgische Weiterfahrt kostengünstig nutzen.

Ab Köln fahren täglich mehrmals ICEs (www.bahn.de) nach Brüssel.

Aus Süddeutschland und der Schweiz (Basel) bieten sich täglich mehrmals verkehrende ICEs in Kombination mit anderen Fernzügen (Thalys, TGV) nach Brüssel an.

Von Österreich aus ist es bequem, im Nachtzug (EuroNight, CityNightLine) mit Anschlussfernzügen nach Brüssel zu reisen. Von dort aus sind alle größeren und viele kleinere Städte Belgiens mit dem Zug zu erreichen. Infos auch unter www.sncb-europe.com.

Bus

Fernlinienbusse der *Deutschen Touring* (Tel. 069 790 35 01, www.touring.de) pendeln zwischen mehreren deutschen Städten und Liège, Brüssel, Gent, Mons und Antwerpen. Busse der *Eurolines* fahren von Wien und Salzburg nach Brüssel (Tel. in Belgien 02 274 13, www.eurolines.be).

Auto

Von Norden bietet sich die Einreise durch die Niederlande auf der A 40/E 34 von Venlo über Eindhoven nach Ant-

Der Hochgeschwindigkeitszug Thalys

werpen an. Von Osten gelangt man aus dem Ruhrgebiet auf der A 44 oder aus Richtung Köln auf der A 4/E 40 zum Aachener Autobahn-Kreuz und kann die Fahrt dann auf der E 314 durch das niederländische Limburg oder auf der E 40 über Lüttich Richtung Brüssel fortsetzen.

Von Südosten geht es auf der A 60 durch die Eifellandschaft in die nördlichen Ardennen oder auf der E 44 über Trier, Luxemburg und der A 4/E 25 Richtung Brüssel. Von Süden gelangt man auf der A 4/E 25 über Metz nach Luxemburg und auf der E 411 in die südlichen Ardennen und nach Brüssel.

Verkehrsmittel in Belgien

Bahn

Belgien verfügt über ein dichtes Eisenbahnnetz. Das Angebot an ermäßigten Bahnfahrkarten ist sehr vielfältig, beispielsweise für kinderreiche Familien und Senioren über 65 Jahren. Zudem gibt es **Go Pässe** für Reisende unter 26 Jahren und den **Rail Pass** für alle über 26.

Informationen und Preise finden Sie im »Leitfaden für Reisende«. Über Angebote für gehandicapte Fahrgäste informiert die Broschüre »Dienstleistung für Fahrgäste mit eingeschränkter Mobilität«. Die Prospekte kann man bei www.b-rail.be herunterladen, sie sind aber auch an Bahnhöfen erhältlich.

Weitere Informationen bieten die Homepages www.sncb-europe.com und www.b-rail.be sowie die Tel. 025 28 28 28 (Binnenverkehr) und 070 79 79 79 (internationale Züge, 0,30 €/Min; auch Kauf von Fahrscheinen für den Eurostar, Thalys und TGV).

Bus

Ziele in den Städten, Vorstädten und im näheren Umland der größeren Städte erreicht man mit Bussen, die meist von Busbahnhöfen oder Haltestellen in der Nähe der Bahnhöfe abfahren. Es verkehren aber auch Busse zwischen vielen Orten. In den Ardennen, in denen das Eisenbahnnetz weniger stark ausgebaut ist, ist der Bus häufig das einzige öffentliche Verkehrsmittel.

Die großen Busgesellschaften:
STIB/MIVB (Brüssel), Tel. 070 23 20 00, www.stib.be
TEC (Wallonie), www.infotec.be
De Lijn (Flandern), Tel. 070 22 02 00, www.delijn.be

Taxi

Taxifahrten sind relativ teuer, Taxis findet man an Bahnhöfen und Plätzen.

Mietwagen

In allen großen Städten kann man Autos mieten, wobei die Mietkosten im Ort meist günstiger sind als am Flughafen oder am Bahnhof. Günstiger ist es, im Voraus zu buchen.

Große Autovermieter: **Avis:** www.avis.com. **Budget:** www.budget.com. **Hertz:** www.hertz.be

Autofahren/Verkehrsregeln

Höchstgeschwindigkeiten: 50 km/h innerorts, 90 km/h außerorts; 120 km/h auf Autobahnen und Schnellstraßen.

Sicherheitsgurte müssen auf allen Sitzplätzen (vorne und hinten) angelegt werden. Kinder unter zwölf Jahren müssen auf der Rückbank sitzen.

Alkoholgrenze: 0,5 Promille, Fahranfänger 0,2 Promille.

Parkverbot an Bordsteinen mit einer gelben Linie.

Warnweste: Wer nach einem Unfall oder einer Panne auf der Autobahn oder einer Kraftfahrtstraße das Fahrzeug verlässt, muss eine Warnweste anlegen. Das gilt für die Fahrer – auch Motorradfahrer –, alle Fahrzeuginsassen und für die Helfer. Das Nichtanlegen wird mit mindestens 50 € (maximal 1375 €) geahndet.

Führer- und Kraftfahrzeugschein sind mitzuführen. Empfehlenswert sind eine Internationale Grüne Versicherungskarte und ein mehrsprachiger europäischer Unfallbericht-Vordruck.

Bußgelder – meist mindestens 50 € – oder Kautionen werden an Ort und Stelle abverlangt. Bei der Ahndung von Verkehrsdelikten geht die belgische Polizei häufig rigoros vor. Wird nicht gezahlt, wird kurzerhand das Fahrzeug sichergestellt und abgeschleppt. Wird die Forderung nicht innerhalb von vier Tagen beglichen, kann das Fahrzeug verkauft werden.

Pannenhilfe: Reisende, die über eine ADAC-*Plus*- oder AvD-Mitgliedschaft verfügen, können Tag und Nacht kostenlose Pannenhilfe anfordern. Notruf aus dem Ausland:
ADAC: 0049 89 22 22 22
AvD: 0049 69 660 66 00

Tankstellen: Mo–Sa 7–19 Uhr geöffnet. Viele Tankstellen haben Automaten-Zapfsäulen, an denen auch außerhalb der Öffnungszeiten getankt und mit Kreditkarten oder Banknoten bezahlt werden kann. Die Tankstellen an Autobahnen haben rund um die Uhr geöffnet.

Die **Autobahn-Ausfahrten** sind zur besseren Orientierung durchnummeriert, die Nummern sind auch in den geläufigen Straßenkarten an den Abfahrten angegeben.

Ortsnamen: In Flandern sind auf Hinweisschildern durchgängig die niederländischen Ortsnamen, in der Wallonie die französischen angegeben, was manchmal verwirrt. Hier die wichtigsten Ortsnamen in beiden Sprachen:
Aalst – Alost
Antwerpen – Anvers
Brugge – Bruges
Brussel – Bruxelles
De Haan – Le Coq sur mer
Dendermonde – Termonde
Eupen – Nean
Gent – Gand
Ieper – Ypres (Ypern)
Kortrijk – Courtrai
Leuven – Louvain (Löwen)
Luik – Liège (Lüttich)
Mechelen – Malines
Namur – Namen
Tongeren – Tongres
Oudenaarde – Audenarde
Doornik – Tournai

Übernachten

Hotels

Belgische Hotels sind nach den Normen der Benelux-Klassifizierung, in die u. a. Ausstattung, Service, Ambiente und Standort einfließen, klassifiziert und haben ein bis fünf Sterne. In Brüssel und Brügge liegen die Preise über dem Durchschnitt. In Brüssel und Antwerpen werden von vielen Hotels an Wochenenden und in den Ferien erhebliche Preisnachlässe gewährt, in Brügge in der Woche. Häufig sind die Preise bei Buchungen über Reisebüros oder bei Online-Buchungen günstiger als vor Ort.

Ferienparks und Ferienwohnungen

In Belgien gibt es zahlreiche Ferienparks, vor allem an der Küste. Übernachtet wird in kleinen Bungalows oder Chalets, die mit allem notwendigen Komfort ausgestattet sind. In den meisten Ferienparks werden in der Hauptsaison Sport- und Freizeitaktivitäten für alle Altersgruppen organisiert. Zudem besteht ein großes Angebot an Ferienwohnungen. Ausführliche Info-Broschüren hierzu erhält man bei den belgischen Verkehrsämtern.

Bed & Breakfast

B & Bs (Gastenkamers/chambres d'hôtes) sind eine preiswerte Alternative zum Hotel (Auskünfte und Verzeichnisse gibt es bei den lokalen Touristeninformationen. **TaxiStop** bringt jedes Jahr das Verzeichnis »Bed & Breakfast & Rentals« für ganz Belgien heraus (Tel. 070 22 22 92, www.taxistop.be).

Infos über B&Bs erhält man auch bei den belgischen Fremdenverkehrsämtern (s. S. 14) sowie bei der **Fédération des Gîtes de Wallonie** (Tel. 081 31 18 00, www.gitesdewallonie.be) und **Bed & Brussels** (Tel. 02 6 46 07 37, www.bnb-brussels.be).

Jugendherbergen

In Jugendherbergen kann jeder übernachten, der einen gültigen internationalen Jugendherbergsausweis hat. Verzeichnisse der Jugendherbergen und Anmeldungen in Flandern und Brüssel sind erhältlich über:

In Flandern
Vlaamse Jeugdherbergcentrale
Van Stralenstraat 40
B-2060 Antwerpen
Tel. 03 232 72 18, Fax 03 231 81 26, www.vjh.be

In der Wallonie und Brüssel
Les Auberges de Jeunesse
28, rue de la Sablonnière
B-1000 Brüssel
Tel. 02 219 56 76, Fax 02 219 14 51, www.lesaubergesdejeunesse.be

Camping

Belgien verfügt über rund 500 Camping- und Caravanplätze. Im Sommer sind die Plätze randvoll, deshalb unbedingt im Voraus reservieren. Wildes Campen ist verboten, erlaubt ist jedoch das einmalige Übernachten im Wohnwagen oder Wohnmobil auf Rastplätzen von Autobahnrastplätzen. Kostenlose Campingführer erhält man bei den belgischen Verkehrsämtern im

Heimatland oder bei den örtlichen Verkehrsämtern.

Wanderhütten

In Flandern gibt es preiswerte *trekkershutten* (Wanderhütten). Darin können maximal vier Personen übernachten. Zur Ausstattung gehören in der Regel Schlafplätze für vier Personen, ein Tisch mit Stühlen, Gaskocher, Licht, Steckdose, Putzmittel. Heizungen gibt es nur in einigen Hütten. Schlafsäcke und Küchenutensilien muss man mitbringen. Die Hütten liegen in der Nähe von Wander- und Fahrradrouten oder auf Campingplätzen, deren Infrastruktur (Waschräume, Toiletten, Duschen) mitbenutzt werden kann.

Reservierungen nehmen die entsprechenden Campingplätze entgegen. Alles rund um die *treckershutten:* www.trekkershutten.nl (für ganz Benelux).

Nützliche Internetadressen

Hotels
www.hotels.be (dt.)
www.hotel.de (dt.)
www.hotelsbelgium.net (dt.)
www.hotels-belgium.com

Ferienwohnungen, Ferienhäuser und Gästezimmer
www.dekust.org (dt.)
www.ardennes-etape.com

Online-Camping-Führer
www.campingbelgique.be (für die Ardennen und Wallonie, frz., nl., dt.)
www.camping.be (für Flandern, frz., nl., engl., dt.)

Gepflegt essen gehen – in Belgien kein Problem

107 Sterne (2012), pro Kopf mehr als in allen anderen Ländern Europas, funkeln an Belgiens Feinschmeckerhimmel und weisen Genießern, so sie sich denn nach der roten Gourmet-Bibel, dem »Michelin« richten, den Weg in die Genusstempel. Kenner meinen, dass sogar weitaus mehr belgische Restaurants dieses Qualitätslabel verdienten. Doch die Bewertung fällt eh so oder so aus, wie ein Blick in den belgischen Restaurantführer »Lemaire« lehrt, denn in dessen Hitliste sind andere Restaurants Spitze.

Belgier sind leidenschaftliche Esser, man isst gut und reichlich, was in der belgischen Küche, einer gelungenen Symbiose aus flämisch-niederländischer Deftigkeit und französischem Raffinement, seinen Niederschlag findet. Wobei die einzelnen Regionen sich in vielen Gerichten allzu starken Einflüssen fremdländischer Kochlöffel erfolgreich widersetzt haben.

Kulinarischer Tagesablauf

Gestärkt durch ein üppiges Frühstück mit Pistolets (langen Brötchen) und Croissants, zu denen sich Eier, Schinken und Konfitüre gesellen, geht man den Tag an.

Der Mittag fällt, je nach Lust und Laune, mal kurz, mal lang – will heißen von zwölf bis drei – aus. Die einen genießen dann einfach knusprig goldene Fritten mit einer von anderthalb Dutzend Pommessaucen und heben sich den ausgedehnten Genuss für den Abend auf. Fritten bekommt man an jeder Straßenecke, in Brüssel sind die Frittenbuden gewissermaßen flächendeckend angehäuft. Mit Fritten serviert werden auch die auf unterschiedliche Weise zubereiteten *Moules* oder *Mosselen* (Muscheln), etwa *Moules à la crème*, *Moules aux fines herbes* oder *Moules au vin blanc*. Manch anderer nimmt mittags oder abends gern ein Stündchen Fahrzeit in Kauf, um an das Ziel seiner kulinarischen Wünsche zu gelangen. In Küstennähe bekommt er dann *Paling in't groen* (jungen Aal in grüner Kräutersauce), fangfrischen Fisch und Meeresfrüchte, aber auch *Watersooi met Kabeljauw* (Fischsuppe). Öfter ist die *Watersooi* jedoch eine kräftige Hühnersuppe mit einem gehörigen Schuss Sahne. Deftig kräftigend sind auch *Stoemp*, ein Kartoffel-Gemüse-Brei mit gebratenem Speck, und *Soupe aux pois Bastognarde* (Erbsensuppe mit Ardenner Eisbein und Ardenner Schinken).

Mit Bier kochen? Wird der köstliche Gerstensaft da nicht zweckentfremdet? Nicht in Flandern, wo Delikatessen wie *Stoofkarbonaden* (geschmortes Rindfleischragout), *Lapin à la Trappiste à prûnes* (Karbonade mit Trappistenbier und Backpflaumen) und *Vlaams konijntje* (Kaninchen) mit Bier verfeinert werden. Ähnlich verfeinert man die *Limburgse Karbonaden* mit Rotwein und *een dreoske* – einem »Tröpfchen« – Hasselter Genever. Auch Hopfen findet man nicht nur im Bier, in der Gegend der Hopfenstadt Poperinge kommt er als köstliches Gemüse auf den Tisch. Neu ist vielen Besuchern des Landes vielleicht auch die Verwendung manch anderer Zutat in einem Gericht, etwa die von Blutwurst (*Boudin*) in einem Omelette, dem *Omelette au boudin noir*.

In Brüssel findet man die lokalen Spezialitäten des ganzen Landes, doch hat die Metropole auch ihre eigenen. Dazu zählen die besonders zarten *Brüsseler Hähnchen*, *Chicons* (Brüsseler Endivie) und *Witlof* (Brüsseler Chicorée mit Schinken und Käsesauce). Geschmort gehört Chicorée zu *Fasan nach Brabanter Art.*

Weitere lokale Kreationen sind der nach *Mechelener Art zubereitete Spargel*, *Kalbsniere nach Lütticher Art* und die nach *Viséer Art* erst gekocht und dann gebratene Gans. Typisches aus den Ardennen sind der *Jambon d' Ardenne* (Ardenner Räucherschinken), meist hauchdünn geschnitten, fangfrische Fluss-Forellen und zur Jagdsaison Wild.

Zwischen den Mahlzeiten bekämpft man den aufkommenden Appetit bei einem Tässchen Kaffee mit *Flämischer Apfeltorte*, *Brüsseler Waffeln*, *Smoutebollen* (Krapfen) oder *Kletskoppen* (zartes Buttergebäck). Oder man fällt in eine der zahlreichen *Chocolaterien*, *Confiserien* oder *Crêperien* ein, um sich an köstlichen hausgemachten Pralinen, *Babelutten* (einer Art Karamellbonbon) oder hauchdünnen *Crêpes* zu versündigen.

Nationalgetränk ist – wie sollte es bei landesweit rund 400 Biersorten auch anders sein – das Bier. Belgische Biere sind je nach Gärart spontan, obergärig oder untergärig gegärt. Sie können säuerlich, herb, würzig oder süß sein, sind hell, braun bis schwarz oder rot – es bedarf einigen Probierens, um das für sich ideale Bier zu entdecken. Weit mehr als Bier wird jedoch zu den Mahlzeiten Wein getrunken.

Kulinarische Einkaufstipps

Favoriten unter den Köstlichkeiten zum Mitnehmen sind belgische Pralinen, die allerdings im Sommer, wenn nicht gekühlt, unterwegs fast so schnell schmelzen wie auf der Zunge. Als herzhaftes Mitbringsel sind der Ardenner Schinken, einer der Klosterkäse Belgiens oder ein Fläschchen Genever zu empfehlen. Ein originelles Geschenk für die Daheimgebliebenen ist auch eine Palette verschiedener Biere, die man in einem der zahlreichen Bierläden selbst zusammenstellen kann. Als »halben Meter Bier« kann man hier und da auch ein Sortiment verschiedener Biere in einem 0,5 m langen Holzgestell kaufen. Dazu eine Auswahl der passenden Biergläser – und die Sache ist perfekt!

Große Vielfalt – die belgischen Biere

Von der »Verboden Vrucht« zu kosten wird in Belgien durchaus nicht als Sündenfall betrachtet, sich dem »Delirium Tremens« hinzugeben, muss nicht im Säuferwahnsinn enden und beim Genuss eines »Mort Subite« ereilt einen gewiss nicht, was das Etikett androht – nämlich ein plötzlicher Tod. Wenngleich auch zu viel des Guten mit Sicherheit zu einem mittelschweren Kater führen wird. Denn die Rede ist hier von drei der über 400 belgischen Biersorten.

Verfechter des deutschen Reinheitsgebots wird es in Belgien gewiss grausen, belgische Bierbrauer sind nämlich nicht pingelig mit dem Einsatz unterschiedlichster Ingredienzien. Wenn es darum geht, die Geschmacksknospen zu kitzeln, dem Auge mit Farbe und dem Riechorgan mit Aroma zu schmeicheln, wird mit Früchten oder Gewürzen nicht gegeizt. Nehmen wir beispielsweise das rosarote Kriek: Es wird mit Kirschen angesetzt. Oder das Framboise, ein mit Himbeeren vergeistigtes Bier. Beide Biere sind die fruchtigen Abarten des Lambic, und das ist eine Marke für sich. Der Gärungsprozess dieses Biers wird dadurch eingeleitet, dass man das Braugut einfach eine Nacht unter den geöffneten Dachluken der Brauereien an der Luft stehen lässt. Es muss allerdings die Brüsseler Luft sein, denn nur in der Dunstglocke der Metropole und ihrer näheren Umgebung geistern der besondere, zur Gärung benötigte Mikroorganismus Brettanomyces bruxellensis und seine Schwester, Brettanomyces lambicus, in der Luft herum. Die anschließende Reifung im Eichenfass dauert zwischen einem halben und zwei Jahren und wird schließlich in der Flasche vollendet. Doch Lambic kann noch mehr. Mit Kandiszucker gebraut, wird es zum Faro. Werden Lambics alter und junger Jahrgänge zusammengeschüttet und zur Nachgärung in dickwandige Flaschen gefüllt, wird das zum perlenden Gueuze, dem Champagner unter den belgischen Bieren mit dem typisch säuerlichen Geschmack. Die traditionell gebraute Gueuze hat fast schon Seltenheitswert, wird aber in der kleinen Brauerei Cantillon in der Rue Gheude in Anderlecht noch hergestellt.

Urtypisch belgisch, schwarz wie die Nacht und mit bis zu über 10 % Alkohol ausgestattet sind die Trappisten, obergärige Biere, die von Mönchen in den Gemäuern von Klöstern und Abteien gebraut werden. Weltweit dürfen sich nur sechs Biere mit dem Namen des Mönchsordens schmücken, drei (St Sixtus aus Westvleteren, Westmalle, Achel) stammen aus dem nördlichen, drei (Chimey, Orval, Rochefort) aus dem südlichen Belgien. Bier, das im Auftrag der Abteien aus gewöhnlichen Brauereien stammt, darf sich immerhin »Abteibier« nennen.

Trappistenbiere werden aus großen, Kognakschwenkern ähnlichen Gläsern getrunken, Kwak hingegen aus dem 1,2 l fassenden »Chevalier«, einem hohen Glas, das aus einer Kreuzung zwischen Eieruhr und Blumenvase hervorgegangen zu sein scheint und große Mühe hat, alleine zu stehen. Daher wird es mittels eines speziellen Holzgestells lotrecht gehalten. Kwak-Gläser sind begehrt, nur zu gern lässt der eine oder andere Zecher eines mitgehen. In der urgemütlichen Schänke »Dulle Griet« am Genter Freitagsmarkt wird dem Gast deshalb als Pfand ein Schuh abverlangt, der in einem Drahtkorb an die Decke gehängt wird, bis der Zecher seinen Durst gelöscht und das Glas wieder unversehrt herausgerückt hat.

Stark: Trappistenbier aus dem Kloster

Um das Jahr 1900 gab es in Belgien mehr als 3500 Brauereien, fast jedes Dorf hatte seine eigene, manches sogar zwei. Jetzt sind es immerhin noch über hundert. Übrigens: Man muss in Belgien nicht unbedingt von Ort zu Ort fahren, um die Bekanntschaft mit möglichst vielen lokalen Bieren zu machen, denn etliche Kneipen halten 60 bis 80 – das »Brugs Beertje« in Brügge sogar 300 – verschiedene Biere für ihre Gäste bereit. Wer dem belgischen Hopfen und Malz so richtig auf den Grund gehen möchte, kann sich zunächst in einem der Biermuseen, etwa im Brouwershuis und im Gueuze-Museum in Brüssel oder im Brauereimuseum in Leuven, mit der Theorie bekannt machen und die Erkenntnisse dann in einem der Bierseminare praktisch vertiefen – eine gewisse Standfestigkeit vorausgesetzt.

Aktivurlaub, Sport und Wellness

Baden am Meer

Badespaß pur bietet der 67 km lange, fast überall kostenlos und frei zugängliche Sandstrand an der belgischen Nordseeküste. In allen Badeorten kann man Strandkörbe, Windschutz, Umkleidekabinen und sogar Strandspielzeug mieten. Nacktbaden ist nicht erlaubt. Hunde sind am Strand von De Panne generell und während der Ferienzeit an den Stränden der meisten anderen Badeorte verboten. Am besten man erkundigt sich vor Ort, wann und wo man seinen Vierbeiner mit zum Strand nehmen darf.

Sicherheit beim Baden wird an Belgiens Küste großgeschrieben. Das Baden außerhalb der mit großen Schildern und Bojen markierten Badezonen ist lebensgefährlich und daher grundsätzlich verboten. Innerhalb der Badezonen ist das Baden nur erlaubt, wenn am Strand die grüne Flagge aufgezogen ist, bei roter Flagge herrscht absolutes Badeverbot. Flattert die gelbe Flagge, ist erhöhte Vorsicht geboten, Luftmatratzen und Schlauchboote müssen an Land bleiben. Knallorange gekleidete, erfahrene Küstenretter überwachen den Badebetrieb von 10 bis 18 Uhr.

Hohe Orientierungsstangen am Strand mit großen Figuren (Banane, Haus, Schiff etc.) helfen Kindern, die beim Spielen ihre Eltern aus den Augen verloren haben, zurückzufinden. Eltern sollten sich daher nach der nächsten Figur umsehen und ihre Kinder darauf hinweisen. Noch besser ist es, wenn sie ihren Kindern das *strandbandje*, ein überall in den belgischen Badeorten erhältliches Plastikarmband mit dem entsprechenden Symbol (Banane, Haus etc.) um das Handgelenk binden.

Golf

Bewegung und Entspannung in der Natur – Belgien bietet eine Vielzahl großzügig angelegter Golfplätze, wo dies möglich ist. Hier kann man den Sport erlernen oder sein Handicap verbessern. Unter www.golfbelgium.be findet man eine Liste aller Golfclubs, eine ausführliche Beschreibung der Plätze und des Services sowie viele nützliche Infos.

Kanu- und Kajaksport

Aktive Naturerlebnisse bieten Ausflüge mit dem Kanu oder Kajak auf Belgiens Flüssen. In den **Ardennen:** Auf der Ourthe ist der 21 km lange Abschnitt vom Staudamm Nisramont durch die Hérou-Schlucht bis nach La-Roche-en-Ardenne landschaftlich besonders reizvoll. Kajaks oder Kanadier können gemietet werden im Outdoor Centre, Au Setier 1, Nadrin, www.outdoor-centre.be oder bei Ardenne Aventures, 35, rue de l'Église, La-Roche-en-Ardenne, Tel. 08441 19 00, www.ardenne-aventures.be.

Auf der Amblève verläuft das Stück von Coo bis Targnon-Pont oder Lorcé. Herrlich ist es auch auf der Lesse, die man von Houyet oder Gendron bis Anseremme (21/12 km), hinunterpaddeln kann. Ein Naturerlebnis, bei dem man auch schon mal Eisvögel, Ringelnattern und blaue Libellen beobachten kann. Bei Lesse Kayaks Bleus, Tel. 082 22 43 97, www.lessekayaks.be, kann man zwischen Standard-, Klassik- und Super-Comfort-Kajak sowie Kanu wählen. Außerdem: Association des Attractions Touristiques de Dinant: Tel. 082 22 61 86, www.dinantourism.com.

In **Flandern:** Gut paddeln in schöner Umgebung ist auf der Dommel im Norden Limburgs, auf der Kleinen Nete (von Herentals bis Grobbendonk) und auf der Leie (von Deinze bis Gent).

Eine mehrtägige Rundfahrt kann man auf der Ijzer, dem Kanal von Duinkerke und der Lovaart unternehmen. Informationen für Kanu- und Kajakfahrer erhält man bei den Fremdenverkehrsbüros.

Mountainbiking

Mountainbiker kommen besonders in den Ardennen und Ostkantonen auf ihre Kosten. Die MTB-Clubs der Ostkantone haben zahlreiche Rundstrecken unterschiedlicher Länge markiert. Infos: www.ostbelgien.be

Radfahren

Erobern Sie Belgien mit dem Rad! Das ganze Königreich ist kreuz und quer von Radwegen durchzogen. Fahrräder können Sie an vielen Orten leihen. Ausführliche Informationen finden Sie auf den Homepages der Fremdenverkehrsämter für die Wallonie, Flandern und die Ostkantone (s. S. 14).

Ungebremstes Radfahrvergnügen in der reizvollen Landschaft Flanderns bietet *Vlaanderens Fietsroute*, ein ausgeschilderter Rundkurs von 800 km Länge durch alle flämischen Provinzen. Schilder mit *Landelijk Fietsroute* zeigen, wo es langgeht, wenn man das Ganze verkürzen möchte. Oder man zweigt an einem der Fahrradknotenpunkte auf eine der zahlreichen anderen Routen ab und stellt seine Tour à la carte zusammen. Infos: www.fietsroute.org, www.rad.flandern.de. Topografische Führer für diese Routen gibt es in den Fremdenverkehrsämtern, im Buchhandel und bei der Buchungszentrale TPA-Toerisme Kempen, Grote Markt 44, B-2300 Turnhout, Tel. 014 43 50 63.

In der Wallonie gibt es das RAVEL-Netz (Autonomes Netz der langsamen Wege) von Radwegen, die aber auch Wanderer nutzen können. Sie folgen meist abseits befahrener Verkehrsstraßen, stillgelegten Bahntrassen und Treidelpfaden an Wasserwegen. Infos: www.belgien-tourismus.de (dt.) und www.wallonie.be (frz.). Zudem gibt es zahlreiche weitere Routen, über die man sich bei den lokalen Verkehrsämtern informieren kann.

Mein Tipp

Abenteuer pur

Auf Schwindel erregenden Hängebrücken über bis zu 20 m tiefe Schluchten, auf schwankenden Seilen von Baum zu Baum, sich abseilen am Fels oder diesen erklimmen, wie Tarzan durch die Luft schwingen, und dann der *death ride:* sich am Kabel in 45 m Tiefe stürzen – Adrenalin-Ausstoß garantiert! Im Kletter- und Abenteuerpark Dinant Adventure in den Felsen hoch oben über der Maas kann man acht verschiedene Programme absolvieren, Dauer zwischen 2,5 Stunden bis zu einem ganzen Tag. Oder man stellt sich sein Menü selbst zusammen. Infos und Reservieren: Tel. 082 22 43 97, www.lessekayaks.be.

Reiten

Ob auf dem Pferd am Nordseestrand entlang, durch die grünen Ebenen Flanderns oder auf schmalen Pfaden durch die Wälder und Wiesen der hügeligen Ardennen – in Belgien bieten sich viele Reitmöglichkeiten.

Distanzreiten, Sternritte und Ausritte bietet z. B. Pegasus Reiterreisen (www.equitour.com). Vielerorts kann man auch Pferde mieten.

Segeln, Surfen und Strandsegeln

Segler mit eigenem Boot finden in Oostende, Blankenberge, Zeebrügge und Nieuwpoort geeignete Jachthäfen. Surfen kann man an der Küste nur an dafür ausgewiesenen Abschnitten, und nur, wenn die grüne Flagge weht.

Mit bis zu 120 Sachen über den Strand flitzen: Strandsegeln erfreut sich zunehmender Beliebtheit. Der Strand von De Panne und Oostduinkerke ist dazu bestens geeignet: Er ist besonders breit und nicht von Wellenbrechern durchzogen. Unterricht im Strandsegeln für Gruppen und Einzelpersonen erteilt der Landes-Strandsegelverein LAZEF in De Panne (Tel. 058 41 57 47, www.lazef.be).

Wandern

Ein Eldorado für Wanderer sind die Ardennen mit ihren zahlreichen Wanderwegen, darunter der 160 km lange Fernwanderweg (*sentier de grande randonnée*) »Transardennaise« von La Roche nach Bouillon. Weitere Fernwanderwege wie die Europäischen Fernwanderwege 2 und 3 durchziehen das Land (Les Sentiers, Tel. 070 22 30 23, www.grsentiers.org). Kürzere Routen findet man überall. Wer das flache Land bevorzugt, macht sich am besten in Flandern auf Schusters Rappen. Die örtlichen Verkehrsämter informieren mit Routenvorschlägen, -beschreibungen und -karten. Super: Pocket-Guide »Belgische Ardennen – 18 Wandertipps« (www.belgien-tourismus.de).

Schnee-Telefon
Informationen über die Wintersportverhältnisse Ostbelgiens erhalten Sie über einen ständig aktualisierten Anrufbeantworter. Die **SNOW-LINE** ist unter **Tel. 080 22 74 74** zu erreichen. Alle Wintersportgebiete und Sportmöglichkeiten finden Sie im Internet unter www.ostbelgien.be.

Wellness

Es gibt in Belgien mehrere Wellness-Oasen. Das **Thermalzentrum Spa** (www.thermesdespa.com) ist eine moderne Anlage für Gesundheit, Wellness und Beauty. Das **Thermae Palace** (www.thermaepalace.be), ein Luxushotel, liegt direkt am Strand von Oostende. Schönheit verspricht das Luxushotel **Spa-Balmoral** (www.hotelspa-balmoral.be) – mit Sauna, Pool, Whirlpool, Solarium, Hamam, Fitness- und Beauty-Anwendungen. In Lanaken, im **Romantik Hotel La Butte Aux Bois** (www.labutteauxbois.be), einem Luxus-Schlosshotel, kann man sich im Beauty- und Healthcenter »Aquamarin« verwöhnen lassen (Hallenbad, Dampfbad, Whirlpool und Sauna).

Wintersport

Sobald die Ardennen sich in ihrem weißen Winterkleid zeigen, werden die Loipen gespurt. Ausgezeichnete Skilanglaufgebiete sind das Hohe Venn, die Gegenden von Malmédy, Bütgenbach, Spa-Francorchamps und Champlon/St-Hubert sowie die Hochebenen von Baraque de Fraiture und Bastogne.

Feste und Unterhaltung

Im lebensfrohen Belgien wird kaum eine Gelegenheit ausgelassen, ein Fest zu feiern. Die fünfte Jahreszeit, der **Carnaval,** wird in Ronse schon im Januar eingeleitet, wenn die Jecken ihre Kostüme aus den Kisten holen, um am Narrenmontag nach Dreikönig durch die Straßen zu ziehen. Rheinländisch eingefärbt, mit Prinz und Elferrat, ist das Karnevalstreiben im nahe Deutschland gelegenen Eupen. Besonders berühmt für ihren traditionellen Karneval sind Binche und Malmédy. In Stavelot ziehen zur Mittfastenzeit, an *Laetare* (dritter Sonntag vor Ostern), die *Blancs Moussis,* mit Schweinsblasen bewaffnete Narrenfiguren, die Zuschauer in ihren Bann. Auch der *Cwarmê,* der traditionelle Malmédier Karneval, hat seine typischen Figuren. Die *Trouv'lê* ergreifen samstags die Macht über die Stadt, sonntags treiben die *bânes corantes* in den Straßen Schabernack mit den Passanten, mon-

Festkalender

Februar/März

Karneval in Ronse, Eupen, Binche, Stavelot, Malmédy.

Ball der toten Ratte in Oostende.

Mai

Lotto Kites International (Modelldrachenfest) in **Oostende voor Anker.**

Heilig-Blut-Prozession in Brügge (Himmelfahrt).

Katzenfest in Ieper (alle drei Jahre, 2015 …, Mitte Mai).

Juni

Seeweihe und **Schiffsparade** in Oostende, **Krabbenfest** in Oostduinkerke. **Cartoonfestival** in Knokke (oft Ende Juni–Sept.). Nachstellung der **Schlacht bei Waterloo** (um den 18. Juni).

Juli

Ommegang in Brüssel (um den 1. Donnerstag). **Bußprozession** in Veurne (letzter Julisonntag).

Gentse Festen, Feuerwerkmeisterschaften in Oostende. **Zugang zum Königspalast** in Brüssel (ab Ende Juli).

August

Historischer Festzug des Goldenen Baums in Brügge zur Erinnerung an die Hochzeit Karls des Kühnen mit Margareta von York (alle fünf Jahre, das nächste Mal 2012).

Blumenkorso in Blankenberge.

Jazz Middelheim in Antwerpen (Mitte Aug.).

Antilliaansen Festen in Hoogstraten (ca. 38 km von Antwerpen entfernt).

Feuerwerkmeisterschaften in Oostende. **Umzug der Riesen** in Dendermonde. **Großer Preis der Formel 1** in Francorchamps. **Ducasse – Festival der Riesen** in Ath (Ende August).

Rubensmarkt in Antwerpen (15. Aug).

September

Open-Monumenten-Tag, sonst unzugängliche öffentliche Gebäude sind überall in Belgien geöffnet.

Internationale Jagd- und Naturtage in St-Hubert.

November

Fest des Sankt Hubertus in St-Hubert.

Ommegang in Brüssel, ein spektakuläres Fest zu Ehren Karls des V.

tags zieht man im Straßentheater über lokale Ereignisse her, und dienstags erscheinen die mit Zweispitz und braunsamtenen Kostümen gekleideten *Haguètes* und halten die Zuschauer mit riesigen Zangen fest, bis diese um Vergebung bitten.

85 % der Belgier sind katholisch; daher die zahlreichen Prozessionen. Tausende von Besuchern zieht die **Heilig-Blut-Prozession** (Christi Himmelfahrt) in Brügge in ihren Bann. Fußgruppen und Schauwagen stellen Szenen der biblischen Geschichte dar. Zum Abschluss wird ein Reliquienschrein mit dem Blut des Gekreuzigten durch die Straßen getragen. Bei der **Veurner Bußprozession** am letzten Sonntag im Juli ziehen unter dem fortwährenden Klang der Totenglocke Hunderte in dunkle Kutten gehüllte, mit Kapuzen vermummte Büßer mit schweren Holzkreuzen auf den Schultern durch die Straßen. Ist Buße getan und die Glocke verstummt, hebt alsbald auf dem Marktplatz ausgelassene Rummelmusik an und Groß und Klein stürzen sich ins Jahrmarktvergnügen. An die glanzvolle Zeit der Burgunderherrschaft erinnert man alle fünf Jahre (das nächste Mal wieder im Jahr 2012) in Brügge mit dem feierlichen **Prunkzug des Goldenen Baumes**.

Einen makabren Hintergrund hat das **Kattefest** (alle drei Jahre, 2. Sonntag im Mai, zuletzt 2012) in Ieper. Es erinnert an die grausige Beweisführung des Grafen Boudewijn III., der lebende Katzen vom Rathausturm werfen ließ, um damit dem Aberglauben entgegenzuwirken, dass die Tiere des Teufels und deshalb unsterbliche Wesen sind. Heute wirft man bestenfalls Plüschkatzen vom Turm und widmet sich den Schmusetierchen auf dem Fest in aller Liebe mit einem großen Umzug. In Ath feiert man Ende August die **Kirmes der Riesen** *(ducasse)*. Dann ziehen Goliath, Samson, Ambionx und die vier Haimonskinder auf dem Pferd Bayard, alle mehrere Meter hoch, durch die Stadt. Goliath wird zwar von David besiegt, heiratet dann aber doch am Ende des Fests seine Madame.

Reiseinfos von A bis Z

Apotheken

Apotheken (Kennzeichen: grünes Kreuz oder Äskulapstab) sind in der Regel Mo–Sa 8.30–12 und 14–18 Uhr geöffnet; manche sind am Samstag oder Montagvormittag geschlossen. Einen Hinweis auf die nächste Apotheke mit Notdienst findet man an jeder Apotheke angeschlagen.

Ärztliche Versorgung

Deutsche können während eines vorübergehenden Aufenthalts in Belgien ambulante oder stationäre ärztliche sowie zahnärztliche Behandlungen, Arzneien und Heilmittel beanspruchen. Dabei empfiehlt es sich, Vertragsärzte aufzusuchen, deren Adressen die belgischen Krankenkassen *(Office Régional de la Caisse Auxiliaire d'Assurance Maladie-Invalidité* und *Gewestelijke Dienst van de Hulpkas voor Ziekte- en Invliditeitsverzekering)* auf Anfrage mitteilen. Alle Aufwendungen müssen zunächst selbst bezahlt werden, wobei man den Arzt bitten sollte, die erbrachten Leistungen in der Honorarquittung zu spezifizieren und die gleichen Belege wie bei Versicherten belgischer Krankenkassen auszustellen. Anschließend kann bei der gesetzlichen Krankenkasse am Aufenthaltsort in Belgien nach Vorlage der Arztrechnung und der Europäischen Krankenversicherungskarte eine Erstattung beantragt werden. Die Erstattung des Betrags kann dann – abzüglich eines Eigenanteils – an Ort und Stelle ausgezahlt oder an die Heimatanschrift überwiesen werden. Die Rückerstattung der Kosten kann aber auch nach dem Urlaub von zu Hause aus bei der deutschen Krankenkasse beantragt werden.

Diplomatische Vertretungen

Belgische Botschaft in Deutschland
Jägerstr. 52–53
D-10117 Berlin
Tel. 030 20 64 20, Fax 20 64 22 00
www.diplomatie.be/berlin

Belgische Botschaft in Österreich
Wohllebengasse 6
A-1040 Wien
Tel. 01 50 20 70, Fax 01 502 07 11
www.diplomatie.be/viennade

Belgische Botschaft in der Schweiz
Jubiläumsstrasse 41
CH-3005 Bern
Tel. 031 350 01 50, Fax 031 350 01 65
www.diplomatie.be/bernde

In Belgien:
Botschaft der Bundesrepublik Deutschland
8, rue Jacques de Lalaingstraat
B-1040 Bruxelles
Tel. 02 787 18 00, Fax 02 787 28 00
www.bruessel.diplo.de

Botschaft der Republik Österreich
5, place du Champ de Mars
B-1050 Bruxelles
Tel. 02 289 07 10, Fax 02 513 66 41
www.bmeia.gv.at/botschaft/bruessel

Botschaft der Schweizer Eidgenossenschaft
26, rue de la Loi
B-1040 Bruxelles
Tel. 02 285 43 50, Fax 02 230 37 81
www.eda.admin.ch/bruxelles

Elektrizität

220 Volt. Man benötigt manchmal noch einen Flachstecker oder einen Adapter.

Fotografieren

Beim Fotografieren ist die Privatsphäre zu respektieren und vorher die Zustimmung zu erfragen. In vielen Museen darf kein Stativ benutzt und – um die empfindlichen Gemälde nicht zu schädigen – nicht geblitzt werden.

Geld

Währungseinheit ist der Euro (€). Reiseschecks und internationale Kreditkarten werden akzeptiert. EC-Geldautomaten sind weit verbreitet.

Gesetzliche Feiertage

Neujahr (1. Januar), Ostersonntag, Ostermontag, Tag der Arbeit (1. Mai), Christi Himmelfahrt, Pfingstsonntag, Pfingstmontag, Nationalfeiertag (21. Juli), Mariä Himmelfahrt (15. August), Allerheiligen (1. November), Waffenstillstand (11. November), Weihnachten (25. Dezember).

Kinder

Im **Bobbejaanland** (Kasterlee, www.bobbejaanland.be) lassen Thrill Rides im »Aztek Express« und »Sledge Hammer«, Wildwasserfahrten und Wasserschlachten das Blut in den Adern gefrieren und die »Pirate Story« macht Gänsehaut. Beim Ponyreiten und im Kinderland geht es da schon etwas beschaulicher zu. Im **Walibi Belgium** (Wavre, www.walibi.com) braucht man Nerven wie Stahlseile, wenn man z. B. den Dalton Terror oder Fahrten auf der Cobra bestehen will. Im **Aqualibi** (Wavre) rauscht man auf dem Fluss »Rapido« in die Tiefe des Dschungels.

Medien

Mehrsprachigkeit kennzeichnet das Zeitungsangebot in Belgien. Neben den flämischen Het Laatste Nieuws (liberal), Het Volk, De Standaard und der Gazet van Antwerpen (alle drei katholisch-konservativ) findet man französischsprachige wie Le Soir, La Lanterne und La Libre Belgique. An Zeitungskiosken gibt es Zeitungen aus Deutschland, Frankreich und England. In deutscher Sprache erscheint in Eupen und Umland die Tageszeitung Grenz-Echo.

Auch der Belgische Rundfunk (BRF) sendet u. a. deutschsprachige Programme, z. B. in Brüssel auf UKW 95,2 MHz, in Lüttich auf 88,5 MHz und in Eupen auf 94,9 MHz. Daneben existiert eine Vielzahl lokaler privater Sender. In Hotels kann man zahlreiche ausländische Fernsehprogramme empfangen.

Notruf

Polizei, Feuerwehr und Rettungsdienste: 112. Zur Sperrung von Kreditkarten unter Tel. 0049 116 116.

Öffnungszeiten

Banken: Mo–Fr 9–12.30 und 14–16 Uhr, in großen Städten 9–16 Uhr geöffnet. **Geschäfte:** Mo–Sa 9–19 Uhr. Bäckereien und Metzgereien sind häufig auch So vormittags geöffnet. Manche Geschäfte sind mittags von 12/12.30–14 Uhr geschlossen.

Post: Mo–Fr 9–12 und 14–17 Uhr (in großen Orten auch durchgehend) und Sa 9–12 Uhr.

Reisen mit Handicap

Die Bahn hält an allen Bahnhöfen einen »Leitfaden für Fahrgäste mit eingeschränkter Mobilität« bereit. Viele Hotels der mittleren und gehobenen Kategorie sind für Gäste mit Handicap eingerichtet, das gilt ebenfalls für die meisten Jugendherbergen. Preiswerte Unterkünfte für Behinderte bieten auch die Zentren für Sozialtourismus:
Infopunkt Barrierefreies Reisen: Grasmarkt 61, B-1000 Brussel, Tel. 070 23 30 50, Fax 23 30 51, www.toegankelijkreizen.be (Infos auch in Deutsch)
Vlaamse Federatie van Gehandicapten: 32, rue St-Jean, B-1000 Brussel
Tel. 02 515 02 62, www.vfg.be

Sicherheit

Wie in anderen Ländern ist **Diebstahl** auch in Belgien ein Problem. Deshalb gilt: Fahrräder sollten gut angekettet werden, Autos abgeschlossen und im Innern nichts Wertvolles (oder was danach aussieht) zurückgelassen werden, auch nicht für kurze Zeit. Ein nicht zu unterschätzendes Übel, besonders in Großstädten, ist **Taschendiebstahl** in überfüllten Verkehrsmitteln und an Orten, an denen sich viele Touristen aufhalten. Auch **Zimmereinbrüche** sind nicht selten, weshalb Wertsachen besser im Hoteltresor deponiert werden sollten.

Souvenirs

Beliebte Mitbringsel sind Brüsseler Spitze, Pralinen, belgische Biere, Wandteppiche, Zinn- und Kupferwaren, Kristall, Diamanten und regionale Produkte wie Ardenner Schinken.

Reisekosten und Spartipps

Die Preise liegen in Belgien – nicht zuletzt wegen der hohen Mehrwertsteuer von 21 % – oft über denen in Deutschland, sind für einige Artikel wie Kaffee und Rauchwaren jedoch deutlich niedriger. Einige große Städte bieten besondere, kostengünstige Pässe für Ermäßigungen an, die beispielsweise freie Fahrt mit öffentlichen Verkehrsmitteln, freien Zutritt zu Museen, Rabatte für geführte Touren, Fahrradmiete, Parken, Restaurants, Cafés, Bars und Shops einschließen können: **Brussels Card** (S. 85), **Brugge City Card** und **Brugge 3-Tageskarte** (S. 141), **Oostende City-Pass** (S. 118), **Gent Museumpas** (S. 151), **Antwerp City Card** (S. 181), **Liège City Pass** (S. 243). Eine ausgezeichnete Informationsquelle für junge Leute sind die Faltblätter von **use-it** mit Tipps, wie man die entsprechende Stadt kostengünstig erkunden kann. Es gibt sie für Brüssel, Brügge, Gent, Antwerpen, Leuven und Mechelen (Download: www.use-it.be).

Telefonieren

In öffentlichen Telefonzellen braucht man in der Regel eine Telefonkarte (Telecard), die man in Postämtern, Bahnhöfen und Zeitungskiosken erhält.
Landesvorwahlen: Belgien: 0032, Deutschland 0049, Österreich 0043, Luxemburg 00352, Schweiz 0041.
Telefonieren nach und von Belgien: Landesvorwahl + Ortsvorwahl ohne Null + Teilnehmernummer. Alle Telefonnummern in Belgien sind neunstellig und schließen die Vorwahl auch bei Ortsgesprächen ein.
Auskunft: Inland 14 07, Ausland 14 04.

Panorama – Daten, Essays, Hintergründe

Comic-Kunst in der Brüsseler Metrostation Stockel

Steckbrief Belgien

Daten und Fakten

Offizielle Bezeichnungen: Royaume de Belgique – Koninkrijk België – Königreich Belgien
Hauptstadt: Bruxelles/Brussel/Brüssel (1,07 Mio. Ew.)
Größte Städte (nach Einwohnerzahl): Antwerpen: 504 600, Gent: 248 300, Charleroi: 204 500, Lüttich: 196 500, Brügge: 117 900
Flagge: Die Farben der belgischen Flagge gehen auf die des Herzogtums Brabant zurück.
Lage: Belgien grenzt im Nordwesten an die Nordsee, im Norden an die Niederlande, im Osten an die Länder Deutschland und Luxemburg und im Süden an Frankreich.
Fläche: 30528 km^2 (zum Vergleich: Nordrhein-Westfalen 34078 km^2). Flandern: 13522 km^2. Wallonien: 16 844 km^2. Region Brüssel: 162 km^2
Einwohner/Ausländer: 10,95 Mio.
Bevölkerungsdichte: 359/km^2 (BRD: 229/km^2)
Bevölkerung nach Regionen: Flandern: 6,16 Mio., Wallonien: 3,43 Mio., Brüssel: 1,07 Mio. Die Deutschsprachige Gemeinschaft auf dem Gebiet Walloniens hat ca. 74 000 Bewohner.
Landessprachen: Niederländisch, Französisch, Deutsch
Internet-ID: .be
Telefon-Ländervorwahl: 0032
Zeitzone: mitteleuropäisch

Geografie und Natur

Belgiens Nordseeküste ist nur 67 km lang. Daran schließt sich ein schmaler Streifen fruchtbaren Polderlands und die ausgedehnte Ebene **Niederbelgiens** an: im Westen die Flandrische Geest mit dem Heuvelland und den hügeligen Flämischen Ardennen, im Osten das Kempenland mit teils kargen Heideflächen und Viehweiden.

Mittelbelgien ist das fruchtbare Kernland. Die lössreichen Böden des Haspengaus und Hennegaus machen den Streifen zur »Obstplantage« und »Kornkammer« des Landes.

Hochbelgien ist gleichzusetzen mit den Ardennen. Die hügelige Landschaft ist von den reizvollen Flusstälern der Lesse, Ourthe und Maas geprägt. Das Hochmoorgebiet Hohes Venn mit dem höchsten Punkt Belgiens (Signal de Botrange, 694 m) wird auch als Hochardennen bezeichnet.

Geschichte und Kultur

Belgien ging 1830 nach einer Rebellion aus dem Königreich der Vereinigten Niederlande hervor. Kulturell und sprachlich ist das heutige Gebiet Belgiens seit dem 5. Jh. geteilt. Nachdem die Römer den Norden des heutigen Gebiets den Germanen überließen, sind die Flamen, Brabanter und Limburger den Niederlanden zugewandt, während sich die Wallonen im Süden den Franzosen verwandt fühlen. Dies wirkt sich bis heute kulturell, sprachlich, politisch und wirtschaftlich aus.

Staat und Politik

Belgien ist eine parlamentarische, repräsentative und konstitutionelle Monarchie in einem föderativen Staat mit Zweikammer-Parlament (Abgeordnetenkammer und Senat). König ist Albert II.

Regierungsrücktritt, Amtsniederlegung und Auseinanderbrechen der Regierung kennzeichnen die jüngste desolate politische Lage in Belgien. Die Gründe liegen u. a. in der komplexen Parteienlandschaft. So gibt es in Flandern wie auch in Wallonien jeweils christdemokratische, sozialistische, liberale und grüne Parteien, doch die sind sich untereinander nicht grün. Im Juni 2010 kam es zu vorgezogenen Neuwahlen. Daraus ging die flämische Nationalistenpartei N-VA mit 27 Sitzen vor den frankophonen Sozialisten der PS (26 Sitze) als die stärkste Partei hervor. Wegen ernstzunehmender separatistischer Tendenzen auf flämischer Seite ist die Zukunft des Staates Belgien ungewiss.

Wirtschaft

Zwei Drittel des Bruttoinlandsprodukts (BIP) werden im Dienstleistungssektor erwirtschaftet, 30 % durch Industrie.

Bis in die 1960er-Jahre verfügte Wallonien dank der Eisenerz- und Steinkohlevorkommen über eine weit höhere Wirtschaftskraft als Flandern. Doch dann traf die weltweite Stahlkrise die Region schwer. Zugleich baute Flandern sein Wirtschaftpotenzial (Seehandel, Petrochemie, Dienstleistungen) aus und das Blatt wendete sich. Mit der Umkehr der wirtschaftlichen Verhältnisse verschärfte sich der ewige Streit zwischen den beiden Sprach- und Kulturgemeinschaften. Das einst wohlhabende Wallonien, an dessen Tropf lange Zeit das ärmere Flandern hing, möchte jetzt stärker von den in Flandern erwirtschafteten Steuern partizipieren.

Wirtschaftsdaten (2010): Bruttoinlandsprodukt (BIP): 342,183 Mrd. €, pro Kopf: 31 683 €. Reales Wachstum: 2,4 %. Inflationsrate: 2,3 %. Arbeitslosenquote: 8,4 %.

Bevölkerung/Sprache/Religion

Belgien ist in vier Sprachregionen unterteilt. Das ist einer der Gründe für den ewig schwelenden Sprachenstreit. Im Norden liegt das niederländischsprachige Flandern, südlich davon die Wallonie; dort ist Französisch offizielle Sprache. Die wie eine Enklave im Süden Flanderns liegende Region Brüssel-Hauptstadt wiederum ist offiziell zweisprachig (Niederländisch und Französisch). Schließlich gibt es noch die an der Grenze zu Deutschland liegende deutschsprachige Gemeinschaft. Mit 8 Mio. Katholiken, also vier Fünfteln der gesamten Bevölkerung, ist Belgien ein »katholisches Land«, zumal 1,7 Mio. Einwohner gar keiner Religionsgemeinschaft angehören. Daneben gibt es in Belgien 75 000 Protestanten, 40 000 Orthodoxe, 400 000 Moslems und 35 000 Juden.

Berühmte Belgier

Adolphe Sax (1814–1894): Erfinder des Saxophons.
Jacques Brel (1929–1978): Poet, Chansonnier (»Ne me quitte pas«, »Amsterdam«), Schauspieler.
Georges Simenon (1903–1989): Krimiautor, schuf den berühmten Polizei-Komissar Maigret.
Eddy Merckx (geb. 1945): legendärer Radrenn-Profi.

Geschichte im Überblick

Römische Zeit

1. Jh. v. Chr.– 3. Jh. n. Chr. Caesar unterwirft bis 56 v. Chr. die gallischen Völker, Gallien wird romanisiert, die keltische Kultur weitgehend aufgelöst.

3.–5. Jh. Fränkische Salier wandern vom Niederrhein ins heutige Belgien. Christianisierung durch Servatius; Tongeren wird 315 Bischofssitz.

Zeit der Franken, Merowinger und Karolinger

486 Der Sieg des Frankenkönigs Chlodwig über Roms Statthalter in Gallien, Syagrius, beendet die Existenz des weströmischen Reichs, er und seine Nachfolger erweitern das merowingische Frankenreich.

7.–9. Jh. Die Karolinger übernehmen die Herrschaft des Frankenreichs. Es erfährt unter Karl dem Großen seine größte Ausdehnung, wird jedoch 843 von seinen Enkeln geteilt. Das Gebiet westlich der Schelde geht an Frankreich unter Karl dem Kahlen, der Teil östlich der Schelde an Lothar I. (Lothringen).

979 Otto II. belehnt den Herzog von Niederlothringen mit der Siedlung Bruoscella, daraus entsteht Brüssel.

11. Jh. Die Grafen von Flandern dehnen ihr Gebiet bis an die Somme und nach Osten über die Schelde aus. Flandern wird zum Lehen sowohl des französischen Königs (Kronflandern) wie auch des deutschen Kaisers (Reichsflandern).

12./13. Jh. Tuchmacherei mit englischer Wolle leitet die wirtschaftliche Blüte Flanderns ein, Brügge und Gent werden zu führenden Handelsmetropolen Europas.

1127 Karl der Gute wird in Brügge ermordet. Flanderns Städte bestimmen gegen den Willen Frankreichs Dietrich von Elsass zum nächsten Grafen von Flandern. Von einem Kreuzzug bringt dieser eine Reliquie mit dem Blut Christi nach Brügge.

1297 Philipp der Schöne, Herrscher Frankreichs und Lehnherr Flanderns, besetzt Flandern.

1302 Während der »Brügger Mette« befreien Aufständische Brügge von den französischen Besatzern. Ein Heer der Zünfte besiegt in der »Goldsporenschlacht« bei Kortrijk ein französisches Ritterheer.

1304 Die Flamen werden von den Franzosen bei Pevelsberg geschlagen, 1305 kommt es zum Frieden von Athis-sur-Org.

Fenster in der Brüsseler Kathedrale mit Karl V. und Isabella von Portugal

1339–1453 Der Hundertjährige Krieg zwischen England und Frankreich zieht Flandern in Mitleidenschaft. Flanderns Städte, die fest am englischen Wollfaden hängen, verhalten sich pro-englisch.

Die burgundische Herrschaft

1384–1477 Nach dem Tod Ludwigs von Male erbt der Burgunderherzog Philipp der Kühne Flandern. Durch Erbe, Schenkung, Kauf und Annexion dehnen die Burgunder ihr Reich aus. Es erstreckt sich unter Philipp dem Guten von der Somme bis ans heutige Ijsselmeer. Karl der Kühne, Philipps Nachfolger, fällt 1477 in der Schlacht bei Nancy.

Belgien unter Habsburg

1477 Maria von Burgund, Tochter Karls des Kühnen, heiratet Maximilian I. von Österreich. Sie stirbt 1482 an den Folgen eines Sturzes vom Pferd. Das Gebiet des heutigen Belgien kommt an Habsburg.

1496 Maximilians Sohn Philipp heiratet Spaniens Erbtochter Johanna die Wahnsinnige. Ihr 1500 in Gent geborener Sohn Karl wird 1519 zum Kaiser Karl V. gewählt.

1529–1556 Im Kampf gegen den Protestantismus richtet Karl V. Inquisitionsgerichte ein, unzählige Menschen werden als Ketzer verurteilt und hingerichtet.

Belgien unter spanischer Herrschaft

1556	Philipp II., Nachfolger Karls V. und Herrscher über Spanien und die Niederlande, verschärft die Verfolgung der Protestanten.
1559	Unter der Führung von Wilhelm I. von Oranien-Nassau, Philippe de Montmorency und der Grafen von Egmond und von Hoorn formiert sich Widerstand gegen die spanische Herrschaft.
1568–1648	Die aufständischen Grafen von Egmond und von Hoorn werden 1568 in Brüssel enthauptet. Im Achtzigjährigen Krieg befreien sich die Nordprovinzen der Niederlande von Spanien, die katholischen Südprovinzen, das heutige Belgien, bleiben bei Spanien.
1667–1697	Frankreichs Sonnenkönig Ludwig XIV. erobert Westflandern und den Hennegau, 1695 legen seine Kanonen Brüssel in Schutt und Asche.
18. Jh.	Die Herrschaft über das Gebiet des heutigen Belgien wechselt nach Kriegen mehrfach zwischen Österreich und Frankreich.
1815	Napoleon wird bei Waterloo vernichtend geschlagen.
1814/15	Der Wiener Kongress vereint die Gebiete des heutigen Belgien, Luxemburg und der Niederlande zum »Königreich der Vereinigten Niederlande« und bestimmt Wilhelm I. von Oranien zu dessen Regenten.

Das Königreich Belgien

1830–1931	Eine Rebellion in Brüssel gegen die Herrschaft der Niederlande führt zur Entstehung des unabhängigen Staates Belgien. Regent wird Leopold I. von Sachsen-Coburg-Gotha.
1839	Die Großmächte übertragen den wallonischen Teil Luxemburgs, die heutige belgische Provinz Luxembourg, auf Belgien.
ab 1840	In Flandern formiert sich die Flämische Bewegung, die französische Sprache wird dort zurückgedrängt.
1878–1908	König Leopold II. eignet sich das Kongo-Gebiet als Privatbesitz an und lässt es skrupellos ausbeuten. Erst 1908 überlässt er das Gebiet dem belgischen Staat, es wird zur Kolonie Belgisch-Kongo.
1914–1918	Im Ersten Weltkrieg überrennen deutsche Truppen Belgien. An der Ijzer wird der Vormarsch gestoppt, vier Jahre Stellungskrieg kosten Zehntausenden Soldaten das Leben.

1919	Das allgemeine Wahlrecht wird eingeführt.
1934/35	König Albert I. kommt 1934 bei einer Klettertour ums Leben. Königin Astrid, Gemahlin Leopolds III., stirbt bei einem Autounfall.
1940–1944	Erneute Besetzung Belgiens durch deutsche Truppen. König Leopold III. kapituliert, weigert sich, ins Exil zu gehen und wird interniert. In der Ardennenoffensive versucht die deutsche Wehrmacht vergeblich den Vormarsch der Alliierten zu stoppen, Belgien wird befreit.
1946	Fragen zur Vergangenheitsbewältigung und der flämisch-wallonische Konflikt beherrschen die Nachkriegsjahre.
1949	Belgien tritt der NATO bei.
1950/51	Leopold III. dankt ab. Sein Sohn Baudouin besteigt 1951 den Thron.
1957	Belgien ist Gründungsmitglied der EWG.
1963–1993	Die Sprachgebiete für die niederländische, französische und deutsche Sprache sowie des zweisprachigen Brüssel werden festgelegt, Belgien wird zu einem Bundesstaat mit föderativer Staatsform.
1993	Nach dem Tod von König Baudouin geht die Krone an dessen Bruder, Prinz Albert.
2001	Pleite der belgischen Fluggesellschaft SABENA.
2004	Acht Jahre nach seiner Festnahme wird dem mutmaßlichen Kinderschänder und Mörder Marc Dutroux in Arlon der Prozess gemacht.
2005	Belgien feiert das 175-jährige Bestehen des Königreichs.
2007/2008	Mit einer Verzögerung von neun Monaten nach den Parlamentswahlen erhält Belgien im März 2008 eine neue Regierung.
2009	Brüssel feiert das 50-jährige Bestehen des Atomiums.
2010	Brüssel feiert das 50-jährige Bestehen des Atomiums. Neuwahlen finden statt, nachdem die Regierung im Streit um den zweisprachigen Wahlkreis Brüssel-Halle-Vilvoorde auseinanderbricht.
2011	Die Regierungsbildung nach vorgezogenen Neuwahlen dauert 535 Tage – ein Rekord in der Weltgeschichte.

Meer oder Wald? Belgien für Badeurlauber und Wanderer

Breite Sandstrände und Dünen ziehen alljährlich Tausende von Urlaubern an Belgiens Küste. Wer es lieber bewaldet und hügelig hat, reist in die von tiefen Flusstälern durchzogenen Ardennen. Die beiden so gegensätzlichen Landschaften sind die reizvollsten Belgiens.

Jedes Kind in Flandern lernt in der Schule, dass der Name »Flandern« so viel wie »überschwemmtes Land« bedeutet und die belgische Küste nicht nur unzählige Male vom »Blanken Hans« heimgesucht wurde, sondern vor langer Zeit infolge des ansteigenden Meeresspiegels mehrmals auch Jahrhunderte unter Wasser stand.
Dabei erstreckt sich Belgiens Küste gerade mal über 67 km. Der Küstenstreifen besteht aus dem Sandstrand, der an seiner breitesten Stelle bei Oostduinkerke-Bad 700 m misst, aus den Dünen sowie dem dahinter liegenden eingepolderten Marschenland. Schutz vor dem Meereswasser bietet der heute mancherorts völlig mit Ansiedlungen und Deichen überbaute Dünengürtel, der im Westhoek (De Panne, Koksijde, Oostduinkerke) mit mehr als 2 km seine größte Breite und mit der 33 m hohen Wanderdüne *Hoge Blekker bei* Koksijde die größte Höhe erreicht.

Sommerflair an der belgischen Küste

Waldreich und hügelig erstrecken sich die belgischen Ardennen als Teil des bis in die vulkanische Eifel und nach Frankreich reichenden Hügellands südlich der Maas bis zur Landesgrenze. Julius Caesar nannte die Landschaft »Arduenna silva«, offenbar nach dem keltischen Wort für Hochwald, – der auch heute noch reichlich vorhanden ist und viel zum Reiz dieser Landschaft beiträgt.

Interessante Geologie

Geologisch ist das Gebiet Teil des Rheinischen Schiefergebirges, ein Gebirgsrumpf, in den sich hier die Flüsse Lesse, Ourthe und Semois tief eingegraben haben. Botanisch und forstwirtschaftlich stellt es eine stark von einer Mischung aus Laub- und Fichtenwäldern überzogene und von Wiesen durchsetzte grüne Landschaft dar. Hirsche streifen durch die Wälder, Rehe äsen friedlich und Eber suhlen sich im Schlamm der Bäche, vorausgesetzt, der Waidmann stellt ihnen nicht gerade nach, um für frisches Wildbret zu sorgen. Ein Sonderfall ist das Hohe Venn im östlichen Zipfel der belgischen Ardennen, wo wasserundurchlässige Bodenschichten und viel Regen Hochmoore und damit eine verwunschene Landschaft entstehen ließen, die viele Besucher und Wanderer in ihren Bann zieht.

nete König Leopold III. entgegen dem Votum der Regierung die Kapitulation. Er ging nicht, wie verlangt, ins französische Exil, sondern blieb unter Aufsicht der Deutschen auf Schloss Laeken. Hier heiratete er am 11. September 1940 in aller Heimlichkeit die bürgerliche Liliane Baels aus Oostende. Das Volk erfuhr erst drei Monate später von dieser Vermählung aus einem Hirtenbrief, der landesweit in allen Kirchen verlesen wurde und es war entrüstet.

Die Königsfamilie wurde im Jahr 1944 von der SS nach Österreich gebracht. Nach der Befreiung verdächtigte man den König, mit Hitler kollaboriert zu haben, deshalb wurde sein Bruder, Prinz Charles, zum Regenten bestimmt. Erst 1950 stimmte das Volk in einem Referendum über die Rückkehr von König Leopold III. ab. Das Land war über die »Königsfrage« tief gespalten, die Mehrheit der Flamen war dafür, die der Wallonen dagegen, doch insgesamt sprachen sich 57 % für die Rückkehr aus. Als Leopold III. in Belgien eintraf, reagierte man in der Wallonie wütend mit einem Generalstreik. Es kam zu schweren Unruhen, das Kriegsrecht wurde verhängt. Schließlich dankte der König ab und übergab seinem 21-jährigen Sohn Baudouin die Krone.

Die heutige Königsfamilie

Der junge König, mit dem Erbe seines Vaters belastet und beim Volk wenig beliebt, überzeugte bald durch seine bescheidene und warmherzige Art. Im Jahr 1960 heiratete er die spanische Aristokratin Doña Fabiola de Moray y Aragón, die auf Anhieb die Herzen der Belgier gewann. Entsprechend intensiv nahm die Bevölkerung daran Anteil, dass die Ehe des Königspaars kinderlos blieb. Als König Baudouin 1993 überraschend starb, war das ein schwerer Schock für die belgische Nation. Nachfolger auf dem Königsthron wurde der Bruder des verstorbenen Königs, der mit Donna Paola Ruffo di Calabria verheiratete Prinz Albert. König Albert II. und Königin Paola haben drei Kinder: Kronprinz Philippe, Prinzessin Astrid und Prinz Laurent.

König Albert II. genießt beim Volk aller Landesteile hohes Ansehen, nicht zuletzt deshalb, weil er in Streitfragen manchmal schlichtend wirkt oder über die Rolle des Repräsentanten des Königreichs Belgien hinaus zum Wohl des Landes in das Geschehen eingreift. Etwa 2011 bei der Regierungsbildung, als nach mehr als 17 Monaten nach der Wahl noch immer keine Regierung zustande gekommen war.

Königin Paola unterstützt den König bei seinen Pflichten als Staatsoberhaupt und widmet sich darüber hinaus Themen des sozialen und kulturellen Bereichs. Sie ist u. a. auch Ehrenvorsitzende der gemeinnützigen Einrichtung Child Focus, die sich der Suche nach verschwundenen Kindern, dem Kampf gegen sexuellen Missbrauch und der Hilfe für betroffene Eltern widmet.

Der wegen seines allzu sportlichen Fahrstils als ›Prinz Vollgas‹ mehrfach unrühmlich in die Schlagzeilen geratene jüngste Königssohn, Prinz Laurent, steuerte im Jahr 2003 den Hafen der Ehe mit der bürgerlichen Claire Coombs an. Dabei hatte er es offenbar eilig, unter die Haube zu kommen, denn bei der standesamtlichen Trauung sagte der Prinz schon »ja«, bevor noch die Formel in allen drei Amtssprachen, also in Französisch, Niederländisch und Deutsch, verlesen werden konnte.

Vom Sprachenstreit und dem Wesen der Belgier

Belgien ist ein Land, dessen Territorium lange von fremden Mächten besetzt war, heute mehrere Sprachregionen hat und in der Zukunft vielleicht als Staat ganz zerfällt. In seiner wechselvollen Geschichte brachte es ein Wesen hervor, das sich dem bisherigen Geschehen gut angepasst hat – den Homo belgicus.

Als bei der Staatsgründung Belgiens 1831 in der Verfassung Französisch als die einzige offizielle Sprache festgelegt wurde, war ein Konflikt vorprogrammiert. Denn es wurde schlichtweg ignoriert, dass über die Hälfte des belgischen Volkes nur Niederländisch sprach. Wurde in Flandern bei Gericht verhandelt, so in Französisch. In Gymnasien und Universitäten wurde in Französisch gelehrt, bei jeglicher Amtshandlung verstand das halbe Volk Belgiens die offizielle Sprache nicht.

Sprachenstreit, nicht nur Streit um die Sprache

Damit gab man sich im niederländischsprachigen Flandern nicht zufrieden,

Demonstration gegen die Teilung des Landes während der Regierungskrise 2008

Die babylonische Sprachenvielfalt thematisierte schon Pieter Bruegel d. Ä.

der Kampf für die sprachliche Gleichberechtigung setzte ein. Es war ein langer Kampf, und man obsiegte. Heute ist das Königreich in Sprachregionen mit präzise festgelegten inländischen Grenzen geteilt.

Sie separieren Flandern von der französischsprachigen Wallonie und legen das Gebiet der 854 km² großen, deutschsprachigen Gemeinschaft mit 75 000 Bewohnern fest. Sie umfasst das Eupener Land und die belgische Eifel und war einst preußisch. Die Region Brüssel hat man zweisprachig gemacht. Zudem sind die französische, niederländische und deutsche Sprache offiziell gleichgestellt. Doch nur etwa 70 % der Flamen können Französisch und 38 % der Wallonen sprechen auch niederländisch. Wodurch auch sprachlich bedingt ist, dass beide sich in ihren angestammtem Kultur- und Dunstkreis bewegen und ihre eigenen Strukturen pflegen.

Der »Sprachenstreit« ist jedoch nur eine Seite des ewigen Zwistes zwischen Flamen und Wallonen, der nach wie vor auf vielen gesellschaftlichen Ebenen ausgetragen wird. Bis in die 1960er-Jahre war die Wallonie dank der florierenden Schwerindustrie der Teil Belgiens, der das wirtschaftsschwache Flandern über Wasser hielt. Nach der weltweiten Stahlkrise und dem zunehmenden Erstarken der flämischen Wirtschaft kehrten sich jedoch die Vorzeichen um: Die einst wohlhabende Wallonie hängt nun am Tropf Flanderns und den Flamen passt das gar nicht, besonders da sie ihre finanzielle Überlegenheit gern auf die mediterrane Ader der Wallonen zurückführen. So sind manche Flamen der Ansicht, sie seien fleißiger und strebsamer und dies würde ausgenutzt.

Quo vadis Belgium?

Selbstbewusster geworden, strebt Flandern nach mehr Autonomie, was in der Wallonie für Unruhe sorgt. Man fürchtet, der Geldfluss von Nord nach Süd werde ausbleiben. Bei allem geht es den Flamen aber nicht nur um ökonomische Belange, sondern auch um ihre dauerhafte kulturelle und geografische Einheit. Immerhin stimmten bei den letzten Wahlen 17,4 % der Flamen für eine Partei, die das Ende Belgiens herbeiführen will. Und viele glauben, eine Teilung des Landes sei nur noch eine Frage der Zeit.

»Sire, il n'y a pas des Belges!«

Der Bürger mit dem belgischen Pass ist also Flame, Wallone, Brüsseler oder Angehöriger der Deutschsprachigen Gemeinschaft – und er ist Belgier. Oder doch nicht? »Es gibt keine Belgier,« ließ der sozialistische Deputierte Jules Destrée 1919 seinen König in Anspielung auf die verschiedenen Volksgruppen wissen.

Destrée berücksichtigte dabei jedoch nicht die besondere Mischung aus Individualisten, glühendem Nonkonformisten, Selbstironiker, notorischem Obrigkeitsgegner, aber obrigkeitstreuem Anarchisten, kreativem Pragmatiker, Lebensgenießer, Gourmet und mild gestimmtem Augenzwinkerer, die den Homo belgicus ausmacht.

Vom eigenen Staat okkupiert

Sich mit einer Region zu identifizieren, fällt dem Belgier leicht, nicht jedoch, wenn es um den Staat geht. Die Staatsverdrossenheit hat tiefe Wurzeln, war das belgische Territorium doch von Römern, Franken, Germanen, Normannen, Franzosen, Burgundern, Spaniern, Österreichern, Niederländern und Deutschen besetzt. Und auch heutzutage erscheint vielen Belgiern das eigene Land von einer fremden Macht besetzt zu sein. Namentlich von ihrem eigenen Staatsgebilde, bestehend aus einem nahezu undurchdringlichen Dschungel aus Gesetzen, Verordnungen und Verwaltungsstrukturen, die nur dazu da zu sein scheinen, den Bürgern das Leben unnötig zu erschweren.

Kompromissfähig und gelassen

Dass der Belgier dennoch irgendwie mit all dem zurechtkommt, liegt an Eigenschaften, die er sich im Laufe der Evolution im »Biotop Belgien« erworben hat. Würden Genforscher die Gene von Belgiern durchforsten, sie stießen gewiss auf eines für Kompromissfähigkeit, auf ein anderes für Gelassenheit und auf ein weiteres für die Auffassung von Recht, wonach alles, was nicht ausdrücklich verboten ist, auch erlaubt sein sollte, was auch durchaus ausgeschöpft werden kann. Auch hat es sich in der historischen Nische belgischen Daseins bewährt, bei der Abgrenzung eigener Freiräume nicht unbedingt auf bestehendes Recht zu pochen und sich lieber irgendwie zu arrangieren.

Auf mindestens zwei Dinge legt der Belgier großen Wert – auf gutes Essen und individuelles Glück. Und das findet man, so ist man im Land Belgien überzeugt, am ehesten in den eigenen vier Wänden. Hier kann man ungestört sein, wie man ist, abgeschirmt von Einflüssen von außen. Der englische Spruch »my home is my castle« – ob er nicht doch von einem Belgier erfunden wurde?

cher oft absurd, z. B. bei einer neuen EU-Weinmarktordnung, nach deren Entwurf der Begriff »Wein« dann nur noch in Zusammenhang mit Traubenwein verwendet werden dürfte.

Das Nationalgetränk der Hessen, Äppelwoi, so ging prompt der Aufschrei durch das Ländle, dürfte dann nicht mehr Äppelwoi heißen. Undenkbar! Doch so ist das nun mal, Verordnungen müssen eben präzise sein. Wie es z. B. auch die sog. »Bananenverordnung«, Verordnung (EG) Nr. 2257/94, und die »Gurkenkrümmungsverordnung« sind. So müssen grüne Bananen, die in die EU kommen, mindesten 14 cm lang und 27 mm dick sein, Letzteres gemessen in der Mitte der Frucht. Gurken durften maximal 10 mm auf 10 cm Länge gekrümmt sein. Jetzt, nachdem die Verordnung nach 21 Jahren gekippt wurde, dürfen sie auch richtig krumm in die EU.

Die EU in Jahreszahlen

1951: Belgien, Deutschland, Frankreich, Italien, Luxemburg und die Niederlande gründen die »Europäische Gemeinschaft für Kohle und Stahl« (EG)
1957: Beschluss zur »Europäischen Wirtschaftsgemeinschaft« (EWG)
1962: Beschluss einer gemeinsamen Agrarpolitik
1968: die Binnenzölle fallen
1973: Aufnahme von Irland, Dänemark und Großbritannien
1979: Das EU-Parlament wird erstmals direkt gewählt
1981: Aufnahme Griechenlands
1985: Austritt des zu Dänemark gehörenden autonomen Grönland
1986: Aufnahme Portugals und Spaniens
1992: Vertrag von Maastricht
1995: Schengener Abkommen zur Abschaffung von Grenzkontrollen, Aufnahme Schwedens, Finnlands und Österreichs
2002: Einführung des Euro
2004: Vertrag über eine europäische Verfassung, Aufnahme von Estland, Lettland, Litauen, Polen, Tschechien, Slowenien, Slowakei, Ungarn, Malta und Zypern
2007: Aufnahme von Bulgarien und Rumänien

Der Mittelpunkt der Europäischen Union

Gut für Brüssel, dass der Sitz der Europäischen Union nicht auch nach dem Kriterium der Präzision auf dem Verordnungswege geregelt ist. Denn dann wäre vielleicht vorgeschrieben, dass man stets mit allen Büroräumen an den Ort ziehen müsste, der präzise in der Mitte der EU liegt. Und mit jeder EU-Erweiterung ginge es wieder woanders hin.

Nach der letzten EU-Osterweiterung von 2007 liegt der Mittelpunkt der EU, so errechneten es die Computer des renommierten französischen Institut Géographique National, genau bei den GPS-Koordinaten 50° 10′ 21″ N, 9° 9′ 0″ O, vier km südlich von Gelnhausen. Und das liegt wiederum mitten in Hessen – kein idealer Platz für EU-ler, die festlegen wollen, dass Äppelwoi eigentlich gar kein Äppelwoi mehr sein darf.

Platzprobleme aufgrund neuer Mitglieder, wie sie in Brüssel bereits bestehen, hätte man dort auf dem Lande allerdings nicht. Im Brüsseler EU-Viertel indes gereichen die Baukräne mehr und mehr zum Wahrzeichen der EU und etliche Bürotürme für EU-Beamte konnten nur noch außerhalb des Vier-

Noblesse und weiße Mönche

Umzug der Blancs Moussis, der weißen Mönche, in Stavelot

Alljährlich ziehen in Belgien außergewöhnliche Feste Tausende Zuschauer in den Bann: der Brüsseler »Ommegang«, ein prunkvoller Umzug, mit dem die Stadt Kaiser Karl V. huldigte, als er ihr 1549 die Ehre seines Besuchs erwies. In Stavelot treiben die weißen Mönche an Laetare ihren Schabernack.

Im Ardennenstädtchen Stavelot geht es besonders volksnah zu. Das närrische Treiben setzt dort an Laetare, in der Mitte der Fastenzeit, ein. Dann zelebriert Stavelot sein traditionelles Narrenspektakel.

Derbe Späße beim Umzug in Stavelot

Wer nicht fehlen darf beim Umzug in Stavelot sind die Blancs Moussis, die »weißen Mönche«. In langer Reihe folgen sie beim großen Umzug ihrem Spielmannszug. Ganz in Weiß, die Maske mit der Karottennase vor dem Gesicht, jeder drei, vier Schweinsblasen in der Hand, trottet einer hinter dem anderen durch die Menge und knurrt sein »Wah, Wah«. Immer wieder brechen einige aus der Reihe aus und attackieren Zuschauer mit Schweinsbla-

Flämische Malerei – von den Alten Meistern bis heute

Wenn man von der flämischen Malerei spricht, ist in aller Regel von der Malerei die Rede, die in Flandern im 15. bis 17. Jh. zur hohen Blüte kam. Der enorme Wohlstand in den flämischen Städten Brügge, Gent und Antwerpen, die zu jener Zeit den wirtschaftlichen und kulturellen Mittelpunkt des heutigen Belgien darstellten, begünstigte das Schaffen und die Entfaltung begnadeter Maler und füllte deren Auftragsbücher, wie es später nie wieder der Fall war.

Als herausragende Künstlerpersönlichkeit des 15. Jh. gilt Jan van Eyck (um 1390–1441), dem die Entwicklung der Öltechnik zugesprochen wird und dessen Gemälde sich durch eine ganz besonders wirklichkeitsgetreue Darstellung auszeichnen. Sein Hauptwerk ist der in zehn Jahren Arbeit gemeinsam mit Hubert van Eyck, vermutlich seinem Bruder, geschaffene und über die Landesgrenzen hinaus berühmte »Genter Altar«.

Der heute in der Genter Kathedrale St Bavo aufgestellte Flügelaltar aus 26 Tafeln wird nach der Darstellung des Mittelbilds auch »Anbetung des Lamm Gottes« genannt. Das zu den großartigsten Kunstwerken altflämischer Malerei zählende Werk rief selbst bei dem als reichlich kritisch geltenden Albrecht Dürer Bewunderung hervor: »Ein über köstlich hoch verständig gemähl, und sonderlich die Eva, Maria und Gott der vatter sind fast gut«.

Eine Tafel des Gemäldes »Die Gerechten Richter« ist übrigens eine Kopie: Das Original wurde 1934 geraubt und ist bis heute verschwunden. Dass die unschätzbar wertvolle Retabel überhaupt noch existiert, grenzt an ein Wunder: Sie wurde durch unsachgemäße Reinigung fast ruiniert, verschleppt, mehrfach geraubt, verkauft und wiederbeschafft. Wie es scheint, umgaben die van Eycks das Werk mit einem bisher nicht gelösten Mysterium. Was haben die Ritter des geheimnisvollen, von Päpsten und Königen verbotenen und verfolgten Templerordens auf dem Gemälde zu suchen? Weist eine geheime Bildsprache in den Gemälden, wie manche vermuten, zum Versteck des Heiligen Grals?

Zu Jan van Eycks Schülern gehörte Petrus Christus (um 1410–1473, »Verkündigung und Geburt«), der die Werkstatt des Meisters nach dessen Tod weiterführte, aber schon bald seine Darstellungsart vereinfachte. Zu den Meistern Altniederländischer Malerei zählt auch Rogier van der Weyden (um 1400–1464), der u. a. die Herzöge von Burgund porträtierte.

Der Maler Hans Memling (1430–1495) aus Seligstadt richtete 1465 in Brügge seine Werkstatt ein und schuf vorwiegend Gemälde religiösen Inhalts und Porträts. Berühmt sind der »Ursulinenschrein«, auf dessen Gemälden die Legende der Heiligen erzählt

Peter Paul Rubens: »Adam und Eva«

wird, und die »Mystische Vermählung der Heiligen Katharina«, heute beide im Brügger Memling-Museum.

Zum bedeutendsten flämischen Maler des 16. Jh. und Stammvater einer großen Malerfamilie wurde der in Antwerpen und Brüssel arbeitende Pieter Bruegel d. Ä. (um 1525–1569). Mit seinen faszinierenden Landschaftsgemälden übte er einen prägenden Einfluss auf die niederländische Landschaftsmalerei aus. Seine einzigartigen, den Menschen mit derbem Witz karikierenden Darstellungen volkstümlichen und bäuerlichen Lebens wie in der »Heimkehr der Jäger«, der »Volkszählung von Bethlehem«, dem »Bauerntanz« und der »Bauernhochzeit« bringen ihm den Namen »Bauernbruegel« ein. Pieter Bruegels Sohn, Jan Bruegel (1568–1625), malte farbenprächtige Blumenstillleben.

Meister aus Brügge

Etwa zeitgleich malte in Gent Hugo van der Goes (1440–1482) ebenfalls Tafelbilder mit religiösen Motiven, darunter sein Hauptwerk, das vom Brügger Handelsagenten der Medici, Tommaso Portinari, in Auftrag gegebene und heute in den Florenzer Uffizien gezeigte monumentale Triptychon des »Portinari-Altar«. In seinen späten Bildern, so im »Tod Mariä« (Brügge, Groeninge-Museum), erkennt man Anzeichen der Wahnvorstellungen, die den Maler gegen sein Lebensende befielen. Gerald David (um 1460–1523), dessen Malerei sich noch an der von van Eyck und Memling orientierte, schuf u. a. im Auftrag des Brügger Rates mit der »Überführung der bestechlichen Richter durch Cambyses« und »Das Urteil des Cambyses« zwei Gemälde, die im Schöffensaal

Pieter Bruegel d. Ä.: »Volkszählung von Bethlehem« (Ausschnitt)

exponiert recht plastisch deutlich machten, dass Korruption mit dem Amt von Richtern unvereinbar ist. Adriaan Isenbrandt (um 1490–1551) und Ambrosius Benson (um 1499–1550) standen in der Tradition ihres Lehrers David, konnten jedoch nicht die Reputation ihres Meisters erreichen.

Große Malerpersönlichkeiten traten in Brügge erneut mit Jan Provoost (1465–1529), der das »Jüngste Gericht« für das Brügger Rathaus malte, und mit Lanceloot Blondeel (1498–1561) in Erscheinung. Als der bedeutendste Brügger Maler der zweiten Hälfte des 16. Jh. gilt Pieter Pourbus (um 1523–1584). Aus seiner Werkstatt kommen zahlreiche Porträts betuchter Brügger Bürger sowie das für den Ratsherrensaal des Brügger Freiamts bestimmte »Jüngste Gericht«.

Im 17 Jh. verhalf Jacob van Oost d. Ä. (1601–1671) der Brügger Barockmalerei durch seine Altarbilder und Porträts zu Ehren, während Jan Garemijn (1712–1799) als lokale Größe der Rokokomalerei gilt.

Peter Paul Rubens

Zu den bedeutendsten Malern Flanderns zählt Peter Paul Rubens (1577–1640) aus Antwerpen. Rubens, der während eines Aufenthaltes in Italien stark von der Malerei des römischen Frühbarock und der Renaissance (Leonardo da Vinci, Michelangelo) inspiriert wurde, trug mit seinen vitalen, leuchtenden Farben, einer plastischen Körperlichkeit und betonter Sinnlichkeit seiner Figuren die flämische Barockmalerei in neue Höhen. Beispiele seiner überragenden Kunst hängen in allen Kirchen Antwerpens. Am meisten beeindrucken die Altartafeln in der Kathedrale.

Flämische Maler des 19. und 20. Jh.

Das 19. Jh. brachte Fernand Khnopff (1858–1921), einen bedeutenden Symbolisten, und den Oostender Maler James Ensor (1860–1949) hervor, dessen Werk wegweisend für den Surrealismus und Expressionismus wurde. Expressionistisch ist auch das Werk Constant Permekes (1886–1952) aus Jabbeke. Zu den Oostender Malern der Moderne zählt der Symbolist Leon Spilliaert (1881–1946), dessen psychologisierende Arbeiten an Bilder des Norwegers Edvard Munch erinnern. Die bekanntesten Vertreter surrealistischer Malerei Belgiens sind René Magritte (1898–1967) und Paul Delvaux (1897–1994), von dessen Werk ein Teil im Museum-Delvaux in St-Idesbald bei Koksijde ausgestellt ist.

Victor Horta – Architektur als Gesamtkunstwerk

In der Villa von Edmont van Eetvelde, Generalsekretär des Kongos unter Léopold II.

Victor Horta, der schon mit zwölf Jahren Vorlesungen an der Kunstakademie hörte, ist der bedeutendste belgische Architekt des Art Nouveau. Seine perfekte Architektur mit unverkleidetem Eisen als tragendem Element, reichem Schmiedewerk und Dekor mit floralen Ranken und Spiralen ist in Brüssel noch an einigen Häusern zu bewundern.

Ende des 19. Jh. breitete sich in vielen Ländern Europas eine Stilrichtung der dekorativen und angewandten Kunst aus, die sich gegen die Hässlichkeit der industrialisierten Welt und die noch neue Massenproduktion stellte. Sie betonte handwerkliches Arbeiten als Ausdruck humanen Daseins und eine harmonische Einheit des Stils in Architektur und Kunsthandwerk. In Deutschland heißt diese Stilrichtung »Jugendstil«, in Frankreich und Belgien »Art Nouveau«.

Victor Horta, als Sohn eines Schusters 1861 in Gent geboren, entwickelte schon frühzeitig eine Leidenschaft für Architektur. Voller Wissensdurst saß er bereits mit zwölf Jahren in den Hörsälen an der Genter Kunstakademie. Mit 17 zog es ihn nach Paris, wo er im Atelier des Innenarchitekten Jules Debuysson arbeitete. Doch schon nach zwei Jahren kehrte er nach Belgien zurück und schrieb sich im Jahr 1881 an der Brüsseler Kunstakademie ein. Was er zum Leben brauchte, verdiente er sich als Volontär bei Alphonse Balat, dem Lieblingsarchitekten von König Leopold II. und angesehenen Vertreter des Neoklassizismus, der u. a. die Königlichen Gewächshäuser in Laeken baute.

Bruder der Freimaurerloge

Victor Hortas erste Entwürfe waren gut. So gut, dass er dafür mehrere Preise erhielt: für ein Parlamentsgebäude, ein Naturkundemuseum, einen Leuchtturm und ein Gefängnis. Eine wichtige, wenn nicht gar die entscheidende Rolle in Hortas Karriere spielten die Freimaurer. 1888 wurde er in die Brüsseler Loge »Les Amis philanthropes« aufgenommen, was ihm gute Kontakte verschaffte und seinen Stil prägte. Es entsprach dem Freimaurertum, Strukturen nicht zu verstecken und die sichtbare Verwendung von Eisenelementen, wie von dem französischen Architekten Eugène Violett-le-Duc propagiert, wurde für Horta charakteristisch.

Pionier des Art Nouveau

Zwei Logenbrüder, Émile Tassel und Eugène Autrique, verhalfen Victor Hortas denn auch zu einer leitenden Stelle an der polytechnischen Fakultät der Freien Universität Brüssel. Mit dem Bau und der Innengestaltung ihrer Wohnhäuser verschafften sie ihm seine ersten Aufträge. Das Maison Autrique (266, Chaussée de Haecht) und insbesondere das Hôtel Tassel in der Brüsseler Rue Paul-Émile Janson stehen für den Beginn der Art-Nouveau-Architektur.

Horta entwarf jedes Detail, einschließlich der Möbel, und zwar so, dass alles völlig der Persönlichkeit des Besitzers angepasst war. So hatte das Haus des fotografiebegeisterten Tassel auch ein Fotolabor und Vorrichtungen, um Bilder auf eine Leinwand zu projizieren. Die Innen- und Außengestaltung seiner Bauwerke betrachtete Horta konzeptionell als harmonisches Gesamtkunstwerk. Innovativ war neben den Materialien, die er verwendete, auch die Berücksichtigung eines großzügigen Lichteinfalls, was das Wohngefühl zusätzlich aufwertete.

Horta baute in Brüssel auch öffentliche Gebäude, z. B. eine Grundschule, das leider abgerissene Maison du Peuple (Volkshaus) und den Zentralbahnhof. Zu den großen Brüsseler Hinterlassenschaften des 1947 gestorbenen »Vaters des Art Nouveau« zählen die Magasins Waucquez, einst das Kaufhaus eines Textilgroßhändlers, in dem heute das Centre Belge de la Bande Dessinée (Comic-Museum) untergebacht ist, das Hôtel van Eetvelde (4, av. Palmerston), das Hôtel Solvay (224, av. Louise), das geräumige Wohnhaus eines Industriellen mit kühn geschwungener Fassade, sowie sein eigenes Wohnhaus und Atelier, in dem sich heute das Horta-Museum befindet.

Comics – die neunte Kunst

Er zieht seinen Colt schneller als sein eigener Schatten und befördert die dumpfbackigen Dalton-Brüder regelmäßig in den Knast. Lucky Luke, die weltbekannte Comicfigur, wurde 1947 von Maurice de Bévère (›Morris‹) zum Leben erweckt. Und dass eine derart berühmte Comicfigur aus Belgien stammt, ist kein Zufall, denn Belgien ist Comic-Land.

Früher war der einsame Cowboy übrigens Kettenraucher. Erst seit 1983 nuckelt der Held an einem Grashalm statt an einem Glimmstengel, was Morris einen Preis der WHO (UN-Weltgesundheitsorganisation) einbrachte.

Stammvater des belgischen Comics ist Georges Remi (Hergé), Chefredakteur der Jugendbeilage Le Petit Vingtième der Brüsseler Tageszeitung Vingtième Siècle. Darin erschienen 1929 erstmals Tintin und Milou (Tim und Struppi). Ihr erstes Abenteuer, »Tintin au Pays des Soviets« (»Tim im Land der Soviets«), führte den rasenden Reporter mit der blonden Haartolle und seinen pfiffigen Terrier gleich in die Ferne. Seitdem bestanden die beiden überall auf der Welt die spannendsten

Die Dalton-Brüder auf einer Brüsseler Hauswand in der Rue de la Buanderie

Abenteuer, sogar auf dem Mond. Hergés Comics zeichnen sich durch Klarheit und Treue zum Detail aus, seine »ligne claire« prägte den belgischen Comic.

Spirou und die Schlümpfe

Etliche der bekanntesten Comicfiguren, so auch Lucky Luke, hatten ihre Premiere im Spirou, einem 1938 erstmals erschienenen Comicjournal. Benannt wurde es nach der von Robert Velter (Bob Vel) erfundenen Figur des Hotelpagen Spirou, der mit dem Reporter Fantasio (in Deutschland auch Pit und Pikkolo) und dem Forscher Comte de Champignac jede Menge Abenteuer bestreitet.

Wie Spirou bot das Journal de Tintin, das noch heute unter dem Namen Hello B.D. besteht, eine Plattform für junge Zeichentalente. Im ersten, 1946 erschienenen Heft von Tintin ließ Edgar P. Jacobs das Detektiv-Duo Blake und Mortimer ihre Arbeit aufnehmen. Im Jahr 1952 zeichnete Peyo (Pierre Culliford) erstmals die Geschichten um Johan & Pirlout, einen Ritter und dessen Knappen (in Deutschland: Johann und Pfiffikus). In diesen Geschichten tauchten später die beliebten Schtroumpfs (Schlümpfe) auf, zwergenhafte hellblaue Waldwesen mit menschlichen Marotten, denen der Zauberer Gargamel mit seiner Katze Azrael nachstellte. Schon bald brachte Peyo ein eigenes Comic-Heft mit den Schlümpfen heraus. Als die lustigen blauen Kerlchen, unter denen es nur ein weibliches Wesen gibt, in Zeichentrickfilmen, Fernsehserien und TV-Werbespots erschienen und als Plastikfiguren in Kinderzimmern auftauchten, eroberten sie im Nu die ganze Welt.

Die große Zeit des belgischen Comics reichte von den 1950er-Jahren bis in die frühen 1970er. Glücklich darf sich schätzen, wer noch Comics von damals besitzt, sie sind begehrte, teuer gehandelte Sammlerobjekte. Zu den bekannten Comics aus jener Zeit zählen unter vielen anderen »Jo et Zette« und »Quick et Flupke« von Hergé, »Barelli« von Bob de Moor, »Comanche«, »Bernard Prince« und »Jugurtha«, alle drei von Hermann Huppen (Hermann), »Boule & Bill« (in Deutschland: »Pico & Bello«) von Jean Roba, »Bruno Brazile« von William van Cutsen (›Vance‹), »Buck Danny« und »Der Rote Korsar« von Victor Hubison, »Vizir Iznogoud« von Tabary sowie »Red Indian Oumpah-Pah« von Uderzo und Goscinny.

Comics auch für Erwachsene

Von Anbeginn waren belgische Comics nicht nur lustige Bildergeschichten für Kinder, sondern setzten sich mit Witz und Satire mit dem Weltgeschehen auseinander. Nach und nach wurden die Inhalte mehr für Erwachsene konzipiert, und bereits 1968 erschien, gezielt für Erwachsene, das Monatsheft À Suivre. Heute sind Comics in Belgien populär wie eh und je.

Zu den großen zeitgenössischen Comic-Künstlern zählen beispielsweise François Schuiten und Benoît Peeters mit ihrer stark intellektuellen Serie »Les Cités Obscures«. In dem Band »Brüsel« nehmen sie die skrupellose Zerstörung des alten Brüssel durch Spekulanten, Bürokraten und Baulöwen auf's Korn. Auch François Walthéry kommt mit seinen Serien um den Jungen Nickel und um die Stewardess Natascha sehr gut an.

Fashion made in Belgium

Die »Antwerp Six«, sechs Absolventen der Antwerpener Modeakademie, hatten der Stadt an der Schelde in den 1980er-Jahren zum Durchbruch als Modestadt verholfen. Heute findet *fashion made in Antwerp* weltweit viel Beachtung. Längst hat sich aber auch Brüssel zu einem wahren Modemekka entwickelt.

Es ist zwar schon über 20 Jahre her, doch damit fing eigentlich alles an. Mit dem aufsehenerregenden Einstieg der Antwerpener Avantgardisten Marina Yee, Dries van Noten, Ann Demeulemeester, Walter van Beirendonck, Dirk Bikkembergs und Dirk van Saene in die Modewelt. Die »Antwerp Six«, alle ausgebildet am Fashion-Institut der Antwerpener Akademie für Schöne Künste, kamen 1986 als Outsider zur Londoner Fashion Show und verließen sie als gefeierte Mode-Schöpfer.

Von da an ging es mit Antwerpens Mode bergauf, bald stand Antwerpen für Avantgarde, Trendsetting und Innovation. Und steht es noch heute, in-

Im Antwerpener Modemuseum

zwischen bereits in weiteren Generationen, die es allerdings neben den »Six« nicht leicht hatten. Und mit Kaat Tilley, der Frau in Antwerpen, auf Augenhöhe zu kommen, war auch nicht leicht. Oder mit Martin Margiela oder Anne Heylen und vielen exzellenten Antwerpener Abgängern der Modehochschule. Und jetzt kommen auch noch die hervorragenden Brüsseler Modeschöpfer hinzu.

Avenue Louise – Brüssels Champs-Elysées

Was für Paris die Champs-Elysées, für Barcelona die Ramblas und für New York die Fifth Avenue sind, ist für Brüssel die Avenue Louise – hier paart sich Glamour mit Eleganz. Leopold II. hat die von schmucken Herrenhäusern gesäumte Prachtavenue geschaffen und nach seiner Tochter Louise benannt. Heute ist die Straße eine der attraktivsten Shoppingmeilen Brüssels, in der nicht nur der Kunde König, sondern auch etliche Kunden königlich sind. Im Haus Natan Couture, Avenue Louise 158, in dem nur nach Maß geschneidert wird (Prêt-à-porter: 78, rue de Namur), bedient Créateur Edouard Vermeulen die europäischen Königshäuser – das Hochzeitskleid von Prinzessin Mathilde beispielsweise wurde hier kreiert – und kleidet die Großen dieser Welt ein. Olivier Strelli, dessen elegante Boutique in der Avenue Louise 72 zu finden ist, zählt zu den Großen der belgischen Modeschöpfer im Spitzen-Prêt-à-porter. Er kleidete u. a. die Rolling Stones 1997 für ihre Welttournee ein. Auf der Avenue Louise hat übrigens auch Roger, der Friseur der belgischen Königin, seinen Salon. Dennoch – auch Normalsterbliche finden hier den letzten modischen Schick für besondere Anlässe.

Ein Highlight: die Boutiquen der Modeschöpfer in Brüssel und Antwerpen

Die Schilder an den Boutiquen, Ateliers und Modehäusern lesen sich wie das *Who is who* der Modedesigner, hat sich hier doch neben den Belgiern auch alles eingefunden, was international Rang und Namen hat.

In Brüssels Dansaert-Viertel

Weniger extravagant und eher gemütlich gibt sich das Dansaert-Viertel, ein weiteres Zentrum der Brüsseler Mode-Kreationen mit seiner bunten Mischung aus Shops, Boutiquen und Cafés. Neben Olivier Strelli, der auch hier mit seinem bunten Farbenmix beeindruckt, findet man viele weitere bekannte Markendesigner wie Annemie Verbeke mit ihrer Vorliebe zum Detail, den Antwerpener Martin Margiel sowie Marina Yee von den »Antwerp Six«.

Kreationen weiterer Designer dieser Gruppe wie Dries Van Noten und Ann Demeulemeester gibt es im Stjl (74, rue A. Dansaert), einem Mode-Pionier dieses Viertels, in dem auch Schöpfungen von Newcomern wie Cathy Pill angeboten werden.

Am Brüsseler Mode-Firmament tauchen ebenfalls immer wieder neue Sterne auf, kreative Modeschöpfer, die international von sich Reden machen. Cathy Pill beispielsweise, die von der renommierten Brüsseler Modehochschule Ecole de La Cambre kommt, sich für ihre grafischen Muster von der Architektur Brüssels inspirieren lässt und fix einen Preis des Fördervereins Modo Bruxellae für eine ihrer Kollektionen eingeheimst hat. Sie ist gewiss nicht nur eine Sternschnuppe, die schnell verglüht.

Modo Bruxellae
99, rue de Laeken,www.modo brussels.be (engl.)
Bei dem Förderverein für Brüsseler Mode ist alles über Mode in Brüssel zu erfahren, z. B. wer wann und wo seine neuesten Kreationen auf dem Laufsteg präsentiert.

Zur Schnäppchenjagd auf den Markt

Ob wertvolle Antiquitäten oder Nippes, Stallhasen oder Tauben, Schafe oder Ziegen, Pferde oder Kühe, Blumen, Obst, Fisch oder Gemüse, auf belgischen Märkten ist all das zu finden. Dabei ist der Marktplatz seit jeher auch ein Ort für Klatsch und die lokalen Neuigkeiten des Alltags.

Die Händler sind in aller Herrgottsfrühe auf den Beinen, der sonntägliche *La Batte*, der große Markt am Lütticher Maasufer, geht um 7 Uhr los. Doch da hat manch wackerer Sammler oder Händler der Konkurrenz schon längst das ein oder andere Schnäppchen gemacht, bevor jemand anders zugreifen konnte. Kann gut sein, dass das soeben erworbene Bügeleisen aus Urgroßmutters Zeiten oder der Kristallleuchter dann zu einem höheren Preis an einem anderen Stand auftauchen.

Bald schieben sich die Menschen an den Ständen mit Ramsch, Blumen, Antiquariat, Tieren und billiger Kleidung vorbei. Zu den interessanten Märkten Belgiens zählen der Ende Juli stattfindende Pferdemarkt von Libramont, der große Lierer Taubenmarkt und der Büchermarkt von Redu, auf dem sich gewiss das eine oder andere lange gesuchte Buch findet lässt.

Auf belgischen Märkten findet man allerlei Nippes und manches Schnäppchen

HOTEL
MANHATTAN

HOTEL

Belgien – kleines Land, großer Energiebedarf

Wenn Astronauten auf die Erde herabschauen, entdecken sie – so sagt man – auf der Sonnenseite der Erdkugel die Chinesische Mauer, auf der Nachtseite einen leuchtenden gelb-orangen Punkt und stellen zu ihrer Verblüffung fest: Das muss Belgien sein. Und das ist es auch.

Was das kleine Land so erstrahlen lässt, sind Millionen von Lampen, die Belgiens Autobahnen nachts in ein angenehmes Licht tauchen. Gewiss ist die dafür benötigte Energie, gemessen am gesamten Energieverbrauch des Landes, ein Klacks, doch nimmt Belgien in Europa im Energieverbrauch einen Spitzenplatz ein. Dabei hat doch das Land so wenig eigene Energie.

In Belgien werden rund 55 Prozent des Strombedarfs durch Atomkraft gedeckt, dazu tragen die sieben Reaktoren des Landes bei (vier in Doel/Antwerpen und drei in Tihange/Huy). Nur ganze 3,3 % der Elektrizität stammen zzt. aus erneuerbaren Energiequellen, bis 2020 sollen es 13 % sein. Der Atomausstieg in Belgien ist – mit einigem Hin und Her – beschlossene Sache, irgendwann ab 2015 sollen die Reaktoren abgeschaltet werden. Wodurch Engpässe kompensiert werden, ist bis jetzt allerdings weitgehend unklar.

Belgien spart künftig an Lichterpracht

Die Lichter gehen aus

Windenergie? Gewiss! Denn an der Küste weht es recht konstant. Weshalb man schon einige Offshore-Windparks eingerichtet hat. Und auf Land? Gingelom ist einer von sechs kleinen Orten, in deren Nähe ein großer Windpark entstehen soll. Dass dabei drei der Orte in Flandern und drei in der benachbarten Wallonie liegen, ist gewiss kein Zufall. Es entspricht vermutlich dem Bemühen, es den beiden Landesteilen recht zu machen. Windkrafträder in der Dichte, wie man sie in Deutschland vorfindet, gibt es im Königreich noch nicht.

Um Energie einzusparen, hat man in Belgien vielseitige Schritte unternommen. Da wurde der gelben Autobahnbeleuchtung die rote Karte gezeigt, soll heißen, die Lichter gehen aus, zumindest zeitweise. Was in Flandern schon länger gang und gäbe ist, dass nämlich die Lichter eine halbe Stunde nach Mitternacht ausgeschaltet werden und bis 5.30 Uhr aus bleiben, führt nun auch die Wallonie ein. Nur besonders gefährliche Abschnitte und Autobahnparkplätze bleiben davon ausgenommen. Das soll jährlich 7000 Tonnen klimaschädliches Treibhausgas und rund 1,75 Mio. € Energiekosten einsparen. Und auch sparsame belgische Haushalte werden stattlich gefördert.

Tonnenschwer und kurzbeinig – das belgische Kaltblut

Es ist stark wie ein Ochse, hat Beine wie Baumstämme, einen eher kleinen Kopf mit spitzen Ohren und einen intelligenten Gesichtsausdruck, und es ist für sein überaus freundliches Wesen bekannt. Häufig wird es recht beleidigend mit »Ackergaul« tituliert, doch darüber kann das belgische Kaltblut bestenfalls wiehern.

Eines hat das XXL-Pferd jedoch mit Sicherheit nicht: kaltes Blut. Das findet man nur bei den wechselwarmen Tieren wie Amphibien, Reptilien und Fischen, die ihre Körpertemperatur der Außentemperatur anpassen können. ›Kaltblut‹ bezieht sich bei den dicken Vierbeinern hingegen auf das sanfte Temperament und die stoische Gelassenheit, die diesen Tieren, im Gegensatz zu den »heißblütigen Arabern«, eigen sind.

Altbewährte Rassen

Die berühmten belgischen Kaltblutpferde sollen ob ihrer besonderen Ausdauer und Widerstandskraft schon von Julius Caesar und dem griechischen Historiker Herodot gelobt worden sein. Die Ardenner Kaltblüter stammen wahrscheinlich direkt von den nacheiszeitlichen nordischen Waldpferden (Equus sylvaticus) ab, von den prähistorischen Pferden, deren Skelette man im burgundischen Solutré fand. Da sie sich zwischen Buschwerk und Bäumen, auf Felsgeröll und in Sümpfen, im Schnee und auf Eis bewegen mussten, setzten sich im Verlauf der Evolution offensichtlich die Ruhe und Bedächtigkeit ihres Wesens durch. Schnelligkeit war dabei sekundär, was nicht heißt, dass die Ardenner Kaltblüter, wenn sie einmal in Fahrt gekommen sind, nicht auch ganz schön schnell sein können.

Muskelprotze von einnehmendem Gemüt

Später wurden die stämmigen Pferde mit dem einnehmenden Gemüt in den Ardennen gezüchtet und als Zug- und Reitpferde eingesetzt. Sie eigneten sich außerdem bestens, Ritter in schweren Rüstungen zu tragen. Kreuzungen mit Arabern steigerten die Eigenschaften der Kraftprotze noch.

Außergewöhnlich stark sind auch die Brabanter, Muskelprotze, die seit dem Mittelalter als ›Flämische Pferde‹ bekannt sind und aus den Ardennern hervorgingen. Verschiedene große Kaltblutpferderassen wie die schottischen Clydesdale und die englischen Suffolk Punch und Shire Horses enthalten prägende Brabanter Gene. Richard Löwenherz hatte etliche Belgische Kaltblüter nach England importiert.

Ende des 19. Jh. stand der Brabanter auf dem Zenit seiner Zuchtkarriere, als der mächtige braune Hengst ›Brillant‹ die Siegerpokale der internationalen

Meisterschaften in Paris, London, Lille und Hannover abräumte. Im Jahr 1900 heimste sein Enkel ›Rêve d'Or‹ den Weltmeistertitel ein, ihm folgte der Super-Champion ›Avenir d' Herse‹.

Mit Napoleon im Russlandfeldzug

Mit einer Widerristhöhe von 173 cm und über einer Tonne Gewicht zählt das belgische Kaltblut zu den größten Pferden der Welt. Überall dort, wo verlässliche Ruhe, Kraft und Ausdauer der Tiere erforderlich waren, kam das Kaltblutpferd zum Einsatz: im Ackerbau und beim Holzrücken im Wald, beim Kohleabbau über und unter Tage, als Treidelpferd in der Binnenschifffahrt, beim Seenotrettungsdienst und beim Krabbenfischen am Meer, als Zugpferd von Hochzeits-, Brauerei-, Leichen- und Feuerwehrwagen, als ›Motor‹ der Straßenbahn, Bus und Taxi, und natürlich setzten die Militaristen über Jahrhunderte auf das Tier.

Es war das beste Artilleriepferd Europas, zog mit Napoleon in den Russlandfeldzug, überstand den mörderischen Winter und kehrte nach verlorener Schlacht mit den Überlebenden zurück. Auch im Ersten Weltkrieg wurden belgische Kaltblüter zu Tausenden als Zugtiere eingesetzt. Heute ist der kräftige Dicke mit der gelassenen Art auch in Belgien fast schon selten, wird aber von Liebhabern gezüchtet und seine guten Gene leben in den besten Kaltblutrassen der Welt fort.

Zugtier in der Landwirtschaft und einst tapferes Schlachtross

Unterwegs in Belgien

Der Strand von Oostduinkerke lädt nicht nur bei Ebbe zu langen Spaziergängen ein

Das Beste auf einen Blick

Brüssel und Umgebung

Highlight!

Brüssel: Ja, gewiss doch, da gibt's das ewig urinierende Männchen und das Atomium. Die sollte man sehen. Doch Brüssel bietet mehr, wesentlich mehr: Elegante Ladengalerien verführen zum Shopping, Flohmärkte laden zum Stöbern ein. Filigraner Jugendstil, barocke und gotische Bauten existieren neben Euro-Bauten aus Glas und Beton. In Brüssels Museen mit ihren faszinierenden Sammlungen kann man Tage zubringen. Gourmet-Tempel, Cafés und Fritterien verheißen Genüsse. Brüssel ist wie ein Edelstein mit vielen geschliffenen Facetten. S. 78

Auf Entdeckungstour

Grand-Place: Die Grand-Place ist das Herz der Metropole und wird von Menschen aus aller Welt bestaunt. Entdecken Sie sie im Spiegel der Geschichte. 1 S. 82

Atomium: Eigentlich sollte es nur wenige Monate existieren, doch nun steht es schon seit über 50 Jahren – das Wahrzeichen Brüssels. Per Lift, Rolltreppe und über lange Treppen kann man sein Innenleben erkunden. S. 100

Fondation Folon: Jean-Michel Folon konzipierte den Rahmen für die Ausstellung seiner Werke selbst. In La Hulpe bei Brüssel kann man sein Werk kennenlernen. S. 106

Kultur & Sehenswertes

Musikinstrumentenmuseum: Eine weltweit einzigartige Sammlung: Von 7000 Musikinstrumenten sind 1200 ausgestellt! Mit dem Kopfhörer ist der Besuch ein Klangerlebnis. 17 S. 90

Autoworld im Parque Cinquantenaire: Vom Panhard-Levassor zum Pariser Taxi und zur Karosse des Schahs von Persien – ein Eldorado für Auto-Freaks, aber auch Biker kommen auf ihre Kosten. S. 93

Aktiv & Kreativ

Comics: Auf den Spuren der Sprechblasenhelden findet man auf dem Comic-Walk an 30 Hauswänden Wandgemälde aus Comics. S. 86

Genießen & Atmosphäre

Braunes Gold: Belgische Pralinen sind in der ganzen Welt berühmt. Die besten *maîtres chocolatiers* haben ihre Läden am Grand Sablon. 21 S. 92

Brüssels Bauch: In der Rue des Bouchers lässt einem der Anblick der kunstvoll zu Stillleben ausgelegten Meeresfrüchte das Wasser im Mund zusammenlaufen. Gut und auch bei den Brüsselern sehr beliebt ist das Scheltema. 7 S. 98

Abends & Nachts

A la Mort Subite: Den »schnellen Tod« gibt es in dieser gemütlichen Kneipe frisch gezapft vom Fass. Der Name? Fragen Sie am Besten einen Einheimischen in der Kneipe. 1 S. 99

Le Roi d' Espagne: Wer in dieser urigen Kneipe an der Grand-Place einen Fenstertisch im Obergeschoss ergattert, hat eine schöne Aussicht auf den Platz. Im Sommer sitzt man auch draußen auf der Terrasse sehr gut. 5 S. 102

Brussel – Bruxelles – Brüssel! ► E 13

In Belgiens Haupt- und Residenzstadt lebt ein Zehntel der Bewohner Belgiens, rund eine Million Menschen, und jeder nach seiner Façon. Fast jeder Dritte ist ausländischer Herkunft – Brüssel ist eine wahrhaft multikulturelle und kosmopolitische Metropole!

Und dann ist Brüssel ja auch noch Hauptstadt Europas mit Sitz der EU-Institutionen. Diese haben allerdings ganze Stadtteile zu ihrem Nachteil verändert. Zahlreiche historische Prachtbauten und sehr schöne Art-Nouveau-Häuser wurden von den öden Verwaltungsgebäuden und Bürotürmen der supranationalen Behörden verdrängt. Seit dem Bauwahn der 1960er-Jahre ist das Schlagwort »Brüsselisierung« zum Synonym für Stadtzerstörung geworden. Und dennoch, immer wieder blitzt etwas von dem anarchischen Charme der Brüsseler durch. Neben gesichtslosen Businessbauten bestehen noble Wohnhäuser, neben luxuriösen Einkaufsgalerien bunte Märkte, neben Gourmettempeln urige Kneipen und schlichte Tavernen. Man tut gut daran, sich bei einem Besuch Brüssels auf ein stetes Wechselbad der Gefühle einzustellen. Neben Highlights wie Grand-

Infobox

VISITBRUSSELS

Hôtel de Ville (Rathaus), Grand-Place, Tel. 02 513 89 40, www.visitbrussels.be. **Weitere Büros:** Gare du Midi; Brüsseler Flughafen (Ankunft); Sommerkioske: Gare Centrale, Place du Grand Sablon, Place de la Bourse, Atomium.

Brussels Info Place – BIP

2–4, rue Royale, Tel. 02 563 62 00, www.biponline.be

Internet

www.brucity.be: Homepage der Stadt.
www.bruxelles.irisnet.be: Homepage der Region Brüssel-Hauptstadt.
www.bruxellesmobilite.irisnet.be: Parken und Verkehr in Brüssel.

Anreise und Weiterkommen

Wer mit dem Flugzeug anreist, kommt auf Brüssels internationalem Airport in Zaventem an, 14 km vom Zentrum entfernt. Von Flughafen fährt die S-Bahn »Airport City Express« mehrmals pro Stunde ins Zentrum, zur Gare Centrale.

Internationale Schnellzüge halten meist nur im Bahnhof Brüssel-Süd (Gare Bruxelles-Midi/Brussel-Zuid), einem der vier großen Bahnhöfe der Stadt.

Mit dem eigenen Pkw ins Zentrum? Das sollte man wegen der vielen Einbahnstraßen und dem starken Verkehr besser lassen. Wer dennoch mit dem Auto in die Stadt fährt, kann es in einem der zahlreichen innerstädtischen Parkhäuser abstellen, was allerdings nicht ganz billig ist. Auch verfügen manche Hotels über eigene Parkplätze.

Bei einem Kurzbesuch empfiehlt es sich, das Fahrzeug auf einem der Park & Ride-Plätze an den großen Zufahrtsstraßen am Stadtrand zu parken und mit Metro, Bus oder Tram weiter zu fahren. Das ist bequem und kostengünstig.

Gut besucht: die Kneipen und Straßencafés direkt hinter der Börse

Place, Maneken Pis und Atomium bietet Brüssel wesentlich mehr: Elegante Ladengalerien verführen zum Shopping, Flohmärkte laden zum Stöbern ein. Filigraner Jugendstil sowie barocke und gotische Architektur existieren neben EU-Gebäuden aus Glas und Beton. In den Museen mit ihren faszinierenden Sammlungen kann man Tage verbringen. Gourmet-Tempel, Cafés und Fritterien verheißen Genüsse. Brüssel ist wie ein Edelstein mit vielen geschliffenen Facetten.

Ein bisschen Geschichte

Auf dem Gebiet Brüssels gibt es Hinweise auf neolithische Wohnstätten, römische Villen und Merowinger-Höfe. Um 580 erbaute der hl. Géry auf einer Insel der Senne eine Kapelle. Im Jahr 979 taucht in Dokumenten erstmals der Name *Bruoscella* (Siedlung im Sumpf) auf. Damals belehnte Kaiser Otto II. den Herzog von Niederlothringen mit der Siedlung an der Senne, der dort eine Festung errichtete und sich niederließ. Während das gemeine Volk in der sumpfigen Unterstadt hauste, bauten Adel und Klerus alsbald auf den Hügeln des rechten Senneufers ihre Residenzen und Gebetshäuser.

Das am Handelsweg zwischen dem Rheinland und England gelegene Brüssel blühte als Stadt der Händler, Tuchmacher, Tapisseriefabrikanten und Spitzenklöppler bald auf. Im 13. Jh. besaß es 30 000 Einwohner. Das Zentrum des Stadtlebens war der *Nedermerct*, ein trockengelegter Platz, aus dem der Grote Markt (Grand-Place) entstand.

Die Herzöge von Brabant und Luxemburg, die Grafen von Flandern, die Burgunder, die spanischen und österreichischen Habsburger – sie alle fanden Gefallen an der Stadt und nahmen sie zur Residenz. Stolz erbauten die Zünfte um den Grote Markt ihre prächtigen Häuser. Zugleich entfaltete sich ein reiches Kulturleben, das namhafte Künstler wie die Maler Rogier van der Weyden und Pieter Bruegel d. Ä. anzog.

Im Jahr 1695 versank die Stadt unter dem Donner der Kanonen Ludwigs XIV. in Schutt und Asche. Doch wurden die Prachtbauten in nur wenigen Jahren neu erbaut. Nach dem ▷ S. 85

BRUSSEL
R. du Grd. Hospice
Grootgodshuisstr.
R. du Béguinage
Begijnhofstr.
St-Jean Baptiste
St.-Jan de Doper
Q. au B. à Brûler
Q. aux Briques
Ste-Catherine
St.-Katelijne
Pl. du Béguinage
Begijnhof
R. du Peuplier
Populierstr.
Baksteenkaai
Brandhoutkaai
Auberge de Jeunesse Generation Europe
R. d. Ch.-Marin
Zeehundstr.
R. du Cirque
Circusstr.
R. a. Fleurs
Bloemenstr.
R. Vander Elst str.
R. d. Hirondelles
Zwaluwenstr.
Lakensestr.
Rue de Laeken
Bd. E. Jacqmain laan
Bd. Ad. Max laan
Bruidsstr.
R. d. l. Fiancée
St-Michielsstr.
R. St-Michel
Passage du Nord
N.-D. du Finistère
O.L.V. Ter Finisterrae
R. d. l. Blanchisserie
Blekerijstr.
R. d. Damier
Dambordstr.
R. aux Choux
Koolstr.
Place de Brouckère plein
Pl. des Martyrs
Martelaarspl.
Zilverstr.
R. du Persil
R. d. Marais
Tour Philips
Philipstoren
Ste-Catherine
St.-Katelijne
Pl. Ste-Catherine
St.-Katelijne-pl.
De Brouckère
R. d. l. Vierge Noire
Z. Lievevrouwstr.
R. Ste-Catherine
St.-Katelijne-str.
R. d. Halles
Hallenstr.
R. Neuve
Nieuwstr.
R. d'Argent
R. d. Boîteux
Kreupelenstr.
R. d. Comédiens
Komedianten
R. du F.-a.-Loups
Wolvengracht
Pl. de la Monnaie
Muntpl.
R. Mont. aux Herbes Potagères
Warmoesbergstr.
R. A. Dansaert str.
Kartuizersstr.
Place de la Bourse
R. du Marché aux Poulets
Anspach laan
R. Grétry
Kiekenmarkt
R. de l'Ecuyer
Schildknaapstr.
R. d'Assaut
Stormstr.
Boulevard
R. d'Arenberg str.
Place Halles St-Géry
Bourse
Beurs
R. de la Bourse
Beursstr.
St-Nicolas
St.-Nikolaas
R. d. l. Fourche
Greepstr.
R. des Bouchers
Beurs-plein
R. H. Maus str.
R. aux Beurre
R. d. Marché aux Herbes
Grasmarkt
Pl. et parvis Ste-Gudule
St-Goedele en voorp
St-Géry
R. St-Géry
St.-Gorikstr.
R. des Pierres
Steenstr.
Riche Claire
Rijke Klaren
Bd. M. Lemonnier laan
Hôtel de Ville
Stadhuis
Grand-Place
Grote Markt
Zuidstr.
R. d. l'Amigo
Vrunt-str.
Kolenmarkt
R. d. l. Montagne
Bergstr.
Blvd. de l'Impératrice
Keizerinln.
Gare Centr
Centraal Station
R. du Card. Mercier
Kard. Mercierstr.
R. du Charbon
N-D du Bon-Secours
R. du Midi
R. du Marché-au-Charbon
R. d. Grands Carmes
O.L.V. van Bijstand
Lombard str.
Stoof-str.
Rue du M. aux Fromages
R. des Eperonniers
Spoormakersstr.
Madeleine
Magdalena
R. de la Madeleine
R. de l'Inf. Isabella str.
Carr. de l'Europe
Europakruis-punt
Gare Centrale
Centraal Station
Marché au Bois
Houtmark
R. d. l. Violette
Violetstr.
Pl. St-Jean
St.-Janspl.
R. Duquesnoy
Pl. de l'Albertine
Albertinapl.
Keizerslaan
R. St-Jean
R. des Bogards
R. Van Helmont str.
Bogaardenstr.
R. de l'Etuve
R. du Chêne
Eikstr.
R. d. l'Hôpital
Gasthuisstr.
Ravenstein st.
R. du Midi
R. de Dinant str.
R. de l'Escalier
Trapstr.
Boulevard d. l'Empereur
Pl. de Dinant pl.
Pl. d. l. Justice
Gerechtspl.
Pl. du Musée pl.
Place Royale
Koninklijk plein
R. d. Chasseur
Jagersstr.
Nieuwland
Priemstr.
R. d'Accolay str.
R. des Alexiens
Cellebroersstr.
St.-Jan Berchmans-college
R. du Poinçon
Ursulinenstr.
R. d. l. Roue
Radstr.
R. d. Ursulines
Place de la Chapelle
Kapellemarkt
R. de Rollebeek str.
R. de la Paille
Strostr.
R. de Ruysbroeck str.
Pl. du Grand Sablon
Grote Zavel
R. Ste-Anne
Pl. E. Vandervelde pl.
R. d. Brigittines
Brigitinnenstr.
R. des Visitandines
Visitandinenstr.
R. N.-Seigneur
Ons. Heerstr.
Rue Haute
Hoogstr.
R. des Chandeliers
Kandelaarsstr.
R. des Sablon
Zavelstr.
N.-D. du Sablon
O.-L.-V.-ten-Zavelkerk
Regentschapsstr.
Rue du Miroir
0
100
200 m

Brüssel

Sehenswert

1 Grand-Place
2 Musée du Cacao et du Chocolat
3 Galeries St-Hubert
4 Théâtre Royale de la Monnaie
5 Bourse
6 Manneken Pis
7 Jardin Botanique
8 Centre Belge de la Bande Dessinée
9 Trödelmarkt Jeu de Balle
10 Notre-Dame de la Chapelle
11 Cathédrale St-Michel
12 Colonnne du Congrès
13 Palais de la Nation
14 Palais Royal
15 Musée BELvue/ Coudenberg
16 Place Royale
17 MIM
18 Palais des Beaux-Arts
19 Musées royaux des Beaux-Arts de Belgique
20 Musée Magritte Museum
21 Place du Grand Sablon
22 Palais de Justice

Übernachten

1 Noga
2 Auberge St-Michel
3 Mozart
4 Brussels Welcome Hotel
5 Chez Christine Goyens
6 Bridie's B & B
7 Chambres en Ville
8 B & B Au Rovignon
9 JH Bruegel
10 JH Jacques Brel
11 Camping-Druivenland

Essen & Trinken

1 L'Ogenblik
2 Restaurant du MIM
3 Le Pain Quotidien
4 Brasserie Horta
5 't Kelderke
6 La Manufacture
7 Scheltema
8 In 't Spinnekopke
9 Belga Queen
10 La Quincaillerie
11 Café Métropole

Einkaufen

1 Brüsel
2 Multi BD
3 La Boutique de Tintin – Milou
4 Village de la BD

Aktiv & Kreativ

1 Passa Porta
2 Pro Velo

Abends & Nachts

Kneipen

1 A la Mort Subite
2 Café Leffe
3 Le Falstaff
4 Café Delirium
5 Le Roi d'Espagne

Diskotheken

6 Le You
7 The Marquee
8 Nostalgia

Livemusik

9 L'Archiduc
10 The Music Village
11 Beursschouwburg

Theater, Oper und Konzert

12 Théâtre Royal de la Monnaie
13 Conservatoire Royal de la Musique
14 BoZar

Kino

15 Actor's Studio
16 Cinematek
17 UGC de Brouckère

Auf Entdeckungstour

Eitelkeit und Macht – die Zunfthäuser an der Grand-Place

Die Grand-Place 1 ist Brüssels Herz und Highlight. Touristen aus aller Welt bewundern den Figurenschmuck am Rathaus, den mächtigen Belfried und die prunkvollen Zunft- und Bürgerhäuser. Über das wechselvolle Schicksal dieses Platzes und der Bewohner von Brüssel vermögen diese Häuser einiges zu erzählen.

Rathaus: Tel. 02 279 43 50, www.brussel.be, geführte Touren ohne Buchung (Anmeldung 15 Min. vor Beginn), nl.: Mi 13 Uhr, frz.: 14 Uhr, engl.: 15 Uhr; So: nl.: 11 und 16 Uhr, engl.: 10 und 14 Uhr, frz.: 12 und 15 Uhr. Eintritt 5 €, ermäßigt 3 €. Tickets im Rathaus oder im Tourist Office.

Brauereimuseum: www.beerparadise.be, tgl. 10–17, Eintritt 5 €.

Musée de la Ville de Bruxelles: www.brussels.be, Di–So 10–17, Do bis 20 Uhr, Eintritt 4 €, ermäßigt ab 2 €.

Blickfang ist das gotische **Rathaus (1)** aus dem 15. Jh. mit dem 96 m hohen Belfried, den reichen Verzierungen, Ecktürmen und Arkaden. Es zählt zu den schönsten Profanbauten Belgiens. Auch innen setzt sich sein Prunk nahtlos fort: Die Säle und das Treppenhaus schmücken wertvolle Brüsseler Tapisserien, Wandvertäfelungen aus edlem Holz und kostbare Gemälde. Nichts deutet darauf hin, dass die Franzosen es 1695 weitgehend zerstörten: Nur der Turm blieb unversehrt, obwohl gerade er die Zielscheibe der Kanoniere war. Sonst aber leisteten diese ganze Arbeit: Die Zunfthäuser am Platz lagen in Trümmern. Ironie der Geschichte: Brüssel verdankt die heutige Grand-Place der Zerstörungswut Ludwigs XIV. Und der Eitelkeit der mächtigen Zünfte. Denn jede wollte beim Wiederaufbau ihres Hauses die anderen Zünfte an Prunk übertreffen. Hier bewahrten sie Siegel und Fahnen auf, hielten Versammlungen und Bankette ab, also mussten auch höchst repräsentative Fassaden her.

Geschichten und Geschichte

Auf der Grand-Place hat sich im Lauf der Geschichte manches Tragische ereignet. Im 14. Jh. wurde z.B. Everard t'Serclaes, ein Brüsseler Schöffe, während der Verteidigung Brüssels zu Tode gefoltert. In der Arkade des Hauses Der **Stern (2)** ist der Sterbende als liegende Bronzefigur dargestellt. Nach dem Volksglauben bringt es Glück, wenn man die Statue berührt. Doch auch Großartiges, wie der »Ommegang«, trug sich hier zu (S. 56). Wie Der Stern haben auch fast alle anderen Häuser Namen. Sie waren früher die »Hausnummer« und dazu gab es ein entsprechendes Symbol. Hier ist es der Stern auf dem Giebel des Hauses. Aber nicht immer gibt das Symbol auch Auskunft über die Hausbesitzer. Zumindest bedarf es einiger Fantasie. So könnte der Stern als Symbol der Obrigkeit gedeutet werden, war das Haus doch das des Amtmanns, der die Hinrichtungen auf dem Platz überwachte.

Repräsentativ: die Häuser der Zünfte

Ein Gläschen Bier vom Brauer

Auch am nächsten Haus deutet nichts an, dass **Der Schwan (3)** das Zunfthaus der Metzger war. Hier brüteten übrigens Karl Marx 1847/48 und Friedrich Engels über dem Kommunistischen Manifest; das bourgeoise Gewand des Platzes wird sie wohl in ihrer Einstellung zum Kapitalismus bestärkt haben.

Im Haus **Der Goldene Baum (4),** dem Zunfthaus der Brauer, zeigt das **Brauereimuseum** alte Brauereigeräte. Gebraut wird, welch ein Kontrast, mit High-Tech. In der gemütlichen Schänke kann man – im Eintritt inklusive – ein Gläschen Gerstensaft probieren.

Die Schönsten am ganzen Platz

In der schönen Häuserzeile rechts des Rathauses entdeckt man den schlauen

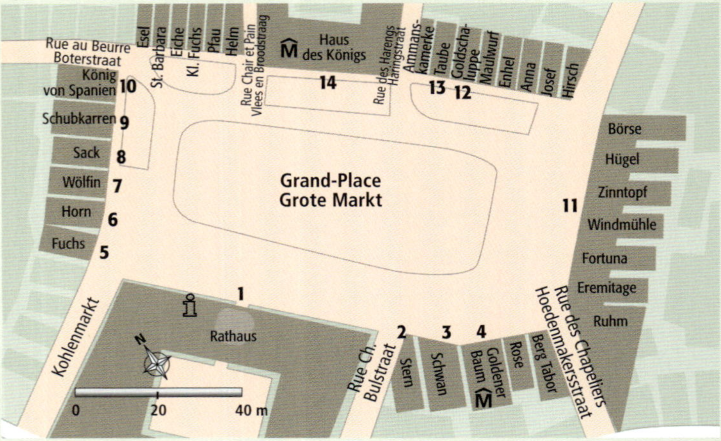

Fuchs (5) – dies war das Haus der Krämer. Noch deutlicher wird die Verbindung von Zunft und Fassade am benachbarten Haus **Horn (6),** dessen Giebel dem Heck einer Karavelle des 17. Jh. entspricht: Es war das Haus der Flussschiffer. Die **Wölfin (7)** war das der Bogenschützen, der **Sack (8)** mit Globus und Zirkel im Giebel, das der Tischler. Ein **Schubkarren (9)** wiederum weist das Nachbarhaus als das der Fettmacher aus, die ganze Schubkarren voller Kerzen zum Markt fuhren.

Der König hat hier nie gewohnt

Mit dem Namen **Der König von Spanien (10)** widmeten die Bäcker ihr Zunfthaus König Karl II. von Spanien. Heute kann man hier prima essen und einkehren. Das **Haus der Herzöge von Brabant (11)** an der östlichen Stirnseite des Platzes ist nach den 19 Statuen von Brabanter Herzögen benannt, die seine Fassade schmücken. Es gleicht einem italienischen Palazzo. Regierungssitz war es nie. Hinter der Fassade verbergen sich sechs Häuser, darunter die Zunfthäuser der Teppichweber, Gerber, Müller, Zimmerleute und Wagenmacher und das der Maurer und Bildhauer.

Vom Giebel der **Goldschaluppe (12),** dem Zunfthaus der Schneider, hält der in Brüssel geborene hl. Bonifatius segnend die Hand über den Platz; an der Eingangstür steht die hl. Barbara, Schutzpatronin der Schneider. **Die Taube (13)** das Haus der Maler bewohnte Victor Hugo mit seiner Geliebten während seines Brüsseler Exils 1851/52. Im **Haus des Königs (14),** ursprünglich Brothalle, residierte der Generaleinnehmer von Brabant. Deshalb hieß es erst »Haus des Herzogs«. Als der Herzog König von Spanien wurde, hieß es »Haus des Königs«, obwohl der König nie hier wohnte. 1568 war es das Gefängnis, in dem die als Freiheitskämpfer in die Geschichte eingegangenen Grafen Egmont und Hoorn ihre letzte Nacht verbrachten, bevor sie auf der Grand-Place enthauptet wurden. Heute zeigt hier das **Musée de la Ville de Bruxelles** Modelle der Stadtanlage, Gemälde, Wandteppiche und Fayencen sowie Garderoben des Manneken Pis.

Fiasko Napoleons bei Waterloo wurde die Stadt bis 1830 zur Residenz der Oranier. 1830 ging das Volk in Brüssel auf die Barrikaden und leitete damit die Entstehung des Königreichs Belgien ein. Die Weltausstellung mit ihrem sensationellen Atomium lockte 1958 Millionen von Besuchern an, ein Jahr darauf wurde Brüssel Sitz der Europäischen Wirtschaftsgemeinschaft (EWG) und der EURATOM, 1967 auch der NATO.

Die aktuelle politische Situation Brüssels ist verwirrend, haben hier doch die Regierung des Staates, die der selbstständigen Region Brüssel, Flanderns und der Französischen Gemeinschaft das Sagen. Hinzu kommt, dass die Stadt in 19 Gemeinden mit eigenen Obrigkeiten zerfällt. Offiziell ist Brüssel zweisprachig, doch lassen die beiden verfeindeten Volksgruppen kaum eine Gelegenheit aus, sich gegenseitig in ihren Vorhaben zu behindern. Eine unerquickliche Situation, die nicht gerade zu einer harmonischen Stadtentwicklung beiträgt. Und dennoch – irgendwie funktioniert es.

Das historische Zentrum

Musée du Cacao et du Chocolat 2

9, rue de la Tête d'Or, www.mucc.be, Di–So 10–16.30, während Ferien auch Mo, Eintritt 5,50 €, ermäßigt 4,50 €
Von der Grand-Place sind es nur wenige Schritte zum Schokoladenmuseum, das den Weg von der Kakaobohne bis zur Schokolade beleuchtet. Man kann sich historische Werbeplakate und weitere Exponate rund um den Kakao ansehen. Bei einer Vorführung wird heiße Schokolade in Formen gegossen und man darf probieren. Das freut besonders die kleinen Besucher.

Brussels Card
Die Brussels Card gewährt für 24, 48 oder 72 Stunden freie Fahrt mit öffentlichen Verkehrsmitteln in Brüssel, freien Zutritt zu über 30 Museen, Rabatt für das Atomium, zahlreiche Restaurants, Cafés, Bars und Shops. Erhältlich für 24, 34 bzw. 40 € in der Touristen-Info, einigen Hotels, teilnehmenden Museen und unter www.brusselscard.be.

Galeries Royales St-Hubert 3

»Omnibus omnia« – »Allen alles« – verheißt der Wahlspruch über dem Eingang der **Galeries Royales St-Hubert** am Grasmarkt. König Leopold I. eröffnete die dreigeschossige, mit neoklassizistischen Fassaden, Skulpturen und gewölbtem Glasdach erbaute Ladenpassage 1847. Seitdem reihen sich hier Läden, Cafés und Restaurants, darunter die **Confiserie Neuhaus**, die der Schweizer Apotheker Jean Neuhaus 1857 als »pharmazeutische Süßwarenhandlung« eröffnete. 1912 wurde hier die gefüllte Praline erfunden und das *ballotin*, die edle Verpackung, dazu.

Von der Galerie gelangt man in die Rue des Bouchers (Metzgerstraße), wegen der rund 80 Restaurants auch »Bauch von Brüssel« genannt. Schon der Anblick der kunstvoll zu Stillleben ausgelegten Meeresfrüchte lässt einem das Wasser im Mund zusammenlaufen. Am Ende der Straße trifft man in der Impasse de la Fidelité auf die weibliche Variante des berühmtesten Brüsselers, auf Janneke Pis.

Théâtre Royal de la Monnaie 4

Berühmtheit erlangte das 1817 errichtete Opernhaus, als am 25. August 1830 während der Vorstellung der Oper »Die Stumme von Portici« der Aufstand ausbrach, der zur Revolution und zur Gründung des unabhängigen Staates Belgien führte. Imposant ist der ovale Theatersaal, ein Prunksaal mit schönen Kuppelgemälden. Durch die Rue Neuve, Brüssels Fußgängerzone, und die Passage du Nord gelangt man zur **Place de Brouckère**, im 19./20. Jh. Wohngegend des gehobenen Bürgertums.

Bourse 5

Mächtige Säulen tragen den Vorbau der Börse. An ihrem reichen Figurenschmuck soll auch Auguste Rodin gearbeitet haben. Gemütlich ist es nebenan im Belle-Èpoque-Café Le Cirio (Rue de la Bourse, 18) und im Art-Nouveau-Café Falstaff (Rue Henri Maus, 19).

Manneken Pis 6

Ein paar Häuserblöcke südlich stößt man an einem Brunnen auf den berühmtesten Brüsseler – auf Manneken Pis. Der ewig pinkelnde, pausbäckige Knabe ist uralt, er stammt aus dem Jahr 1619. Regelmäßig wird er von einem Gewandmeister in neue Kleider gesteckt, er soll über 750 besitzen, die zum Teil von bedeutenden Persönlichkeiten stammen. Der bayerische Kurfürst Max Emmanuel hat ihm eine blau-weiße Tracht geschenkt, Ludwig XV. einen Brokatrock und auch von Erich Honneker hat er eine Uniform.

Comic-Hauswände

In der *Rue du Marché-au-Charbon*, Ecke *Plattesteen*, spazieren Broussaille und seine Freundin Händchen haltend auf einer Hauswand durch Brüssels Straßen. Gegenüber schaut sich der Spion Victor Sackville um, während in der *Rue de Bon Secours* Detektiv Ric Hochet an einer Hausfassade herumklettert. Broussaille wurde von Frank Pé kreiert, Victor von Francis Carin, und Ric von Tibet & Duchâteau. Das sind nur drei Beispiele für Comic-Hauswände in der Nähe von Manneken Pis. Verteilt über die Stadt sind es über 30 und es werden immer mehr. Am besten schaut man sie sich auf dem Comic-Rundweg an, zu dem die Touristeninformation eine Broschüre herausgibt.

In der Unterstadt

Jardin Botanique 7

Von dem einstigen Botanischen Garten sind fast nur noch die imposanten Gewächshäuser erhalten. Heute ist er ein Kulturzentrum mit modernem Café-Restaurant.

Centre Belge de la Bande Dessinée 8

Comic-Museum, 20, rue des Sables, www.cbbd.be, Di–So 10–18 Uhr, Eintritt 8 €, ermäßigt ab 3 €

In dem schönen Art-Nouveau-Haus von Victor Horta finden Sie all die berühmten Comicfiguren von Tim und Struppi bis zu den Schlümpfen, erfahren, wie Comics gemacht werden und vieles mehr. Comicfreaks finden in der Bibliothek mit der weltweit größten Comicauswahl ihr Eldorado und können sich in der Comic-Buchhandlung mit Comics eindecken. In der Jugendstil-Brasserie Horta kommen typisch belgische Gerichte auf den Tisch.

Im Marollenviertel

Die in den Straßen und Gassen mit teils maroden, teils sanierten Häusern wohnenden Marolliens geben sich mitunter kämpferisch, wenn es um ihr Viertel oder soziale Belange geht. So nahmen Streiks im Kampf um das allgemeine Wahlrecht in diesem alten Arbeiterviertel ihren Anfang. Etliche Häuser haben die Bewohner in Eigeninitiative saniert und damit vor dem Abriss bewahrt. Das **Quartier des Marolles** liegt in der Unterstadt, aber ein praktischer Aufzug verbindet es mit dem **Justizpalast** (S. 92) in der Oberstadt.

Trödelmarkt Jeu de Balle 9

Place du Jeu de Balle, tgl. 7–14 Uhr
Besucher wie Einheimische zieht es besonders zum Trödelmarkt. In der alten Feuerwehrkaserne am Platz und in der Rue Blaes haben sich etliche Antiquitätenhändler eingenistet. Zahlreiche Cafés, darunter das Café-Restaurant **De Skieven Architek**, laden zum Kaffeetrinken ein. Auch in der Rue Haute findet man Antiquitäten, aber auch Kunst und modernes Design. Im Haus Nr. 224 hatte Auguste Rodin ein Studio und in Haus Nr. 123 wohnte der Maler Pieter Bruegel d. Ä. Dessen Grabstätte, mit einem Gemälde von Peter Paul Rubens (heute Kopie), befindet sich in der Kirche **Notre-Dame de la Chapelle** 10.

In der Oberstadt

Cathédrale St-Michel 11

Mo–Fr 7–18, Sa, So 8.30–18, Besucher Sa bis 15.30, So ab 14 Uhr; Archäologische Ausgrabung tgl. 8–18 Uhr, Eintritt 1 €; Schatzkammer Mo–Fr 10–12.30, 14–17 Uhr (Sa bis 15, So nur 14–17 Uhr, Eintritt 1 €
Die ab 1225 erbaute Kathedrale ist ein Blickfang. Über dem Mittelportal ist in einem farbenprächtigen Fenster das Jüngste Gericht dargestellt. Unter dem spärlichen Kirchenschmuck heben sich die lebensgroßen Statuen der zwölf Apostel an den Säulen des Mittelschiffs und die Statue der hl. Gundula, Brüssels Schutzpatronin, hervor.

Colonne du Congrès 12

Auf der Place du Congrès erinnert die knapp 40 m hohe Säule mit der Figur König Leopolds I. an den verfassungsgebenden Kongress von 1831.

Art dans le Metro – Kunst in der Metro

Wandgemälde, Mosaike, Reliefs, Deckenskulpturen – in fast allen Metrostationen kann man sich an den Werken zeitgenössischer belgischer Künstler erfreuen. In der Broschüre »Art dans le Metro«, erhältlich in den Fremdenverkehrsbüros, sind die Kunstwerke beschrieben.

Quartier Royal und Mont des Arts

Im Quartier Royal liegen der klassizistische **Palais de la Nation** 13, Sitz des Senats und der Abgeordnetenkammer, und der **Palais Royal**, der Königspalast. Dazwischen breitet sich die grüne Idylle des **Parc de Bruxelles** (s. S. 88) aus.

Palais Royal 14

www.monarchie.be, zugängl. in den Sommerferien Ende Juli–Anf. Sept. Di–So 10.30–16.30 Uhr, Eintritt frei
Der Königliche Palast wird für feierliche Empfänge genutzt, im Sommer ist er mehrere Wochen lang kostenlos für die Öffentlichkeit zugänglich. Dann kann man mit den zahlreichen anderen Besuchern im Gänsemarsch durch den Palast spazieren und z. B. die Große Galerie mit Möbeln aus dem 19. Jh. bewundern, wo sonst Staatsgäste empfangen werden. Zu den Highlights zählen der Goya-Salon mit Wandteppichen nach Entwürfen des spanischen Malers und Jan Fabres Skarabäenpanzer an der Decke des Spiegelsaals.

Lieblingsort

Erholung vom Trubel – Parc de Bruxelles

Eine grüne Oase inmitten der hektischen Stadt, in die man sich besonders bei hohen Sommertemperaturen gern zurückzieht, um im Freien auf dem Rasen oder auf einer der Parkbänke zu entspannen, Mittagspause zu machen oder vielleicht zu picknicken. Besonders reizvoll ist der Park am Nordende mit Blick auf das **Palais de la Nation** 13 und die große Fontäne, die für angenehme Kühle sorgt. Aber auch am anderen Ende gibt es eine schöne Aussicht – auf das Palais Royal.

Musée BELvue und Coudenberg 15

7, place des Palais, www.belvue.be, Di–Fr 10–17, Sa, So bis 18 Uhr, Eintritt 5 €, ermäßigt ab 3 €, Coudenberg 5 €/ab 3 €, Kombiticket 8 €/ab 5 €

In dem imposanten früheren Hotel (18. Jh.) lebt die Geschichte Belgiens anhand von einzigartigen Dokumenten, alten Filmen und Fotos wieder auf. Unter dem Haus kann man die unterirdischen Reste des Palastes von Karl V., der einst hier auf dem Coudenberg stand, besichtigen. Er fiel 1731 einem Brand zum Opfer.

Place Royale 16

Eingefasst von hellen, uniform im Stil des Neoklassizismus erbauten und symmetrisch ausgerichteten Bauwerken strahlt die Place Royale aristokratische Erhabenheit aus. Lediglich die einem antiken Tempel nachempfundene Fassade der königlichen Hofkirche **St-Jacques-sur-Coudenberg** lockert das steinerne Geviert etwas auf. Die Mitte des Platzes nimmt das **Reiterstandbild** des Kreuzritters Gottfried von Bouillon ein.

Musée des Instruments de Musique (MIM) 17

2, rue Montagne de la Cour, www.mim.be, Di–Fr 9.30–17, Sa, So ab 10 Uhr, Eintritt 5 €, erm. ab 1,50 €

Ein Gedicht aus Schmiedeeisen und Glas ist das im Jahr 1899 von Paul Saintenoy erbaute Art-Nouveau-Haus **Old England.** Ursprünglich unterhielt die Old England Company hier ein Warenhaus, jetzt beherbergt das Baukunstwerk das Museum mit einer Sammlung von über 7000 Musikinstrumenten – 1200 sind ausgestellt, darunter eine Glasharmonika, die kein Geringerer als der große Politiker, Diplomat und Erfinder, Benjamin Franklin, geschaffen hat. Genießen Sie den Blick auf die Stadt von der Dachterrasse!

Palais des Beaux-Arts – BOZAR 18

23, rue Ravenstein, www.bozar.be, Ausstellungen Di–So 10–18, Do bis 21 Uhr

Das beeindruckende Art-Nouveau-Bauwerk von Victor Horta vereint Theater, Tanz, Kino und Kunst unter einem Dach.

Musées royaux des Beaux-Arts de Belgique 19

3, rue de la Régénce, Di–So 10–17 Uhr, www.kmskb.be, Eintritt 8 €, ermäßigt 5 €, Kombiticket mit Musée Magritte 13 €

Mit ihren umfangreichen Sammlungen von Werken alter (15.–18. Jh.) und moderner Kunst (ab dem 19. Jh.) zählen diese beiden Museen in einem Gebäude zweifellos zu den besten Kunstmuseen des Landes.

Hier lernt man Kunst des südniederländischen Raums aus sechs Jahrhunderten kennen, darunter Werke von Rogier van der Weyden, Hans Memling, Pieter Bruegel d. Ä., Peter Paul Rubens, Anthonis van Dyck und Frans Hals. Die Moderne Kunst geht auch architektonisch in die Tiefe: Sie zeigt auf acht in den Hang des Coudenbergs hinein gebauten Etagen überwiegend Arbeiten belgischer Künstler, darunter von James Ensor und Paul Delvaux, aber auch die einiger bekannter ausländischer Meister wie Henri Matisse, Paul Gauguin und Pablo Picasso.

Musée Magritte Museum 20

Place Royale, www.musee-magritte-museum.be, Di–So 10–17 Uhr, Eintritt 8 €, ermäßigt ab 2 €, Kombiticket mit Musée d'Art Ancien et d'Art Moderne 13 €

Weltgrößte Sammlung von Werken

Das Museum für Musikinstrumente, ein Jugendstilbau von Victor Horta

OLD ENGLAND

des Surrealisten René Magritte. Wie er war, belegt eine sehenswerte Filmdokumentation. Wo und wie er lebte, – die Hälfte seiner Gemälde hat er in seinem winzigen Esszimmer gemalt –, erfährt man in seiner kleinen Wohnung im Brüsseler Vorort Jette, heute das ›andere‹ **René Magritte Museum** (► Karte 3, außerhalb C 1, 135, rue Esseghem, www.magrittemuseum.be, Mi–So 10–18 Uhr, Eintritt 7 €, erm. 6 €).

Sablon-Viertel und Justizpalast

Exklusive Antiquitätenläden und Restaurants, Szenekneipen und vornehme Wohnhäuser kennzeichnen die **Place du Grand Sablon** 21 als noble Wohngegend. Stattliche Preise werden daher auch auf dem Antiquitätenmarkt verlangt, der an den Wochenenden auf dem Platz stattfindet. Nicht billig, aber die Sünde wert sind die köstlichen Pralinen der exquisiten Chocolatiers am unteren, sehenswert die mit herrlichen Glasmalereien ausgestattete spätgotische Kirche **Notre-Dame du Sablon** am oberen Ende des Platzes.

Jenseits der Kirche umgibt ein schmiedeeiserner Zaun die **Place du Petit Sablon**. Die steinernen Zaunpfosten tragen 48 Statuen, die mittelalterliche Brüsseler Zünfte darstellen. Zwölf weitere Bronzefiguren bedeutender Künstler, Wissenschaftler und Freiheitskämpfer stehen rund um das Denkmal für die Grafen Egmont und Hoorn.

Palais de Justice 22

Wuchtig ragt auf dem Galgenberg im Süden der Justizpalast empor: Mit imposanten 26 000 m^2 Grundfläche und einer über 100 m hohen Kuppel ist er das größte Bauwerk des 19. Jh. An dem von dem Architekten Poelaert entworfenen Gebäude findet man Elemente griechisch-römischer, ägyptischer, assyrischer und babylonischer Baukunst.

Im EU-Viertel

Jugendstil am Square Ambiorix ► Karte 3, K 4

Am Schuman-Kreisel liegt das Europaviertel mit dem Sitz der Europäischen Kommission. Erquicklicher ist jedoch der Anblick der noblen Häuser am Square Ambiorix, z. B. die auffällig schmale Maison St-Cyr (Nr. 11). Mit seinem filigranen Schmiedewerk und ungewöhnlichen Fensterformen wirkt das 1903 von einem erst 22-jährigen Horta-Schüler erbaute Art-Nouveau-Haus recht filigran.

In der Umgebung ist das ein oder andere weitere schöne Jugendstilhaus wie das Hôtel van Eetvelde (4, rue Palmerton) zu entdecken.

Europaparlament ► Karte 3, J 6

43, rue Wiertz, Tel. 02 28 42 111, www.europarl.de, Parlamentarium: Mo 13–18, Di, Mi 9–20, Do, Fr 9–18, Sa, So 10–17 Uhr; Parlament: Besichtigung mit Audioführer Mo–Do 10 und 15, Fr 10 Uhr. Beides kostenlos

Südwestlich des Rond Point Schuman überragt der Kuppelbau des **Europaparlaments** die Stadtlandschaft. Spötter gaben der Kuppel mit dem Parlamentssaal den Namen »Caprice des dieux« (»Laune der Götter«), nach der Ähnlichkeit mit der Form des französischen Weichkäses. Innen ist es wie eine Stadt für sich. Neben den Büros der Abgeordneten gibt es Einkaufsmöglichkeiten und sogar ein Fitnessstudio. Im Besucherzentrum **Parlamentarium** kann man sich interaktiv auf eine multimediale Entdeckungstour durch die Institutionen begeben.

Parc du Cinquantenaire ► Karte 3, K/L 5/6

1880 gab es einen bedeutenden Grund zum Jubeln: 50 Jahre Belgien! Zu diesem Anlass wurde Brüssels sogenannter **Jubelpark** mit großen Ausstellungshallen angelegt. Zur 75-Jahr-Feier ließ König Leopold II. den Triumphbogen samt den Kolonnaden erbauen. Heute beherbergen die Hallen drei sehenswerte Museen.

Musées Royaux d'Art et d'Histoire ► Karte 3, L 6
10, parc du Cinquantenaire, www.mrah.be, Di–Fr 9.30–17, Sa, So, Fei 10–17, Kasse 16 Uhr, Eintritt 5 €, ermäßigt ab 1,50 €
Von antiken griechischen Vasen bis zu Art-Noveau Objekten – das Museum verfügt über eine breit angelegte Sammlung zur Geschichte und Kunst mediterraner Kulturen sowie Europas, Asiens, Ozeaniens, der islamischen Welt und des gesamten belgischen Raums.

Mein Tipp

Die besten Fritten in Brüssel
... soll es an dem Kiosk **Maison Antoine** auf der Place Jourdan geben, gleich hinter dem Europäischen Parlament. Der Duft der knusprigen Kartoffelstäbchen lockt hier viele an, weshalb man u. U. zunächst in einer Schlange warten muss. Hat man die auf traditionelle Weise in einer Papiertüte gehäuften Fritten in der Hand, kann man sie hier auch im Sitzen auf einer Bank genießen.

Musée Royal de l'Armée et d' Histoire Militaire ► Karte 3, L 5
3, parc du Cinquantenaire, www.klm-mra.be, Di–So 9–12, 13–16.45 Uhr, Eintritt frei
Das Armeemuseum bietet Kriegsmaschinerie aller Art, aber auch Ausstellungen über die Résistance und Déportation. Über das Museum kann man die Arkaden des Cinquantenaire betreten und bei schönem Wetter einen weiten Blick über die Stadt genießen.

Autoworld ► Karte 3, L 6
11, parc du Cinquantenaire, www.autoworld.be, tgl., Okt.–März 10–17, April–Sept. 10–18 Uhr, Eintritt 9 €, ermäßigt ab 3 €
Mit über 300 zwei- und vierrädrigen Oldtimer-Schätzen, darunter Raritäten wie ein Minerve-Prototyp von 1902 und Staatskarossen, lässt das Museum das Herz jedes Auto-Freaks höher schlagen.

In St-Gilles

Musée Horta ► außerhalb Karte 3, F 2
25, rue Américaine, www.hortamuseum.be, Di–So 14–17.30 Uhr. Eintritt 7 €, ermäßigt 2,50–3,50 €
Ende des 19. Jh. erbaute Victor Horta, der berühmte »Vater des Art Nouveau« (s. S. 62), im Viertel St-Gilles sein Wohnhaus und sein Atelier, eines der schönsten Beispiele dieses Stils. Heute lässt sich in dem als Museum zugänglichen Haus die Kunst des großen Architekten bewundern, der sich persönlich der Innen- und Außengestaltung seiner Bauwerke widmete und sie als Gesamtkunstwerk ansah. Charakteristisch sind der großzügige Lichteinfall durch Fenster und ein Oberlicht, die floralen Formen und die Verwendung moderner Materialien wie z. B. Eisen.

Lieblingsort

Entdeckt! – Café Metropole 11
Sommertags sitzt man an der belebten Place de Brouckère in Brüssel gern draußen auf der Straßenterrasse eines der Cafés. Allerdings findet man häufig keinen freien Tisch. Was sich in meinem Fall einmal als ein Glücksfall erwies. Denn sonst hätte ich mich kaum an den besetzten Tischen vorbei direkt in das Café Métropole begeben. Es ist eine einzigartige Symbiose aus luxuriösem Grand Café und englischem Herrenclub.
Café Metropole: 31, place de Brouckère, Tel. 02 217 23 00, www.metropolehotel.com, tgl. 9–1 Uhr, an den Wochenendne bis 2 Uhr.

Außerhalb des Zentrums ► Karte 1, E 13

Mini-Europe

Bruparck, www.minieurope.be, Mitte März–Juni, Sept. 9.30–18, Juli–Aug. bis 20, Okt.–9. Jan. 10–18 Uhr, Tickets bis 1 Std. vor Schluss, Eintritt ab 13,80 €, ermäßigt ab 10,30 €

25-fach geschrumpft sind die berühmten Bauwerke Europas, z. B. die Akropolis, der Eiffelturm und der Big Ben im Mini-Europe, das im Freizeitpark Bruparck zu Füßen des Atomiums liegt.

20 Kinosäle, darunter ein IMAX-Saal mit 600 m² Leinwand, die subtropische Badewelt Océade, Shops und Imbissläden bieten hier ungebremstes Freizeitvergnügen.

Königliche Gewächshäuser

In Laeken, südöstlich des Atomiums, www.monarchie.be, Eintritt 2 €, unter 18 Jahren frei

Im Park von Laeken liegen die Privatresidenz des belgischen Königs, das **Königliche Schloss von Laeken** und die **Königlichen Gewächshäuser**, die das Jahr über nur der königlichen Familie zugänglich sind. Doch einmal im Jahr, Ende April für zwei Wochen, können sich auch Besucher an der blühenden Pflanzenpracht unter den Kuppeln des riesigen Glashauses und weiterer Gewächshäuser erfreuen.

Basilique Nationale du Sacré-Cœur

Monumental ragt im Nordwesten des Zentrums die ab 1905 errichtete Basilique Nationale du Sacré-Cœur empor, eine der größten Kirchen der Welt. Sie vereint Stilelemente der Neoromanik, des Expressionismus und des Art Déco. Léopold II. der viel für monumentale Architektur übrig hatte, ließ sie erbauen, nachdem er in Paris Sacré-Cœur gesehen hatte, dessen Größe er noch übertreffen wollte.

Übernachten

Nautisch gemütlich – **Noga** **1**: 38, rue du Béguinage, Tel. 02 218 67 63, www.nogahotel.com. DZ 110 €, am WE 85 €. Kleines Hotel am alten Fischmarkt. Warme Farben und die Dekoration mit nautischen Bildern, Segelschiffchen und allerlei Nippes verbreiten eine gemütliche Atmosphäre.

Beste Lage – **Auberge St-Michel** **2**: 15, Grand-Place, Tel. 02 511 09 56, www.hotel-saint-michel.be, DZ 98–185 €. Einfach, charmant und in Top-Lage an der Grand-Place. Die Preise sind vielleicht etwas überzogen. Die Zimmer mit Aussicht auf den Platz sind die teuersten.

Ein Hauch von Romantik – **Mozart** **3**: 23, rue du Marché-aux-Fromages, Tel. 02 502 66 61, www.hotel-mozart.be. DZ 120 €. Mozart-Porträts an den Wänden, antike Louis-XV.-Möbel und ein Klavier – die opulente Lobby ist ein Augenschmaus. Die Zimmer sind im gleichen Stil möbliert und komfortabel.

In einem anderen Land – **Brussels Welcome Hotel** **4**: 23, quai au Bois à Brûler, Tel. 02 219 95 46, www.hotelwelcome.com. DZ ab 100 €. Die Gastgeber haben jedes ihrer 15 Zimmer liebevoll im Stil eines anderen Landes dekoriert, mit authentischen Gegenständen.

Gemütlichkeit im Europa-Viertel – **Chez Christine Goyens** **5**: 41, chaussée St-Pierre, Tel. 02 640 88 45, www.chausseesaintpierre.be, DZ 75 €, extra Bett 25 €, Studio 100 €. Das stilvolle, gemütliche Haus hat ein geräumiges Gästezimmer mit Doppelbett, ein »extra Bett«, das eigentlich ein kleines Einzelzimmer ist, und ein großes Studio mit Küche.

Céad mile failte – Herzlich Willkommen – **Bridie's B & B** **6**: 275, boulevard

Leopold II., Tel. 02 428 67 57, www.bridiesbnb.com. DZ 65 €. Kleines Art-Déco-Haus mit drei im englischen Stil eingerichteten gemütlichen Zimmern. Es wird irisches, englisches oder kontinentales Frühstück serviert.

Voller Charme & Fantasie – **Chambres en Ville 7**: 19, rue de Londres, Tel. 02 512 92 90, www.chambresenville.be, DZ 100 €. B & B, liebe- und stilvoll von einem Künstler mit antiken Möbeln und Kunstwerken in einer ehemaligen Spiegelfabrik eingerichtet. Vier Gästezimmer und ein Studio – jedes für sich ein Gedicht.

Unter dem Dach – **B & B Au Rovignon 8**: 11, rue Verhas, Tel. 02 215 03 98, www.rovignon.com. DZ 50–60 €. Gemütliches B & B in der Nähe der Gare du Nord. Sie können in einem Doppelzimmer oder in einem großen Wohnraum auf einer Empore logieren.

Jugendherberge – **Bruegel 9**: 2, rue du Saint-Esprit, Tel. 02 511 04 36, www.vjh.be. Übernachtung mit Frühstück ab 19,50 €.

Jugendherberge – **Jacques Brel 10**: 30, rue de la Sablonnière, Tel. 02 218 01 87, www.laj.be. Übernachtung mit Frühstück ab 20,30 €.

Jugendherberge – **Génération Europe (Plan 3, C2/C3)**: 4, rue de l'Eléphant, Tel. 02 410 38 58, www.laj.be. Übernachtung mit Frühstück ab 20,30 €. Auch Wohnmobil-Stellplätze.

Campingplatz – **Druivenland 11**: Nijvelsebaan 80, Overijse, Tel. 02 687 93 68, www.campingdruivenland.be, April–Sept. Ruhig, in Waldnähe, südöstlich von Brüssel. Stellplatz 18 €.

Essen & Trinken

Berühmt-berüchtigt ist Brüssels **Schlemmermeile** in der Rue des Bouchers mit rund 80 Restaurants, doch haben überteuerte Rechnungen und aufdringliche Kellner die »Fressgasse« in Verruf gebracht. Zur Imageverbesserung schlossen sich seriöse Restaurants unter einem Qualitätslabel zusammen. Die aktuelle Liste mit Restaurants, die das Label führen, findet man unter www.ilotsacre.be. Wer gern Fisch isst, wird in einem der Restaurants in der Gegend von **St-Catherine** fündig. In der Nähe der **Place St-Géry** gibt es viele asiatische Restaurants.

Pariser Flair – **L'Ogenblik 1**: 1, galerie des Princes, Tel. 02 511 61 51, www.ogenblik.be, tgl. außer So 12–14.30, 19–24 Uhr. Entspannte Atmosphäre, authentisches Interieur, Pariser Bistro-Flair – hier kann man länger als einen Augenblick verweilen. Gerichte von Carpaccio bis Kalbsbries. Tipp: *Panier de langoustines et coquilles St. Jacques en salade d'herbes* (23 €). Tagesgericht 11 €.

Lunch with a view – **Restaurant du MIM 2**: 2, rue Mortagne de la Cour, Tel. 02 502 95 08, Di–So 9.30–16.30 Uhr. Erst ins Musikinstrumenten-Museum im Kaufhaus Old England, dann gemütlich speisen mit toller Aussicht von der Dachterrasse des vielleicht schönsten Art-Noveau-Gebäudes von Brüssel. Tagesgericht 11 €.

Knackfrisch – **Le Pain Quotidien 3**: 16, rue Antoine Dansaert, Tel. 02 502 23 61, www.lepainquotidien.com, Tafel: tgl. 7.30–18, So bis 17 Uhr. Knackfrische Salate, belegte Brote, herzhafte Tartines, leckerer Kuchen – das Richtige für einen Imbiss zwischendurch. Und alles verzehren die Besucher an einem großen, gemeinsamen Tisch.

Bei Tim & Struppi – **Brasserie Horta 4**: 20, rue des Sables, Tel. 0495 80 08 05, www.brasseriehorta.be, Di–So 10–18, Küche Di–Fr 12–15, Sa, So 12–15.30 Uhr. Schönes Art-Nouveau-Interieur *à la Victor Horta*. Frites Américains, in Bier geschmortes Fleisch – im Restaurant des Comiczentrums kann man lecker und preiswert speisen. Tagesgericht 9,50 €.

Bodenständig – **'t Kelderke 5**: 15, Grand-Place, Tel. 02 511 09 56, tgl. 12–2 Uhr. In diesen uralten backsteinernen Kellergewölben aus dem 17. Jh. speist auch so mancher Brüsseler sehr gern. Es gibt bodenständige belgische Küche mit Spezialitäten wie *bloedpens à la Bruxelloise* (Brüsseler Blutwurst) und *carbonnades à la Flamande* (in Bier gekochtes Rindfleisch). Hauptgericht ab ca.12 €.

French Fusion – **La Manufacture 6**: 12, rue N-D. Du Sommeil, Tel. 02 502 25 25, www.manufacture.be, 12–14, 19–23 Uhr, Sa mittags & So geschl. Originelles Restaurant in ehemaligen Fabrik-Ateliers des Lederwarenherstellers Delvaux. Originell ist auch die französische Küche mit einem Hauch von Orient. Neben belgischer Waterzooï gibt es auch Sushi mit Couscous. Lunch-Menü 14,50 €.

Eine Institution – **Scheltema 7**: 7, rue des Dominicains, Tel. 02 512 20 84, www.scheltema.be, Mo–Sa 12–15, 18.30–23.30, Fr, Sa bis 0.30 Uhr. Populär, authentisches Brasseriedekor, lockere Pub-Atmosphäre, nur wenige Schritte von der Grand-Place. Lecker: Fisch und Meeresfrüchte. À la carte ab 14 €.

Urige Taverne – **In 't Spinnekopke 8**: 1, place du Jardin aux Fleurs, Tel. 02 511 86 95, www.spinnekopke.be, Sa mittags & So geschl. Holztafelwerk und alte Bierreklame an den Wänden, massive Holztische und Bänke. Auf der Karte stehen ein Dutzend Muschelgerichte (ab ca. 13–30 €) und viel Fisch, aber auch so manches Bier-Gericht wie *lapin à la gueuze* (ca.19 €).

Augen- und Gaumenschmeichler – **Belga Queen 9**: 32, rue Fossé aux Loups, Tel. 02 317 21 87, tgl. 12–14.30, 19–24 Uhr. Superb speisen in dem von

Die Brüsseler Auswahl an Pralinen ist einfach unwiderstehlich

Antoine Pinto modifizierten Glaskuppelsaal des einstigen Hôtel de la Poste. Restaurant, Austernbar, Bierbar und Zigarrenlounge. Businesslunch 18 €.
Jugendstil und Meeresfrüchte – **La Quincaillerie 10**: 45, rue du Page, Tel. 02 533 98 33, www.quincaillerie.be, Mo–Sa 12–14.30, 19–24, So 19–24 Uhr. In der Halle einer Eisenwarenfabrik von 1903 mit Art-Nouveau-Dekor. Große Speisekarte mit Fisch, Meeresfrüchten, gegrilltem Schinken und vegetarischen Speisen. Lunchmenu ab ca. 14 €.
Luxuriös – **Café Métropole 11**: s. Lieblingsort S. 94

Einkaufen

Kunst, Antiquitäten, Trödel und Dekoration findet man im Marollenviertel; Antiquitäten und Tribal Art sowie die Läden der Crème der **Chocolatiers** (Godiva, Marcolini, Neuhaus, Wittamer) rund um die Place du Grand Sablon.
Mitbringsel und Andenken von Schokolade, Pralinen, Brüsseler Spitze und Kristallglaskunst bis hin zu Wandteppichen gibt es rund um die Grand-Place.
Für **Haute Couture** und **Mode** sind Porte Louise, Porte de Namur, Rue de Namur, Rue Antoine Danseart sowie die Galerie du Roi bekannt.
Sammler von **Briefmarken, Münzen** u. a. werden in der Rue du Midi und Umgebung fündig, Künstler können sich hier mit **Farben und Pinseln** eindecken.
Comic-Buchläden – **Brüsel 1**: 100, boulevard Anspach, **Multi BD 2**: 126, boulevard Anspach, **La Boutique de Tintin – Milou 3**: 13, rue de la Colline.
Comics-Café – **Village de la Bande Dessinée 4**: 8, rue du Grand Sablon, tgl. 11–24 Uhr. Gallerie, Café, Buchhandlung und Brasserie auf 1500 m^2 – hier dreht sich alles um die neunte Kunst!

Aktiv & Kreativ

Lesungen hören – **Maison Internationale des Littératures Passa Porta 1**: www.passaporta.be, 46, rue Antoine Dansaert, Tel. 02 226 04 54. Ausstellungen, Lesungen, Buchhandlung.
Fahrradtouren – **Pro Velo 2**: www.provelo.org, 15, rue de Londres, Tel. 02 50 27 355. Fahrradverleih oder Themenführungen (z. B. Jugendstil) mit dem Rad.
Stadtführungen – **Voir et Dire**, www.voiretdirebruxelles.be, 2, rue Royale, Tel. 02 563 61 51. Dies ist die Dachorganisation mehrerer renommierter Anbieter (z. B. Arau und Pro Velo). Das Angebot an Führungen (zu Themen wie Kunstgeschichte, Jugendstil, Avantgardistisches, etc.) in verschiedenen Sprachen ist enorm. Die Führungen starten an verschiedenen Punkten. Treffpunkte, Termine und Preise findet man, wenn man auf der Homepage auf die jeweilige Tour klickt.

Abends & Nachts

Infos findet man bei www.brussels.angloinfo.com und in der »Agenda« (www.agenda.be).

Kneipen

Typisch – **A la Mort Subite 1**: 7, rue des Montagnes aux Herbes Potagères. Traditionelle belgische Brauereikneipe mit einem Hauch von Jugendstil. Brüsseler Gueuze-Biere, Abtei- und Trappisten-Biere. Das *Lambic Blanche Mort Subite* gibt es vom Fass.
Gut aufgestellt – **Café Leffe 2**: 46, place du Grand Sablon. Stilvoll im Art-déco-Stil, viele Biersorten, aber auch kleine mit Bier zubereitete Speisen.
Gut besucht – **Le Falstaff 3**: 17, rue Henri Maus. Nettes Jugendstil-Café neben der Börse, designed von einem Schüler Victor Hortas. ▷ S. 102

Auf Entdeckungstour

Im Bauch des Wahrzeichens – Besuch in Brüssels Atomium

Eigentlich sollte es nur wenige Monate existieren, doch nun steht das Atomium, das Wahrzeichen Brüssels, schon über 50 Jahre. Mit seiner neuen, glänzenden Edelstahlhaut ist es einladender denn je. Per Lift, Rolltreppe und über endlose Treppen lässt sich sein Innenleben erkunden.

Reisekarte: ► E 13

Info: tgl. 10–18 Uhr (Kassenschluss 17.30 Uhr), Eintritt: 11 €, ermäßigt ab 6 €, Kinder unter 6 Jahren Eintritt frei, Tel. 02 475 47 75, www.atomium.be.

Anfahrt: Brüsseler Autobahnring bis Abfahrt 8 (Wemmel/Heysel), von dort ausgeschildert. U-Bahn: Heysel.

Etwas Geduld muss man schon mitbringen, wenn man die frisch restaurierte Sehenswürdigkeit von innen bestaunen will. Hat man erst einmal das Warten vor dem Ticketschalter im Empfangspavillon hinter sich gebracht und die nächste Menschenschlange, die sich mehrfach um den Fahrstuhl innerhalb des Atomiums windet, dann geht es ganz schnell. In nur wenigen Sekunden schießt man im Lift 100 m zur oberen Kugel des Eisenmoleküls hinauf. Hier wird das Warten belohnt – mit spektakulären Aussichten auf Brüssel durch ein Panorama-Fenster. Noch mehr Genuss verspricht das Panorama-Restaurant eine Etage darüber. Über die Speisen – belgische Spezialitäten und wiederentdeckte regionale Gerichte – wacht Küchenchef Alexandre Masson.

Selbst die Elektronen wurden nicht vergessen

Über 50 Jahre erhebt sich das weithin sichtbare Gebilde aus Stahl nun schon über der Ebene von Heysel: ein 102 m hohes Molekül mit neun kugelförmigen Eisenatomen von je 18 m Durchmesser, die durch lange Röhren zu einem gigantischen Riesen-Kristall verbunden sind. Aus der Nähe kann man die um die Atomkerne kreisenden Elektronen erkennen, Hunderte in die Außenhülle integrierte Glühlampen zeichnen ihre Bahnen nach.

Die imposante Kreation des Ingenieurs André Waterkeyn und seiner Mitarbeiter, der Architekten André und Jean Polak, wurde rechtzeitig zur Weltausstellung 1958 fertiggestellt, als Symbol des Atomzeitalters, der friedlichen Nutzung der Atomkraft und natürlich der Leistungsfähigkeit der belgischen Industrie. Es war damals eine viel bestaunte Sensation. Fast wäre der kühne Bau des 165-milliardenfach vergrößerten Moleküls sogar noch kühner ausgefallen, sollte der Koloss doch nur über ein Rohr in der Mitte im Fundament verankert werden. Aber dann bekam er doch drei zusätzliche Stützen – Sicherheit geht eben vor.

Um die Tour in den Elementarteilchen fortzusetzen, muss man zunächst wieder mit dem Lift hinunter. Und dann wieder ein Stück hinauf. Eine Rolltreppe führt durch eine der schräg verlaufenden Röhren in den nächsten Atomkern.

Neue Platten aus Edelstahl

Brüssel ist stolz auf das Atomium und das wird in diesem Atomkern auch zum Ausdruck gebracht. Mit einer Dokumentation über die Weltausstellung von 1958, über den Bau dieses mächtigen Symbols und dessen Renovierung. Und mit beeindruckenden Zahlen: Da heißt es beispielsweise, dass die glänzenden Atomkerne des 2400 t wiegenden Kolosses mit 6732 dreieckigen Platten aus Edelstahl ummantelt sind und nicht mehr wie früher aus dem weitaus weniger stabilen Aluminium.

Von Atomkern zu Atomkern

Man könnte sich in einem Raumschiff wähnen, wenn man durch die futuristisch wirkenden Rohre von Atomkern zu Atomkern fährt. In der zentralen Kugel geben interaktive Großbildschirme Einblicke in das Stadtbild Brüssels. Zudem wird hier in einer Cafeteria für das leibliche Wohl der Besucher gesorgt.

Bevor man die Füße wieder auf den staubigen Boden von Brüssel setzen kann, führt die Reise durch das Molekül noch in die »Kinder-Kugel«. Hier können Schulkinder von 6 bis 12 Jahren in Begleitung ihrer Lehrer das Wahrzeichen Brüssels auf besondere Art und Weise kennenlernen: indem sie darin eine ganze Nacht verbringen – in gemütlichen Kugeln.

Last Minute Ticketing
Tickets für große Veranstaltungen zum halben Preis! Wann? 12.30–17.30 Uhr. Wo? Visitbrussels, 2, rue Royale. Auch online: 14–17.30 Uhr, www.arsene50.be, Tickets für So, Mo gibt es samstags.

Rosa Elefanten – **Café Delirium** 4: 4a, impasse de la Fidelité. 2000 Biere, z. B. flambiertes, grünes und Durstlöscher in Vier-Liter-Gläsern. Markenzeichen: rosa Elefant.
Urig – **Le Roi d'Espagne** 5: 1, Grand-Place. Im früheren Gildehaus der Bäcker. Verwinkelte Räume im OG, mit Blick auf die Grand-Place. Zum Trappistenbier gibt es Erdnüsse oder Käsehäppchen mit Selleriesalz.

Diskotheken
House und mehr – **Le You** 6: 18, rue Duquesnoy. Riesiger Backsteinbau aus Metall und Stein. DJs legen House, Deep Elektro und Dance auf.
Disco-Bar – **The Marquee** 7: 20, rue Ste- Anne. Junges Volk, gute DJs, jeden Fr und Sa ab 23 Uhr.
Intim – **Nostalgia** 8: 49, rue de la Fourche. Intim, kuschelig und slow, für Leute ab 30, die Spaß haben an Oldies ab den 60ern.

Livemusik
Auf Flyer mit Ankündigungen achten, die z. B. in Cafés liegen.
Jazz – **L'Archiduc** 9: 6, rue Antoine Dansaert. Art-Déco-Bar, fast intim, Jazz & Blues.
Toller Eisenwarenladen – **The Music Village** 10: 50, rue des Pierres. Jazz, aber auch Blues, Latino, Folk, Klassik und Chansons im Saal eines ehemaligen Eisenwarenladens.
Diverses – **Beursschouwburg** 11: 22, rue Auguste Orts. Diverses: von Rock und Pop bis Jazz und Rap.

Theater, Oper und Konzert
Hohes Niveau – **Théâtre Royal de la Monnaie** 12: Place de la Monnaie, Tel. 02 229 12 00, www.lamonnaie.be, Reservierung 070 23 39 39; Kasse: 23, rue Léopold, Di–Sa 11–18 Uhr. Ballett, Oper.
Klassik – **Conservatoire Royal de la Musique** 13: 30a, rue de la Régence, Tel. 02 511 04 27. Klassische Konzerte.
Kulturzentrum – **BoZar:** 14: 23, rue Ravenstein, Tickets Tel. 02 507 82 00, www.bozar.be. Konzerte, Kino, Ausstellungen, Lesungen, Theater, Tanz.

Kino
Die Filme werden meist in Originalfassung mit französischen oder niederländischen Untertiteln gezeigt, montags ermäßigt (www.cinebel.com).
Actor's Studio 15: 16, petite rue des Bouchers, Tel. 02 512 16 96, Programm Tel. 09 00 278 54.
Cinematek 16: 9, rue Baron Horta, Tel. 02 551 19 19.
UGC de Brouckère 17: 38, place de Brouckère, Tel. 090 01 04 40.

Infos & Termine

Infos
VISITBRUSSELS:
Hôtel de Ville (Rathaus), Grand-Place, Tel. 02 513 89 40, www.visitbrussels.be.
Weitere Büros: Gare du Midi; Brüsseler Flughafen (Ankunft); Sommer-

Etwas verloren? Hier gibt's Hilfe!
Im Flugzeug? Tel. 02 753 77 53.
In Metro, Bus oder Tram?
Fundbüro Tel. 02 515 23 94.
In der Bahn? Tel. 02 224 55 91.
Auf der Straße? Tel. 02 279 79 79.
Benötigen Sie einen Arzt? Bereitschaftsdienst der Ärzte: Tel. 02 479 18 18; der Zahnärzte: Tel. 02 426 10 26.

kioske: Gare Centrale, Place du Grand Sablon, Place de la Bourse, Atomium.

Termine

August: Blumenteppich, ca. vier Tage, alle zwei Jahre (2012, 2014 ...), »Blumengemälde« aus 1 Mio. Begonien auf der Grand-Place.
Letztes Mai-Wochenende: Brüsseler Jazz-Marathon, Brüssel im Jazz-Fieber (www.brusselsjazzmarathon.be).
Ende April/Mai: Königliche Gewächshäuser in Laeken, drei Wochen (Zeiten Tel. 02 513 89 40).
Um den 1. Do im Juli: Ommegang, historischer Umzug zu Ehren Karls V. im Jahr 1549 auf der Grand-Place (Karten 30–65 €, Tel. 02 512 19 61, www.ommegang.be), s. S. 56/57.
Ende Nov.: Nocturnes du Sablon, ›Nacht der offenen Tür‹ bei Antiquitätenhändlern und Galeristen, www.sablon.org.

Verkehr

Flugzeug: Airport Zaventem, 14 km außerhalb Brüssels (www.brusselsairport.be). Bis zu 4 Züge stdl. verbinden den 14 km außerhalb gelegenen Flughafen mit den Bahnhöfen Brüssels.
Bahn: Thalys und ICEs von Essen–Köln–Aachen nach Bruxelles-Midi (Südbahnhof), von dort Verbindungen in die großen Städte Belgiens.
Bus: Euroliner der Deutschen Touring (Tel. 069 790 35 01, www.touring.de) verkehren zwischen Brüssel und Großstädten in Deutschland.
Tram (im Zentrum), **Metro** und **Bus** (im Zentrum und zur Peripherie, www.stib.be). Es gibt Einzel- (1,60–2 €), 5er- (7,30 €) und 10er-Fahrkarten (11,20–12,50 €). Günstig sind die Ein-Tageskarte (*ticket d'un jour*, 4,20–4,50 €) und 3-Tageskarte (9,20–9,50 €). Die Karten müssen vor dem Einsteigen in dafür vorgesehenen Automaten abgestempelt werden.
Taxi: Tel. 02 268 00 00, Tel. 02 349 49 49.
Fahrrad: Provelo: an über100 Punkten in Brüssel kann man Fahrräder an Automaten mieten, s. www.provelo.be.

Umgebung von Brüssel

Tervuren ► F 13

Das **Musée royal de l'Afrique centrale** (Leuvensesteenweg 13, www.africamuseum.be, Di–Fr 10–17, Sa, So 10–18 Uhr, Tram 44 bis Endstation, Eintritt 4 €, ermäßigt 1,50–3 €. Wegen Renovierung von Ende 2012–Mai 2015 geschl.) ist Tervurens bedeutendste Sehenswürdigkeit. Die meisten Exponate in diesem Museum im Osten von Brüssel stammen aus der Kolonialzeit. Mit zahlreichen Gegenständen aus der afrikanischen Kunst und Folklore sowie aus dem Alltag und aus rituellen Zeremonien, aber auch mit einer großen Anzahl ausgestopfter Wildtiere werden Einblicke in das kulturelle Leben und die Eigentümlichkeiten zur Zeit der Kolonialisierung gegeben. Es liegt in dem großzügigen Park von Tervuren. Im Arboretum können Pflanzenliebhaber über 450 Baumarten aus aller Welt entdecken. In dem über 4000 ha großen Wald Forêt de Soignes kann man stundenlang wandern.

Wasserschlösser

Kasteel van Gaasbeek ► E 13

Kasteelstraat 40, April–Mitte Nov. Di–So 10–18, Kassenschluss 17 Uhr,

In Waterloo stellen Laienschauspieler jedes Jahr die Napoleonschlacht nach

Eintritt 7 €, ermäßigt 1–5 €
Ein beliebtes Ausflugsziel im hügeligen Pajottenland, wenige Kilometer westlich von Brüssel, ist das mittelalterliche Kasteel van Gaasbeek (13./16. Jh.), dessen stilvolle Räume eine Kunstsammlung beherbergen.

Wasserschloss Beersel ▶ E 13

Lotsestraat o/N, März–15. Nov. Di–So, sonst nur Sa, So, Fei 10–12, 14–18 Uhr, Eintritt 2,50 €, ermäßigt 1,25 €
Drei wuchtige halbrunde Ecktürme verleihen dem backsteinernen **Wasserschloss Beersel** (um 1300) im Süden Brüssels eine markante Gestalt. Die wehrhaften Gemäuer beherbergen auch eine Folterkammer.

Nationaal Plantentuin und Wasserschloss Bouchout ▶ E 13

Nieuwelaan 38, bei Meise, April–Sept. 9.30–18.30, Kasse bis 17.30 Uhr, Okt.–März bis 16.30/17 Uhr, Eintritt 5 €, ermäßigt 4 €
Das **Wasserschloss Bouchout** (12. Jh.) war einst Refugium der vor der mexikanischen Revolution geflohenen Kaiserin Charlotte, der Schwester Leopolds II. Im Schlosspark entfaltet sich eine üppige Pflanzenpracht, denn das Schloss liegt inmitten des Nationalen Botanischen Garten (Nationaal Plantentuin).

Waterloo ▶ E 13

Waterloo (29 500 Einw.), Synonym für Napoleons legendäre Niederlage, lockt mit sehenswerten Museen und dem Butte du Lion alljährlich Tausende Besucher aus der ganzen Welt an, die die Ereignisse um die Schlacht am 18. Juni 1815 nachempfinden möchten.

Musée Wellington

147, chaussée de Bruxelles, Apr.–Sept. tgl. 9.30–18.30, Okt.–März 10.30–17 Uhr, www.museewellington.be, Eintritt 5 €, ermäßigt 2–4 €
In der ehemaligen Poststation, in der Herzog von Wellington sein Hauptquartier hatte, stimmen Pläne und Modelle auf einen Besuch der Schlachtfel-

der vor Waterloo ein. In der Kirche St-Joseph gegenüber gedenkt man mit Fahnen und Tafeln der Gefallenen.

Hameau du Lion

315, route du Lion, Besucherzentrum, Panorama, Löwenhügel, Wachsfiguren: tgl., April–Sept. 9.30–18.30 Uhr, Okt.–März 10–17 Uhr, Eintritt 8,70 €, ermäßigt 5,50–6,50 €

5 km südlich der Stadt markiert der 45 m hohe **Löwenhügel** das Schlachtfeld. Die Kuppe des 1821 von Lütticher Arbeiterinnen aufgeschütteten Hügels ziert ein 28 t schwerer Löwe. 226 Stufen hinauf, und man kann die Weite des Schlachtfeld ermessen. Das **Besucherzentrum** am Löwenhügel informiert über das blutige Drama von 1815. Und im **Musée de Cire** sind sie alle versammelt: Napoleon, Wellington, Blücher und ihre Marschälle, aber auch einfache Soldaten in ihren prächtigen Uniformen, und alle sind aus Wachs. Denkmäler erinnern auf den Schlachtfeldern an die 48 000 Toten und Verwundeten.

Dernier Q. G. de Napoleon

66, chaussée de Bruxelles, in Vieux-Genappe, tgl., April–Okt. 10–18.30, Nov.–März 13–17 Uhr, Eintritt 4 €, ermäßigt 2–3 €

In diesem Bauernhof, der das letzte Hauptquartier Napoleons war, kann man sich original erhalten ansehen, was der geflohene Kaiser zurückließ, z. B. Schlachtpläne oder persönliche Gegenstände wie sein Feldbett.

Übernachten

Gemütlich – **Le Joli Bois:** 59, rue Sainte-Anne, Tel. 02 353 18 18, www.waterloohotel.be. DZ 103–119 €. In diesem kleinen, charmanten Hotel mit gemütlichen Zimmern in warmen Farben kann man sich wohlfühlen.

Pass 1815
12 €, ermäßigt 6–10 €, Zugang zu **Musée Wellington, Hameau du Lion** und **Dernier Q. G. de Napoleon.**

Grüne Oase – **B & B Le Faubourg:** 13, Drève de la Meute, Tel. 02 351 25 30, www.bnbwaterloo.be. DZ 100–110 €, bei einer Nacht +8 €/Pers. Modernes Haus im Grünen. Helle, geräumige Zimmer mit Bad und TV, Swimmingpool, Terrasse und Garten.

Essen & Trinken

Für Genießer – **La Pépinière:** 129, Chaussée de Tervuren, Tel. 02 354 01 74, www.lapepiniere.be. Tgl. 12–14.30 & 19–22.30 Uhr. Elegantes Dekor mit dunklen Farben und eine »tropische« Terrasse. Zu empfehlen: Fisch, belgisch-französisch zubereitet, oder Muscheln mit Fritten. À la carte ab 16 €.

Große Auswahl – **Les Six Colonnes:** 389, ch. de Bruxelles, Tel. 02 351 59 29, www.sixcolonnes.be. Tgl. 12–14.30 & 18–22.30 Uhr. Brasserie, im Herzen der Stadt mit Wintergarten. Pasta, Salate und Snacks oder z. B. gegrillte Lammrippchen oder Austern. Fischgerichte ab 18 €, Vegetarisches ab 10 €.

Infos & Termine

Maison du Tourisme: 218, chaussée de Bruxelles, Tel. 02 352 09 10, www.waterloo-tourisme.be.

Wochenende um 18. Juli: Spektakel der napoleonischen Schlacht.

Bus: Buslinien »W« (halbstündig) und »365« (alle 2 Std.) von Brüssels Gare du Mid halten an Waterloos Touristenbüro und nahe der Butte du Lion, die »365« auch am Gehöft Le Caillou.

Auf Entdeckungstour

Das Erbe des Jean-Michel Folon

Seine Werke wurden in den bedeutendsten Museen der Welt gezeigt, doch die meisten blieben in seinem Besitz. Zum Glück für den heutigen Kunstfreund, denn sie sind nun in der *Fondation Folon* vereint, die Jean-Michel Folon im Jahr 2000 in La Hulpe gründete. Die originelle Ausstellung bietet eine wunderbare Gelegenheit, dem Werk des vielseitigen, aber außerhalb von Belgien wenig bekannten Künstlers zu begegnen.

Reisekarte: ► F 13

Fondation Folon: Ferme du Château, La Hulpe (15 km südöstlich von Brüssel), Tel. 02 653 34 56, www.fondationfolon.be. Barrierefreies Museum.

Öffnungszeiten: Di–Fr 9–17, Sa, So 10–18 Uhr.

Eintritt: 9 €, ermäßigt 5–6,50 €. Der Eintritt ist für Menschen mit Handicap kostenlos.

Dass dies kein gewöhnliches Museum ist, erfährt man gleich am Eingang. Hier, im Innenhof des Gutshofs mit den weiß getünchten Gebäuden, begrüßt eine große Eisenplastik des Künstlers die Besucher. Mit ausgebreiteten Armen steht der »Fliegende Mann« da und lädt dazu ein, es ihm gleichzutun – abzuheben und durch die Ausstellung zu fliegen, der Fantasie und Entdeckungsfreude freien Lauf zu lassen.

Folon der Illustrator

Fliegen wir also los. Durch ein Buch in der Größe einer Tür betritt man eine Welt aus Büchern und Zeitschriften – Werke, für die Folon die Titelseiten entwarf, darunter auch Bücher von H.G. Wells, Jorge Semprun und Patricia Highsmith. Eine andere Seite Folons: der politische Künstler, der sich für Umweltschutz und Menschenrechte einsetzte. Viele seiner Plakate und Illustrationen belegen sein politisches Engagement. Charakteristisch für diese Arbeiten sind die warmen Aquarellfarben und die minimalistische, ausdrucksstarke Symbolsprache, die weltweit verstanden wird. Eine der bekanntesten Arbeiten von Folon entstand 1988, als er die Erklärung der Menschenrechte von Amnesty International illustrierte. Das Symbol, das er für diesen Zweck entwickelte, war so einfach wie einprägsam: eine Hand in den Farben des Regenbogens, die in fliegende Vögel übergeht.

In einem Gang sind die kleinsten Abbildungen seiner Bilder ausgestellt – auf Briefmarken. Ein paar Schritte weiter öffnet sich ein völlig verspiegelter Raum. Wer ihn betritt, findet sich in unendlicher Vielzahl kopiert wieder, gemeinsam mit blauen Männern, die um eine Sonne kreisen. Faszinierend ist der Saal, in dem eine große Wand ganz mit Plakaten des Künstlers bedeckt ist. Bänke laden hier ein, länger zu verweilen. Die Reise setzt sich fort mit Schiffen in Form von kleinen Collagen aus Strandgut. Eine Treppe höher steht man vor einem großen Bildschirm. In einem Kurzfilm blickt man dem Künstler beim Zeichnen über die Schulter. Ein weiterer, kurioser Kurzfilm zeigt Folon mit Woody Allen, mit dem er freundschaftlich verbunden war.

Der anonyme Jedermann

Zwei Punkte als Augen, ein Strich als Mund, langer Mantel und Hut – Folons Held ist der anonyme »Jedermann«. Mal winzig klein und verloren am Meer, mal zu Füßen einer übermächtigen Sphinx, mal – wie die Bronze in einem kleinen Innenhof – mit aufgespanntem Regenschirm. Typisch für Folons Bronzeskulpturen ist die geriffelte Oberfläche, durch die ein Spiel mit Licht und Schatten entsteht: »Damit es der Sonne beim Anblick der Skulptur nicht langweilig wird.«

Auf der Suche nach den Träumen

Zur Ausstellung, die der Künstler selbst gestaltet hat, gehört auch das in einem Gebäude befindliche Atelier von Jean-Michel Folon. Auffällig ist, dass der Künstler, der im Jahr 2005 im Alter von 71 Jahren starb, die Köpfe seiner Figuren oft durch Gegenstände ersetzte, die Gedanken darstellen sollten: ein geöffneter Koffer, eine Mondsichel, ein Propeller, ein Bohrer oder ein Fragezeichen. Interpretationen seiner Werke zu liefern, verweigerte Folon. Ganz im Gegenteil: »Ich verstehe meine Bilder nicht, und jeder kann sie verstehen, wie er möchte. Ich habe lediglich versucht, meine eigenen Träume darzustellen, hoffend, dass andere in ihnen ihre eigenen finden werden.« Wer mit dieser Hoffnung zur Fondation Folon kommt, wird auf alle Fälle nicht enttäuscht.

Das Beste auf einen Blick

Die Küste

Highlight!

Oostende: Meeresluft, Fischerboote, edle Jachten im Hafen, fangfrischer Fisch und Meeresfrüchte auf dem Markt, Nautikläden und Kneipen für Seebären – Oostendes besonderes Hafenflair ist überall spürbar. Und dann ist die Stadt auch noch die »Königin der belgischen Seebäder«, mit großer Strandpromenade und breitem Sandstrand. Schade nur, dass sich dort ein riesiger Wall von Bettenburgen aufgetürmt hat. S. 110

Auf Entdeckungstour

James-Ensor-Haus: Unten in dem schmalen alten Haus mit grüner Holzfassade ist ein alter Laden. Oben, im Salon des lange Zeit abgelehnten, heute so bedeutenden Malers der belgischen Moderne lässt sich manches über den Oostender Sonderling erfahren. S. 116

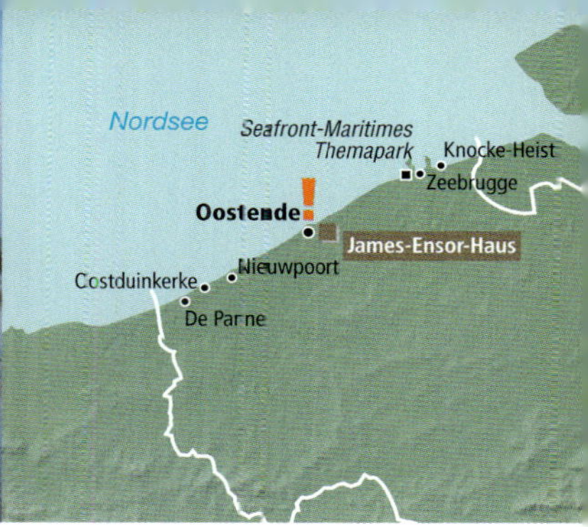

Kultur & Sehenswertes

Das Boot: Enge Gänge, Kojen und Maschinenräume, die Kajüte des Politkommissars und Sonargeräusche – das russische U-Boot im Seafront Maritimes Themapark ist nichts für Leute mit Platzangst. S. 123

Die letzten ihrer Art: Sie reiten auf schweren Kaltblütern und ziehen Netze durch das Meer – Oostduinkerkes Fischer zu Pferd auf Krabbenfang. S. 130

Aktiv & Kreativ

Flandern mit dem Hausboot: Selbst Kapitän sein und auf Flüssen und Kanälen Flandern kennenlernen – mit dem Hausboot ab Nieuwpoort. S. 130

Durch die Dünen: Bei De Panne liegen einige der schönsten Dünenlandschaften an der Nordsee. Auf markierten Wanderpfaden lässt sich die ›Flämische Sahara‹ entdecken, die schon als Kulisse für Wüstenfilme diente. S. 131

Genießen & Atmosphäre

Meeresfrüchte – häppchenweise: Beim Bummel am Oostender Visserskaai kann man Fischsüppchen und frische Meeresfrüchte genießen. S. 111

Ostend Queen: In der Fischbrasserie mit Meerblick auf der Dachterrasse des Kasino-Kursaals bereitet Meisterkoch Pierre Wynants kulinarische Leckerbissen zu. S. 120

Abends & Nachts

Aufs Pferd gesetzt: Nervenkitzel an lauen Sommerabenden erlebt beim Pferderennen in Oostende, wer auf ein Pferd gesetzt hat. S. 118

Rien ne va plus: Ob beim Roulette, Black Jack, Crabs, Poker oder an einarmigen Banditen – im Kasino in Knokke-Heist wird bis spät in die Nacht gezockt. S. 125

Wer sich bei bedecktem Himmel der belgischen Küste vom Inland her nähert, wird oft überrascht. Wenige Kilometer davor reißt die Wolkendecke auf und wenn man am Strand ankommt, ist nicht mehr ein einziges Wölkchen am Himmel. Genau das Richtige für alle, die gern Sonnenbaden. Denn Strand gibt es hier reichlich. Praktisch ist der gesamte Küstensaum ein einziger Sandstrand – 67 km lang und bei Ebbe bis zu 500 m breit.

Er erstreckt sich von De Panne an der französischen Grenze bis Knokke-Heist in der Nähe der niederländischen Grenze. Mit diesen beiden beliebten Badeorten teilen sich zwölf weitere die belgische Küste. Einige Orte sind Ableger der ursprünglich hinter den schützenden Dünen erbauten Dörfer.

An die belgische Küste reisen? Da winken viele gleich ab: ist zu verschandelt durch Bettenhochburgen. Nicht zu leugnen, die gibt es tatsächlich. Beispielsweise in Oostende, der »Königin der belgischen Seebäder«, in De Panne und in einigen anderen Küstenorten. Dennoch hat jeder Ort seine reizvolle Seite. In Oostende sind es der Jachthafen, der belebte Fischerkai, die weit ins Meer reichende Hafenmole und die Galerien an der Strandpromenade, in Blankenberge ist es der Pier und in Zeebrügge der Fischerhafen. Im mondänen Knokke-Heist – besonders im Vorort Het Zoute – wiederum findet man noch zahlreiche der ursprünglichen schönen Villen und der kleine Badeort De Haan hat sich vollends der Bauwut entzogen und sein ursprüngliches Ortsbild erhalten.

Infobox

Belgisches Verkehrsamt
Tourismus Flandern-Brüssel, Cäcilienstr. 46, 50667 Köln, Tel. 0221 27 09 770. www.flandern.com (dt.). Verkehrsamt von Flandern und Brüssel, die Homepage bietet umfassende Infos zu Flandern und zur Küste.

Internet
www.dekust.be (dt., fr., engl., nl.). Ausführliche Homepage zur gesamten belgischen Küste.

Anreise und Weiterkommen
In den Zentren der Badeorte ist das Parken meist kostenpflichtig, da lässt man das Auto vielleicht besser am Ortsrand stehen und geht einige Hundert Meter zu Fuß zum Strand. Wer von Badeort zu Badeort möchte, nimmt am besten die Küstenstraßenbahn oder »Lijn«, wie sie die Einheimischen nennen; sie fährt die ganze Küste entlang.

Oostende! ► B 11

Salzige Meeresluft, ein- und auslaufende Fischerboote und England-Fähren, dümpelnde Segler im Jachthafen, Krabben und fangfrischer Fisch am Fischmarkt, Nautikläden und Kneipen für Seebären – Oostendes besonderes Hafenflair ist überall spürbar. Etwas von der mondänen »Königin der Seebäder», in der Belgiens Regent einst seine Sommerresidenz hatte und wo sich die illustre *crème de la société* Europas einfand, ist bis heute zu erahnen. Andererseits hat die Stadt (Oostende; 69 200 Einw.) sich zu eklatanten Bausünden entlang der Promenade hinreißen lassen.

Dreimaster Mercator 1
www.zeilschip-mercator.be, tgl., Jan.–April, Nov., Dez. 10–12.30, 14–16.30 Uhr, Mai, Juni, Sept., Okt.

Formvollendete Hafenatmosphäre bietet Oostende trotz seiner Bausünden

10–12.30, 14–17.30, Juli–Aug. 10–17.30 Uhr, Eintritt 4 €, ermäßigt 2–3 €
Nur wenige Schritte vom **Seebahnhof** 2 dümpeln im **Mercator-Jachthafen** prächtige, mit Mahagoni und blinkendem Messing ausgestattete Jachten vor dem eleganten Segelschulschiff. Landratten erhalten auf dem Dreimaster faszinierende Einblicke in das Bordleben der Matrosen und in die nautische Ausrüstung.

Ijslandvaarder Amandine 3

www.museum-amandine.be, tgl. 10–17 Uhr, Eintritt 4 €, ermäßigt 2–3 €
Bei der Mercator Sluis ist das Fischerboot **Ijslandvaarder Amandine** zu einem interaktiven Museum über die Islandfahrt geworden. Die im Jahr 1907 erbaute, neogotische **St-Petrus-en-Pauluskerk** 4 hat etwas vom Kölner Dom. Der **St-Pietertoren** (St-Peter-Turm) hinter dem Gotteshaus, vom Volksmund liebevoll Pfefferbüchse genannt, ist der einzige erhaltene Teil einer Vorgängerkirche. Neben der Kirche erinnert ein Kriegsopfer-Denkmal an die Toten der Weltkriege.

Visserskaai

Noordzeeaquarium 5

April–Mai Mo–Fr 10–12, 14–17, Sa, So 10–12.30, 14–18, Juni–Sept. tgl. 10–12.30, 14–18, Okt.–März Sa, So, Fei 10–12.30, 14–18 Uhr, Eintritt 2 €, ermäßigt 1 €
Am Visserskaai legen am frühen Morgen heimkehrende Krabbenkutter an. Ihren Fang kann man später in einem der 40 Fischrestaurants am Kai genießen. Im Noordzeeaquarium entdeckt man in 13 Aquarien, was sich in der Nordsee unter Wasser abspielt. Aufschlussreich ist auch die ▷ S. 118

Oostende

Sehenswert

1 Dreimaster Mercator
2 Seebahnhof
3 Ijslandvaarder Amandine
4 St-Petrus-en-Pauluskerk
5 Noordzeeaquarium
6 Vistrap
7 Kapucijnenkerk
8 Weststaketse
9 Strandpromenade
10 Kasino
11 Venezianische Galerien
12 Königliche Residenz
13 Königliche Galerien
14 Thermenpalast
15 Pferderennbahn
16 Wapenplein
17 Oostends Historisch Museum De Plate
18 James Ensorhuis
19 MuZEE – Kunstmuseum am Meer
20 Earth Explorer
21 Fort Napoleon
22 Domein Raversijde

Übernachten

1 Thermae Palace
2 Louisa

■ 3 Oostend Hotel
■ 4 Burlington
■ 5 JH De Ploate

Essen & Trinken
■ 1 Savarin
■ 2 Di Vino
■ 3 't Boootshuis
■ 4 Bistro-Restaurant De Wandelaar
■ 5 Ostend Queen
■ 6 Den Artiest

Einkaufen
■ 1 Kapellestraat

Aktiv & Kreativ
■ 1 Bootstouren

Abends & Nachts
■ 1 Kasino
■ 2 Rood
■ 3 Manuscript
■ 4 Café Botteltje
■ 5 Brazaville
■ 6 Ciné Rialto

Lieblingsort

Fernweh erleben auf dem Pier – der Weststaketsel 8

Faszinierende Ausblicke auf die ein- und auslaufenden Fischerboote, auf Englandfähren und Jachten bietet der **Weststaketsel** am Hafen von Oostende. Am Ende des 600 m ins Meer reichenden Pfahlwerks liegt ein kleines Café. Der Spaziergang hat bei schäumender See, wenn die Brandung hoch gegen den Deich schlägt und der Wind an der Kleidung zerrt, seinen besonderen Reiz.

sally
Ferries

Auf Entdeckungstour

Im Haus des James Ensor

Ein schmales Haus mit grüner Holzfassade, unten ein alter Kuriositäten- und Andenkenladen – das Haus wirkt unscheinbar. James Ensor (1860–1949), der heute als bedeutendster Vertreter der belgischen Moderne gilt, erbte das Haus 1917. Er ließ den Laden wie er war und wohnte und arbeitete oben im Salon.

Reisekarte: ► B 11

Mu.ZEE – James Ensorhuis 18: Vlaanderenstraat 27, Oostende, www.muzee.be.

Öffnungszeiten: tgl. außer Dienstag 10–12 und 14–17 Uhr, Eintritt 2 €.

James Ensor war ein Sonderling. Und ein verkanntes Genie, denn zu seinen Lebzeiten blieben ihm Anerkennung und Erfolg versagt. Kein Wunder: Er entlarvte das Bürgertum als verlogen, karikierte seine Kritiker und verhöhnte die nationalistischen Maler. Monet und Pissarro waren für ihn »oberflächliche Anstreicher«. Ein vergilbtes Foto aus den 1930er-Jahren zeigt ihn am Harmonium in seinem Salon-Atelier, umgeben von Durcheinander und seinen Gemälden. Das Atelier gibt es noch in einem alten Haus in Oostendes Einkaufsmeile, ein bescheidenes Haus mit einem Laden im Erdgeschoss. Zwischen den neueren Bauten – Ramschläden, Restaurants und Bars – wirkt es irgendwie fehl am Platz.

Kuriositäten und Souvenirs

Im Schaufenster des Geschäfts präsentiert sich ein Sammelsurium von Segelschiffchen, Muscheln, Seesternen, Figuren und Nippes. In dem dahinter liegenden Laden bietet sich ein ganz ähnliches Bild: Totenschädel, Riesenhummer hinter Glas, Chinawaren, Enterhaken und fratzenhafte Masken. Kaufen kann man davon nichts, denn dieses Kuriositätenkabinett ist Teil des heutigen Museums »James Ensorhaus«, das immer, wenn Sturm aufkommt, geschlossen wird.

Zu Lebzeiten des Künstlers bestritten seine Mutter und deren zänkische Schwester Mimi hier mit dem Verkauf solcher Kuriositäten und Souvenirs für Badegäste ihren Lebensunterhalt. Besonders die Masken gingen gut, waren zu jener Zeit Maskenbälle doch »in«.

Hinten im Raum hängen an einem Kleiderständer Gehrock und Zylinder des Malers – gerade so, dass man meinen könnte, Ensor wäre noch hier. Im Zwischengeschoss kommt ein kleiner Raum, in den man durch eine Glasscheibe blickt. In der schummerigen Beleuchtung des spärlich eingerichteten Zimmers wärmt sich ein Fischer an einem kleinen Ofen: Es handelt sich um die plastische Rekonstruktion von Ensors Gemälde »Armer Lauser, der sich wärmt« (1882).

Das Atelier – eine heimelige Halle

Der blaue Salon mit schwerem Kristalllüster war Ensors Atelier. Dort speiste, arbeitete und nächtigte der Künstler zwischen seinen Gemälden. Etliche davon hängen hier, allerdings lediglich in Form allmählich verbleichender Fotografien. Ein Totenschädel, Puppen und allerlei Krimskrams zählen ebenfalls zum Inventar, darüber hinaus des Malers Totenmaske und die dick mit Farbe beladene, zusammenklappbare Malpalette.

Der Maskenmaler

Ensors berühmtes Werk, der »Einzug Christi in Brüssel«, bekleidet großflächig die Wand hinter dem Harmonium. Das Bild, ein Foto des Originals, das das Getty Museum in Los Angeles besitzt, karikiert ein berühmtes Thema religiöser Malerei – den Einzug Christi in Jerusalem – und verwendet es für eine beißende Gesellschaftskritik. Es zeigt eine tosende Volksmenge aus Mitgliedern der Bürgerwehr, Chören, Fanfarenbläsern und neugierigen Mitläufern, begleitet von Trompetern und Tambouren. Die ursprüngliche Hauptfigur – Christus auf dem Esel – hat der Maler zu einer Nebenrolle degradiert. Etliche Figuren tragen eine Maske vor dem Gesicht – ein beliebter Kunstgriff des Malers, der damit die Verlogenheit seiner Umgebung anprangerte. Die bürgerliche Gesellschaft, der er mit seinen Bildern die Maske vom Gesicht riss, strafte ihn dafür mit Missachtung. Erst nach seinem Tod wurde Ensors Beitrag zur modernen belgischen Malerei erkannt und gewürdigt.

City Pass Oostende
Reduziert die Eintrittspreise für elf Museen und anderen Attraktionen. Für 24/48/72 Std./1 Jahr: 12/15/20/25 €. City Pass für Kids: 4/5/6/7 €. Erhältlich in der Touristen-Info am Monacoplein und online (www.visitoostende.be).

Sammlung von Muscheln. In der Markthalle **Vistrap** 6 kommt außer Fisch manche lokale Neuigkeit über die fischbeladenen Tische. Schiffsmodelle und silberne Exvotos in der **Kapucijnenkerk** 7 aus dem 17. Jh. sind Gaben der Fischer, die um sichere Fahrt auf dem Meer gebeten haben. Ein- und auslaufende Schiffe lassen sich auf dem **Weststaketsel** 8 beobachten, der 600 m langen Hafenmole.

Strandpromenade 9

Natürlich gehört ein Spaziergang auf der von zahlreichen Restaurants und Shops gesäumten Strandpromenade zu einem Oostende-Besuch. An deren Anfang erinnert die Figur des **Nationaal Zeeliedengedenkteken** (Nationales Seeleute-Denkmal) an nicht mehr vom Meer zurückgekehrte Seeleute. Nach wenigen hundert Metern erreicht man das **Kasino** 10, dessen Spielsaal mit Wandgemälden des Künstlers Paul Delvaux geschmückt ist.

Danach geht es am überdachten Säulengang der **Venezianischen Galerien** 11 vorbei, in dessen Nähe die ehemalige **Königliche Residenz** 12 liegt, heute ein onkologisches Reha-Zentrum. Im Koninkspark dahinter kann man im **Japanischen Garten** lustwandeln. Ein Stück weiter genießt König Leopold II. hoch zu Ross die Aussicht aufs Meer. Die sich anschließenden **Königlichen Galerien** 13 dienten der königlichen Familie und ihrem Gefolge auf ihrem Weg von der Residenz zur Pferderennbahn als Schutz vor Sonne und Regen. Am anderen Ende der Arkaden errichtete man in den 1930er-Jahren den **Thermenpalast** 14, dessen mineralhaltiges Brunnenwasser bei den Kurgästen Anwendung fand.

Wellington-Pferderennbahn 15

Tel. 059 80 60 55, Mai–Sept. fast tgl. Rennen, auch abends
Seit ihrer Gründung 1883 fanden sich zahlreiche illustre Gäste auf der Tribüne ein, unter ihnen der Schah von Persien, der auch einmal auf das richtige Pferd setzte und 675 Francs gewann.

Wapenplein 16

Im Zentrum der alten Stadt liegt der Wapenplein mit einem schönen Belle-Epoque-Pavillon. Im Sommer finden hier Konzerte statt, denen man bei Muscheln und Wein auf den Terrassen der Restaurants lauschen kann.

Oostends Historisch Museum De Plate 17

Langestraat 69, www.deplate.be, Sa 10–12, 14–17 Uhr, Mitte Juni–Mitte Sept., langes Himmelfahrts-WE und in Schulferien tgl. außer Di, Eintritt 2 €, Kinder unter 14 J. gratis
Wie sah es in der winzigen Einzimmerwohnung einer Fischerfamilie aus? Und wie in einer Seemannskneipe? Das in der ehemaligen Sommerresidenz des belgischen Fürstenhauses eingerichtete Museum zeigt es und beleuchtet viele weitere Aspekte aus der Geschichte der Stadt.

Museum Ensorhaus 18

S. Entdeckungstour S. 116

Mu.ZEE – Kunstmuseum am Meer 19

Romestraat 11, www.muzee.be, tgl. außer Mo 10–18 Uhr, Eintritt 5 €, ermäßigt 1 €

Faszinierender Überblick über die Kunst in Belgien vom frühen 20. Jh. bis in die Gegenwart. Natürlich werden hier etliche Werke von James Ensor und Leon Spillaert, Wegbereiter der zeitgenössischen Kunst, sowie René Magritte, Paul Delvaux und vielen anderen Künstlern.

Earth Explorer 20

Fortstraat 128b, www.earthexplorer.be, Osterferien–Aug. tgl. 10–18, Einlass bis 17 Uhr, Eintritt 15 €, ermäßigt 11–13 €
Sie werden von Erdbeben durchgeschüttelt, blicken tief im Ozean dem Hai in den Rachen, stehen am Rand des Feuer speienden Vulkans und werden fast vom Tornado fortgerissen – hier braucht man starke Nerven. Dazu kommen über 50 interaktive Experimente, in denen Sie einiges über unseren Planeten erfahren. Für jedes Alter.

Fort Napoleon 21

www.fortnapoleon.be, tgl. außer Mo, April–Okt. 10–18 Uhr, Juli, Aug. u. Fei auch Mo, Nov.–März Mi–Fr 13–17, Schulferien und WE 11–17 Uhr (Mo, Di geschl.), Eintritt 5 €, ermäßigt ab 2 €
Ab 1812 in den Dünen nordöstlich der Hafeneinfahrt erbaut, sollte das wuchtige Fort Oostende gegen Angriffe von der Seeseite schützen. Jetzt birgt die Festung hinter ihren 2,5 m dicken Mauern Ausstellungen über die Entwicklung des Festungsbaus und die Belagerung von Oostende. Im Bistro oder Restaurant kann man sich stärken.

Domein Raversijde 22

Nieuwpoortsesteenweg 636, ca. 5 km vom Zentrum, www.west-vlaanderen.be, Ende März–11. Nov. Mo–Fr 14–17, Sa, So, Fei, Ferien 10.30–18 Uhr, Einlass bis eine Std. vor Schluss, Eintritt 9,75/6,50 €, ermäßigt 8,10/5,40 €
In dem weitläufigen Dünenareal westlich von Oostende wird die Erinnerung an Prinz Karl wach gehalten. Der Bruder König Leopolds III. und kurzzeitige Regent von Belgien lebte hier bis zu seinem Tod im Jahr 1983. Hier kann man in einem Freilichtmuseum Teile eines mittelalterlichen Fischerdorfes besichtigen und sich anhand von Kanonen, deutschen Festungsanlagen und Stellungen des Atlantikwalls den Horror der beiden Weltkriege vergegenwärtigen.

Übernachten

Luxus pur – **Thermae Palace 1**: K. Astridlaan 7, Tel. 059 80 66 44, www.thermaepalace.be. DZ ab 170 €, Frühstück 17,50 €/Person. Luxushotel direkt am Strand, 153 Zimmer und 6 Suiten, die meisten mit Blick aufs Meer. Entspannung findet man im Fitnessraum und Sauna.

Art-Déco-Hotel – **Louisa 2**: Louisastraat 8 b, Tel. 059 50 96 77, www.hotellouisa.be, DZ 87 €. Gemütliches Familienhotel im Art-Déco-Stil, zwei Häuserblöcke vom Strand. Lift, Bar. 15 helle und komfortable Zimmer, wireless Internet-Zugang.

Kinderfreundlich – **Oostend Hotel 3**: Londenstraat 6, Tel. 059 70 46 25, www.hotelostend.be, DZ 82–96 €. Kinderfreundliches Hotel mit großen Familienzimmern und Spielraum, im Zentrum, 50 m vom Strand. Restaurant und Safari-Bar.

Zentral – **Burlington 4**: Kapellestraat 90, Tel. 059 55 00 30, www.hotelburlington.be, DZ ab 80 €. Am Jachthafen, nahe dem Bahnhof, gemütlich eingerichtete Zimmer mit Bad, TV, Telefon, Safe und drahtlosem Internet-Zugang. Entspannen in der Sauna und auf der Dachterrasse mit herrlicher Aussicht.

Jugendherberge – **De Ploate 5**: Langestraat 82, Tel. 059 80 52 97, Fax

059 80 92 74, www.vjh.be. Übernachtung mit Frühstück ab 17,80 €.

Essen & Trinken

Speisen mit Meerblick – **Savarin** 1: Albert I-Promenade 75, Tel. 059 51 31 71, www.savarin.be, tgl. (im Winter: Mo geschl.) 12–15, 18–22 Uhr. Genuss mit Meeresblick von der Promenadenterrasse, mediterrane Küche, Meeresfrüchte und Fischspezialitäten. Eine gute Wahl ist gebratener Seebarsch (32 €). Hauptgerichte à la carte ab 28 €.

Wijnbistro – **Di Vino** 2: Wittenonnenstraat 2, Tel. 0473 87 12 97, Mi–So 11.45–14, 18.30–22 Uhr, Fei und Schulferien tgl. Kleines, heimeliges Weinbistro, Rebsäfte von überall, wo Wein kultiviert wird, dazu leckere Pasta, Schnecken, Fisch und Lasagne. Lunch ab ca. 10 €.

Speisen in der Bootsmesse – **'t Bootshuis** 3: Visserskaai 45, Tel. 058 80 92 00, Mi–So (in den Ferien auch Di) 11–22 Uhr. Interieur mit einem Hauch von einer Bootsmesse, schöner Blick auf den Jachthafen. Lecker: Vispannetje van Noordzeevis (ca. 18 €), Vissoup mit frische rouille und Toast (11 €). Drei-Gänge-Menü 28 €.

In luftiger Höhe – **Bistro-Restaurant De Wandelaar** 4: Zeedijk 290, Tel. 059 55 27 54, Mi–So 12–14, 18–21, So bis 20.30 Uhr. Köstliches aus dem Meer und vom Land, auf belgisch-französische Art zubereitet: *Oostends vissoepje* (9 €) oder *Steak blue-blanc* (ca. 19 €). Einzigartige Aussicht auf die Stadt oder das Meer. Modernes Restaurant im 9. Stock direkt an der Strandpromenade!

Spitzenkoch und spitzenmäßiges Interieur – **Ostend Queen** 5: Monacoplein, Kursaal, Tel. 059 44 56 10, www.ostendqueen.be, tgl. 12–14.30, 19–22 Uhr. Genießen mit Auge und Gaumen: Die modern von Antoine Pinto eingerichtete Fischbrasserie auf dem Dach des Kasinokursaals bietet die Kochkunst von Meisterkoch Koenraad Steenkiste und dazu eine schöne Aussicht auf das Meer. Hauptgerichte ab 27 €.

Geselligkeit im Jugendstil – **Den Artiest** 6: Kapucijnenstraat 13, Tel. 059 80 88 89, www.artiest.be, tgl. 17–2, Grill 19–2 Uhr. Taverne, Grill und Kunstgalerie in einem, *gezelligheid* wird groß geschrieben. Zu empfehlen sind die schmackhaften Fleisch- und Fischgerichte wie Lamskroon, Mixed Grill oder Spieß mit verschiedenen Fischarten. Hauptgerichte ab 16 €. Auf der kleinen Empore finden häufig Konzerte statt.

Einkaufen

Shopping auch am Sonntag! – **Kapellestraat** 1: Auf dieser Einkaufsmeile, die sich vom Jachthafen bis zum Wapenplein erstreckt, reiht sich ein Laden an den anderen.

Internationale Top-Marken – **Wapenplein** 16: In dem Shoppingcenter am Wapenplein lassen 17 Boutiquen die Herzen von Modebewussten höherschlagen.

Mein Tipp

Genießen am Visserskaai

Bei einem Spaziergang entlang des Visserskaai kommen Sie an zahlreichen kleinen *viskraampjes* (Fischbüdchen) vorbei, wo Sie ein Fischsüppchen und weitere leckere und ganz frisch zubereitete Meeresfrüchte-Snacks genießen können.

Aktiv & Kreativ

Küstenfahrten – **Bootstouren 1** mit der MS Franlis III, Juli/Aug., stdl. 11–17 Uhr, Mai, Juni, Sept. an WE und Fei 13–17 Uhr von Weststaketsel, Tel. 059 70 62 94, www.franlis.be.

Abends & Nachts

Nichts geht mehr – **Kasino 1**: Monacoplein, Tel. 059 70 51 11, www.cko.be, tgl. ab 15 (Slots ab 9) Uhr. Roulette, Black Jack, Poker ...
Musziekcafe – **Rood 2**: Van Iseghemlaan 87. In der Woche entspannende Musik, Do–Sa handfeste Vibrations, Sonnenterrasse mit 70 Plätzen.
Livemusik – **Manuscript 3**: Langestraat 23, Tel. 059 51 11 88. Do Livemusik.
Gut sortiert – **Café Botteltje 4**: Louisastraat 19, Tel. 059 70 09 28, www.hotelmarion.be. Hier gibt es die meisten – 300! – Biersorten an der Küste.
Mixed Music – **Brazzaville 5**: Monacoplein 3, Tel. 059 51 17 39. Latin, House, Rock & Blues ...
Kino – **Ciné Rialto 6**: Langestraat 39, Tel. 059 70 61 58, www.cine-rialto.be. Kinokomplex mit acht Sälen.

Infos & Termine

Touristeninformation

Tourisme Oostende: Monacoplein 2, Tel. 059 70 11 99, www.visitoostende.be.

Termine

1. So nach Silvester: Neujahrstauchen: Bad von über 1000 Hartgesottenen in der eiskalten Nordsee.
Sa nach Aschermittwoch: Karneval: Cimate re-Umzug mit *kloeffeworp* (kleine Holzschuhe, einer aus Gold) vom Glockenturm.
März: Bal du Rat mort: berühmter Benefiz-Maskenball im Kasino.

Verkehr

Bahnhof, **Bushof** und **Fährhafen** liegen dicht beieinander.
Bahn: C nach Brügge, Brüssel, Gent, Antwerpen, Leuven, Lüttich, Eupen.
Bus: Verbindungen nach Veurne, Diksmuide, Ieper, DeLijnInfo Tel. 070 22 02 00.
Fähren: Trans Europa Ferries, Oostende-Ramsgate. Tel. 059 34 02 60, www.transeuropaferries.com.

Blankenberge ►B 11

Markenzeichen des beliebten Familienseebads Blankenberge (18 500 Einw.) ist der 350 m lange **Belgium Pier** mit der interakt ven Ausstellung »Storms«, dem *Pier Café*, der Sonnenterrasse *Sunny Side Up* und der *Sunset Lounge*, von denen man die herrlichen Sonnenuntergänge genießen kann. Neben dem Pier bietet das **Lustige Velodrom** (Zeedijk, Ostern–3. Sept -Wochenende, pro Fahrt 1,75 €) Erwachsenen und Kindern, die sich etwas amüsieren möchten, die Möglichkeit, auf einem der merkwürdigen Fahrräder mit eiförmigen Rädern oder verkehrt herum montierten Sätteln ihre Fahrkünste mehr oder weniger kühn unter Beweis stellen. Auf viele Zuschauer kann man zählen. Am Rand des Jachthafens schützt der **Paravang,** ein langer, neogotischer Windschirm mit putzigem Dach, rastende Spaziergänger vor dem Westwind. Am nahen Leuchtturm vorbei geht es auf die 447 m lange **Oosterstaketsel,** die östliche Hafenmole, an deren Ende man in einem Café bei einer Erfrischung in aller Ruhe die vielen ein- und auslaufenden Schiffe betrachten kann. Mit einer kleinen Fähre kann man die Hafeneinfahrt überqueren (Ostern–Sept., 1 €).

Im **Serpentarium** (Zeedijk 146, Juli, Aug. 10–19.30, Okt.– Ostern 13–17, sonst meist 10–18 Uhr, Eintritt 10 €, ermäßigt 8 €) kann man Schlangen beobachten. Hier lassen Klapperschlangen ihre Klappern rasseln und winden sich aalglatte Nattern, wenn sie nicht gerade dösen oder sich häuten.

Übernachten

Modern – **Alfa Inn:** Kerkstraat 92, Tel. 050 41 81 72, www.alfa-inn.com. DZ ab 85 €, bei vier und mehr Nächten ab 70 €. Rund 100 m vom Strand im Stadtzentrum gelegenes, modern renoviertes Drei-Sterne-Familienhotel mit Designer-Möbeln, Salon, Sauna, Solarium, Bar, Terrasse, Garten, Video- und Billardraum. Spielbereich für Kinder und Privatparkplatz.
Ruhig und zentral – **Concordia:** Molenstraat 29, Tel. 050 41 05 05, www.concordiahotel.be, DZ ab 48 €. Ruhig in der Fußgängerzone gelegen und nur 150 m vom Meer entfernt. Die 19 Zimmer des renovierten, modern eingerichteten Hauses sind mit Bad und TV ausgestattet, einige haben das WC allerdings auf dem Flur. Schöner Frühstücksraum im Bistro-Stil.
Camping – **Dallas:** Ruzettenlaan 191, Tel. 050 41 81 57. März–Mitte Sept. Luxus-Camping, 50 m vom Strand, separate Jugendplätze. Stellplatz 17–29 €.
Jugendherberge – **De Wullok:** Ruitersstraat 9, Tel. 050 41 53 07, www.vjh.be. Zimmer für 2–8 Pers. Übernachtung mit Frühstück ca. 13–17 €.

Essen & Trinken

Erfrischend – **Triton:** Zeedijk 92, Tel. 050 42 90 20, Febr.–Mitte Nov. Do–Mo 12–14, 18–21 Uhr, Mai–Sept. auch Di, Menü ab 34 €. ›Bullaugen‹ an den Wänden, ein Interieur in erfrischendem Design, schöne Aussicht aufs Meer und die Promenade – mit frischem Fisch oder Meeresfrüchten auf dem Teller kann man es sich hier gut gehen lassen. Lecker: Zeebrügger Garnelen mit Mousselinesauce (17 €).
Meeresblick – **De Zandstuiver:** Zeedijk 106, Tel. 050 41 06 52, tgl., Jan, Febr. Mo geschl. Windgeschützte Terrasse. Klassiker und Pasta, prima Qualität, 5–15 €. Lunch-Menü ca. 13 €.
Meeresfrüchte und Eis – **Negrita:** Zeedijk 96, Tel. 050 42 51 11, Mo, Di geschl. (außer in den Ferien). Hauptgericht ab 17 €. Seedeich-Restaurant mit windgeschützter Terrasse. Neben Fisch, Meeresfrüchten, Steak und Lammfilet gibt es leckeres hausgemachtes Eis.

Aktiv & Kreativ

Windsurfen – **O'Neill Beachclub:** An der Ostseite des Piers, Windsurfen, Kitesurfen, Golfsurfen, Speedsailing – die Ausrüstung zum Surfen kann man hier mieten und sich anschließend an der Bar erfrischen. Hier trifft man sich auch zum Beachvolleyball und -soccer.
Bootsausflug – **Amphibienboot Jose:** Bei schönem Wetter und ruhiger See lädt dieses Boot zu einem Kurzausflug ein: direkt vom Strand vor dem Kasino in die See (März–Okt., Sa, So, Ferien).

Abends & Nachts

Faites vos jeux – **Casino Blankenberge:** Zeedijk 150, Tel. 050 4320 20. Spielsaal, Restaurant & Bar, tgl. ab 11 Uhr.

Infos

Dienst voor Toerisme: Leopold-III.-plein, Tel. 050 41 22 27.

Zeebrugge ► C 11

Mit seinen großen Außen- und Binnenhäfen ist Zeebrugge (4400 Ew.) eine Drehscheibe des internationalen Schiffsverkehrs, Fähr- und Jachthafen sowie größter Fischereihafen Belgiens. Doch weist sich die Hafenstadt auch als Seebad aus.

Strandpromenade

Ein Bummel auf dem Zeedijk kann bis zum **Leuchtturm** am Ende der Hafenmole führen. Auf dem Weg dorthin liegt das **St George Memorial**, das an die Schlacht bei Zeebrugge am St-Georgs-Tag im Jahr 1918 erinnert. Damals sperrte die britische Marine in heldenhaftem Einsatz den Hafen, der den Deutschen als wichtigster U-Boot-Stützpunkt diente.

Seafront-Maritimes Themapark

www.seafront.be, Vismijnstraat 7, tgl. 10–18, Juli, Aug. bis 19 Uhr, Eintritt 10,50 €, ermäßigt 8,50–10 €

Bunte Fischkutter, elegante Luxusjachten und kleine Schiffswerften fügen sich zu einem malerischen Hafenbild. Fischrestaurants und -geschäfte bieten Gelegenheit, vom köstlich zubereiteten frischen Fang zu kosten. Größte Attraktion am Fischereihafen ist der Seafront-Maritimes Themapark mit dem Feuerschiff »Westhinder«, einem russischen U-Boot und dem Aquastrip mit seinem märchenhaften Unterwasserparadies.

Übernachten

Zeebrügge ist eigentlich kein Ort, wo man übernachten möchte. Auch für Durchreisende, die anderntags mit der Fähre abfahren, gibt es genügend nahe gelegene Orte mit empfehlenswerten Übernachtungsmöglichkeiten, siehe z. B. Blankenberge und Knocke-Heist.

Mein Tipp

De Haan – das schönste kleine Seebad an der Küste ► B 11

De Haan zwischen Oostende und Blankenberge gilt zu Recht als »Prinzessin der belgischen Seebäder«. Seine weitgehend erhaltene Architektur hat viel Charme. Die meisten Häuser sind im Cottage-Stil gebaut, mit verschachtelten Dächern, Ecktürmchen, Erkern, Terrassen und Loggien oder tragen Züge der anglo-normannischen Architektur, z. B. Pseudo-Fachwerk. Hier und dort finden sich auch Elemente des Art Déco, seltener des Jugendstils. In der Villa »Savoyarde« lebte Albert Einstein 1933 für ein halbes Jahr, bevor er in die USA emigrierte. Zu der temporären Bleibe hatten ihm die »Königs« verholfen, wie Einstein das mit ihm seit Jahren befreundete belgische Fürstenpaar Albert und Elisabeth nannte.

Essen & Trinken

Fangfrischer Fisch – **Mon Manège à Toi:** Vismijnstraat 44, Tel. 0475 48 63 80, www.monmanegeatoi.be, tgl. außer Do. Hauptgerichte ab 17 €. Hafenatmosphäre und zeitgenössisches Interieur – direkt am Zeebrugges Jachthafen. Fisch und Meeresfrüchte kommen fangfrisch auf den Teller, originell und inspiriert von der französisch-provenzalischen Cuisine zubereitet. Vortrefflich: Für 27 € gibt es jeden Mittag den Gastro Lunch.

Strandvolleyball zum Aufwärmen nach einem erfrischenden Bad im Meer

Food & drinks & people – **Channel 16:** Werfkaai 16, Tel. 050 60 16 16, www.ch16.be, Mi–So 12–14, 18–21 Uhr. Trendy Interieur, relaxte Atmosphäre, Sicht auf den Jachthafen. Köstliches aus dem Meer und vom Land, auch Pasta und Vegetarisches, zu demokratischen Preisen. 3-Gänge-Lunch-Menü: Suppe & Hauptgerichte nach marktfrischem Angebot (25 €), Hauptgerichte ab 16 €.

Aktiv & Kreativ

Hafenrundfahrt – **Rederij Franlis:** Infos und Reservierung Tel. 059 70 62 94, www.franlis.be. Abfahrt: 31. März–Juni, Sept.–14. Okt. Sa, So, Fei 14 Uhr, Juli, Aug. tgl. 14, 16 Uhr (1.–19. Aug. auch 11 Uhr). Abfahrt: Tijdokstraat (nahe dem Maritimen Themenpark Seafront, alter Fischerhafen).

Infos & Termine

Dienst voor Toerisme: Zeedijk, Tel. 050 54 50 42, www.brugge.be.
Bahn: Nahverkehrszug Brügge-Zeebrugge.
Fähren: Verbindungen für Passagiere und Kfz. P&O Ferries: nach Hull (England), Tel. 070 70 07 74, von Deutschland: 0180 500 71 61, www.poferries.de.

Knokke-Heist ►C 11

Das Seebad Knokke-Heist (34 000 Einw.) prunkt mit schicken Boutiquen,

Salons und Juwelierläden. Badevergnügen, gemütlich in Heist, lebhaft in Knokke, lockt an fünf breite Sandstrände. Mondän präsentieren sich die Villen im Vorort Het Zoute. Harmonisch in die Dünenlandschaft eingefügte Villen bestimmen das Bild von **Duinbergen**, einem ruhigen Wohngebiet ohne Hochhäuser. Es liegt westlich von Albertstrand und hat einen weniger dicht bevölkerten Strand. Der einladende **Willempark** geht in das bereits mit den Ausläufern von Zeebrugge verschmelzende Heist über, das im Ruf eines angenehmen Familienbadeortes mit ungezwungener Atmosphäre steht.

Kasino

Zeedijk-Albertstrand 509,
www.partouchecasinos.be,
tgl. ab 15 (Slots 9) Uhr

Das im Art-Déco-Stil gestaltete **Kasino** ist Spielbank und Kunsttempel zugleich. Hier trifft man auf Werke bekannter Künstler, darunter Ossip Zadkine, Niki de Saint-Phalle, Paul Delvaux und René Magritte, sowie auf einen kolossalen Kronleuchter, der mit seinen 37 000 Stücken venezianischen Kristalls im »Guinness-Buch der Rekorde« steht.

Museum Sincfala

Pannenstraat 140, www.sincfala.be,
tgl. 10–12, 14–17.30 Uhr,
Eintritt 3,50 €, ermäßigt ab 1 €

Das Museum »van de Zwinstreek« widmet sich dem Brauchtum der Seeleute und Polderbauern.

Übernachten

Kinderfreundlich – **Marie Siska:** Zoutelaan 177, Tel. 050 60 17 64. www.siskamarie.com. DZ ab 125 €. In Het Zoute. Luxuriöse Zimmer im Laura-Ashley-Stil. Zu den Vorteilen zählen ein großer Spielplatz, Minigolf und eine Ponyfarm.

Günstige vier Sterne – **Atlanta-Hotel:** J. Nellenslaan 162, Tel. 050 60 55 00, www.atlantaknokke.be. DZ ab 90 €. Nur 20 m zum Strand! 33 modern eingerichtete Zimmer, hell, geräumig und mit allem Komfort eines Vier-Sterne-Hotels ausgestattet. Frühstück im stilvollen Restaurant.

Lifestyle Hotel – **Auberge St Pol:** Bronlaan 23, Tel. 050 60 15 21, www.hotelstpol.be. DZ ab 1[illegible]0 €. Tolle Lage am Rande des Naturreservats Zwin. Geschmackvoll mit Designer-Möbeln eingerichtete Gästezimmer mit allem Komfort. Schöner Frühstücksraum mit offenem Kamin, erholsame Gartenterrasse mit Teich und Liegestühlen.

Camping – **Vuurtoren:** Heistlaan 168, Tel. 059 33 33 42. Mitte März–Mitte Okt. Großer Familien-Campingplatz, moderne sanitäre Anlagen, Laden, Restaurant. Stellplatz ab 21 €.

Essen & Trinken

Populär – **Panier d'Or:** Zeedijk 659, Tel. 050 60 31 89, www.knokke-waakhond.com/panierdor, tgl. (außerhalb der Saison Di geschl.). Elegantes, klassisches Interieur, bei schönem Wetter sitzt man draußen mit Aussicht auf das Meer. Gepflegte traditionelle französische Küche mit Pfiff. Die umfangreiche Speisekarte bietet Steaks, Wild, Fischgerichte und Meeresfrüchte. Ausgezeichnete Bouillabaisse (ca. 25 €) und frische, leckere *vissoep* (13,50 €).

Mediterran – **Rigoletto:** Lippenslaan 389, Tel. 050 62 55 13, www.rigoletto.be, tgl. 12–23 Uhr. Altertümliches Dekor mit florentinischen Fresken, lange Reihen von Tischen – der Italiener ist gut besucht. Bombastische Auswahl an Pizza (10–22 €) und Pasta

(11–28 €), Fisch (ab 25 €) und Meeresfrüchten.

Einkaufen

Auf der Lippens-, Dumortier- und Kustlaan und auf dem Zeedijk reihen sich exklusive Geschäfte bekannter Modemacher, Juweliere, Hairstylisten sowie Kunst- und Antikgalerien.

Aktiv & Kreativ

Surfen, Segeln & Co. – **Surfers Paradise:** Oude Hoekestraat 5 (Sekretariat), Tel. 050 61 59 60, www.surfersparadise.be. April–Sept. tgl., Okt.–März am Wochenende. Windsurfen, Kitesurfen, Golfsurfen, Speedsailing, Wasserski – wie immer man auch über das Wasser gleiten möchte, am »Californian Clubhouse« direkt am Strand gegenüber dem alten Schwimmbad kann man es lernen und die entsprechende Ausrüstung leihen. **Watersportcentrum VVW-Heist**: Dieses Beachhouse liegt zwischen der Hafenmauer und dem Heldenplein, Tel. 050 51 00 78. Ähnlich großes Wassersportangebot.

Abends & Nachts

Bar & Sunday Disco – **Yssi's:** Lippenslaan 62, Tel. 0476 38 65 71, www.yssiscafe.be. Trendy Bar und Terrassen.
Hot – **VIP Room:** Zeedijk-Albertstrand 510, Tel. 050 60 55 04, www.viproom.be. Stylische Bar.

Infos & Termine

Toerisme Knokke-Heist: Zeedijk-Knokke 660, Tel. 050 63 03 80, www.knokke-heist.info.
Juli, Aug., Do ab 14 Uhr: Folkloremarkt: Volksmusik, Puppenspiel, Handwerk, Antikmarkt.
Mitte Juli–Mitte Sept.: Internationales Cartoonfestival.
Juli: Kneistival – Gratis Rock- & Pop-Musik-Festival
Aug.: Art Nocturne – Kunst- & Antiquitätenmesse
Aug.: Internationales Feuerwerks-Festival: funkensprühendes Spektakel zu synchroner Musik.
Bahn: IC nach Brügge, Brüssel, Leuven, Diest, Tongeren.

Nieuwpoort ► A 12

Wie Phönix aus der Asche auferstanden ist das wenige Kilometer landeinwärts liegende Nieuwpoort (Nieuport; 11 000 Einw.), nachdem es Ende des Ersten Weltkriegs vollkommen zerstört war. Der Marktplatz mit dem nach den alten Plänen 1924 wiedererbauten Renaissance-Rathaus und der mittelalterlichen Graanhalle lassen den ursprünglichen Charme erahnen. An der IJzerbrücke, nicht weit vom Markt entfernt, liegen die sehenswerten Schleusen, mit denen der Zufluss von sechs in die Ijzer mündenden Kanälen reguliert wird.

Noch immer spielt in Nieuwpoort die Fischerei eine wichtige Rolle: 3 km entfernt liegt an der Hafenzufahrt der im Sommer von Badegästen bevölkerte Ableger **Nieuwpoort-aan-Zee.**

Marktplatz

Am Marktplatz bilden das im Stil flämischer Neo-Renaissance errichtete **Stadhuis**, die mittelalterliche **Graanhalle** (1923 wieder aufgebaut) mit Belfort und die neogotische **Onze-Lieve-Vrouwkerk** mit frei stehendem Glockenturm ein wahrhaft malerisches Ensemble.

In der Kirche befinden sich sehenswerte Gemälde, darunter das 1820 geschaffene Bild »Die Schlacht bei Nieuwpoort«, ein Geschenk des niederländischen Königs, Wilhelm I.

Vismijn

In der Vismijn (Fischhalle) am Visserskaai wird morgens der frische Fang versteigert und kommt schon mittags köstlich zubereitet in den zahlreichen Fischrestaurants am Visserskaai auf den Tisch, so z. B. als Nieuwpoorts Zootje (Platte mit verschiedenen Fischsorten). Am Kai hinter der Vismijn bildet die versammelte Nieuwpoorter Fischereiflotte ein malerisches Bild.

Koning-Albert-I.-Monument

Unübersehbar überragt das Mahnmal jenseits der IJzerbrücke den Hafenbereich: ein gewaltiger kranzförmiger Bau um das Reiterstandbild des Königs, der hier 1914 die Schleusen öffnen ließ, um den Vormarsch der Deutschen aufzuhalten. Vom oberen Säulenkranz bietet sich ein einzigartiger Ausblick auf den Hafen, die Stadt und die IJzer-Schleusen, hinter denen das Ijzerdenkmal für die im Ersten Weltkrieg gefallenen Belgier die bedeutende Rolle der Schleusen hervorhebt.

Nieuwpoort-aan-Zee ▶ A 12

Mehrere Kilometer lang ist der von einer langen Promenade gesäumte Strand von Nieuwpoort-aan-Zee. Ein Spaziergang führt auf den westlichen, 500 m weit ins Meer hinausragenden Pier. Angler nutzen den Steg, wer selbst fischen möchte, kann eines der absenkbaren Kreuznetze mieten. Jenseits der Hafenrinne wacht der **Leuchtturm** inmitten der Dünen, dort hat man den kilometerlangen Sandstrand und die Dünen fast ganz für sich allein.

Landeinwärts schließt das Naturreservat **De Ijzermonding** an, Tummelplatz für 30 verschiedene Arten von Wattvögeln, aber auch Singvögel und Enten. Das Naturreservat ist nur in Begleitung eines Führers zugänglich.

Übernachten

Individuell & up to date – **Ter Zilte:** Marktstraat 19, Tel. 058 24 33 74, www.terzilte.be, DZ 99–114 €. Kleines, zentrales Hotel mit persönlicher Note. Die sechs individuell im Designerstil eingerichteten Zimmer sind auf der Höhe der Zeit: TV mit LCD-Bildschirm, Telefon, Safe, Bar, Klimaanlage, breite Betten mit einem leuchtenden »Sternenhimmel« darüber.

Luxuriös – **B & B New Largo:** Victorlaan 6, Tel. 058 23 80 28, www.newlargo.be. DZ ab 58 €. Wenn Sie im »Poppenzolder« oder »Golfbreker« aufwachen, dann sind Sie in einem der fünf Gästezimmer dieses geselligen B & B. Sie sind modern eingerichtet – mit Bad, TV und Safe – und bieten den Komfort eines Drei-Sterne-Hotels. Zum Meer sind es rund 800 m.

Englischer Villastil – **Martinique:** Brugsesteenweg 7, Tel. 058 24 04 08, www.hotelmartinique.be. DZ 110 €. Das schmucke weiße Haus mit den Fensterläden und dem Seerosenteich in dem großen Garten dahinter könnte man glatt für eine englische Villa halten. Die sechs geschmackvoll eingerichteten Gästezimmer bieten allen Komfort. Das Haus liegt 2,5 km vom Meer entfernt.

Camping – **Kompas:** Brugsesteenweg 49, St-Joris, Tel. 058 23 60 37, www.kompascamping.be. Ende März–Anfang Nov. Luxus-Campingplatz mit Schwimmbad und Wassersportmöglichkeiten. Vier Wanderhütten, Stellplatz 22–35 €.

Lieblingsort

Artenvielfalt ganz nah – Naturreservat Het Zwin ► C 11

Auf dem versandeten Meeresarm mit seinen Schlick- und Salzwiesen bei Knokke-Heist trifft man eine vielfältige Tier- und Pflanzwelt an. Mit dem Fernglas können Sie zahlreiche Stelzvögel, Entenarten, Schwalben und Möwen ausmachen. Besonders schön ist es im Spätsommer, wenn die *Zwinneblomme* (Strandnelke) ganze Wiesen in lilafarbene Teppiche verwandelt.

Naturreservat Het Zwin: Eingang Graaf Léon Lippensdreef 8, tgl. außer Mo (ausgenommen wenn Mo ein Feiertag ist oder in den Ferien) 9–17.30, Okt.–Ostern tgl. 9–16.30 Uhr, Eintritt 5,20 €, ermäßigt 3,20–4,40 €.

Wohnmobilstellplatz – **Kampeerautoterrein:** Nieuwpoort, Brugse Steenweg 29, ganzjährig, 28 Plätze, 0,50 €/ Std.

Essen & Trinken

Fangfrischen Nordseefisch erhält man in den Restaurants Nordex, La Marée, De Roos, Centrale und Café de Paris, die alle am Kai gegenüber dem Fischereihafen liegen. Hauptgerichte ab ca. 13 €.

Designerstil – **ComilFo:** Albert-I.-laan 141, Tel. 058 23 33 66, www.restocomilfo.be, tgl. 12–14.30, 19–22, Okt.–März 12–14.30, 18–21.30 (Sa bis 22) Uhr. Interieur im Designerstil. Fisch, Muscheln, Aal und Kaninchen, klassisch und mit Pfiff zubereitet, sind hier Spezialitäten. Lecker: Carpaccio mit Gänseleberpastete in Trüffelöl (20 €). À-la-carte ca. 17–57 €.

Trendy – **Kaai 15:** Kaai 15, Tel. 058 24 03 40, www.kaai15.be. Do geschl. Trendiges Restaurant an der Vismijn, moderne Küche. Wählen Sie aus zehn Carpaccios vom Rind und sechs von Lachs (ab ca. 18 €). Mittags und abends gibt es ein Drei-Gänge »One-hour-and-go-lunch« (32 €); Weine aus aller Welt.

Aktiv & Kreativ

Segelbootverleih – **As Tian**, Tel. 0486 44 12 15, www.as-tian.be. *Sailors Only*, Albert-I-Laan 64 G, Tel. 058 23 26 73, www.sailorsonly.com.

Hausbootverleih – **Crown Blue Line**, Theodor-Heuss-Str. 53, D-61118 Bad Vilbel, Tel. 06101 55 791 13, www.crownblueline.de. Mit dem Hausboot ab Nieuwpoort auf Belgiens Flüssen und Kanälen das Land kennenlernen. Bootsführerschein nicht notwendig.

Schiffsausflüge – **Reederei Seastar**, Robert Orlentpromenade 2, Tel. 058 23 24 25, www.seastar.be. Das ganze Jahr über werden Schiffsausflüge nach Diksmuide angeboten. Auch Rundfahrten durch den Hafen von Nieuwpoort stehen auf dem Programm.

Infos

Dienst voor Toerisme: Marktplein 7, Tel. 058 22 44 44, www.nieuwpoort.be.

Oostduinkerke ►A 12

Die Attraktion dieses Badeorts sind die Krabbenfischer zu Pferd. Auf ihren sanften Kaltblütern sitzend, reiten die Fischer auf Krabbenfang in ihrem gelben Ölzeug durch das Wasser und ziehen Schleppnetze über den Grund. Die Zuschauer am Strand können den Fang am Strand anschließend begutachten. Was einst an der gesamten belgischen Küste dem Broterwerb diente, wird heute nur noch für die Badegäste inszeniert. Höhepunkt ist das große Krabbenfest am letzten Sonntag im Juni, bei dem die fangfrischen Krabben in dampfenden Kesseln gekocht und von den Gästen verzehrt werden können. Termine: siehe www.paardenvissers.be und beim Verkehrsamt Oostduinkerke.

De Panne ►A 12

Der breiteste Strand, die größte Dünenlandschaft, die meisten Naturreservate an Belgiens Küste, der kinderfreundlichste Badeplatz – all dies sind Superlative, die für den dicht an der französischen Grenze liegenden Küstenort De Panne (La Panne; 10 000

Nur noch eine Touristenattraktion: Oostduinkerkes Krabbenfischer zu Pferd

Einw.) stehen. Im Ersten Weltkrieg residierte die Königliche Familie in De Panne; von dort und aus dem Hauptquartier in Veurne leitete der König die Verteidigung. Im Hotel l'Océan auf dem Zeedijk Nr. 70 – eine Gedenktafel an der heutigen **Residenz l'Océan** erinnert daran – war ein Lazarett, in das sich die belgische Königin Elisabeth häufig begab, um die Verwundeten persönlich zu versorgen. Mit dem **Heldendenkmal** auf dem Albertplein gedenkt man heute der Kriegstoten

Naturreservate

Besucherzentrum De Nachtegaal, *Olmendreef 2, De Panne, Tel. 058 42 21 51*

Rund um De Panne befindet sich ein Drittel aller Dünen des gesamten belgischen Küstenstreifens und ein Großteil dieser Landschaft steht unten Naturschutz. Wanderwege, deren detaillierte Beschreibungen man in der Touristeninformation erhält, machen die Naturreservate für Besucher zugänglich.

Ein idealer Ausgangspunkt ist das Besucherzentrum *De Nachtegaal*. Das 340 ha große **Naturreservat De Westhoek** gilt als die schönste Dünenlandschaft zwischen dem Mont St-Michel in der Normandie und den niederländischen Watteninseln. Im **Calmeynbos** trotzen 25 Baumarten dem salzhaltigen Wind, im **Naturreservat Oosthoek** bestehen noch die nach dem 8. Jh. entstandenen Parabol-Dünen.

Übernachten

Familiär – **Onder de Pannen:** Toeristenlaan 13, Tel. 0486 15 05 00, www.onderdepannen.be. DZ 70–95 € (mind. 2 Übernachtungen). In der schmucken Villa können Sie zwischen dem Weiden-, Lavendel- und Mohnblumenzimmer wählen. Das Frühstück genießt man je nach Wetter im Wohnzimmer oder auf der Terrasse. Ruhige Lage, kostenfreies Parken, Petanque- und Kinderspielplatz in der Nähe; zum Strand sind es 300 m. Das Haus ist nicht für Kinder unter zehn Jahren geeignet.

Romantisch – **B&B Kudita:** Veurnestraat 315, Tel. 058 41 44 26, www.kudita.be. DZ 65 € (plus 5 € bei nur einer Übernachtung), Frühstücksbuffet 8 €. Das Haus ist eine interessante Symbiose aus Alt und Neu, die Gästezimmer, jedes mit eigener Terrasse, sind stimmungsvoll im Designerstil eingerichtet und mit Bad, TV und Internetanschluss ausgestattet. Parkgelegenheit, Fahrradverleih; das Meer ist 2,5 km entfernt.

Sterne-Luxus – **Hotel Iris**: Duinkerkelaan 41, Tel. 058 41 51 41, www.hoteliris.be. DZ 96–136 €. Moderne, helle

Ein Spektakel: Bei Rennen erreichen die Strandsegler bis zu 120 km/h

und geräumige Zimmer, mit allem Komfort eines Vier-Sterne-Hotels. Von den vorderen genießen Sie den Blick auf das Meer. Entspannen Sie in der Sauna oder auf der Terrasse, im Fitnessraum, beim Billard- oder Tischtennisspiel. Parken ist gratis, nur wenn der Parkplatz überdacht sein soll, kostet es 12 €. In Strandnähe.

Essen & Trinken

Prima Mittagstisch – **La Fourchette:** Walckiersstraat 8, Tel. 058 41 54 46, www.lafourchette.be. Di, Mi; Juli, August und in den Ferien nur Di geschl. Elegantes Restaurant, angenehmes Interieur, ein Steinwurf vom Strand. Fischgerichte, aber auch Steaks in mehreren Varianten. Hauptgerichte ab 19 €.

Kreativ – **Le Flore:** Duinkerkelaan 19, Tel. 058 41 22 48, www.leflore.be. Mi–Mo 12–14.30, 19–22 Uhr. Geschlossen: im Winter auch Mi, Ende Nov.–Anfang Dez. und zwei Wochen im Jan. Interieur im Art-Déco-Stil, die Küche, ›neomediterran‹-französisch. Neben klassischen Speisen mit frischen Zutaten vom Metzger und Fischhändler immer wieder neue Kreationen. Gute Weine. Lunch-Menü 30 €.

Französische Cuisine – **De Maretak:** Stationstraat 6, Tel. 058 41 10 55, www.restaurantdemaretak.be, Do–Di 12–14, 18.30–21 Uhr, Mo, Do nur mittags. Modernes, etwas kühl wirkendes Ambiente, klassische französische Küche, lecker: *Lamskroontje onder kruidenkorst* (25 €). Privater Parkplatz und Raucherzimmer.

Fisch und Meeresfrüchte – **De Braise:** Pierre Bortierplein 1, Tel. 058 42 23 09, www.debraise.be, tgl. Außer Mo, Di 12–14 und 19–22 Uhr. Das nette, von Grün umgebene Restaurant liegt am Ende des Deichs. Im Sommer sitzt man hier gemütlich auf der Terrasse. Auf der Speisekarte stehen vorwiegend Fisch und Meeresfrüchte. Hauptgerichte ab 23 €.

Tipp für Mountainbiker ► A 12

Das Wald- und Moorgebiet bei De Panne bietet sowohl Anfängern als auch erfahrenen Mountainbikern die Möglichkeit, ihren Sport auszuüben. Eine schöne Tour verläuft über die **»Ringslot-Route«**. Sie beginnt am öffentlichen Schwimmbad (Spoortlaan 2) von De Panne, führt am Artistenpfad entlang direkt in die Polder und setzt sich dort über 30 km durch das Gebiet hinter der Küste fort, streckenweise verläuft sie direkt an der französischen Grenze entlang. Eine detaillierte Routenkarte findet man im Internet unter »Ringslot Mountainbikeroute«.

Aktiv & Kreativ

Strandsegeln – **Strandsegelföderation LAZEF:** Tel. 058 41 57 47, www.lazef.be. Der bis zu 400 m breite Strand von De Panne bietet ideale Voraussetzungen zum Strandsegeln. Von März bis Dezember Strandsegelkurse für Gruppen und Einzelpersonen.

Infos & Termine

Dienst voor Toerisme: Gemeindehaus, Zeelaan 21, Tel. 058 42 18 18, www.depanne.be.

September: Zeilwagenwedstrijden: Das spannende, internationale Strandsegler-Rennen auf dem 5 km langen und über 400 m breiten Strand zieht in Scharen Besucher an. Bei diesem Wettkampf erreichen die dreirädrigen Flitzer bis zu 120 km/h.

Das Beste auf einen Blick

Flandern

Highlights!

Brügge: Mittelalterliche Baukunst und schmale Grachten, Kunstschätze in Museen und Kirchen, Beschaulichkeit im Beginenhof, Pralinen und Brügger Spitzen, Prozessionen und Glockenspiel – in Brügge lebt die Vergangenheit wieder auf. S. 136

Gent: Die zweitgrößte Hafenstadt Belgiens ist geschäftig, bunt und voller Lebensfreude – dafür sorgen schon die 43 000 Studenten. Zahlreiche historische Baudenkmäler bestimmen seit Jahrhunderten die Silhouette der Stadt. S. 151

Auf Entdeckungstour

Beginenhof Brügge: Weiß getünchte Häuschen und eine Kapelle um einen begrünten Hof, winzige Hausgärten mit Geranien und Rosen, mit Spitzengardinen und Blumenkästen geschmückte Fenster und eine auffallende Stille am Ort – Beginenhöfe sind malerische Oasen im hektischen Treiben der Städte. S. 146

Flanders Fields – Mahnmale des Friedens: Diksmuides IJzertoren und der Dodengang, der letzte erhaltene Schützengraben an der belgischen Front, sowie der Soldatenfriedhof von Vladslo, auf dem über 2000 deutsche Soldaten begraben sind – drei Orte, drei beeindruckende Mahnmale des Friedens. S. 176

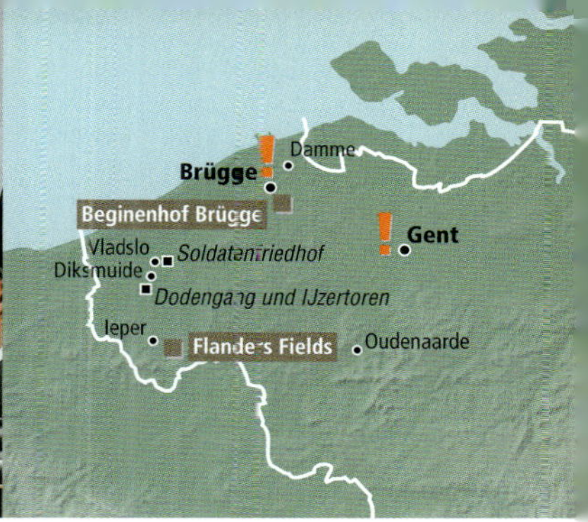

Kultur & Sehenswertes

Choco-Story und Lumina Domestica: Im malerischen Brügge, wo es 48 Schokoladenläden gibt, findet man natürlich auch ein Schokoladen-Museum, in dem alles über das »braune Gold« zu erfahren ist. Und das Lampen-Museum gleich nebenan zeigt, was es alles gibt, damit es im Hause Licht werde. S. 141

Der Genter Altar: Über zehn Jahre haben Hubert und Jan van Eyck an ihm gearbeitet und eines der großartigsten Kunstwerke altflämischer Malerei geschaffen: den aus 26 Tafeln bestehenden Genter Altar, auch »Anbetung des Lamm Gottes« genannt. S. 151

Aktiv & Kreativ

Bootsausflug – Brügge-Damme: Fahrt mit dem Raddampfer *Lamme Goedzak*. S. 148

Genießen & Atmosphäre

Schlemmen in Brügge: Küchlein und heiße Schokolade genießen im Tea-Room der Chocolaterie Sukerbuyc – im Winter am warmen Kaminfeuer. S. 145

De Carillon in Oudenaarde: Die beiden hübschen kleinen Giebel-Häuschen mit dem ältesten Café Oudenaardes ziehen Biker magnetisch an. S. 168

Abends & Nachts

't Brugs beertje in Brügge: In der gemütlichen Kneipe mit 300 verschiedenen belgischen Bieren und ihren nostalgischen Bierreklameschildern an den Wänden kriegt man abends kaum ein Bein auf die Erde – dennoch steht das Bier ziemlich flott auf dem Tisch. S. 148

White Cat in Gent: Freitag- und Samstagabend Jam-Session. Also auf ans Piano. S. 159

Mächtige Belfriede und Tuchhallen, reich geschmückte Rathäuser, Patrizier- und Zunfthäuser mit prächtigen Verzierungen, imposante Kathedralen, bedeutende Kunstschätze – die flämischen Städte im Norden Belgiens spiegeln noch heute den Reichtum und Stolz der Blütezeit des mittelalterlichen Flandern wider.

Besonders in Brügge, das einst neben Paris und Florenz zu den reichsten Städten Europas zählte, ist viel von dem ursprünglichen Stadtbild erhalten geblieben. Gent, die am Zusammenfluss von Leie und Schelde liegende zweitgrößte Hafenstadt des Landes, ist eine moderne Großstadt. Kunstinteressierte werden hier besonders von den Werken Hubert und Jan van Eycks angezogen.

Infobox

Westtoer
Koning Albert I-laan 120, B-8200 St-Michiels, Tel. 050 30 55 00, www.westtoer.be (nl.). Fremdenverkehrsamt der Provinz Westflandern in Brügges Vorort St-Michiels.

Toerisme Oost-Vlaanderen
St-Niklaasstraat 2, B-9000 Gent, Tel. 09 269 26 00, www.tov.be (nl.), Fremdenverkehrsamt der Provinz Ostflandern.

Internet
www.kultur.flandern.com. Link zu Kunst & Kultur in Flandern mit aktuellen Informationen über besondere Kunst- und Kultur-Events.
www.rad.flandern.com. Alles zum »Radland Flandern« (Fahrradtouren, Radwegenetz, Radlogis, Themenrouten und mehr).

Flanderns Westen war während des Ersten Weltkriegs Schauplatz verheerender Kämpfe. Tausende Soldaten aus zahlreichen Nationen und viele Zivilisten ließen hier in sinnlosem Kampf ihr Leben und die an der Frontlinie liegenden Städte Ieper und Diksmuide wurden völlig zerstört. Die in bewundernswerter Weise nach den alten Plänen wieder aufgebauten Städte werden heute von Menschen aus aller Welt besucht.

Brügge! ► C 11

Stolz präsentiert sich Brügge (Brugge, Bruges; 117 300 Einw.), die Königin der mittelalterlichen Städte, mit ihrem großartig erhaltenen mittelalterlichen Stadtbild. In ihren prächtigen Patrizier- und Zunfthäusern spiegelt sich der Glanz vergangener Zeiten, als Brügge zu Europas wohlhabendsten Städten zählte, in der die burgundischen Herzöge Hof hielten und reiche Patrizier Welthandel trieben. 2000 wurde der historische Stadtkern UNESCO-Welterbe.

Brügges Existenz geht auf die normannische Landungsstelle *bryggia* am Ufer des Zwin zurück, einer schon lange verschwundenen Meeresbucht. Dort errichtete Balduin Eisenarm, Flanderns erster Graf, im 9. Jh. eine Burg, um die eine Siedlung entstand. Die Lage am Zwin erwies sich als überaus segensreich. Brügge wuchs zu einer geschäftigen Hafenstadt heran, wurde Mitglied der Hanse und – im ausgehenden Mittelalter – die reichste Stadt nördlich der Alpen. Als der Zwin versandete und Kaiser Maximilian I. im 15. Jh. die Freiheiten der Stadt drastisch beschnitt, verarmte Brügge. Erst 1907 erhielt Brügge durch den Anschluss an den Seehafen Zeebrugge eine neue wirtschaftliche Perspektive.

Von Brücken überspannte Kanäle verleihen Brügge sein malerisches Stadtbild

Heilig-Blut-Basilika 1

www.holyblood.com, Besichtigung: April–Sept. tgl. 9.30–12, 14–17 Uhr; Okt.–März tgl. außer Mi nachmittag 10–12, 14–17 Uhr; Reliquienverehrung Oberkapelle Mo, Di, Do, Sa, So 14–15, Fr 14–16, Fr, So nach der Messe um 11 Uhr, Museum: Eintritt 1,50 €, erm. 1 €

Auf dem **Burgplein** steht das älteste erhaltene Bauwerk Brügges, die Heilig-Blut-Basilika. Über der romanischen St Baseliuskapelle (ab 1139) wurde die spätgotische Heilig-Blut-Kapelle erbaut, in der die Reliquie des Heiligen Blutes aufbewahrt wird. Dietrich von Elsass brachte diese vom Zweiten Kreuzzug (1128–68) mit. Jeden Freitag wird der Kristallflakon mit Tropfen des Blutes Christi dem Schrein entnommen und ausgestellt. Während der Heilig-Blut-Prozession wird der Schrein mit der Reliquie durch die Straßen geführt.

Stadhuis 2

Tgl. 9.30–17, Tickets bis 16.30 Uhr, Eintritt 2 €, ermäßigt 1 €, inkl. Het Brugse Vrije

Filigranes Maßwerk, Spitztürmchen und Statuen der flandrischen Grafen schmücken die schöne Fassade vom Stadhuis (ab 1376). Der Gotische Saal beeindruckt mit seiner skulpturengeschmückten, goldbemalten Holzgewölbedecke und kunstvollen Wandmalereien mit Szenen aus der Geschichte Brügges. Die zierliche, 1534–37 im Renaissancestil erbaute **Civiele Griffie** (Zivilkanzlei) nebenan diente als Friedensgericht.

Museum Het Brugse Vrije 3

Tgl. 9.30–12.30, 13.30–17, Tickets bis 12/16.30 Uhr, Eintritt 2 €, ermäßigt 1 €

Von dem klassizistisch-barocken Brügger Freiamt aus wurde das Brügger Land verwaltet. Es beherbergt heute das sehenswerte Museum Het Brugse Vrije.

Brügge

Sehenswert
1 Heilig-Blut-Basilika
2 Stadhuis
3 Museum Het Brugse Vrije
4 Belfried
5 Rozenhoedkaai
6 Groeningemuseum
7 Arentshuis
8 Gruuthuse-Museum
9 Onze-Lieve-Vrouwkerk
10 Hospitalmuseum – Memling in St-Jan
11 Brauerei De Halve Maan
12 Beginenhof
13 St-Salvatorkathedraal
14 Choco-Story und Lumina Domestica
15 Friet Museum
16 Museum voor Volkskunde
17 St Janshuysmühle

Übernachten
1 Kasteel ten Berghe
2 De Barge
3 't Putje
4 't Walleke
5 B & B Hip
6 Hotel De Pauw
7 Fevery
8 JH Herdersbrug
9 JH Europa

Essen & Trinken
1 De Karmeliet
2 Hemelrycke
3 Maria van Bourgondie
4 Bhavani
5 Den Dyver
6 Huyze die Maene
7 De Vlaamsche Pot

Einkaufen
1 Sukerbuyc
2 Chocolate Line
3 Bottle Shop

Aktiv & Kreativ
1 Grachtenrundfahrt
2 Droschkenfahrt
3 Sightseeing-Bus
4 Bus-Ausflug
5 Bootsausflug

Abends & Nachts
Kneipen
1 't Brugs beertje
2 De Garre
3 Craenenburg Café

Livemusik
4 Charlie Rockets
5 De Werf

Diskotheken
6 Kaffee L'Amaral
7 Rock-Café The Crash

Theater & Konzert
8 Cultuurcentrum
9 Concertgebouw

Kinos
10 Kinepolis Brugge

Prunkstück ist der »Schwarze Kamin« von Lanceloot Blondeel aus Holz, Marmor und Alabaster im Renaissancesaal, mit dem Kaiser Karl V. gehuldigt wurde.

Belfried 4

Tgl. 9.30–17, Tickets bis 16.15 Uhr, Eintritt 8 €, ermäßigt 4–6 €

Am Markt von Brügge bezeugt die monumentale **Tuchhalle** mit ihrem 83 m hohen Belfried (13.–15. Jh.) die einstige Bedeutung des Handels für die Stadt und das freiheitliche Selbstbewusstsein der Brügger. Wer die insgesamt 366 Stufen emporsteigt, kommt an der alten Schatzkammer, dem mächtigen Uhrwerk und dem Glockenspiel vorbei und erhält eine einzigartige Aussicht. Auf dem Marktplatz steht ein Monument für Jan Breydel und Pieter de Coninck, die 1302 während der Brügger Mette und der Goldsporenschlacht die Freiheitskämpfer anführten.

Rozenhoedkaai 5

S. Lieblingsort S. 142

Groeningemuseum 6

Tgl. außer Mo 9.30–17, Tickets bis 16.30 Uhr, Eintritt 8 €, erm. 1–6 €, inkl. Arentshaus und Forum

Das Museum beeindruckt mit Werken flämischer, holländischer und belgischer Meister des 15. Jh. bis heute, darunter Jan Van Eycks berühmte »Madonna des Kanonikers Joris van der Paele«, Gerard Davids in den Bann des Schreckens ziehendes »Urteil des Cambyses« und Hieronymus Boschs »Jüngstes Gericht«. Zu den in diesem sehenswerten Museum vertretenen bedeutenden Malern zählen Lanceloot

Fort Lapin
Sint Pieterskaai
Kanaal Gent-Brugge-Oostende
Walwein-straat
Kanaal Brugge Sluis
Damse Vaart Zuid
Zuidervaartje
Dampoort
Buiten Dampoort
Komvest
Kolenkaai
Diksmuidestr.
Baron Ruzettepark
Kom Vest
Leopold II-Laan
N. Gombertstr.
's Gravenstr.
Wulpenstr.
Potterierei
Potterie-Museum
Buiten Kruisvest
Dampoortstr.
Sportstr.
Kardinaal Mercierstr.
Werfstr.
St-Claradreef
Kalvariebergstr.
Julius en Maur. Sabbestr.
Lange Rei
O.-L.-Vrouw ter Duinen
Peterseliestr.
Kon. Elisabethlaan
Vlamingdam
Atheneum
St-Claraстr.
Balliestr.
Oliebaan
Ezelpoort
Annuntiatenstr.
Gotje
Klaverstr.
Biddersstr.
Snaggaardstr.
Engelsklooster
Kruisvest
Gezelle-Museum
Carmersstr.
Rolweg
Elis. Zorghestr.
Potterierei
Sint Jorisstr.
Schrijverstr.
Handstr.
Jan Boninnstr.
Ezelstr.
Raamstr.
Augustijnenrei
Kortewinkel
Genthof
Spiegelrei
Jeruzalemstr.
Stijn Streuvelsstr.
Peperstr.
Poitevinstr.
Rozendal
Groene-str.
Academiestr.
St-Annarei
Verversdijk
Molenmeersstr.
Gerechtshof
Beenhouwersstr.
Oude Zak
Vlamingstr.
St-Jansstr.
Riddersstr.
Verbrand Nieuwland
Langestr.
Balsenboomstr.
St-Jakobsstr.
Geerwijnstr.
Philipstockstr.
Hoogstr.
Vuldersstr.
Moerstr.
Geldmuntstr.
Wollestr.
Hallestr.
Predikherenstr.
Witte Leertouwersstr.
Zwarte Leertouwersstr.
Predikherenrei
Coupure
Ganzestr.
Hooistr.
Blekerstr.
Kazernevest
Waalsestr.
Park
Minderbroedersstr.
Hoogstuk
Noordzandstr.
Zilverstr.
Steenstr.
Dijver
Eekhoutstr.
Konigin Astrid Park
Schaarstr.
Gapaardstr.
Buitenkazernevest
Hoefijzerlaan
Speelmansrei
Smedenstr.
Zuidzandstr.
Vrijdagmarkt
't Zand
Mariastr.
Garenmarkt
Willemijnendreef
Boninvest
Hauwerstr.
Goezeputstr.
Nieuwe Gentweg
Groeninge
Gentpoortstr.
Buiten-boninvest
Westmeers
Oostmeers
Zonnekemeers
Katelijnestr.
Walplein
Oude Gentweg
Gentpoort
Generaal Lemanlaan
Boeverestr.
Noordstr.
Visspaanstr.
Gentpoortvest
Wijngaardplein
Arsenaalstr.
Sulferbergstr.
Buitengentpoortvest
Vestingstr.
Wagnerstr.
Daverlostr.
Koning Albertlaan
Boeveriepoort
Minnewater
Begijnenvest
Bargeweg
Baron Ruzettelaan
Bahnhof
Buiten Beginenvest
Buitenkatelijnevest
Spoorwegstr.
0
200
400 m

Blondeel, Pieter Bruegel, der Expressionist Constant Permeke sowie die Meister des Surrealismus René Magritte und Paul Delvaux.

Arentshuis 7

Tgl. außer Mo 9.30–17, Tickets bis 16.30 Uhr, Eintritt 2 €, ermäßigt 1 €
Das Museum widmet sich dem Werk des englischen Malers Frank William Brangwyn (1867–1956) und verfügt über schöne Sammlungen von Spitzen und Gemälden des alten Brügge.

Gruuthuse-Museum 8

Tgl. außer Mo 9.30–17, Tickets bis 16.30 Uhr, Eintritt 6 €, ermäßigt 5 €
Der **Palast der Heren van Gruuthuse** (15. Jh.) mit seinen Türmchen, hübschen Treppengiebeln und dem mit Figurenschnitzwerk verzierten Eingangstor ist eine wahre Idylle in gotischem Stil. Die **Gruuthuses** besaßen im 14. Jh. ein Monopol auf die *gruyt*, eine Kräutermischung, mit der Bier gewürzt wurde. Jetzt beherbergen die Gemäuer das **Gruuthuse-Museum,** in dem neben einer 500 Jahre alten Küche und einer Betkapelle, feinster Klöppelspitze, wertvollen Gobelins, alten Hand- und Feuerwaffen, Kacheln und Grabsteinen alle Arten von Instrumenten gezeigt werden.

Onze-Lieve-Vrouwkerk 9

Mo–Sa 9.30–17, So 13.30–17, Tickets bis 16.30 Uhr, Eintritt 4 €, ermäßigt 3 €
Dahinter ragt der Turm der gotischen **Onze-Lieve-Vrouwkerk** (ab 1210) empor. Die von imposantem Strebewerk gestützte Kirche mit dem schmucken Paradiesportal am Turm birgt faszinierende Kunstwerke. Wie eine Perle schimmert ein lebensgroßes Madonnenbildnis mit Kind aus weißem Marmor, das Michelangelo im Alter von 28 Jahren schuf. Beeindruckend sind auch die Grabmale des Burgunderherzogs Karls des Kühnen (1433–1477) und seiner Tochter Maria (1457–1482) im Chor. Auf schwarzen Sarkophagen ruhen ihre aus Kupfer gegossenen, goldüberzogenen Abbilder; sie kam bei einem Reitunfall ums Leben und er fiel im Kampf bei Nancy.

Hospitalmuseum – Memling in St-Jan 10

Tgl. außer Mo 9.30–17, Tickets bis 16.30 Uhr, Eintritt 8 €, ermäßigt 6 €
In dem malerischen St-Jans-Spital (1118) kümmerten sich Schwestern um Kranke, Pilger und Reisende. Eine abwechslungsreiche Sammlung aus Dokumenten, Kunstwerken und medizinischen Instrumenten erzählt die Geschichte des Hospitals, in dem sich auch Werke des flämischen Malers Hans Memling (um 1430–94) befinden, darunter der berühmte Ursulaschrein, ein Prunkstück der Miniaturenmalerei.

Mit dem Rad von Brügge nach Damme

Ein von Brügge aus viel besuchtes Ausflugsziel ist das reizvolle Städtchen Damme (s. S. 149). Dazu bietet sich eine Radtour an. Auf dem Deich geht es am Ufer des Kanals Brügge-Damme entlang schnurstracks immer geradeaus durch die Polderlandschaft. Eine Strecke ist 6 km lang. Auf halbem Weg kann man in der rustikalen Taverne »Welkom« Rast machen. Noch reizvoller ist die Fahrt mit dem Raddampfer *Lamme Goedzak*. Fahrräder kann man in einem der Fahrradverleihe (**'t Koffieboontje,** Hallenstraat 4, Tel. 050 33 80 27, www.hotelkoffieboontje.be; **Bruges Bike Rental,** Niklaas Desparsstraat 17, Tel. 050 61 61 08, www.brugesbikerental.be) oder am Bahnhof von Brügge leihen.

Brauerei De Halve Maan 11

Walplein 26, www.halvemaan.be, Führungen April–Okt. stdl. 11–16, Sa bis 17, Nov.–März Mo–Fr 11, 15, Sa stdl. 11–17, So 11–16 Uhr, 6,50 €
Hier wird seit 1856 Bier gebraut, u.a. das »Brugse Zot«, das bei einer Führung auch ausgeschenkt wird.

Beginenhof 12

S. Entdeckungstour S. 146

St-Salvatorskathedraal 13

www.sintsalvator.be, Mo 14–18, Di–Fr 9–12, 14–18, Sa 9–12, 14–15.30, So 9–10.15, 14–17 Uhr; Schatzkammer So–Fr 14–17 Uhr, Eintritt frei
Der Bau der 1280 begonnen Kathedrale zog sich über viele Jahrhunderte, der Turm erhielt erst 1871 die neoromanische Spitze. Innen wachen über dem barocken Hochaltar mit der »Auferstehung Christi« von Jan Janssen die drei Schutzheiligen der Kirche, Sts. Salvator, Donatius und Eligius. Gobelins schmücken die Seiten des Chors über dem Chorgestühl von 1430 mit den Wappen der Ritter vom Goldenen Vlies, die 1478 in dieser Kirche zur 13. Ordensversammlung zusammenkamen. Eine Statue des Gottvaters aus weißem Marmor von 1682 ziert die barocke Orgelempore. Sie zählt zu den bedeutendsten Arbeiten von Artus Quellin d. J. In der Schatzkammer sind Gemälde altniederländischer und flämischer Meister zu sehen und liturgische Geräte, Gewänder und Reliquienschreine.

Choco-Story und Lumina Domestica 14

www.luminadomestica.be, www.choco-story.be, tgl. 10–17 Uhr, Anf. Jan. geschl., Eintritt jeweils 7 €, erm. ab 4 € (für beide Museen 11 €/ab 6 €)
Hier erfahren Sie die Story rund um die Schokolade, sehen wie Pralinen hergestellt werden und können sie auch probieren. Nebenan beleuchtet die Sammlung von über 6000 Exponaten alles rund um die Lampe – von der Fackel bis zum LED-Lämpchen.

Brugge City Card
Für 48/72 Std. freier Zutritt zu 23 Museen und Sehenswürdigkeiten, gratis Grachtenrundfahrt, Ermäßigung auf Fahrradmiete, beim Parken, für Konzerte, Theater und mehr, 34 €/39 € (bis 26 Jahre 31 €/36 €), erhältlich in den Touristen-Infos und online, www.bruggecitycard.be.

Dreitageskarte
Für alle zwölf unter »Bruggemuseum« zusammengefassten Museen, 15 € (6–25 Jahre 5 €), erhältlich in den Touristen-Infos und den beteiligten Museen.

Friet Museum 15

Vlamingstraat 33, www.frietmuseum.be, tgl. 10–17 Uhr, Eintritt 6 €, ermäßigt ab 4 €
Hier dreht sich alles um die knusprigen Kartoffelstäbchen.

Museum voor Volkskunde 16

Tgl. außer Mo 9.30–17, Tickets bis 16.30 Uhr, Eintritt 2 €, ermäßigt 1 €
Authentisch eingerichtete historische Werkstätten von Schuhmachern, Hutmachern und Fassbindern, einer Küche, einem Schulklassenraum und einer Apotheke. Gemütlich ist auch die urige Museumsschänke »De Zwarte Kat«.

St Janshuysmühle 17

Mai–Aug., tgl. außer Mo 9.30–12.30, 13.30–17, Tickets bis 12/16.30 Uhr, Eintritt 2 €, ermäßigt 1 €
Im Mittelalter drehten auf dem Stadtwall 25 Mühlen ihre Flügel im Wind, heute sind es noch vier; die St Janshuysmühle malt noch immer Korn.

Lieblingsort

Postkartenidylle am Rozenhoedkaai 5

Wie aus einem Bilderbuch erscheint einem die wohl schönste Stelle in Brügge am Rozenhoedkaai, wo neben dem Huidenvettersplein die Rundfahrtboote ablegen. Lehnen Sie sich einfach an die Mauer an der Gracht und genießen Sie den Anblick des malerischen Ensembles aus der imposanten Trauerweide an der Groene Rei, den alten Grachtenhäusern und dem Belfried im Hintergrund und lauschen Sie den Kommentaren der entzückten Besucher.

Übernachten

An Bord – **De Barge** 2: Bargeweg 15, Tel. 050 38 51 50, www.hotelde barge.be, Kabine für zwei ab 99 €. Originelles Hotel in einem Binnenschiff mit Übernachtung in der Kajüte des Kapitäns, des Schiffsoffiziers, oder eines Matrosen. Frühstück gibt es an Bord oder auf der Sonnenterrasse.

Sympathisch – **'t Putje** 3: 't Zand 31, Tel. 050 33 28 47, www.hotelputje.com, DZ ab 90 €, am WE ab 100 €. Sie haben die Wahl zwischen Standard-, Luxus- oder Superior-Unterkünften. Alle Zimmer sind modern und behaglich eingerichtet, mit Internet-Anschluss, Minibar und Zimmersafe.

Top Design – **B & B 't Walleke** 4: Carmersstraat 41, Tel. 050 67 66 11, DZ ab 76 €. Hypermodernes Gebäude mit drei Gästezimmern, die über Bad, TV, Telefon und Internetanschluss verfügen. Großes, gemeinsames Wohnzimmer, voll ausgestattete Küche und Dachterrasse, wo auch gefrühstückt werden kann.

Stylish & trendy – **B & B Hip** 5: Werfstr. 99, Tel. 050 67 33 22, www.hipband bbruges.be, DZ ab 75 €. Zwei herausragend gestylte Gästezimmer und ein Frühstücksraum mit anspruchsvollem Komfort. Man merkt: Die Besitzer haben Freude am Einrichten. Das Parken ist gratis.

Harmonisch – **Hotel De Pauw** 6: St Gilliskerkhof 8, Tel. 050 33 71 18, www.hoteldepauw.be, DZ 70–90 €. Angenehme Familienatmosphäre, gemütlich eingerichtete Zimmer, hübscher Frühstücksraum, auf Wunsch Halbpension. Und nur wenige Gehminuten zum Markt.

Ökohotel – **Fevery** 7: Collaert Mansionstraat 3, Tel. 050 33 12 69, www.hotelfevery.be, DZ 50–90 €. Dieses kleine Familienhotel bietet zehn modern möblierte Zimmer. Freier Internetzugang. Man kann hier Fahrräder ausleihen.

Jugendherberge – **Herdersbrug** 8: B–8380 Brugge (Dudzele), Louis Coiseaukaai 46, Tel. 050 59 93 21, www.vjh.be, Mitte Dez.–Mitte Jan. geschl. Übernachtung mit Frühstück ab 23 €.

Jugendherberge – **Europa** 9: B–8310 Brugge (Assebroek), Baron Ruzettelaan 143, Tel. 050 35 26 79, www.vjh.be, Übernachtung mit Frühstück 15,70–24 €.

Essen & Trinken

Sternenküche – **De Karmeliet** 1: Langestraat 19, Tel. 050 33 82 59, www.dekarmeliet.be, So, Mo geschl. Edle Kunst an den Wänden und Cuisine vom Feinsten, von Starkoch Geert van Hecke. Menü ab 85 €, à la carte ab 50 €.

Ambrosisch – **Hemelrycke** 2: Dweersstraat 12, Tel. 050 34 83 43, www.hemelrycke.be, Di, Mi geschl. Im kulinarischen Himmelreich wähnt sich, wer in diesem schönen, historischen Patrizierhaus von der hausgemachten Gänseleberpastete (15 €) oder dem Kabeljau-Rücken (19 €) kostet.

Romantisch – **Maria van Bourgondie** 3: Guido Gezelleplein 1, Tel. 050 33 20 66, www.mariavanbourgondie.be, Mi geschl. Schwere, flämische Wandtapijt, solide, mit Leder bespannte Stühle, Kerzenschein – ein Hauch von Mittelalter umgibt den Gast. Serviert werden ausgezeichnete Fisch- und Grillspezialitäten, ab 19 €.

Indisch-kolonialer Charme – **Bhavani** 4: Simon Stevinplein 5, Tel. 050 33 90 25, www.bhavani.be, tgl. Lamm, Huhn oder Seeteufel mit Kokosnuss genießt man hier, umgeben von exotischem kolonialem Interieur, und hört zum Essen meist fremdartige, indische Musik im Hintergrund. Lunch-Menü ca. 17–24 €.

Mein Tipp

Schlafen beim Grafen

Ein Wasserschloss wie aus dem Bilderbuch ist das **Kasteel ten Berghe 1**: Das bezaubernde Anwesen ist authentisch eingerichtet, mit erlesenen antiken Möbeln und wertvollen Gemälden in den historischen Gästezimmern. Das Frühstück wird im neogotischen Saal serviert. Nicht ohne Grund werden hier öfter TV-Filme gedreht und Foto-Shootings abgehalten. Das Richtige, um einen besonderen Tag zu begehen. 3 km nördlich von Brügge. Dudzeelsesteenweg 311, Tel. 050 67 96 97, www.kasteeltenberghe.be, DZ ab 140 €.

Kochen mit Bier – **Den Dyver 5**: Dyver 5, Tel. 050 33 60 69, www.dyver.be, Fr–Di 12–14, 18.30–21 Uhr. Gekocht wird mit einheimischem Bier, so exzellent, dass es für dieses Restaurant eine Auszeichnung mit dem Goldenen Award der Brauer gab. Die Lage an der Gracht, der gemütliche flämische Landhausstil, die Terrasse – alles ist einfach einladend. Hauptgerichte ab 25 €, Lunch-Menü 24 €.

Speisen mit Aussicht – **Huyze die Maene 6**: Markt 17, Tel. 050 33 39 59, www.huyzediemaene.be, Di und Febr. geschl. Gemütliche Bistro-Brasserie in schmuckem Giebelhaus am Markt, das schon 1302 erwähnt sein soll. Hauptgerichte ab 18 €. Leckeres zu vernünftigen Preisen (hausgemachte Garnelenkroketten ca. 14 €). Die Terrasse bietet einen schönen Blick auf den belebten Marktplatz.

Urgemütlich – **De Vlaamsche Pot 7**: Helmstraat 3, Tel. 050 34 00 86, www.devlaamschepot.be, Mo, Di geschl. Nostalgische Küchenherde, Küchenschränke, karierte Tischdecken – alles liebevoll dekoriert wie zu Urgroßmutters Zeiten. Urflämisch auch die Gerichte wie die *Gentse watersooi* (ca. 16 €) oder der Klassiker der flämischen Gerichte: *stoofvlees op z'n vlaams* (ca. 16 €).

Einkaufen

Spitzen findet man in mehreren Dutzend Läden im historischen Zentrum, etliche in der Wolle- und der Breidelstraat.

Pralinen – **Sukerbuyc 1**: Katelijnestraat 5. Exquisite belgische Pralinen und Schokolade. **Chocolate Line 2**: Simon Stevinplein 19. Noch mehr köstliche Pralinen!

Spirituosen – **Bottle Shop 3**: Wollestraat 13. Bier, Genever.

Aktiv & Kreativ

Per Boot – **Grachtenrundfahrt 1**: März–Nov. tgl. 10–18 Uhr, die Bootsanlegestellen für die Touren durch die schönen Kanäle befinden sich entlang des Rozenhoedkaai, einige liegen auch am Dijver und an der Rückseite des St-Janshospitals.

Droschke – **Stadtrundfahrt mit der Pferdekutsche 2**: Abfahrt vom Marktplatz.

Sightseeing – **Rundfahrt im Minibus 3**: Abfahrt vom Marktplatz, Dauer ca. 50 Min. Über individuelle Kopfhörer erhalten die Fahrgäste in der von ihnen gewählten Sprache in- ▷ S. 148

Auf Entdeckungstour

Stille Welt – Besuch in Brügges Beginenhof

Weiße Häuschen, winzige Hausgärten und eine Kirche, die sich um einen grünen Hof gruppieren – eine andere Welt, in die der Besucher eintaucht. Errichtet wurde die Anlage im 13. Jh. für eine religiöse Frauengemeinschaft, die Beginen.

Reisekarte: ► C 11

Öffnungszeiten des Museums 12**:** Mo–Sa 10–17, So 14.30–17 Uhr.

Eintritt: 2 €, ermäßigt 1–1,50 €

Eine steinerne Bogenbrücke bildet den Übergang. Nicht umsonst stellt hier mancher Sonntagsmaler seine Staffelei auf. Der Weg über die steinerne Wijgaardbrug führt zu der weißen Hauptpforte von 1776. Über dem Tor befindet sich die Statue der hl. Elisabeth von Ungarn, der Schutzpatronin des *Begijnhofs*. Hinter dem Portal öffnet sich ein baumbestandener Innenhof, umgeben von weiß gekalkten *Bigijnhuisjes*. Die meisten Gebäude stammen aus dem 17./18 Jh. Einblicke in das Leben ihrer einstigen Bewohnerinnen verschafft ein Besuch des kleinen Museums in Haus Nr. 1.

Einblicke in das Leben der Beginen

Schlichtes Wohnen kann man das nicht nennen: In der flämischen Küche mit dem von Delfter Kacheln mit biblischen Motiven eingerahmten Kamin steht ein eiserner Ofen, auf dem Boden davor ein »Fußwärmer«, der bei Kälte mit in die Kirche genommen wurde. Im Esszimmer befinden sich kostbare Eichenholzschränke, darunter ein *schapraai*, ein dreiteiliger Vorratsschrank im Renaissancestil. Ein malerischer Kreuzgang mit altem Brunnen führt zum Schlafgemach.

Selbstversorgung als Prinzip

Der Name »Begine« geht wohl auf »beghina« zurück, mit dem man einst Frauen der Scheinfrömmigkeit bezichtigte. Tatsächlich führten die Beginen ein klösterlich-frommes Leben, ohne jedoch Nonnen zu sein. Sie gelobten Keuschheit, aber nicht Armut. Im Gegensatz zu Ordensgemeinschaften konnte man jederzeit die Gemeinschaft verlassen. Beginenhöfe boten Frauen, denen zum Heiraten die Mitgift fehlte, ebenso Zuflucht wie Witwen und adeligen Damen. Trotz der Standesunterschiede zwischen den Bewohnerinnen hatten alle Beginen gleiche Rechte und Pflichten. Ihre Höfe waren autark und wurden von einer gewählten Grootjuffrouw geleitet. Die Frauen sorgten selbst für ihren Unterhalt, klöppelten Spitzen und webten Leinen, die sie verkauften. Aber auch die Pflege von Armen und Kranken, die innere Einkehr und das Gebet bestimmten ihren Alltag.

Der Begijnhof wurde bereits um 1230 von Johanna von Konstantinopel gestiftet. Um nach dem Ersten Weltkrieg seinen Fortbestand zu sichern, wurde hier eine Benediktinerkongregation gegründet und später in den Benediktinerorden eingegliedert. Seitdem leben hier Benediktinerinnen. Viermal am Tag versammeln sie sich zum Chordienst in der Kirche. Zu den Gottesdiensten ist jeder willkommen, der pünktlich erscheint und bis zum Ende bleibt.

Heute Welterbe

Von der ursprünglichen Beginenhofkirche existiert nur noch die Sakristei aus dem 14. Jh. 1532 zwangen die Kalvinisten die Beginen, etliche ihrer Gebäude Webern zu überlassen, die die Kirche als Lagerhalle nutzten. Im Jahr 1584 zerstörte ein Feuer die Kirche fast völlig. Das schlichte, ursprünglich gotische Gotteshaus wurde 1605 im Renaissancestil wieder aufgebaut. Zu den sehenswerten Kirchenschätzen gehören der Hauptaltar mit einem Gemälde der hl. Elisabeth von Ungarn, des Brügger Meisters Jacob van Oost und die kleinste Statue »Unsere Liebe Frau vom Guten Willen« des Landes. Dank ihres schützenswerten Charakters restaurierte man in Belgien zahlreiche Begijnhöfe; 13 wurden zum UNESCO-Welterbe, darunter auch der Begijnhof ten Wijngaarden.

teressante Erläuterungen zu den Sehenswürdigkeiten.

Busausflug – **Nach Damme 4**: April–Sept., Dauer 2 Std., Start 16 Uhr am Marktplatz. Hin mit dem Bus, zurück mit dem Raddampfer *Lamme Goedzak*.

Bootsausflug – **Brügge-Damme 5**: mit dem Raddampfer *Lamme Goedzak*. Eine Strecke dauert 35 Minuten. April–15. Okt. tgl. 10, 12, 14, 16, 18 Uhr. Abfahrt Brügge: Noorweegse Kai. Abfahrt Damme: 9.15, 11, 13, 15, 17.20 Uhr.

Abends & Nachts

Fast museal – **'t Brugs beertje 1**: Kemelstraat 5, außer Mi 16–1, Wochenende bis 2 Uhr. Nostalgische Bierreklame an den Wänden, seltsame Bierflaschen und jede Menge Bierdeckel, fast schon museal. Hier gibt es 300 belgische Biere.

Im Reich des Biers – **De Garre 2**: de Garre 1. 135 Biere, darunter fünf echte Trappisten.

Gemütlich – **Craenenburg Café 3**: Markt 16, tgl. Typische Brügger Café-Brasserie mit Terrasse direkt am Markt.

Rock – **Charlie Rockets 4**: Hoogstraat 19. In diesem trendigen Café gibt es Tex-Mex-Food und ab und an auch Livemusik.

Jazz – **De Werf 5**: Werfstraat 108, Tel. 050 33 05 29. Bekanntes Jazz-Zentrum, wo man mit Glück schon mal auf Jazz-Größen wie Toots Thielemans trifft.

Techno-Disco – **Kaffee L'Amaral 6**: Kuipersstraat 10. Techno & urban, von den besten DJs der Gegend.

Disco – **Rock-Café The Crash 7**: Langestraat 78. Nichts von dem, was man aus Hard-Rock-Cafés kennt: Hier kommt old fashioned Rock à la Stones aus den Boxen.

Theater – **Cultuurcentrum 8**: St-Jakobsstraat 20, Tickets 050 44 30 60, www.cultuurcentrumbrugge.be. Theater, Konzerte.

Konzert – **Concertgebouw 9**: 't Zand 34, Tickets: Tel. 070 22 33 02, www.concertgebouw.be. Konzerte.

Reisen wie im Bilderbuch: auf dem Kanal Brügge-Damme

Kino – **Kinepolis Brugge** 10: Koning Albert-I-laan 200, Tel. 050 30 50 00.

Infos & Termine

Infos

Toerisme Brugge: Concertgebouw, Tel. 050 44 46 46, www.brugge.be. Auch am Bahnhof.

Termine

Himmelfahrtstag: Bei der bedeutenden Heilig-Blut-Prozession werden biblische Szenen vom Sündenfall bis zur Erlösung dargestellt. Mitgeführt wird die Reliquie mit dem Blut Christi, die Dietrich vom Elsass aus Jerusalem mitbrachte.
August, i. d. R. alle drei Jahre (2013, …): Reiefeest: Grachtenfest.
Juli/August, alle fünf Jahre (2012, …): Fest des Goldenen Baums.
Jeweils an einem So im Juli, Aug., Sept.: Zandfeesten, Flanderns größter Trödel- und Antikmarkt.

Verkehr

Fahrradverleih: De Ketting: Gentpoortstraat 23, Tel. 050 34 41 96. Weitere s. S. 140.
Bahn: IC nach Oostende, Blankenberge, Knokke, Gent, Brüssel, Kortrijk, Antwerpen, Eupen.

Damme ► C 11

Das idyllische Damme (11 000 Einw.) kam einst als Vorhafen von Brügge zu Wohlstand, versank aber wie Brügge nach der Versandung des Zwin in die Bedeutungslosigkeit. Nur noch in der Literatur spielte die Stadt eine Rolle: Hier ließ der flämische Schriftsteller Charles de Coster seinen Helden Till Uilenspiegel das Licht der Welt erblicken. Mit dem geschichtsträchtigen Namen im Gepäck hat sich das Städtchen in heutigen Tagen zum »Bücherdorf« Flanderns gemausert und rühmt sich außerdem einer ausgezeichneten Gastronomie.

Rathaus

Juwel der Stadt ist das gotische Rathaus (1468) mit hohen Treppengiebeln, Türmchen und Figurenschmuck. Die Gerichtssteine an der rechten Ecke des Gebäudes mussten Verurteilte am Hals tragen, wenn sie zur Kirche gingen, um Buße zu tun. Auf dem Marktplatz davor hat man dem Dichter Jacob von Maerlant (um 1235–1393) ein Denkmal errichtet.

Uilenspiegelmuseum und Denkmal

Jacob van Maerlantstraat 3 (im Verkehrsamt). 16. April–15. Okt. Mo–Fr 9–12, 14–18, Sa, So und Ferien ab 10 Uhr; 16. Okt.–15. April bis 17 Uhr, Sa, So nur nachmittags, Eintritt 2,50 €, erm. 1,50 €

In dem kleinen Museum wird der Schelm mit Bildern aus fünf Jahrhunderten präsentiert. Und ein Denkmal? Das gibt es hier auch: Am Kanal gegenüber der Windmühle **Schellemolen** bildet eine lustige, von Jef Claerhout geschaffene Figurengruppe auf einer Mauer das **Uilenspiegel-Denkmal**.

Museum St-Janshospitaal

Kerkstraat 33, April–Sept. tgl. 11–12, 14–16.30 Uhr, Mo–Fr nur nachmittags, Sa, So bis 18 Uhr, Eintritt 1,50 €, ermäßigt 1 €

Wo früher Arme, Kranke und Pilger von den Augustinern zu Essen bekamen, illustrieren heute 500 Ausstellungsstücke, darunter liturgische Gegenstände, Möbel und Gemälde, die Vergangenheit des Hospitals (1249).

O.L.V.-Hemelvaartkerk

Burgstraat, Osterferien tgl., Mai–Sept. Sa–Do 14–17 Uhr, Turm 1 €

In der gotischen Kirche (1225) sind vor allem die eichenen Apostelstatuen (1400), die barocken Beichtstühle und der barocke Heilig-Kreuz-Altar (1636) sehenswert. Der Legende nach bargen Dammer Schiffer ein Kreuz aus dem Meer, welches sie in die Kirche brachten, woraufhin sich zahlreiche Wunder ereigneten. Das Ereignis ist auf einem Gemälde aus dem 16. Jh. dargestellt. In der Halle unter dem Turm befand sich einst das Grab von Jacob van Maerlant. Vom Kirchturm hat man eine schöne Aussicht auf das Polderland.

Lissewege

Von den noch erhaltenen Resten der nahe gelegenen **Zisterzienserabtei Ter Doest** ist der imposante gotische Kornspeicher (um 1275) erhalten. An diesen hatten die Lehnsbauern jedes zehnte Körnchen ihrer Getreideernte abzuliefern.

Übernachten

Rustikal – **Welkom:** Damse Vaart Noord 34, Hocke, Tel. 050 60 24 92, www.hotelwelkom.be, DZ 75–90 €. Hier übernachten und vor der Tür die Angel auswerfen! Und abends in die rustikale Taverne mit 85 verschiedenen Bieren. Das Zehn-Zimmer-Hotel liegt am Kanal, zwischen Damme und Brügge.

Essen & Trinken

Kamingemütlichkeit – **De Drie Zilveren Kannen:** Kerkstraat 9, Tel. 050 35 56 77, Mo, Di geschl. Schwere Eichendeckenbalken, offener Kamin, alter Küchenschrank von anno dazumal – rustikal und gemütlich. Die Spezialitäten, angefangen bei gebackenem wilden Aal aus der Oosterschelde (27,50 €), sind ausgezeichnet.

Romantisch – **Pallieter:** Kerkstraat 12, Tel. 050 35 46 75, www.pallieterdamme.be. Mo u. Fr geschl. Hauptgerichte 18–25 €. Benannt nach dem schelmenhaften Lebensgenießer des gleichnamigen Romans von Felix Timmermans, bereitet das Restaurant dem Namen Ehre: es ist etwas für Genießer. Weinrote Wände mit schönen Bildern, offener Kamin. Gerichte wie Aal sowie Muscheln, Steak und Fondues. Vortrefflich: *Gegratineerd vispannetje* (18 €).

Einkaufen

Damme gilt als das »Bücherdorf Flanderns«: Alte und neue **Bücher** findet man in zahlreichen Buchläden. **Dammer Pralinen**: gibt es im Laden von Tijl und Nele, Jacob van Maerlantstraat 2 (auch Belgische Spitzen, Dammer Patersbier, Flämischer Genever).

Infos & Termine

Infos

Toerisme: Jakob van Maerlantstraat 3, Tel. 050 28 86 10, www.toerismedamme.be.

Termine

Jeden 2. So: Büchermarkt. Marktplatz Im Winter im Stadhuis.

Verkehr

Fahrradverleih: Laden von Tijl und Nele: Jacob v. Maerlantstraat 2.
Bahn: nächster Bahnhof in Brügge.
Bus: Von Ostern bis Sept. Bus-Verbindung vom Markt und Bahnhof Brügge nach Damme.
Schiff: Der Raddampfer *Lamme Goedzak* fährt von April bis 15. Okt. tgl. von Brügge nach Damme (Abfahrt: 10, 12, 14, 16, 18 Uhr) und von Damme nach Brügge (Abfahrt: 9.15, 11, 13, 15, 17.20 Uhr).

Gent ! ► D 12

Ist das mittelalterliche Brügge die Verträumte unter den flämischen Städten, so ist Gent die Geschäftige. In der vitalen Industrie- und Handelsstadt (Gand; 248 300 Einw.) mit dem zweitgrößten Hafen Belgiens stehen die Uhren nie still. Ein lebhaftes Völkchen von 32 000 Studenten trägt dazu bei, dass die Provinzhauptstadt Ostflanderns putzmunter und bunt bleibt.

Im 7. Jh. gründeten die Heiligen Amandus und Bavo am Zusammenfluss von Leie und Schelde zwei Abteien, zwischen denen eine Siedlung entstand. Seit dem 9. Jh. existierte zudem zum Schutz vor den Normannen eine Festung, auf deren Fundamenten der Graf von Flandern 1180 eine der mächtigsten Wasserburgen Europas errichtete – **Burg Gravensteen.**

Tuchweberei und Handel mit englischer Wolle führten im Mittelalter zu Wohlstand der Stadt. Im 14. bis 15. Jh. prägten Konflikte zwischen den von Englands Wolle abhängigen Webern, den mal Frankreich, mal England zugeneigten flandrischen Grafen und rebellischen Patriziern die Stadtgeschichte. Es kam zur Blockade der Wolleinfuhr, zu blutigen Aufständen, Mord und Kriegen. Immer wieder verweigerte die nach Eigenständigkeit strebende Stadt den Herrschern des Landes die Gefolgschaft. Im 16. Jh. widersetzte sich die Stadt der spanischen Vorherrschaft, doch wurde der Widerstand brutal niedergeschlagen, die Stadt lag danieder. Erst im 18. Jh. konnte sich Gent schließlich durch eine aufblühende Baumwollindustrie erholen.

Supergünstig: Gent Museumpas

Einmal bezahlen – 15 der bedeutendsten Genter Museen ansehen, darunter den Genter Altar. Außerdem: kostenlos mit Bus & Tram De Lijn fahren. Der Museumspass (20 €) ist drei Tage gültig. Erhältlich ist er in Museen, bei der Touristen-Info, bei Verkaufsstellen von De Lijn und in vielen Hotels.

St-Baafskathedraal 1

Kirche: April–Okt. Mo–Sa 8.30–18, So ab 13, sonst bis 17 Uhr, Eintritt frei; Genter Altar: April–Okt. Mo–Sa 9.30–17, So, Fei 13–17, Nov.–März Mo–Sa 10.30–16, So, Fei 13–16 Uhr, Tickets bis 30 Min. vor Schluss, Eintritt 4 €, ermäßigt ab 1,50 €

In der ab 1228 erbauten Kathedrale betrachten viele Besucher zunächst die Gemälde »Eintritt des hl. Bavo ins Kloster« (1623) von Peter Paul Rubens und »Jesus unter den Schriftgelehrten« (1571) von Frans Pourbus sowie die herrliche Kanzel aus Marmor und Eiche (1741) von Laurent Delvaux.

Anschließend reihen sie sich dann in die Schlange Wartender, die den bedeutendsten Kunstschatz der Kathedrale bestaunen möchten: den berühmten **Genter Altar** (um 1430, siehe Abb. S. 153) von Hubert und Jan van Eyck. Der beeindruckende Flügelaltar stellt auf 26 Tafeln die Heilsgeschichte vom Sündenfall bis zur Erlösung dar und gilt als eines der bedeutendsten Beispiele des Übergangs von der ikonenhaften zur realistischen Darstellung.

Duivelsteen 2

Der Beiname »de Duivel« (der Teufel), den der flandrische Vogt Ser Geraard trug, lässt ahnen, dass der Gute nicht von ungefähr zum eigenen Schutz eine wuchtige Burg brauchte. Also ließ er sie im Jahr 1245 erbauen. Bald darauf wurde sie Geraard de Duivelsteen genannt.

Belfort 3

Tgl. 10–18 Uhr, Führungen (nl., engl.): 15.30 Uhr, Kasse bis 17.30 Uhr, Eintritt 5 €, ermäßigt 3,75 €

Der ab 1300 erbaute Belfort strebt 91 m hoch empor, bis zur Wetterfahne mit dem kampfeslustigen »Drachen von Gent«. Im Turm läutete ab 1325 die gewaltige »Roeland« die Bürger zu Waffen und Löscheimern, bis man die Glocke 1659 einschmolz und daraus ein Carillon mit 37 Glocken goss. Die Turmplattform, über Treppen oder per Lift zu erreichen, bietet einen herrlichen Rundblick über die Stadt. Die an den Belfried angebaute **Lakenhalle** (1426–41) war 300 Jahre Sitz der Tuch- und Wollhändler. Daran lehnt sich das einstige Gefängnis von 1741 an. Wenig tröstlich dürfte für die Einsitzenden das über dem Portal angebrachte »Mammelocker«-Relief gewesen sein. Es zeigt den römischen Greis Cimon, der, zum Hungertod verurteilt, durch seine Tochter gesäugt wurde.

Stadhuis 4 und St-Jorishof 5

Das Rathaus wurde ab dem 15. Jh. mit verspielt gotischer Fassade errichtet und im kühlen Renaissancestil erweitert. Der 1477 gegenüber erbaute St-Jorishof war das Gildehaus der Armbrustschützen.

St-Niklaaskerk 6 und Postgebäude 7

Am Korenmarkt ragt die St-Niklaaskerk (1200) empor, ein schönes Beispiel der Scheldegotik. An dem populären Platz gibt es viele Möglichkeiten zur gemütlichen Einkehr. Stilgerecht fügt sich das wie ein Palast wirkende neogotische Postgebäude von 1907 in seine Umgebung ein.

Über die **St-Michielsbrug** mit einzigartiger Aussicht auf das Ensemble aus St-Niklaaskerk, Belfried und Kathedrale sowie auf Graslei und Korenlei im Herz des mittelalterlichen Hafens geht es auf die andere Seite der Leie. Dort empfiehlt sich ein Blick in die im Stil Brabanter Gotik erbaute, mit zahlreichen Kunstwerken geschmückte **St-Michielskerk** 8 (1440). Hervorzuheben ist »Die Kreuzigung Christi« (1630) von Anton van Dyck. Über die Treppe geht es hinunter zur Korenlei, deren prächtige Fassaden vom Reichtum und Stolz ihrer Erbauer zeugen. Etwa das **Gildehaus der Unfreien Schiffer** (Nr. 7, 1739, Barock), leicht erkennbar am Segelschiff auf dem Giebel. Die Graslei mit ihren schönen Gildehäusern gegenüber gilt als die schönste Häuserzeile Gents.

Design-Museum 9

Jan Breydelstraat 5, Di–So, Fei 10–18 Uhr, Eintritt 5 €, ermäßigt ab 1 €

Schöner Wohnen im 18. Jh. – was man darunter verstand, offenbart das fürstlich ausgestattete ehemalige Domizil des reichen Tuchhändlers de Coninck, jetzt Design-Museum, das zudem einen Überblick über das Möbeldesign von 1880 bis heute gibt.

Groot Vleeshuis 10

Malerisch spiegelt sich die Fassade des Groot Vleeshuis, der 1406–10 erbauten mittelalterlichen Fleischhalle, im Wasser der Leie. Im **Penzhuizeken** (Kaldaunenhäuschen) nebenan wurden Innereien an die Armen verschenkt.

Gravensteen 11

April– Sept. tgl. 9–18, sonst bis 17, Kasse bis 17/16 Uhr, Eintritt 8 €, ermäßigt 6 €

Wer sich früher in der Gravensteen verschanzte, dürfte sich sicher gewähnt haben – schon der Anblick der düsteren Burg schreckte ab. Angreifer hät-

Meilenstein der europäischen Malerei: der Genter Altar in der St-Baafskathedral

Van Eyck 1432

Gent

Sehenswert

1 St-Baafskathedraal
2 Duivelsteen
3 Belfort
4 Stadhuis
5 St-Jorishof
6 St-Niklaaskerk
7 Postgebäude
8 St-Michielskerk
9 Design-Museum
10 Groot Vleeshuis
11 Gravensteen
12 Het Huis van Alijn
13 Dulle Griet
14 Vrijdagmarkt
15 Kleiner Beginenhof
16 Museum voor Schone Kunsten
17 Stedelijk Museum voor Actuele Kunst
18 Museum voor Industriële Archeologie en Textiel
19 Museum De wereld van Kina
20 St-Michielsbrug

Übernachten

1 Ghent River Hotel
2 Erasmus
3 Be Our Guest
4 B & B Chambre Eau
5 B & B Atlas
6 B & B Studio in's Inn
7 Hotel Trianon Ghent
8 STUDIO 16
9 JH – De Draecke

Essen & Trinken

1 Cœur d' Artichaut
2 Gekroonde Hoofden
3 t' Gents Fonduehuisje
4 Belga Queen
5 Brooderie
6 Avalon
7 Pakhuis
8 Café Théâtre
9 Amadeus

Einkaufen

1 Kaufhäuser
2 Exklusive Mode
3 Antiquitäten
4 The Fallen Angels

Aktiv & Kreativ

1 Bootsrundfahrten

Abends & Nachts

Kneipen

1 Waterhuis a/d Bierkant
2 Het Spijker
3 Dulle Griet

Livemusik

4 Damberd
5 Charlatan
6 White Cat
7 Concert Hall De Bijloke
8 De Vlaamse Opera

Kino

9 Kinepolis
10 Studio Skoop

ten zuerst den Wassergraben zu überwinden, derweil durch Schießscharten Pfeile und kochendes Pech auf sie niedergingen, dann wäre noch das Herz der Burg, der mächtige Donjon, einzunehmen – ziemlich aussichtslos. Philipp von Elsass erbaute die Festung 1180 nach dem Vorbild syrischer Kreuzritterburgen. Sie diente später als Münzstätte und Gefängnis und beherbergt jetzt ein Gerichtsmuseum.

Het Huis van Alijn 12

Kraanlei 65, www.huisvanalijn.be, Di–Sa 11–17, So ab 10 Uhr, Eintritt 5 €, ermäßigt ab 1 €

Nordöstlich der Gravensteen liegt das alte Gerberviertel **Patershol,** in dessen mittelalterlichen Gassen heute viele Antiquitätenläden und Boutiquen anzutreffen sind. Hier stößt man auf eines der letzten erhaltenen sogenannten Godshuizen, das Huis van Alijn. 1363 als Kinderhospital erbaut, bilden 18 weiß gekalkte Häuschen um einen kleinen Innenhof eine malerische Idylle. In ihnen vermitteln Gegenstände des Alltags, Möbel, Bilder, Geräte, Filme und Musik faszinierende Einblicke in jene Zeit.

Dulle Griet 13

Auf dem Grootkanonplein lagert die 16 t schwere Kanone Dulle Griet (Tolle Grete) aus dem 15. Jh. – wehe dem Bauwerk, das von einer ihrer gewaltigen, an die sieben Zentner wiegenden Steingeschosse getroffen wurde!

Vrijdagmarkt 14

Wenige Schritte sind es zu dem weitläufigen, von zahlreichen schmalen

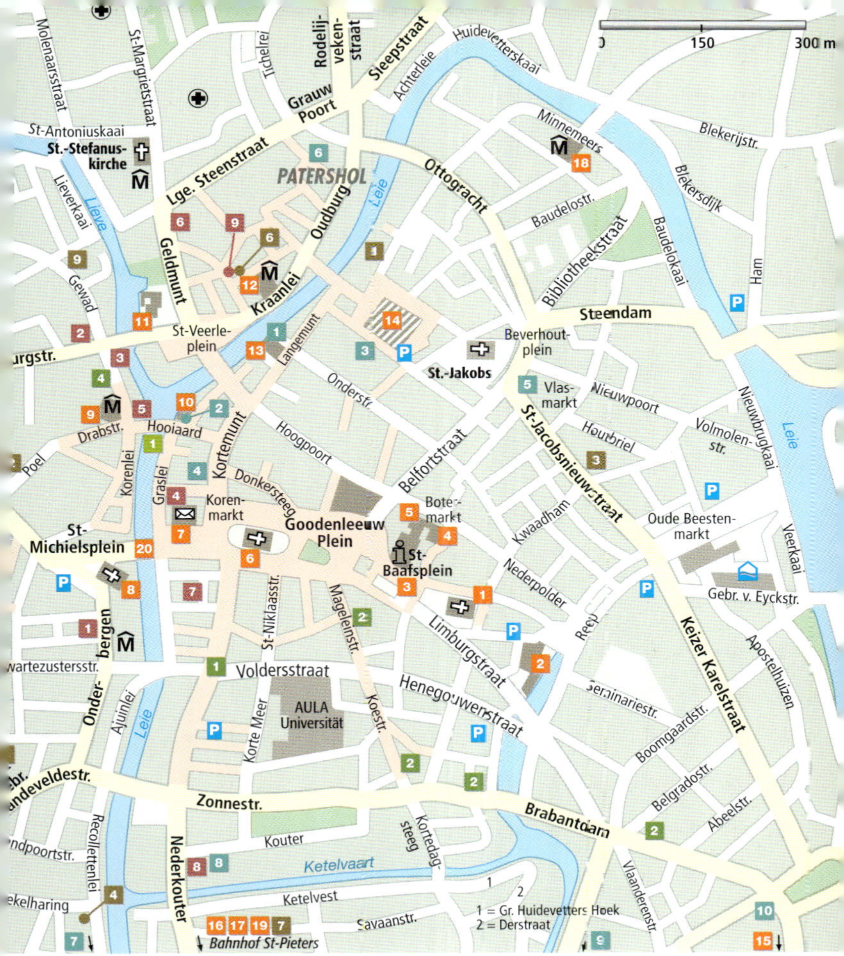

Gildehäusern gesäumten Vrijdagmarkt, seit dem 13. Jh. Schauplatz politischen Lebens und blutiger Kämpfe der Weber mit dem Patriziat. Größtes Bauwerk ist das 1902 errichtete Jugendstilgebäude **Ons Huis** der sozialistischen Arbeitervereine. Gegenüber, am Sitz der Gerberzunft in dem 1460 mit Türmchen erbauten Haus **Het Toreken** (Haus Nr. 37) wurde auch die Qualität von Tuchen geprüft. Die Mitte des Platzes nimmt die Statue des von aufständischen Webern ermordeten prominenten Genter Stadthauptmanns Jacob van Artevelde ein.

Kleiner Beginenhof 15

Der 1234 gegründete **Kleine Beginenhof** ist seit dem 17. Jh. unverändert. Kleine Backsteinhäuser mit ummauerten Vorgärten umgeben einen großen, von Bäumen bestandenen Rasenplatz.

Die Kirche Onze-Lieve-Vrouw tor Hoyen (1658) weist ein schönes Barockportal auf.

Museum voor Schone Kunsten 16

Citadelpark, www.mskgent.be, Di–So, Fei 10–18 Uhr, Eintritt 5 €, erm. ab 1 €

Schon der Anblick des Bauwerks, eines 1898 von Charles van Rysselberghe entworfenen klassizistischen Kunsttempels mit weitem Treppenaufgang und Säulenportal, ist ein Genuss. Innen setzt er sich fort, mit einer reichen Sammlung flämischer Kunst vom Mittelalter bis in die erste Hälfte des 20. Jh. Zu den Highlights der alten Kunst zählen »Die Kreuztragung«, ein Meisterwerk von Hieronymus Bosch, das Christus und die hl. Veronica umgeben von spöttischen Gesichtern zeigt, sowie Werke von Pieter Bruegel dem Jüngeren, Frans Pourbus, (»Porträt einer jungen Frau«), Peter Paul Rubens, Jacob Jordans und Frans Hals. Von faszinierendem Ausdruck ist Peter Paul Rubens »Geißelung Christi«. Der Schwerpunkt liegt jedoch bei Werken des 19. und 20. Jh. und weist die ganze Bandbreite der Kunstströmungen vom Realismus bis zum Surrealismus auf, von Malern wie Emile Claus (»Die Eisvögel«), James Ensor (»Alte Dame mit Masken«), Constant Permeke, um nur einige zu nennen. Besuchenswert ist auch der Saal mit den kunstvollen Brüsseler Wandteppichen.

Stedelijk Museum voor Actuele Kunst 17

Citadelpark, www.smak.be, Di–So, Fei 10–18 Uhr, Eintritt 6 €, ermäßigt ab 1 €

Cobra, Pop Art, Minimalismus, Konzept- und Objektkunst, Arte Povera – das Spitzen-Museum gibt mit einer faszinierenden Sammlung von Werken internationaler Künstler einen Einblick in die Entwicklung der zeitgenössischen Kunst von 1945 bis heute. Bacon, Beuys, Panamarenko, Broodthaers, Long und Nauman zählen zu den Prominenten der Kollektion, die über 2000 Werke umfasst.

Museum voor Industriële Archeologie en Textiel 18

Minnemeers 9, www.miat.gent.be, Di–So, Fei 10–18 Uhr, Eintritt 5 €, erm. ab 1 €

Das Museum in einer ehemaligen Baumwollmühle mit großer Maschinengalerie gibt Einblicke in die frühere Arbeit der Baumwollspinnerei. Zudem hat es eine authentische Senffabrik, ein schönes Jugendstil-Café, einen Kinosaal aus dem Jahr 1920 und zeigt eine Ausstellung zur industriellen Revolution. Gemäß dem Motto »Ein Museum mit Aussicht bietet Einsicht« hat man aus dem oberen Stockwerk eine herrliche Aussicht auf das historische Zentrum von Gent.

Museum De wereld van Kina 19
St-Pietersplein 14, www.dewereldvan kina.be, Mo–Fr 9–17, So, Fei 14–17.30 Uhr, Eintritt 2,50 €, erm. 1,25 €
Sind Dinosaurier grün? Sind alle Krähen schwarz? Haben Pflanzen Sonnenkollektoren, um Energie zu sammeln? Und was kann man gegen Angst vor Spinnen tun? Diese und zahlreiche weitere Fragen zur Natur werden in diesem tollen Naturkundemuseum für Kinder und Jugendliche beantwortet.

Übernachten

Luxuriös – **Ghent River Hotel** 1: Waaistraat 5, Tel. 0347 75 04 38, www.ghent-river-hotel.be. DZ ab 109 € (Angebote oft darunter), Frühstück extra. Das Haus war früher eine dampfbetriebene Brotbäckerei. Es wurde renoviert und bietet jetzt luxuriöse Zimmer mit allem modernen Komfort.

Haus mit Charme – **Erasmus** 2: Poel 25, Tel. 09 224 21 95, www.erasmushotel.be. DZ ab 99 €. Charmantes kleines Hotel, stilvolles antikes Mobiliar. Die Gästezimmer in der unteren Preisklasse sind kleiner. Terrasse und kleiner englischer Garten.

Gemütliches B & B – **Be Our Guest** 3: Houtbriel 18, Tel. 0474 80 77 95, www.be-our-guest.be. DZ 90 €. Ein Herrenhaus mit zwei geräumigen, stilvollen Gästezimmern. Frühstücken kann man bei schönem Wetter auch im Wintergarten. Ingrid De Mecheleer ist Fotografin und stellt in ihrem Haus ihre Bilder aus.

Hübscher Blick – **B & B Chambre Eau** 4: Lindenlei 17, Tel. 0474 98 53 45, www.chambreeau.be, DZ 75 €. Modernes Gästezimmer mit Bad, TV, Internet-Anschluss und Unterstellmöglichkeit für Fahrräder in einem stattlichen Wohnhaus aus dem 19. Jh. – zentral und mit tollem Blick auf die Leie.

Einladende Terassencafés am Ufer der Leie

Nostalgisch – **B&B Atlas 5**: Rabotstraat 40, Tel. 09 233 49 91, www.atlasbenb.be. 73 €. Drei einladende Gästezimmer in einem zentralen Herrenhaus aus dem 19. Jh., nach Erdteilen benannt und entsprechend dekoriert: »Europa«, »Asien« und »Afrika«. Die antike Einrichtung stammt von Märkten und Reisen. Prächtig auch der Frühstücksraum im Art-Déco-Stil.

Charmant – **B&B Studio in's Inn 6**: Corduwaniersstraat 11, Tel. 09 225 17 05. Studio 80–95 € für zwei Personen, 105–125 € für drei Personen. Am »Patershof« mit seinen schmalen Gassen liegt im Erdgeschoss eines Hauses aus dem 18. Jh. das charmante und gemütliche Studio mit Schlafzimmer, Bad, kleiner Küche und Terrasse.

Preiswert und behaglich – **Hotel Trianon Ghent 7**: St-Denijslaan 203, Tel. 09 221 39 44, www.hoteltrianon.be. DZ 62–70 €, Frühstück 5 €/Pers. Angenehmes Hotel in der Nähe des Bahnhofs St-Pieter, die Gästezimmer behaglich und gepflegt, alle mit Klimaanlage, die teureren luxuriöser, mit Himmelbett und Jacuzzi.

Günstig – **STUDIO 16 8**: Stoppelstraat 16, Tel. 09 225 42 00. Studio für bis zu vier Personen, bei 2/3/4 Personen 75/95/145 €, an Wochenenden mind. 2 Nächte. Großzügig, modern und elegant: 80 m^2 großes Studio mit Wohn- und separatem Essbereich, ausgestattet mit Kühlschrank, Mikrowelle und weiteren Annehmlichkeiten. Es liegt im Zentrum.

Jugendherberge – **De Draecke 9**: St-Widostraat 11, Tel. 09 233 70 50, www.vjh.be. Übernachtung mit Frühstück ca. 18–24 €.

Essen & Trinken

Gent hat eine ausgeprägte Restaurantkultur, kein Wunder bei den vielen Studenten und Einheimischen, die gern ausgehen. Gents Spezialität ist die *Gentse watersooi*, ein herzhafter Gemüseeintopf mit Geflügel oder Fisch.

Franko-italiano-thai – **Cœur d'Artichaut 1**: Onderbergen 6, Tel. 09 225 33 18, www.artichaut.be. Tgl. außer So, Mo, 12–14.30, 19–22.30 Uhr. Nettes, zeitgenössisch eingerichtetes Restaurant, bekannt für knackfrische Salate (ab 19 €). Außerdem französische und italienische Speisen, wie Carpaccio und Tagliatelle, und ein Hauch Asien. Lunch-Menü ca. 16 €.

Ausgewiesen rustikal – **Gekroonde Hoofden 2**: Burgstraat 4, Tel. 09 233 37 74, www.degekroondehoofden.be. Mo–Sa 18–24, So bis 23 Uhr. Malerisches Patrizierhaus, das Interieur mit hölzernen Deckenbalken, offener Feuerstelle und schmiedeeisernem Kronleuchter ist so rustikal wie die Spezialitäten des Hauses: *Spare-ribs à volonté* in vier Varianten (ca. 17 €).

Selber brutzeln – **'t Gents Fonduehuisje 3**: Jan Breydelstraat 30, Tel. 0475 20 76 36, www.gentsfonduehuisje. be. Do–Di ab 18 Uhr, Fondues ab 23 €. In dem gemütlichen Lokal in einem schönen alten Herrenhaus kam man lecker selber Fondues brutzeln: Bourguignonne, Schweizer Käsefondue, Fisch oder gemischtes Fleisch.

Top-End-Brasserie – **Belga Queen 4**: Graslei 10, Tel. 09 280 01 00, www.belgaqueen.be. Tgl. ab 12 Uhr. Restauriertes historisches Getreidelager, Interieur nach Konzept des Stardesigners Antoine Pinto, das Altes und Ultraneues vereint. Und die Küche? Alles belgisch: Zutaten von belgischem Boden, Wein von belgischen Weinanbauern auf der ganzen Welt, belgisches Bier. Hauptgericht ab 23 €.

Vorwiegend vegetarisch – **Brooderie 5**: Jan Breydelstraat 8, Tel. 09 225 06 23, www.brooderie.be. Tgl. außer Mo. Frühstück, Kaffee, Brunch und Lunch in gemütlicher Atmosphäre. Produkte aus biologischem Anbau. Werktags gibt es ein vegetarisches Tagesgericht, außerdem Gemüsesuppe, Lasagne, Quiche und Pasta (8–14 €).

Makrobiotisch – **Avalon 6**: Geldmunt 32, Tel. 09 224 37 24, www.restaurantavalon.be. Tgl. außer So 11.30–14.30 Uhr. Vegetarisches Restaurant mit makrobiotischer Kost, einfach eingerichtet, schöne Gartenterrasse. Tagessuppe in verschiedenen Varianten (ab 3,50 €), Tagesmenü (16–19 €) und leckere Lasagne, Salate und Pasta (11–12,50 €).

Ideal für mittags – **Pakhuis 7**: Schuurkenstraat 4, Tel. 09 223 55 55, So geschl. Riesiges, ehemaliges Lagerhaus, vom Stararchitekten Pinto in ein Restaurant mit besonderer Atmosphäre transformiert. Moderne Cuisine mit französisch-italienischen Akzenten, ausgezeichnete Austern und Meeresfrüchte, gute Weine aus der Neuen Welt. Wochentags: Lunch ca. 13,50 €.

Trendy – **Café Théâtre 8**: Schouwburgstraat 5, Tel. 097 265 05 50, www.cafetheatre.be, tgl. 12–14/14.15, 19–23/24 Uhr, Mitte Juli–Mitte Aug. geschl. Elegante Brasserie mit stimmungsvoller Loungebar im Genter Opernhaus. Das *Tartare de bœuf* (ca. 20 €) ist so superb wie das *Filet de bœuf Charolais beige* (ca. 28 €). Besuchen Sie unbedingt die »marokkanischen« Toiletten.

Ribs all you can eat – **Amadeus 9**: Plotersgracht 8, Tel. 09 225 13 85, www.amadeusspareribrestaurant.be. Mo–Do 18.30–23, Fr–So 18–23.30 Uhr. Urgemütliche altflämische und Jugendstil-Einrichtung, Haus-Spezialität: *Spareribs à volonté* – so viel wie man essen kann (ca. 16 €), aber auch vegetarischen Salat.

Einkaufen

Allumfassend – **Kaufhäuser 1**: Gents Hauptgeschäftsstraße ist die Veldstraat, wo CM, FNAC, Inno, P&C und H&M vertreten sind.

Modisch – **Exklusive Mode 2**: Mageleinstraat, Brabantdam und in der Umgebung der Koestraat.

Antik – **Antiquitäten 3**: Burgstraat und Umgebung der Kirche St-Jacques.

Nostalgia – **The Fallen Angels 4**: Jan Breydelstraat 29.

Aktiv & Kreativ

Bootsrundfahrten – **De bootjes van gent 1**: Tel. 09 229 17 16, www.debootjesvangent.be. Mitte März–Mitte Nov. tgl. 10–18 Uhr. Abfahrt ca. alle 20 Min., Korenlei 4 A (grünes Bootshaus). Durch das mittelalterliche Zentrum.

Abends & Nachts

Gemütlich – **Het Waterhuis a/d Bierkant 1**: Groentenmarkt 9. Schöne Terrasse am Leie-Ufer.

Urig – **Het Spijker 2**: Pensmarkt 3. In mittelalterlichem Kornspeicherhaus, tolle Terrasse hinten am Wasser.

Originell – **Dulle Griet 3**: Vrijdagmarkt 50. Uriger Biertempel mit 250 Sorten. Originell: Wer hier ein *Kwak* bestellt, muss als Pfand für das Glas – eine Symbiose aus Eieruhr und Blumenvase in einem Holzständer mit Griff – einen Schuh abgeben, der dann in einem Korb unter die Kneipendecke gehängt wird.

Livemusik

Funky – **Damberd 4**: Korenmarkt 19, Tel. 09 329 53 37. Funky Jazz, Afro und Latin.

Divers – **Charlatan 5**: Vlasmarkt 6. Mehrmals die Woche Livemusik (ab ca. 22 Uhr).

Stylish – **White Cat 6**: Drongenhof 40, Live-Jamclub, Cocktail- und Champa-

Lieblingsort

Genuss am Fluss
St-Michielsbrug 20

Man steht auf der St-Michielsbrug, blickt auf die Leie und die alten Häuser des mittelalterlichen Hafens. Die schmucken Fassaden lassen sich noch mehr genießen, wenn man sich bei Sonnenschein ans Ufer setzt.

gnerbar, Shop und Kunstgalerie. Fr und Sa Jam-Session, Jazz, Funk und Soul.

Nachtclubs gibt es reichlich. Fündig wird man man im Zuidquartier, am Patershol, Groenten- und Korenmarkt, St-Baafsplein und im Viertel der St-Pietersstation.

Theater, Kino und Konzert

Infos zu Theater, Kino, Livemusik bietet das Magazin *Week Up* (www.week up.be), erhältlich im Touristenbüro, in den Kinos und Theatern.

Konzert – **Concert Hall De Bijloke** 7: Jozef Kluyskensstraat 2, Info-Tel. 09 233 68 78, Reservierung: Tel. 09 269 92 92, www.debijloke.be. Veranstaltungssaal für klassische Musik.

Oper – **De Vlaamse Opera** 8: Schouwburgstraat 3, Kasse Tel. 070 22 02 02, www.vlaamseopera.be. Große Opernaufführungen.

Kino – **Kinepolis** 9: Ter Platen 12, Tel. 09 265 06 00, www.kinepolis.com. **Studio Skoop** 10: St-Annaplein 63, Tel. 09 225 08 45, www.studioskoop.be, Programmkino mit Filmcafé.

Mein Tipp

Kneipentour mit dem Genter Belleman

Lassen Sie sich von einem kundigen Belleman (Stadtausrufer) in die Geheimnisse des Genter Genevers einweihen, ziehen Sie mit ihm durch einige der charaktervollsten Kneipen der Stadt und lernen Sie das »andere Gent« kennen. Info: Tel. 09 222 67 43, www.towncriers.be. Die Tour dauert 4 Std. Für Gruppen.

Infos & Termine

Infos

Dienst voor Toerisme: Belfort, Tel. 09 266 56 60, www.visitgent.be.

Termine

Um den 21. Juli: Gentse Feesten: 10 Tage dauerndes kulturelles Volksfest im Stadtzentrum, mit Musik, Theater, Pantomime und Folklore. Tel. 09 210 10 10, www.gentsefeesten.be.

Mitte Sept.– Mitte Okt.: Festival van Vlaanderen: Ein lohnendes Festival der klassischen Musik, Informationen zum Programm unter Tel. 09 243 94 94, www.festival.be.

Oktober: Internationales Filmfestival, Tel. 09 242 80 60, Informationen unter www.filmfestival.be.

Verkehr

Bahn: Hbf St-Pieters, 2 km vom Stadtzentrum entfernt. IC nach Brüssel, Oostende, Antwerpen, Lilie, Tongeren.

Tram/Bus: De Lijn, Tel. 070 22 02 00, www.delijn.be. Tickets und kostenloser Plan am Info-Kiosk außerhalb des Bahnhofs St-Pieters.

Fahrradverleih: *Bhf. St-Pieters*, Voskenslaan 27, Tel. 09 242 80 46, Mo–Fr 7–19, Sa 9–17 Uhr. *Biker*, Steendam 16, Tel. 09 224 29 03, Mo–Sa 9–12.30/13.30–18, Sa bis 17 Uhr.

Taxi: Tel. 09 2 22 22 22 oder 09 333 33 33.

Dendermonde ► E 12

Ihren Namen Dendermonde (Termonde; 44 000 Einw.) hat die Stadt, weil sie an der Mündung der Dender in die Schelde liegt, den Beinamen »Ros Bayaardstad« wegen der sagenhaften Begebenheit um ein Pferd namens Bayard, die sich vor rund tausend Jahren hier ereignet haben soll. Damals trug das riesige Ross alle vier Söhne des Haimon, Herr von

Stilvoll: Mit der Pferdekutsche durch das mittelalterliche Gent

Dendermonde, auf ihrer Flucht vor den Mannen Karls des Großen über Stock und Stein, nachdem einer der Brüder den Sohn des Kaisers im Streit erschlagen hatte. Der Grund: Mogelei beim Schachspiel. Am Ende der grausigen Moritat ließ der Herrscher Gnade walten, doch musste, so die Bedingung, das Riesenross Bayard, mit Felsbrocken beschwert, ertränkt wenden. Den Kadaver werden wohl die Fische verspeist haben, doch das Andenken an das brave Pferd lebt hier fort und wird alle zehn Jahre (zuletzt 2010) mit einem riesigen Umzug, dem »Ros Beiaardommegang« gefestigt.

Rathaus

Museum: Werktags 10–12, 14–16, So, Fei bis 16.30 Uhr, Ostern- Sept. und in den Ferien auch Sa, Eintritt frei

Malerisches Zentrum der Stadt ist der von spätmittelalterlichen Giebelhäusern gesäumte **Grote Markt** mit der strahlend weißen **Lakenhal** (14. Jh.) mit Belfried, heute Rathaus. Das Schmuckstück flämischer Renaissance beherbergt eine schöne Gemäldesammlung.

Vleeshuismuseum

April–Okt. Di–So 9.30–12.30, 13.30–18 Uhr, Eintritt frei

Die Nordseite des Marktplatzes nimmt das gotische **Vleeshuis** (1460) mit seinem schlanken Turm ein. Wo einst Koteletts und Blutwurst feilgeboten wurden, werden heutzutage Exponate zur lokalen Kulturgeschichte gezeigt, darunter ein ca. 28 000 Jahre altes Mammutskelett, das man im St-Onolfspolden fand.

Justizpalast und Onze-Lieve-Vrouwekerk

Kirche: Ostern–Sept. Sa, So, Juli–Aug. auch werktags 14–16.30 Uhr

Hinter dem Stadhuis liegt der mit

»Speckschichten« aus hellem Stein erbaute, wuchtige Justizpalast (20. Jh.). Von dort kommt man auf der Kerkstraat zur gotischen Onze-Lieve-Vrouwekerk (13./14. Jh.), die mit einer kostbaren Kircheneinrichtung überrascht. Dazu zählen ein romanisches Taufbecken aus blauem Kalkstein (12. Jh.), das u. a. mit Szenen des hl. Abendmahls geschmückt ist, sowie sehenswerte Gemälde, u. a. von Anthonis van Dyck.

Begijnhof

April–Okt. Di–So 9.30–12.30, 13.30–18 Uhr

Im **St-Alexiusbegijnhof** südlich des Vlasmarkt scharen sich 61 Häuschen aus dem 16.–18. Jh. um eine Kapelle. Die letzte Begine des Hofes starb 1975. Die kleine Beginen-Wohnung in Haus Nr. 11 und das von kleinen Gärten umgebene Haus Nr. 25 der ehemaligen Oberin vermitteln einen Eindruck vom schlichten Leben der Beginen.

Übernachten

Unten am Fluss – **Cosy Cottage:** Eegene 38, Tel: 052 42 84 43, www.cosycottage.be. DZ 90–110 €. Charaktervolles B & B im ländlichen Stil, drei große, helle Zimmer mit Blick auf die Schelde. Frühstück auf der Terrasse.

Familiär – **Hotel Denderhof:** Steenweg van Aalst 122, Appels, Tel. 052 22 37 38, www.denderhof.be. DZ 70–75 €. Modernes Haus im Bungalowstil mit gemütlichen Zimmern. Großer Garten mit Swimmingpool sowie Tennis- und Minigolfplatz. Garage.

Essen & Trinken

Kreativ – **'t Truffeltje:** Bogaertstraat 20, Tel. 052 22 45 90, Sa mittag, So abend, Mo, Di geschl. Modernes Interieur, kreative französisch-belgische Küche. Köstlichkeiten wie Seezunge mit Nordseegarnelen und Spargel an Weizenbiersauce (um 35 €).

Französisch-belgisch – **Grand Café Den Abazjoer:** Grote Markt 14, Tel. 052 52 34 86, tgl. außer Di, Mi, Juni–Aug. auch Mi. Trendy Brasserie am Marktplatz, modern und zeitlos eingerichtet, im Sommer auch draußen. Saisonale französisch-belgische Küche, aber auch Mediterranes und Fusion. Tagesmenü 12,50 €, Spezialitäten: überbackener Chicorée oder *paardenworsten* (ca. 15 €).

Soul Kitchen & Drinks – **Barley's:** Grote Markt 20, Tel. 052 52 42 45, www.barleys.eu, tgl. außer Mo. Schöne Empore, rustikale Eichenholzdecke, aber dennoch modern. Tapas, Pastas, knackfrische Salate. Hot: Red Thai Curry (ca. 22 €), rustikal: *paardenfilet* (Filet vom Pferd, 23 €). Kochen lernen? Kann man hier! Im Workshop am Montag. Siehe auch: Mein Tipp! S. 165.

Infos & Termine

Dienst voor Toerisme: Stadhuis, Grote Markt, Tel. 052 21 39 56, www.dendermonde.be.

Letzter Do im August: Reuzenommegang »Katuit«: Umzug der tanzenden Riesenfiguren Indiaan, Mars und Goliath und Hunderter kostümierter Teilnehmer.

Bahn: IC nach St-Niklaas, Brüssel, Gent, Mechelen.

Bus: Verbindungen nach Aalst, Lokeren, St-Niklaas.

Aalst ► E 13

Früher war Aalst (Alost; 80 000 Einw.) an der Dender als *Ajuinenstad* (Zwiebelstadt) bekannt. Bis heute erinnern daran Delikatessen wie Aalster Zwiebelsuppe, Zwiebeltorte und Zwiebelpastete, aber auch die leckeren Aalster *Ajuintjes* (Pralinen). Und immer am Karnevalsmontag – Aalst ist eine Hochburg des Faschings – findet der traditionelle *Ajuinworp* (Zwiebelwurf) statt. Inzwischen haben Blumenzwiebeln das Tränen treibende Lauchgewächs weitgehend von den Feldern verdrängt.

Grote Markt

Der Grote Markt wird vom **Oud-Schepenhuis**, dem ältesten Schöffenhaus des Landes, dominiert. An dem verspielt wirkenden Bauwerk mit dem vorspringenden »Gebietshäuschen« im flamboyant-gotischen Stil (1543) und dem schönen Belfried (1460) wurde seit dem 13. Jh. gewerkelt. In Bronze und tief in Gedanken versunken steht der Aalster Buchdrucker **Dirk Martens** (1446–1534) vor dem Gebäude. Er druckte als Erster das Werk »Utopia« von Thomas Morus und den ersten Bericht von Christoph Columbus über dessen Entdeckungsreise.

Ein weiterer Blickfang ist die **Börse von Amsterdam** (1630, flämische Renaissance) mit Bogengang und schlankem Zwiebelturm, eine ehemalige Raststätte an der Handelsroute Lilie-Amsterdam, jetzt Restaurant. Weniger markant wirkt das Stadhuis gegenüber, dessen hinterer Teil auf ein Landhaus im Rokokostil aus dem Jahr 1643 zurückgeht. Das vordere Gebäude von 1830 weist eine spätklassizistische Fassade auf.

St-Martinuskerk

Das Prunkstück brabantisch-gotischer Sakralarchitektur (1481) birgt 400 meist barocke Kirchenkunstwerke, darunter das Gemälde »Der hl. Rochus und die Pestkranken« (1624) von Peter Paul Rubens und ein Sakramentshaus aus Marmor, Blaustein und Alabaster von Jérôme Duquesnoy d. Ä.

Mein Tipp

Kochen beim Profi
Kreieren Sie ihr Drei-Gänge-Gourmet-Menü unter Anleitung erfahrener Köche – abgucken strengstens erlaubt! Anschließend genießen Sie es mit den passenden Weinen und Kaffee.
Barley's: Grote Markt 20, Dendermonde, Tel. 052 52 42 45, www.barleys.eu; s. auch S. 164.

Stedelijk Museum

Oude Vismarkt 13, www.aalst.be, Di–Fr 10–12/13–17, Sa, So 14–18 Uhr
Hinter der Kirche befindet sich in dem alten Kloster **Oud-Hospitaal** (14. Jh.) das **Stedelijk Museum** mit einer interessanten heimatkundlichen Sammlung, die durch Kunstobjekte aus Bildhauerei, Malerei und Teppichweberei ergänzt wird.

Übernachten

Überraschend – **Station Hotel:** Albert Lienartstraat 14, Tel 053 77 58 20, www.stationhotel-aalst.com, DZ 98 €. Das Patrizierhaus in Bahnhofsnähe wartet mit hellen, geräumigen und hübsch möblierten Zimmern auf. Zu seinen Vorteilen zählen neben einem gemütlichen Frühstücksraum, eine Sauna, ein Solarium und einen Fitnessraum.
Komfortabel – **Ibis**: Villalaan 20, Tel. 053 71 18 19, www.ibishotel.com. DZ um 49 €, Frühstück 13,50 € pro Person. Alles was man für eine gute Nacht braucht, ist vorhanden: moderne,

Waterzooï – Eintopf mit Huhn oder auch Fisch, eine flämische Spezialität

komfortable, klimatisierte Zimmer mit Bad, TV, Telefon, Intenetzugang, Restaurant und Bar. Ein Zimmer für körperlich behinderte Gäste gibt es hier auch. Kostenloses Parken auf dem abgeschlossenen Hotelparkplatz.

Essen & Trinken

Brasserie – **Borse van Amsterdam:** Grote Markt 26, Tel. 053 21 15 81, www.borsevanamsterdam.be, Mi abends, Do, So abends und um Mitte Aug.–Anf. Sept. geschl. Auf der Terrasse unter dem Säulengang mit Blick zum Marktplatz kann man gemütlich eine Kleinigkeit essen. Vielleicht sind die *dagschotel* (ca. 13 €), oder die hausgemachten Käse- oder Garnelenkroketten nach Ihrem Geschmack? Menü ab 34 €.

Genussvolles mit Prestige – **'t Soethout:** Priester Daenplein 7, Tel. 053 77 88 33, www.soethout.be. Tgl. 12–13.30, 19–21 Uhr (nur mit Reservierung!), Menü ab 30 €. Das klassische Interieur passt zur französischen Cuisine mit klassischem Einfluss in diesem Lokal.

Infos & Termine

Dienst voor Toerisme: Molenstraat 45, Tel. 053 73 22 70, www. aalst.be.

So, Mo vor Aschermittwoch: Karneval: großer Umzug, Mo außerdem Besentanz, Zwiebelwurf, Straßenkarneval. Di: Voil-Jeanette-Umzug (daran nehmen als Frauen verkleidete Männer teil), abends gibt es eine Puppenverbrennung.

Oudenaarde ► C 13

Oudenaarde (Audenarde; 30 000 Einw.) an der Schelde, Tor zu den flämischen Ardennen, ist ein ruhiges Städtchen. Schlagzeilen machte es zuletzt im Mittelalter, als die Bürgerstochter Joanna van der Gheynst eine

Tochter gebar, dessen Vater Karl V. war. Sie ging später als Margarete von Parma, Statthalterin der Niederlande, in die Geschichte ein.

MOU – Museum van Oudenaarde en de Vlaamse Ardennen

April–Okt. Di–So 11, 15 Uhr, Eintritt 5 €, ermäßigt 4 €

Wie ein riesiger Schrein prunkt das reich geschmückte, gotische **Rathaus** (1526) am Marktplatz. Auf der Spitze des filigranen Turms hält der Stadtwächter »Hansje de krijger« Ausschau. Im MOU, dem Museum im Rathaus, ist man besonders stolz auf den Besitz der zwölf »Presentkannen« aus Zinn, die mit Wein gefüllt hohem Besuch vorgesetzt wurden: einem Prinzen zwei, dem König sechs, alle zwölf jedoch nur dem Kaiser. In der Tuchhalle werden zahlreiche der berühmten Oudenaarder Verdüren, Tapisserien mit Motiven aus Bibel, antiker Historie und Mythologie aus dem 15.–17. Jh., ausgestellt.

Markt

An der Westseite des Marktplatzes ragt der Turm der spätgotischen **St-Walburgakerk** empor, deren Räume mit Gemälden, Verdüren und Apostelfiguren an den Säulen des Hauptschiffes geschmückt sind. Im Sommer bietet die Straßenterrasse der beiden winzigen Häuschen des **Café Carillon** vor der Kirche eine schöne Aussicht. Das ehemalige **Vleeshuis**, ein neoklassizistischer Bau am Markt, beherbergt jetzt die Stadtbibliothek. Dort vorbei geht es durch die Burgstraat zum Begijnhof.

Begijnhof

im Sommer bis 21, im Winter bis 19 Uhr, Eintritt frei

In den kleinen, 1367 gestifteten **Begijnhof** führt ein schönes Barockportal mit einem Bildnis des Pestheiligen Roches. Die kleinen Häuser und die Kapelle wurden nach der Zerstörung durch die Bilderstürmer im 17. Jh. wieder aufgebaut. Die letzte Begine starb 1960. Vom nahen Scheldeufer blickt man auf die Kirche **Onze-Lieve-Vrouw-Van-Pamele** (1234), ein schönes Beispiel der Scheldegotik. Sie birgt u. a. das Prunkgrab der Barone von Pamele.

Übernachten

Zentral – **La Pomme d'Or:** Markt 62, Tel. 055 31 19 00, www.pommedor.be. DZ 105–115 €. Zehn charmante Zimmer mit Blick zum Rathaus. Lassen Sie sich im Restaurant verwöhnen oder auf der Terrasse vor dem kleinen Bistro zu einem Bier verführen.

Stylish – **Gastenverblijf Steenhyse:** Markt 37, Tel. 055 23 23 73, www.steenhuyse.be. DZ 120 €, Sa/So 140 €. Historisches Wohnhaus mit hohen stuckverzierten Decken, up to date eingerichtet. Schöne Aussicht auf das gotische Rathaus, die alte St-Walburga Kirche oder den alten Garten. TV und Schreibtisch werden bei Bedarf ins Zimmer gebracht.

Oase der Ruhe – **'t Materke:** Jagerij 122, in Mater bei Oudenaarde, Tel. 055 45 63 00, www.materke.be. Übernachtung 32 €/Person, bei nur einer Übernachtung: plus 7 €/Pers. Schönes Landhaus in den flämischen Ardennen. Zwei gemütliche Gästezimmer mit Bad, Kabel-TV und Telefon für bis zu drei Personen.

Essen & Trinken

Ganz modern – **Comte de Flandre:** Markt 38, Tel. 055 21 51 55, www.comtedeflandre.be. Tgl. außer Do 11.30–23 Uhr. Minimalistische, moderne Einrichtung plus moderne Brasserieküche mit französischer Note. Hauptgerichte, an-

geführt von Filet Americain, ab 17 €, Suppen ab 4 €. Probieren Sie die Kreeftensoep (Hummersuppe), angemacht mit einem Spritzer Armagnac (7 €).
Trendig – **Wine & Dine:** Hoogstraat 34, Tel. 055 23 96 97, Di–Sa 11.30–14.30 & 18–22.30 Uhr. Kleines, trendiges Eatcafé mit klassischen und modernen Gerichten – man wagt kaum, die hübschen Kunstwerke auf dem Teller anzutasten – im Zentrum von Oudenaarde. Hauptgerichte ab ca. 16 €.
Biker-Treff – **De Carillon:** Markt 49, Tel. 055 31 14 09, tgl. außer Mo ab 9, Do ab 8 Uhr. Die zwei hübschen kleinen Giebelhäuser zu Füßen der St-Walburgakerk beherbergen das älteste Café Oudenaardes. Beliebt bei Bikern, die an lauen Sommerabenden ein leichtes Lunch oder einen Snack draußen genießen können.

Infos & Termine

Dienst Toerisme: Stadhuis, Tel. 055 31 72 51, www.oudenaarde.be.
Letztes Juni-Wochenende: Adriaan Brouwer bier feesten: Spektakel mit Musikgruppen, Riesen und viel Bier.
Bahn: IC nach Kortrijk, Ieper, Poperinge, Brüssel. Nahverkehrszug nach Ronse, Gent.

Kortrijk ► C 13

Kortrijk (Courtrai; 75 000 Einw.) an der Leie setzt auf Dynamik. Den ersten wirtschaftlichen Aufschwung brachte Gräfin Johanna von Konstantinopel schon im 13. Jh. in den Ort, indem sie den ersten 50 Webern Steuerfreiheit gewährte. Kortrijk wurde eine der führenden Tuchmacherstädte Europas, auch heute ist die Textilindustrie einer der stärksten Wirtschaftszweige der Stadt. Eine kleine Universität, einen Ableger der Universität von Leuven, hat Kortrijk auch.

Grote Markt

Geführte Besichtigung nach Absprache
Schönstes Bauwerk ist das gotische **Rathaus**, wo man im Schöffen- und im Ratssaal kunstvoll geschnitzte Kamineinfassungen bestaunen kann. Auf dem Marktplatz ragt der **Belfried** empor. Von dort erblickt man den gotischen Turm der **St-Maartenskerk**, die ein schönes sechseckiges Sakramentshäuschen (1585) birgt. Neben der Kirche liegt der Begijnhof.

Begijnhof

Beginenhofmuseum: auf unbestimmte Zeit geschlossen
Mit seinen weißen Häuschen, der Kapelle und dem St-Annasaal mit seinem runden Treppenturm ist der Begijnhof (1242) eine wahre Idylle. Im Haus der Oberin mit doppelten Treppengiebeln veranschaulicht ein kleines Museum, wie die Beginen hier einst gelebt haben.

Onze-Lieve-Vrouwkerk

Hinter dem Begijnhof ragt die Onze-Lieve-Vrouwkerk (13. Jh.), einst Teil der Grafenburg, empor. In der Kirche hingen 80 Jahre lang die in der legendären Goldsporenschlacht erbeuteten 4000 goldenen Sporen der besiegten französischen Ritter. Sehenswert ist außerdem auch die »Kreuzaufrichtung« von Anthonys van Dyck. Nördlich der Kirche dienten die **Broeltorens**, wuchtige Türme der einstigen Stadtfestung, dem Schutz der Brücke über die Leie.

Nationales Flachsmuseum und Leinen- und Spitzenmuseum

Etienne Sabbelaan 4, März–Nov. Di–Fr 9–12.30, 13.30–18, Sa, So 14–18 Uhr, Eintritt 3 €, ermäßigt ab 1 €
Die beiden in einem alten Flachsbau-

ernhof eingerichteten Museen beleuchten die alten Handwerke der Leinen- und Spitzenherstellung vom Flachsanbau bis zum fertigen Produkt. In der ehemaligen Bauernwohnung hat man die »Vlasblomme« eingerichtet, eine gemütliche Herberge, in der Besucher ein Bierchen und einfache Gerichte bekommen können.

Kortrijk 1302 – èen dag, zeven Eeuwen
Begijnhofpark, www.kortrijk1302.be, April–Sept. Di–Fr 10–18, Sa, So, Fei bis 17 Uhr, Okt.–März bis 17 Uhr, Eintritt 6 €, ermäßigt ab 1 €
Hier lernen die Besucher, untermalt von lautem Waffengeklirre, die »wahre Geschichte« der legendären **Goldsporenschlacht** kennen. Man erfährt, wer wirklich dabei war, kann Schwerter und »Goedendags« in die Hand nehmen und sich auf die Suche nach den goldenen Sporen machen.

Übernachten

Top-Class – **Sandton Broel:** Broelkaai 8, Tel. 056 21 83 51, www.sandton.eu, DZ ab ca. 120 €, auch günstigere Angebote. Fitnessraum, Sauna, Solarium, Dampfbad, Hallenbad, Parkhaus und drahtloser Internet-Zugang im ganzen Haus. Und die modern und luxuriös ausgestatteten Gästezimmer bieten allen Komfort.
Ein Hauch von Romantik – **Hotel Groeninge:** Groeningestraat 1a, Tel. 056 22 60 00, www.hotelgroeninge.be. DZ 70–75 €. Haus mit romantischer Atmosphäre, auch in den gemütlich eingerichteten Zimmern mit ihren teils antiken Möbeln. Nur ein paar Gehminuten zum Grote Markt.
Jedes Zimmer ist anders – **Herberg Het Duivels Paterke:** Harelbeeksestraat 29, Tel. 056 20 25 40, DZ ab 85 €. Die Zimmer haben Charakter. Das Interieur der individuell eingerichteten Gästezimmer namens »Amber«, »Robijn«, »Jade« »Kristal« oder »Fushia« orientiert sich am Wesen der Edelsteine.

Essen & Trinken

Probieren Sie die Kortrijker Spezialität *Kalletaart*, ein Kuchen mit Mandelcreme, Äpfeln und Calvados.
Brasserie-Küche – **Eetcafé Nostalgie:** Veemarkt 26, Tel. 0479 78 79 49, www.eetcafenostalgie.be. Do–Mo ab 10.30 Uhr. Einfach eingerichtet und doch gemütlich. Snacks, Salate, Pasta, Steaks und Fisch. Hauptgerichte 14–21 €, Spezialität: Pferdesteak mit Zwiebelsauce (21 €).
Bella Italia – **Da Franco:** Grote Markt 9, 056 21 41 95, www.dafranco.be, tgl. 11.30–14.30, 18–23.30 Uhr. Kleine Tische, kleine Nischen – große Auswahl an Pizzas (ab 8 €), zahlreiche Steakvarianten (ab 18 €), Filets (ab 24 €) und Fisch. Dazu werden passende Weine aus allen italienischen Anbauregionen kredenzt.
Brasserie – **De Heeren van Groeninghe:** Groeningestraat 36, Tel. 056 25 40 25. Do–Mo 10–22 Uhr, Sept.–Pfingsten Montag abends geschl. Hohe Säle mit originalem Stuckwerk, Kronleuchter – herrschaftlich. Schöne Sommer-Gartenterrasse. Tunfischfilet vom Grill, Steak vom Pferd, Pasta – bodenständig. Hauptgerichte ab ca. 15 €.
Brasserie-Café – **Rouge:** Sint-Maartenskerkhof 6 a, Tel. 056 25 86 03, www.caferouge.be, tgl. außer Mo ab 11 Uhr. Romantisches Café mit Sonnenterrasse und Blick von dort auf die Sint-Maartenskerk. Frische Salate, Pasta, Fisch und Fleisch. Nachmittags auch Pfannkuchen. Lecker: *stoofvlees met bruine Leffe* (16 €).

Infos & Termine

Infos

Dienst voor Toerisme: Begijnhofpark, Tel. 056 27 78 40, www.toerismekortrijk.be.

Termine

Pfingsten: Sinksenfeesten: Trödelmarkt, Konzerte.
Juli, Aug.: Glockenspielkonzerte.
1. Sept–Wochenende: Golden River City Jazz Festival.

Verkehr

Bahn: IC nach Ieper, Poperinge, Brüssel, Antwerpen, Ulle, Gent, Oostende. IR nach Genf, Mechelen. Nahverkehrszug nach Brügge.

Ieper (Ypern) ► B 13

Das mittelalterliche Ieper (Ypres) war dank des florierenden Tuchhandels schon im Mittelalter eine reiche Stadt. Im Jahr 1260 hatte sie 40 000 Einwohner. Während des Ersten Weltkriegs wurde sie von den Deutschen restlos zerstört. Nach den ursprünglichen Plänen wiedererrichtete, historische Bauwerke, Plätze mit gemütlichen Cafés und freundlichen Menschen laden heutzutage zum Besuch ein. Doch das Leid des Kriegs ist unvergessen: Allabendlich wird der Toten im Meensepoort mit dem Zapfenstreich gedacht.

Grote Markt

Highlight der Stadt ist der Grote Markt mit dem Monumentalbau der **Lakenhalle** (1260). In die Handels- und Lagerhalle fuhren einst auf der nun überwölbten Yperlee Frachtkähne ein. Jetzt befindet sich hier das **In Flanders Fields Museum** (www.inflandersfields.be, April–15. Nov. tgl. 10–18, 16. Nov.–März Di–So 10–17 Uhr, Eintritt 8 €, ermäßigt ab 1 €), ein eindrucksvolles multimediales Kriegsmuseum mit Friedensbotschaft.

Der mächtige Belfried diente als Schatz- und Waffenkammer und trägt heute ein wohlklingendes Glockenspiel. Malerisch fügt sich das Renaissance-Rathaus Nieuwerck (17. Jh.) rechts an die Lakenhalle an. Die Nordostecke des Platzes wird durch das spätgotische Kasselrijgebouw (15. Jh., ehemaliges Rathaus), dessen Fassade Darstellungen der sieben Kardinalsünden verzieren, und den Neo-Renaissancebau des Justizgebäudes begrenzt.

St-Marteenskathedraal

Die gotische Kathedrale hinter dem Rathaus birgt das Grab des Bischofs von Ieper, Cornelius Jansenius (1585–1638), aus dessen Theologie sich die Reformbewegung des Jansenismus herausbildete.

St-George's Memorial Church

Zum Gedächtnis an die 250 000 um Ieper gefallenen Soldaten des britischen Commonwealth wurde 1927 nordwestlich der Kathedrale die St-George's Memorial Church erbaut. Darin befindet sich eine Tafel mit dem berühmten Gedicht »In Flanders Fields«, das der kanadische Feldarzt John McCrae 1915 in einem Schützengraben bei Ieper schrieb.

Meensepoort

Vom Grote Markt geht es rechts am Justizgebäude vorbei auf der Meensestraat zur Meensepoort, einem Tor nach Art eines Triumphbogens. Es wurde im Jahr 1927 an der Stelle errichtet, an der die Soldaten im Ersten Weltkrieg an die Front marschierten. In den Wänden des Tors sind die Namen von den 54 896 Soldaten des Commonwealth eingraviert, die in dem jahrelangen Stellungskrieg um Ieper umkamen. Allabendlich wird hier um 20 Uhr »The Last Post« – der Zapfenstreich – geblasen.

Stedelijk Museum

Ieperleestraat 31, April.–Okt. tgl. außer Mo 10–12.30, 14–18, sonst bis 17 Uhr, Eintritt 2,50 €, erm. 0,50 €
Das Museum im ehemaligen Armenspital St Johannes widmet sich mit Dokumenten, Bildern und Gemälden der Geschichte Iepers. Zu sehen sind hier auch Gemälde der Malerin Louise De Hem (1866–1922) aus Ieper.

Mit dem Fahrrad über die Friedensroute

Der Westhoek rund um Ieper war im Ersten Weltkrieg eine der am härtesten umkämpften Regionen. Die »Friedensroute«, eine Fahrrad-Route über 45 km, führt zu zahlreichen Gedenkstätten und Soldatenfriedhöfen, darunter der Essex Farm Cemetery und das Hill 60 Museum (Queen Victoria Rifles) an der Zwarteleenstraat 40 in Zillebeke (Infos: www.rad.flandern.de, Themenrouten, kleine Karte als PDF zum downloaden).

Übernachten

Château im Landhausstil – **Kasteelhof 't Hooghe:** Menseweg 481, Ieper-Zillebeke, Tel. 057 46 87 87, DZ 84–104 €. Imposantes, mitten in einem großen Park gelegenes Kasteel im Landhausstil, das den Briten im Ersten Weltkrieg als Hauptquartier diente. Heute bietet es elf gemütliche Zimmer mit schöner Aussicht auf den Garten. 4 km vom Zentrum.

Aussicht auf den Grote Markt – **Old Tom:** Grote Markt 8, Tel. 057 20 15 41. www.oldtom.be. DZ 70 €. Stattliches Giebelhaus, direkt am Markt, mit schöner Aussicht auf den Marktplatz von Ieper. Restaurant mit typisch Iepener Gerichten.

Sympathisch – **B&B Hortensia:** Rijselsestraat 196, 0479 31 99 22, www.guesthouse-ypres.be. Mitte Nov.–Mitte März geschl., DZ 78 €. Sechs geräumige, moderne Gästezimmer, jeweils mit eigenem Bad und TV. Zweiräder können Sie in der Garage unterstellen, das Auto auf der Straße parken. Wenige Minuten vom Marktplatz.

Camping – **Jeugdstadion:** Bolwerkstraat 1, Tel. 057 21 72 82, www.jeugdstadion.be. Mitte März–Mitte Nov. Kleiner Platz hinter dem Jugendstadion. Es gibt auch Wanderhütten und einen Fahrradverleih. Stellplatz 6 €, Zeltplatz 2,50 €, Wohnmobilplatz 12 €, Erwachsene 4 €.

Mein Tipp

Charme, Komfort und Ruhe
In dem schmucken Herrenhaus aus dem 19. Jh. befindet sich ein B & B samt Schönheits- und Wellness-Institut. Die Einrichtung erfolgte nach den Feng-Shui-Prinzipien, sodass Sie hier positive Energie spüren. Für die Nacht bietet das Haus zwei luxuriöse, edle Studios. Übernachtung und Frühstück im Arrangement mit zwei Stunden Wellness-Spa: 145 €/zwei Personen.
L. Dewaele: Tempelstraat 35, Tel. 057 20 35 14, www.yoake-ieper.be. DZ 85 €.

Essen & Trinken

Für Kids und Erwachsene – **Pacific Eiland:** Eiland 2, Tel. 057 20 05 28, www.pacificeiland.be. Mo abend und Di

Repräsentativer Bau der Tuchhändler: Iepers Lakenhalle

geschl. Das richtige Lokal für einen Ausflug mit Kindern. Auf dem Inselchen im Festungsgraben gibt es einen Spielplatz, einen Bootsverleih und ein Bistro mit Snacks für den kleinen Hunger (4–20 €) sowie etwas für den Grand Appétit.

Beliebtes Bistro – **In 't Klein Stadhuis:** Grote Markt 32, Tel. 057 21 55 42, www.kleinstadhuis.be. Mo–Sa 9–23 Uhr (im Sommer auch So ab 15 Uhr). Farbenfrohe Bistroeinrichtung, freundliches Personal – im »Kleinen Stadthaus« direkt neben dem großen ist immer viel los. Es gibt knackige Salate, Pasta, Tagliatelli und mehr (Snacks ab ca. 5 €, Hauptgerichte ab ca. 15 €). Im Juli, u. Aug. gibt es »Muzikale Dinsdagen« mit Livemusik.

Großmutters Küche – **De Ruyffelaer:** Gustave de Stuersstraat 9, Tel. 057 36 60 06, www.deruyffelaer.be, Do–So ab 17.30, So auch ab 11.30 Uhr. Kein Plastik oder Chrom, dafür Stein und Eiche. Traumhaft mit altem ›Kram‹ dekoriert. Zu empfehlen sind hier u. a. *koetong met tomatensaus* (16 €) und *konijn met spek in biersaus* (19 €).

Infos & Termine

Toerisme: Grote Markt, Tel. 057 23 92 20, www.toerisme-ieper.be.

Täglich 20 Uhr: Last Post: Zapfenstreich am Menentor.

Alle drei Jahre (2012, 2015) im Mai: Katzenfest (Kattenstoet): folkloristi-

scher Katzenumzug mit (Stoff-)Katzenwurf vom Belfried.
Fahrradverleih: Jeugdstadion: s. S. 171, Camping, Tel. 057 21 72 82.
Bahn: IC nach Poperinge, Oudenaarde, Brüssel, Antwerpen.

Veurne ► A 12

In dem bezaubernden Veurne (Furnes; 12 000 Einw.) versammeln sich schmucke historische Bauwerke um den von hübschen Renaissance-Häusern mit Treppengiebeln eingerahmten **Grote Markt**, von dem der französische Schriftsteller Victor Hugo seinerzeit ohne jede Einschränkung schwärmte: »Einer der reizvollsten Plätze, die ich bisher gesehen habe …«.

Rathaus

April–15. Nov. tgl. 10–12, 14–17 Uhr; Eintritt 3 €, ermäßigt 2 €
Das Rathaus an der nordwestlichen Ecke des Grote Markt mit seinen Schweifgiebeln und einer reich ornamentierten Loggia wurde 1596 und 1612 erbaut. Bemalte Ledertapeten kleiden den alten Ratssaal, blauer Samt den Schöffensaal. Victor Hugo schrieb nach seinem Besuch über die Folterkammer im Haus: »Man sieht noch an der Mauer den Rauch der Kohlenglut und auf dem Fußboden die Blutflecke der Folter«. Das an das Rathaus angebaute **Landhuis van de Kasselrij** (1613) mit allegorischen Bildnissen für Frieden und Gerechtigkeit an der Fassade war einst Gerichtssitz. Der barocke Belfried stammt von 1628

Grote Markt

Mit schönen Treppengiebeln und Jakobsmuscheln oben in den Fassaden bilden fünf schmucke Häuschen im flämischen Renaissance-Stil (Anfang 17. Jh.) rechts neben dem Landhaus ein malerisches Ensemble. Weiter im Uhrzeigersinn liegt an der Nordostecke des Platzes der **Spanische Pavillon**. Der turmartige Bau (1450) mit spätgotischem Anbau war im 17. Jh. das Offiziersquartier der spanischen Besatzer. Das alte **Vleeshuis** (Fleischhalle, 1615) auf der anderen Seite der Ooststraat beherbergt heute die Stadtbibliothek. An der Südost-Ecke steht die **Hoge Wacht**, 1636 mit Arkaden und Türmen erbaut und einst Quartier der Nachtwächter.

St-Walburgakerk

Grote Markt, in Ferien tgl. 9–18, sonst nur Mi 8–12.30 Uhr, Eintritt frei
An der spitztürmigen **Kirche** hinter dem Rathaus hat man seit dem 14. Jh. gebaut – fertig wurde sie nie. Langschiff und großer Kirchturm fielen dem Rotstift zum Opfer.

Ihr bedeutendster Schatz ist die Kreuzreliquie, ein Stück vom Heiligen Kreuz, das Robrecht II. von Flandern in Jerusalem erhalten haben soll. Hier nimmt alljährlich die beeindruckende Bußprozession ihren Anfang, bei der Hunderte in Kutten gehüllter, mit Kapuzen vermummter Büßer ihre schweren Holzkreuze durch die Straßen schleppen.

St-Niklaaskerk

Kirche: tgl. 8–18.30 Uhr. Turmbesteigung: 16. Juni–15. Sept. 10–11.45, 14–17.15 Uhr, Eintritt 1,50 €
Mächtig ragt am Appelmarkt der Glockenturm der gotischen **St-Niklaaskerk** aus dem 13. Jh. empor. Das monotone Geläute von *'t Bomtje*, der größten Glocke seines Carillons, ist das einzige Geräusch, das die Totenstille während der feierlichen Bußprozession durchbricht. Wenn sie den Turm besteigen, können Sie diese Glocke besichtigen. Sehenswert im Kircheninnern ist der Hochaltar, dessen Triptychon die Kreuzigung darstellt.

Mein Tipp

Schlösschen von 1906
Großzügige Gästezimmer laden zum Übernachten ein. Warme Farben und sanftes Licht sorgen für Wohlfühl-Atmosphäre. Man kann hier Wellness-Arrangements buchen und sich mit Massagen, türkischem Dampfbad, Sauna und Jaccuzzi verwöhnen lassen. **B & B 't Kasteel & 't Koetshuys,** Lindendreef 5, Veurne, Tel. 058 31 53 72, www.kasteelenkoetshuys.be, DZ 108–125 €.

Übernachten

Hotel und Galerie – **De Loft:** Oude Vestingstraat 36, Tel. 05831 5949, www.deloft.be. DZ ab 85 €. Mittelalterliche Schmiede. Die schönsten Zimmer liegen im Hinterhaus. Ausstellung von Werken junger Künstler im Haus.
Zentral – **Hostellerie Croonhof:** Noordstraat 9, Tel. 058 31 31 28, www.croonhof.be, DZ ab 95 €. Angenehmes Familienhotel, 14 Zimmer, mitten in der Stadt. Geselliges Restaurant mit gastronomischer Küche.

Essen & Trinken

Am **Grote Markt** reihen sich Restaurants, Cafés und Brasserien.
Kleine & große Speisen – **Mozaiek:** Grote Markt 6, Tel. 058 31 64 86, www.mozaiekveurne.be, tgl. 10–22 Uhr, Mi abends, Do geschl. Warme Wandfarben und Interieur im Bistrostil tragen zur gemütlichen Atmosphäre bei. Salate (ab 14,50 €), Pfannkuchen (3–10 €), *brusselse wafels,* Pastas, Fisch und Fleischgerichte.
Qualität und Gemütlichkeit non-stop – **Brasserie Christophe:** Grote Markt 24, Tel. 058 31 40 22, Do abend, Fr geschl. Probieren Sie ein Westmalle, ein *Stoofvlees met frietjes* (ca. 11 €), oder *Lamskroontje* (23 €), in dieser Brasserie kann man nichts Falsches bestellen.

Infos & Termine

Dienst Toerisme: Grote Markt 29, Tel. 058 33 55 31, www.veurne.be.
Mitte Juni–Aug., So 20–21 Uhr: Glockenspielkonzerte.
Letzter So im Juli: Bußprozession: große Prozession durch die Stadt, anschließend Kirmes.
Um 19. Juli–9. Aug., jeden Do 20 Uhr: Orgelfestival in der St-Walburgakerk.
Bahn: IR nach De Panne, Veunne, Diksmuide, Gent, Brüssel.
Bus: Nach Roesbrugge, Popeninge (Linie 744), Nieuwpoort, Oostenede (Linie 769), De Panne (Linie 772), Ieper (Linie 773).

Diksmuide ► B 12

Diksmuide (Dixmude; 16 000 Einw.), an der IJzer gelegen und über die Flussmündung mit der Nordsee verbunden, hatte während des Ersten Weltkriegs eine Schlüsselposition. Hier stießen die deutschen Truppen auf heftigen belgischen Widerstand. Die Stadt wurde in Schutt und Asche bombardiert, die belgischen Truppen mussten sich hinter die IJzer zurückziehen, wo sie die Linie vier Jahre lang verteidigten. Nach dem Ersten Weltkrieg wurde die Stadt im altflämischen Stil neu erbaut und man errichtete den Tausenden in den Schützengräben umgekommenen flämischen Soldaten ein Mahnmal: den IJzertoren. 1940 zerstörten deutsche Bomber erneut Teile der Stadt. Heute präsentiert sich das Handelszentrum der Milchwirtschaft als »Butterstadt«.

Grote Markt

Auf dem Grote Markt mit seinen schönen Giebelhäusern, dem **Rathaus** mit Belfried und der **Butterhalle** genießt man unter Sonnenschirmen der Cafés die Idylle, zu der auch *'t Mannecke uit de Mane* (Das Männchen im Mond), eine goldglänzende Skulptur auf dem Platz, beiträgt. Hier treffen Sie auch auf General Baron Jacques, den Befehlshaber der belgischen Truppen, der Diksmuide 1914 verteidigte.

St-Niklaaskerk

Die Kirche hinter dem Rathaus wurde anhand der alten Pläne wiedererbaut, die meisten ihrer Kunstschätze sind jedoch unwiederbringlich zerstört. Die sandsteinernen Köpfe auf dem Kirchplatz sind Kragsteine der mittelalterlichen Kirche.

Beginenhof

www.begijnhofdiksmuide.be, tagsüber frei zugänglich

Der kleine Beginenhof mit seinen weißen Häusern, der Kapelle und dem grasbewachsenen Hof mit Ziehbrunnen gehört zu den schönsten Belgiens. Er dient geistig behinderten Erwachsenen als Wohn- und Arbeitsstätte.

Übernachten

Modern und gemütlich – **De Vrede:** Grote Markt 35, Tel. 051 50 00 38, www.hoteldevrede.be. DZ 80 €. Hier verbringt man die Nacht friedlich in stilvollen Zimmern am Marktplatz. Im Haus oder auf der überdachten Jugendstilterrasse lässt es sich auch vorzüglich speisen. Weitere Vorzüge: Bar, Lift und Parkplatz.

Tolles Anwesen – **Kasteelhoeve Viconia:** Kasteelhoevestraat 2, in Stuivenskerke, Tel. 051 55 52 30, www.viconia.be, 2 Nächte inkl. zwei Dreigängemenüs ab 118 €/Pers. Imposanter Schlosshof in ruhiger Lage mitten in einem 30 ha großen Naturreservat. Stilvoll eingerichtete Gästezimmer.

Preiswert und gut – **Polderbloem:** Grote Markt 8, Tel. 051 50 29 05, www.polderbloem.be, DZ 75 €. Das kleine Herrenhaus direkt am Markt besitzt geschmackvoll eingerichtete Zimmer.

Essen & Trinken

Klassisch – **St Jan:** Bloemmolenkaai 1, Tel. 051 50 02 74. www.st-jan.be. Tgl. außer Fr. Speisen kann man in dem gemütlichen, klassisch eingerichteten Speisesaal oder draußen auf der abgeschirmten Terrasse. Zu den Spezialitäten des Hauses zählt *Paling* (Aal), auf verschiedene Art zubereitet. Hauptgerichte ab 18 €.

Originell – **Water en Vuur:** IJzerdijk 48, Tel. 0498 56 55 55, www.waterenvuur.be. Fr ab 18, Sa/So ab 12 und 18 Uhr, Juli/Aug. tgl. außer Do ab 12 und 18 Uhr. Dinieren im Laderaum eines alten Frachtschiffs von 1942, das direkt vor dem IJzerturm festgemacht hat. Leckere Salate, Pasta, Flussaal und Steaks (ab 19 €).

Infos & Termine

Dienst voor Toerisme: Grote Markt 28, Tel. 051 51 91 46, www.diksmuide.be.

Ende Sept/Anfang Okt., an mehreren Wochenenden: Bier-Festival: eine Art Oktoberfest mit Blaskapelle und »Oom Pah Band«.

Fahrradverleih: Catrysse, Kaaskerkestraat 56a, Tel. 051 50 46 70.

Bahn: IR nach De Panne, Gent, Brüssel.

Auf Entdeckungstour

Flanders Fields – Mahnmale des Friedens

In den Schützengräben Belgiens ließen im Ersten Weltkrieg Hunderttausende junger Männer ihr Leben – eine ganze Generation. 25 644 deutsche Soldaten liegen allein auf dem Soldatenfriedhof von Vladslo begraben. Eine Fahrt zur Gedenkstätte IJzertoren in Diksmuide, zum einzigen erhaltenen belgischen Schützengraben »Dodengang« und nach Vladslo führt zu beeindruckenden Mahnmalen gegen den Krieg.

Reisekarte: ► B 12

IJzertoren: In Diksmuide. www.ijzertoren.org. April–Sept. tgl. 9–18 (Tickets bis 17.30), Okt.–März 9–17 (Tickets bis 16.30), an WE, Fei ab 10 Uhr. Nach den Weihnachtsferien drei Wochen geschl. Eintritt 7 €, erm. ab 1 €.
Dodengang – Totengang: An der IJzer, 2 km vom IJzertoren. April–15. Nov. tgl. 10–17 (Zugang bis 16.30), 16. Nov.–März Di, Fr 9.30–16 (Zugang bis 15.30) Uhr. Eintritt frei.
Soldatenfriedhof Vladslo: 3 km nordöstlich von Diksmuide.

Beim Heulen von Granaten zieht man unweigerlich den Kopf ein, riecht, wenn man will, Chlor- und Senfgas, bewegt sich gebückt durch Stellungsgräben – im Museum für Krieg und Frieden im IJzertoren (IJzerturm) erlebt man die grausige Atmosphäre des Ersten Weltkriegs so, dass es unter die Haut geht.

Weithin sichtbar ragt dieser Turm an der IJzer in Diksmuide empor. Mit dem monumentalen Bauwerk in Form eines Kreuzes, der Krypta und der Paxpoort (dem Friedenstor) wird hier der über 40 000 im Ersten Weltkrieg gefallenen flämischen Soldaten gedacht und zum Frieden gemahnt. Die Buchstaben AVV–VVK (**A**lles **v**oor **V**laanderen – **V**laanderen **v**oor **K**ristus) in dem Kreuz zeigen, dass das Mahnmal zudem Symbol flämischen Unabhängigkeitsstrebens ist.

Das Friedenstor – aus Trümmern erbaut

Der Weg zum Turm führt durch das Friedenstor; es wurde aus Trümmersteinen des ersten hier errichteten, 1946 durch ein Attentat zerstörten IJzerturms erbaut. Der Anschlag war Ausdruck des ewigen flämisch-wallonischen Konflikts. Er entzündete sich damals erneut, als den Flamen bewusst wurde, dass das Gros der in die Gräben geschickten einfachen Soldaten Flamen waren, fast alle Kommandierenden jedoch Wallonen.

Hinter dem Friedenstor liegt die Krypta, ein gemauertes Rund mit Gräbern flämischer Freiheitskämpfer, das die Trümmerreste des gesprengten Turms umgibt. Aus den Trümmern ragt ein weißes Kreuz empor, an dem ein Vers des Dichters Cyriel Verschaeve zu lesen ist: »Hier liegen ihre Leichen wie Körner im Sand, erhoffe die Ernte, oh Flandern Land.«

Hinab in die Hölle des Kriegs

Doch nun in den Turm. Dort beginnt die Ausstellung im 22. Stock. Enge Treppenhäuser mit Porträts flämischer Freiheitskämpfer an den Wänden führen zunächst in die Welt der flämischen Freiheitsbestrebungen. Dann geht es von Etage zu Etage hinab in die Hölle des Kriegs. Er wird in all seinen Facetten gezeigt: von Sarajevo bis zum Leben in den Laufgräben, den Gasangriffen und Grabenkämpfen, vom Leiden der Bevölkerung bis hin zum Friedensvertrag.

Zwei km nördlich des Turms verläuft an der IJzer der »Dodengang«, der letzte erhaltene belgische Frontabschnitt. Im Pavillon im Eingangsbereich sollte man zunächst die Ausstellung über die verzweifelten Kämpfe an dieser Front ansehen. Danach kann man sich bei einem Gang durch die von Sandsäcken ausgekleideten Schützengräben Eindrücke von der Anlage verschaffen, die heute jedoch kein reales Abbild der damaligen mehr sind.

Trauernde Eltern auf dem Soldatenfriedhof Vladslo

Einer der zahlreichen Soldatenfriedhöfe Flanderns liegt in Vladslo, 3 km von Diksmuide entfernt. Hier wurden 25 644 deutsche Soldaten begraben, darunter auch Peter Kollwitz, Sohn der Bildhauerin Käthe Kollwitz. Wie viele seines Alters war er damals freiwillig in den Krieg gezogen – und 1914, erst 18jährig, gefallen.

Die Künstlerin schuf für seine letzte Ruhestätte eine Skulptur, die dort aufgestellt wurde: »Trauernde Eltern« heißt die ergreifende Darstellung zweier in tiefer Trauer kniender Figuren, die Mutter und Vater darstellen und symbolisch an das Leid erinnern, das nicht nur dieser, sondern alle Kriege uns Menschen zufügen.

Das Beste auf einen Blick

Antwerpen und Limburg

Highlight!

Antwerpen: Ihren Reichtum verdankt die Stadt Dockarbeitern, Diamantenschleifern und Händlern, ihre Seele dem Malerfürsten Peter Paul Rubens. Die weltoffene Hauptstadt der gleichnamigen Provinz geizt nicht mit architektonischen Reizen, sie verfügt über eine lebendige Kulturszene, exklusive Shopping-Welten, erlesene Gastronomie und ein pulsierendes Nachtleben – Antwerpen will entdeckt werden. S. 180

Auf Entdeckungstour

Im Antwerpener Diamantenviertel: In der Antwerpener »Diamantenmeile« Pelikaanstraat reiht sich ein Juwelierladen an den anderen. Das Antwerpener Diamantmuseum, direkt am Bahnhof, informiert seine Besucher über das Wesen des so begehrten Königs der Edelsteine. S. 188

Kultur & Sehenswertes

Hafenrundfahrt: Haushohe Containerschiffe, riesige Öltanker und winzige Lotsenboote ziehen hier ihre Bahnen. Im Antwerpener Hafen ist immer Bewegung. S. 191 und 194

Domäne Bokrijk: Streichelzoo und Ponyreiten, Brot backen und Klöppeln wie zu Uromas Zeiten – das Freilichtmuseum nördlich von Hasselt ist etwas für die ganze Familie. S. 208

Aktiv & Kreativ

Auf dem Barfußpfad: Durch Sand, Matsch und Gras, auf Holzpfählen und runden Kieselsteinen – das Fußwohlfühlerlebnis auf dem *blotevoetenpad* im Nationaal Park Hoge Kempen. S. 208

Zu den Schlössern im Haspengau: Eine der schönsten Rad-Routen in Limburg führt zu malerischen Schlössern, durch verträumte Dörfer und an stattlichen Bauernhöfen vorbei. S. 208

Genießen & Atmosphäre

Candlelightcruise: Kerzenschein, festlich gedeckte Tische, Wein. Die abendliche Rundfahrt mit Dinner durch Antwerpens Hafen ist das richtige für Romantiker. S. 194

Abends & Nachts

Buster: In diesem Antwerpener Podium-Café gibt es fast jeden Tag Livemusik – Jazz, Blues, Rock, Funk, Jamsessions – und Stand-up-Comedy. S. 195

Café au Lait in Antwerpen: Wie der Name schon sagt – hier treffen sich Schwarze und Weiße, um gemeinsam bei Afro und Afrohouse, Tropical, Soul und Funk subtropisch Party zu machen. S. 195

In der Provinz Antwerpen

Antwerpen ! ►E 12

Die Stadt Antwerpen hat viele Facetten. Sie ist eine beliebte Einkaufsmetropole, hat einen der weltgrößten Häfen, ist Diamantenstadt und ein Mekka für Kunstfreunde. Zudem ist sie Hauptstadt der gleichnamigen Provinz, in der das gemütliche Lier mit seiner berühmten Jubiläumsuhr und die alte Glockenspielstadt Mechelen einen Besuch lohnen. Ihre Gründung verdankt sie der Schelde, ihren Reichtum Dockarbeitern, Diamantenschleifern und Händlern und ihre Seele dem Malerfürsten Peter Paul Rubens, ihren Namen verdankt die Stadt Antwerpen jedoch einem abscheulichen Riesen und seinem Bezwinger.

Am Anfang Antwerpens (Anvers) steht die Legende. Zu Römerzeiten hackte der Riese Antigonus den auf der Schelde vorbeifahrenden Schiffern, die keinen Wegezoll entrichten wollten, die Hände ab und warf sie in den Fluss. Bis Silvius Brabo, eine Art römischer David, den Goliath besiegte, ihm nun seinerseits die Hand abschlug und sie demonstrativ in die Schelde schleuderte. Fazit: Aus »Hand werpen« wurde »Antwerpen«.

Nachweislich ist der Ort seit dem 2. Jh. n. Chr. besiedelt. Zu Zeiten Karls des Großen stand hier eine Festung. Als Brügges Hafenzufahrt im 16. Jh. versandete, machten die Handelsschiffe in Antwerpen fest und die Stadt erlebte eine enorme wirtschaftliche Blüte. Im Jahr 1560 lebten hier etwa 100 000 Menschen. Während des Achtzigjährigen Kriegs gegen die Vorherrschaft Spaniens kam es zum Massenexodus protestantischer Kaufleute und Wissenschaftler, und Antwerpens Höhenflug endete jäh. Im Jahr 1589 war die Anzahl der Bewohner auf 42 000 gesunken. Die Stadt siechte dahin, was die Kreativität etlicher in Antwerpen verbliebener Künstler jedoch kaum beeinträchtigte: Peter Paul Rubens, Anthonis van Dyck und Jakob Jordaens d. Ä. schufen im 17. Jh. hier Meisterwerke.

Erst Napoleon führte eine wirtschaftliche Wende herbei, als er Ende des 18. Jh. Antwerpens Hafen ausbaute, um ihn als »Pistole auf das Herz Englands« zu richten. Mit der Gründung Belgiens war die Hafenstadt von der Scheldemündung, die nun zu den Niederlanden gehörte, abgeschnitten. Hohe Zölle dämpften den Aufschwung, doch setzte nach deren Aufhebung im Jahr 1863 ein wahrer Wirtschaftsboom ein. Dreimal fanden in Antwerpen Weltausstellungen statt, 1920 die Olympiade. Heute bietet die weltoffene Hafenstadt (504 600 Einw.) viele architektonische Sehenswürdigkeiten und kulturelle Angebote. Hier

Infobox

Toerisme Provincie Antwerpen
Koningin Elisabethlei 16, B-2018 Antwerpen, Tel. 03 240 63 73, www.provant.be (nl.). Detaillierte Infos zu Antwerpen, zum Kempenland, Mechelen und zum Rivierenland.

Toerisme Limburg
Universiteitslaan 3, B-3500 Hasselt, Tel. 011 30 55 00, www.toerismelimburg.be (nl.). Umfangreiche Infos zu Kultur, Tourismus, Sport, Natur und Erholung in der Provinz Limburg.

Der Brabobrunnen vor Antwerpens Rathaus

lässt es sich vorzüglich shoppen, speisen und das Nachtleben genießen.

Grote Markt 1

Blickfang ist das mit Säulen, Figuren und Wappen geschmückte **Rathaus** (1561–65), ein Prachtexemplar Brabanter Renaissance, das gemeinsam mit stolzen Zunfthäusern den **Grote Markt** säumt. Auf dem **Brabobrunnen** (1887) vor dem Rathaus holt Centurio Silvius Brabo olympiareif zum Wurf der abgeschlagenen Hand des Riesen Antigonus aus.

Onze-Lieve-Vrouw-Kathedraal 2

Mo–Fr 10–17, Sa 10–15, So, Fei 13–16 Uhr, Eintritt 5 €, ermäßigt 3 €

Mächtig erhebt sich das markante Wahrzeichen der Stadt mit dem massigen und doch graziös wirkenden 123 m hohen Turm. Der gotische Sakralbau wurde 1352–1521 erbaut und ist der größte Belgiens.

Bilderstürmer entledigten 1566 die riesigen Kirchenhallen weitgehend ihres einst reichen Kirchenschatzes. Viel-

Antwerp City Card

Gewährt freien Eintritt in alle Antwerpener Museen und historischen Kirchen, außerdem Ermäßigungen auf Attraktionen, Sehenswürdigkeiten und Fahrradmiete. Kostet 31 €, ist 48 Std. gültig. Erhältlich in den Touristen-Infos und online (www.visitantwerpen.be).

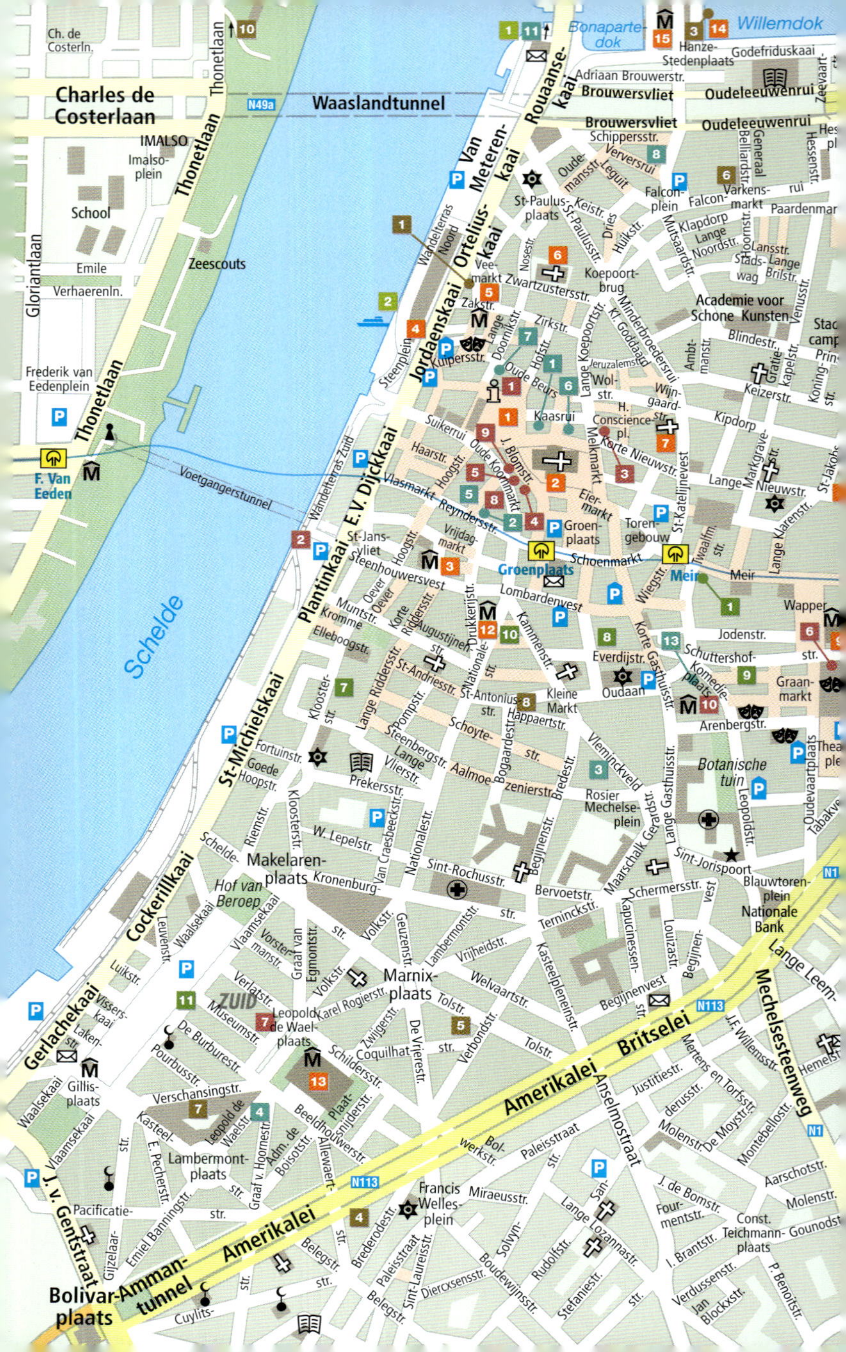

Ch. de Costerln.
Charles de Costerlaan
Thonetlaan
N49a
Waaslandtunnel
IMALSO
Imalso-plein
School
Zeescouts
Emile Verhaerenln.
Gloriantlaan
Frederik van Eedenplein
F. Van Eeden
Voetgangerstunnel
Schelde
Bonaparte-dok
Willemdok
Hanze-Stedenplaats
Godefriduskaai
Adriaan Brouwerstr.
Brouwersvliet
Oudeleeuwenrui
Rouaanse-kaai
Van Meteren-kaai
Ortelius-kaai
Jordaenskaai
Wandelterras Noord
Veemarkt
Zwartzustersstr.
Zakstr.
Kuipersstr.
Steenplein
St-Paulus-plaats
Schippersstr.
Verversrui
Oude-mansstr.
Leguit
Keistr.
St-Paulusstr.
Dries
Hulkstr.
Falcon-plein
Falcon-rui
Varkens-markt
Paardenmarkt
Klapdorp
Lange Noordstr.
Mutsaardstr.
Generaal Belliardstr.
Hessenstr.
Zeevaart-
Koepoort-brug
Minderbroedersrui
Academie voor Schone Kunsten
Lange Brilstr.
Lansstr.
Stads-wag
Venusstr.
Zirkstr.
Hofstr.
Lange Doornikstr.
Oude Beurs
Lange Koepoortstr.
Kl. Goddaard
Jeruzalemstr.
Wolstr.
Wijngaardstr.
H. Conscience pl.
Ambtmanstr.
Blindestr.
Gratiekapelstr.
Keizerstr.
Kipdorp
Koningstr.
Suikerrui
Kaasrui
Haarstr.
Hoogstr.
Oude Koornmarkt
J. Blomstr.
Melkmarkt
Korte Nieuwstr.
Lange Nieuwstr.
Markgravestr.
St-Jakobs
Eiermarkt
Groenplaats
Torengebouw
St-Katelijnevest
Wandelterras Zuid
E. V. Dijckkaai
Vlasmarkt
Reyndersstr.
Vrijdagmarkt
St-Jansvliet
Steenhouwersvest
Schoenmarkt
Meir
Twaalfmaandenstr.
Lange Klarenstr.
Plantinkaai
Oever
Kromme Elleboogstr.
Muntstr.
Korte Riddersstr.
Augustijnenstr.
Drukkerijstr.
Lombardenvest
Kammenstr.
Wiegstr.
Wapper
Jodenstr.
Korte Gasthuisstr.
Schuttershofstr.
Everdijstr.
Oudaan
Komedieplaats
Graanmarkt
Arenbergstr.
Theaterplein
St-Michielskaai
Kloosterstr.
Lange Riddersstr.
St-Andriesstr.
Nationalestr.
St-Antoniusstr.
Kleine Markt
Happaertstr.
Pompstr.
Schoytestr.
Steenbergstr.
Lange Vlierstr.
Aalmoezenierstr.
Bogaardestr.
Bredestr.
Vleminckveld
Botanische tuin
Leopoldstr.
Oudevaartplaats
Tabakvest
Fortuinstr.
Goede Hoopstr.
Prekersstr.
Rosier
Mechelseplein
Lange Gasthuisstr.
Riemstr.
W. Lepelstr.
Van Craesbeeckstr.
Begijnenstr.
Maarschalk Gerardstr.
Sint-Jorispoort
Scheldestr.
Makelarenplaats
Kronenburgstr.
Sint-Rochusstr.
Bervoetstr.
Schermersstr.
Blauwtorenplein
Nationale Bank
N1
Cockerillkaai
Hof van Beroep
Leuvenstr.
Waalsekaai
Vlaamsekaai
Vorstermanstr.
Graaf van Egmontstr.
Volkstr.
Geuzenstr.
Lambermontstr.
Vrijheidstr.
Terninckstr.
Kasteelpleinstr.
Kapucinessenstr.
Louizastr.
Begijnenvest
Lange Leem-
Luikstr.
ZUID
Verlatstr.
Museumstr.
Leopold de Waelplaats
Karel Rogierstr.
Marnixplaats
Tolstr.
Welvaartstr.
N113
Britselei
Mechelsesteenweg
Gerlachekaai
Visserskaai
Lakenstr.
De Burburestr.
Zwijgerstr.
Coquilhatstr.
De Vrierestr.
Verbondstr.
J.F. Willemsstr.
Hemelstr.
Gillisplaats
Pourbusstr.
Schildersstr.
Verschansingstr.
Plaatsnijdersstr.
Amerikalei
Anselmostraat
Justitiestr.
Mertens en Torfsstr.
De Moystr.
Montebellostr.
Kasteelstr.
E. Pecherstr.
Leopold de Waelstr.
Graaf v. Hoornestr.
Adm. de Boisotstr.
Beeldhouwersstr.
Allewaertstr.
Bolwerkstr.
Paleisstraat
Molenstr.
Aarschotstr.
Lambermontplaats
J. v. Gentstraat
Pacificatiestr.
Emiel Banningstr.
Miraeusstr.
Lange Sanstr.
J. de Bomstr.
Fourmentstr.
Const. Teichmannplaats
Gounodstr.
Francis Wellesplein
Lozannastr.
Brederodestr.
Belegstr.
Gijzelaarstr.
Ammantunnel
Bolivarplaats
Cuylitsstr.
Sint-Laureisstr.
Diercxsensstr.
Boudewijnsstr.
Solvynstr.
Rudolfstr.
Stefaniestr.
I. Brantstr.
Verdussenstr.
Jan Blockxstr.
P. Benoitstr.

Antwerpen

Sehenswert

1 Grote Markt
2 Onze-Lieve-Vrouw-Kathedraal
3 Museum Plantin-Moretus
4 Het Steen
5 Vleeshuis
6 Dominikanerkirche St-Paulus
7 St-Carolus-Borromeus-kerk
8 St-Jacobskerk
9 Rubenshaus
10 Zoo
11 Diamantmuseum Provincie Antwerpen
12 ModeMuseum MoMu
13 Königliches Museum für Schöne Künste (bis 2017 wg. Renovierung geschl.)
14 Hafen
15 MAS – Museum aan de Stroom

Übernachten

1 Antigone
2 Leonardo Hotel
3 Marjorie
4 Rubenshof
5 B&B Monique Vermeire
6 Internationaal Zeemanshuis
7 B&B Ann, Paul & Kids
8 JH Pulcinella
9 Alias Youthhostel
10 Camping de Molen

Essen & Trinken

1 Sjalot en Schanul
2 Zuiderterras
3 De Peerdestal
4 Pasta
5 Rooden Hoed
6 Grand Café Horta
7 Hippodroom
8 Pelgrom und De Grootte Ganz

Essen & Trinken
9 In de Schaduw van de Kathedraal
10 De Foyer

Einkaufen
1 Einkaufsstraße Meir
2 Ein Quadratkilometer Diamanten
3 Keyserslei
4 De Winkelhaak
5 China Town
6 Quellinstraat
7 Kloosterstraat
8 Wilde Zee
9 Horta-Komplex
10 Modeviertel
11 Zuid Viertel
12 Mekanik

Aktiv & Kreativ
1 Hafenrundfahrt und Candlelightcruise
2 Schelderundfahrt

Abends & Nachts
Kneipen
1 Het Elfde Gebod
2 De Vagant
3 Bierhuis Kulminator

Livemusik
4 Café Hopper
5 Den Heksenketel
6 Buster

Diskotheken
7 Café au Lait
8 Café d'Anvers

Kinos
9 UGC Cinemas
10 Metropolis

Theater & Konzert
11 Koninklijk Ballet van Vlaanderen
12 de Singel
13 Het Toneelhuis (Bourla-schouwburg)
14 De Vlaamse Opera

leicht treten die berühmten Rubenswerke, die »Kreuzaufrichtung« und die »Kreuzabnahme«, zwei der bedeutendsten Werke der Barockmalerei, sowie die »Auferstehung« deshalb besonders hervor.

Auch das Altarbild »Mariä Himmelfahrt« stammt aus der Hand des Meisters. Übrigens: Man findet Rubens als Statue gar nicht weit von der Kathedrale auf dem gemütlichen, von Cafés gesäumten **Groenplaats** – dargestellt als höfischer Ritter mit Schwert und als Maler.

Museum Plantin-Moretus 3

Vrijdagmarkt 22,www.plantin-moretus.be, Di–So 10–17 Uhr, Eintritt 8 €, ermäßigt 1–6 €

In dem schönen Renaissancehaus am **Vrijdagmarkt**, das seit dem Jahr 2005 zum UNESCO-Welterbe zählt, lebte und arbeitete im 16. Jh. der Buchdrucker Christophe Plantin. Die altflämische Patrizierwohnung mit dem ursprünglichen Mobiliar sowie die Druckerei mit den weltweit ältesten Druckpressen und originalem Druckmaterial vermitteln dem Besucher einen authentischen Eindruck von der Buchdruckkunst des 16. Jh. Noch anschaulicher wird alles bei der Besichtigung der angeschlossenen Setzerei, Schriftgießerei und des Korrekturraums.

Het Steen – Burg an der Schelde 4

Breitbeinig steht an der Schelde der hünenhafte **Lange Wapper** vor dem **Steen**. Mitte des 9. Jh. nur eine von einem Erdwall umgebene Fluchtburg, wurde die steinerne Burg 1200–25 gemauert. Der Sitz der Burggrafen diente später als Gefängnis.

Vleeshuis 5

Vleeshouwersstraat 38–40, http://museum.antwerpen.be/vleeshuis/, Di–So 10–17 Uhr, Eintritt 5 €, ermäßigt 1–3 €

In dem in ›Speckschichten‹ gemauerten spätgotischen Fleischhaus, einst Zunfthaus der Metzger (16. Jh.), zeigt das Museum Vleeshuis in der Ausstellung *»Klank van de Stad«* 600 Jahre städtisches Musikleben. Außerdem zu sehen: exzellente Sammlungen von Münzen, Musikinstrumenten und zeitgenössischer Kunst sowie zur Stadtgeschichte.

Dominikanerkirche St-Paulus 6

April–Okt. tgl. 14–17 Uhr, Eintritt frei
Die spätgotische Kirche mit barockem Turm birgt einen Kunstschatz von über 200 Skulpturen und 50 Gemälden, unter denen auch drei Gemälde von Rubens und Jugendwerke von Jordeans und van Dyck zu entdecken sind.

St-Carolus-Borromeuskerk 7

Mo–Fr 10–12.30, 14–17 Uhr, So nur zu den Gottesdiensten, Eintritt frei
Die 1621 von Jesuiten erbaute Kirche ist ein schönes Beispiel des Hochbarocks. Leider hat ein Brand das ursprüngliche hölzerne Tonnengewölbe mit 38 Deckengemälden von Rubens vernichtet. Barock pur ist noch die kleine Onze-Lieve-Vrouwkapel, die das Feuer nicht erreicht hatte.

St-Jacobskerk 8

April–Okt. tgl. 14–17 Uhr, Eintritt 2 €
Keine Kirche in Antwerpen ohne Rubens-Gemälde, so auch in der ab Ende des 15. Jh. erbauten gotischen St-Jacobskerk: Hier befindet sich »Maria mit dem Kind, umgeben von Heiligen«, ein Spätwerk von Rubens. Diese Kirche war Rubens Pfarrkirche, hier heiratete der Malerfürst und hier liegt er auch begraben.

Rubenshaus 9

Wapper 9, www.rubenshuis.be, Di–So 10–17 Uhr, Eintritt 8 €, ermäßigt 1–6 €
Dass Rubens als Künstler kein Hungerleider war, offenbart ein Besuch dieses Hauses. In dem Stadtpalast nach Art eines italienischen Palazzo wohnte, repräsentierte und arbeitete der Hofmaler der spanischen Erzherzöge von 1615 bis zu seinem Tod. Neben einigen seiner Gemälde, darunter ein Selbstporträt in der Küche, »Adam und Eva im Paradies« und »Die Schlacht Heinrichs IV. vor Paris« findet man Bilder von Malern seiner Epoche – ▷ S. 191

Rubens' Wohnhaus ist heute ein Museum

Lieblingsort

›Tierisch gut‹ – ein Besuch im Zoo 10
Gleich neben der Antwerpener Zentraal Station liegt der zoologische Garten. Ob man sich bei den großen Dickhäutern oder im Affengehege mit der Digitalkamera auf Motivsuche begibt – hier kann man Stunden zubringen. Faszinierend ist auch die Architektur des Eingangsgebäudes und des Elefanten- und Giraffenhauses im Stil eines ägyptischen Tempels.
Zoologischer Garten: www.zooantwerpen.be, tgl. ab 10 Uhr, Besuchsende je nach Saison, Eintritt 22 €, ermäßigt ab 17 €.

Auf Entdeckungstour

Im Diamantenviertel von Antwerpen

Wer in Antwerpen nach den passenden Steinchen sucht, ist in der Pelikaanstraat richtig. Um sich erst einmal über Diamanten ins Bild zu setzen, geht man besten in das Antwerpener Diamantmuseum, gleich neben dem Bahnhof.

Info: Diamantmuseum Provincie Antwerpen 11, Koningin Astridplein 19, Tel. 03 202 48 90,www.provant.be
Öffnungszeiten: tgl. außer Mi 10–17.30 Uhr
Eintritt: 6 €, ermäßigt 4 €.

Anderswo wäre der zielstrebig durch die Pelikaanstraat schreitende, schwarz gekleidete Mann mit langem Bart und Korkenzieherlocken an den Schläfen eine eher ungewöhnliche Erscheinung. Nicht jedoch in dem Viertel an Antwerpens Hauptbahnhof. Und auch die Tatsache, dass eine Aktentasche an einem Handgelenk angekettet ist, sieht man hier öfter. Denn die Pelikaanstraat liegt in Antwerpens Diamantmeile mit Dutzenden Juweliergeschäften und vier Diamantbörsen, von denen allein drei in der Pelikaanstraat angesiedelt sind.

Geschäfte per Handschlag

Synagogen und koschere Läden weisen die Gegend zudem als jüdisches Viertel aus. Etliche der hier lebenden orthodoxen Juden sind Diamanthändler, wobei der Handel häufig nach alter Tradition per Handschlag und dem jiddischen Spruch »masel un broche« (»Glück und Segen«) besiegelt wird.

Ein Bummel an den mit glitzerndem Schmuck beladenen Schaufenstern vorbei macht deutlich: Bei diesen Preisen will ein Einkauf gut überlegt sein. Zudem lässt sich der Wert von Diamanten von Laien kaum einschätzen, denn ihr Wissen über die edelsten der Edelsteine ist meist begrenzt. Doch gegen Unwissenheit kann man hier etwas tun, im Diamantmuseum Antwerpen, gleich neben dem Bahnhof.

Berühmte Diamanten

Am Ticketschalter des Museums bekommt man einen Audioführer in deutscher Sprache. Per Lift geht es sodann in die dritte Etage, wo die Reise in die Welt der Diamanten gleich mit einem Paukenschlag beginnt – mit dem »Cullinan«. Dabei handelt es sich um den größten bisher gefundenen Diamanten. Dann geht es gleich mit dem ältesten bekannten Diamanten weiter, dem »Koh-i-Noor«. In einem abgedunkelten Raum geschickt in einer Vitrine zur Geltung gebracht, glitzern und funkeln – wenn auch nur in Form von Imitaten – die britischen Kronjuwelen. Sie sind es nämlich, die diese berühmtesten aller Diamanten enthalten, wobei der ursprünglich 3 106 Karat schwere »Cullinan« in mehrere große Steine gespalten ist.

Der Diamant, ein Häufchen Kohlenstoff

Einige Schritte weiter sind für den Laien kaum als solche zu erkennende Rohdiamanten ausgestellt: Sie gleichen ganz ordinären kleinen Steinen. Schauen Sie sich einen solchen Stein am Nebentisch durch ein Mikroskop an. Dann wird Ihnen klar, dass Diamanten wachsen, und zwar Schicht um Schicht. Dabei zeigen überdimensionale Atommodelle, dass Diamanten nichts anderes sind als Häufchen zusammengepressten Kohlenstoffs. Hier werden Besucher zudem mit den physikalischen Eigenschaften der edlen Steine vertraut gemacht. Über die Echtheit der Steine gibt beispielsweise ihre elektrische Leitfähigkeit Aufschluss. Ferner werden die Diamantenschürferei und Fundstätten für Diamanten vorgestellt. Gut geschützt, hinter dickem Panzerglas, sind auf dieser Etage auch kostbare Schmuckstücke ausgestellt, darunter ein mit Diamanten besetztes Hundehalsband.

Die vier »Cs« – das A & 0

Ist die Echtheit erst einmal bewiesen, kann man sich den Faktoren zuwenden, die den Wert der Edelsteine ausmachen, nämlich *carat*, *colour*, *clarity* und *cut*.

Im antiken Byzanz wurde das Gewicht von Perlen mithilfe von Samen-

Historischer Diamantschleifer im Diamantmuseum von Antwerpen

körnern des Johannisbrotbaums bestimmt; das Gewicht eines Samenkorns war ein *Carat*. Später legte man dieses Gewicht auf 0,2 g fest. *Colour* bezeichnet die Farbe, wobei weiße Brillanten die wertvollsten sind. *Clarity* steht für die Reinheit.

Je weniger Einschlüsse ein Stein hat und je kleiner diese sind, desto besser. Lupenreine Steine zeigen bei zehnfacher Vergrößerung keine Einschlüsse. Mit *Cut* ist der Schliff gemeint, dessen Qualitätsmerkmale Symmetrie und saubere Schnittstellen sind.

Cut in Antwerp – ein Label mit Tradition

In der zweiten Etage hat man eine historische Diamantschleiferei aus dem Jahr 1901 rekonstruiert. Gearbeitet wurde auf Holzschemeln an Bänken, deren Schleifscheiben von Hand über Räder und Bänder angetrieben wurden. Das ununterbrochene Drehen der Räder war Knochenarbeit. Sie wurde von Frauen und Kindern verrichtet.

Wo das Spaltwerkzeug ansetzen? Welcher Schliff holt das optimale aus dem Rohdiamanten heraus? Fragen wie diese bereiteten Diamantschleifern schlaflose Nächte. Heute simulieren, wie im Nebenraum gezeigt, Computerprogramme, welcher Cut und welcher Schliff den größten Ertrag eines Steins bringt.

Eines jedenfalls steht außer Frage: »Cut in Antwerp« ist für Brillanten das, was »Made in Switzerland« für Uhren ist – ein international renommiertes Qualitätslabel. Echtheit und Qualität eines Diamanten werden präzise in einem Diamanten-Zertifikat beschrieben, das der Hoge Raad voor Diamant (HRG) ausstellt. Als ein zusätzliches Mittel der Identifikation dient eine winzige Lasergravur.

Rubens war auch Sammler – und Werke seiner Schüler. Aus dem Innenhof zwischen den Flügeln des Palazzo gelangt man durch ein Barockportal in einen großen Garten, den Rubens ursprünglich selbst entworfen hatte.

ModeMuseum MoMu 12

Nationalestraat 28, www.momu.be, Di–So 10–18 Uhr, Eintritt 8 €, ermäßigt 1–6 €

Antwerpener Modedesign hat in der Modewelt einen ausgezeichneten Ruf, Absolventen der berühmten Modeakademie und des Flanders Fashion Institute werden von internationalen Couturiers mit Handkuss genommen. Hier sind klassisches, schrilles und exzentrisches Modedesign sowie Schöpfungen früherer Modemacher zu bewundern.

Königliches Museum für Schöne Künste 13

Leopold de Waelplaats, www.kmska.be, Di–Sa 10–17, So 10–18 Uhr, Eintritt 4 €, ermäßigt 1 €; bis 2017 wegen Renovierung geschlossen, allerdings finden in und um Antwerpen Ausstellungen mit Werken aus dem KMSKA statt, z. B. in der Kathedrale oder im MAS (s. u.), aktuelle Infos auf der Website

Hohe, korinthische Säulen, das Bauwerk thront tempelartig auf einem hohen Podium und hat eine ausladende Treppe – die klassische Fassade des KMSKA beeindruckt. Noch eindrucksvoller ist die Sammlung: Sie umfasst über sieben Jahrhunderte künstlerischen Schaffens in den Südlichen Niederlanden und Belgien.

MAS – Museum Aan de Stroom 15

Hanzestedenplaats 1, www.mas.be, Di–So 10–17, Tickets bis 16, April–Okt. Sa, So bis 18, Tickets bis 17, Do 17–21 Uhr (nur ein Saal geöffnet, 1 €), Eintritt 5 €, ermäßigt 1–3 €, Sonderausstellungen kosten mehr

Top-Museum in einem 60 m hohen beeindruckenden Gebäude, in dem die Geschichte Antwerpens und seines Hafens, die Welt unterschiedlicher Völker, Leben und Tod und der Mensch in seiner Umwelt eindrucksvoll unter die Lupe genommen werden. Terrasse mit Wahnsinnsaussicht!

Mein Tipp

Besuch im Hafen 14

Antwerpen besuchen, ohne den Hafen zu sehen, ist wie Cappuccino ohne Milchschaum. Schön ist eine zweieinhalbstündige Hafenrundfahrt. Afahrt von Kaai 14, Londenbrug, www.flandria.nu (s. S. 194). Auch eine Fahrt mit dem Auto zur Berendrecht-Schleuse lohnt sich. Durch diese größte Schleuse der Welt werden häufig Riesentanker und -frachter von winzigen Schleppern bugsiert.

Kalmthoutse Heide ► F 11

In dem 732 ha großen Naturschutzgebiet Kalmthoutse Heide, einer Heide-, Dünen- und Marschlandschaft nördlich von Antwerpen, in der noch intakte Wanderdünen existieren und zahlreiche Brachvögelarten einen Lebensraum finden, kann man sehr schöne ausgedehnte Spaziergänge unternehmen.

Übernachten

Schelde-Blick – **Antigone 1**: Jordaenskaai 11, Tel. 03 231 66 77, www.antigonehotel.be. DZ 110–130 €. Die Qual der Wahl lautet hier: Wählt man ein Zimmer nach hinten, wo es ruhiger ist, oder nach vorn, mit schöner Aussicht auf die Schelde? Das Hotel ist das einzige in der Stadt, das so nah am Fluss liegt.

Angebunden – **Leonardo Hotel 2**: De Keyserlei 59, Tel. 03 232 14 43, www.leonardo-hotels.de, DZ ab ca. 90 € (ohne Frühstück günstiger). Man kommt aus dem Bahnhof und schon ist man da. Das Hotel ist zwar groß, doch herrscht eine familiäre Atmosphäre. Frühstück gibt es in dem gemütlichen Frühstücksraum oder auf der schönen Außenterrasse.

Auf dem Wasser – **Marjorie 3**: Napoleonkaai, Tel. 0475 24 54 28, www.marjorie2.com, DZ ab 125 €. B&B der besonderen Art: Nächtigen Sie auf einem voll funktionsfähigen, luxuriösen Segelschiff, das gegenüber dem MAS-Museum liegt. Ein Traum!

Authentisch – **Rubenshof 4**: Amerikalei 115, Tel. 03 237 07 89, www.rubenshof.be. DZ 52–76 €. Charmantes Hotel in der ehemaligen Kardinalsresidenz. Sie frühstücken in einem Jugendstilraum mit schönen, bleiverglasten Fenstern. Die Gästezimmer sind schlichter, aber in Ordnung, 14 haben eine eigene Dusche und Toilette, die anderen nur Waschbecken.

Kunstvoll – **B & B Monique Vermeire 5**: Tolstraat 26, Tel. 03 237 07 13, DZ 90 €, ab 2 Nächte 70 €. Logieren im Haus der bekannten Kunstmalerin Monique Vermeire. Das ganze Haus ist mit Gemälden der Künstlerin und anderer Künstler dekoriert. Fünf Minuten zur Altstadt, Fahrradvermietung.

Seemännisch – **Internationaal Zeemanshuis 6**: Falconrui 21, Tel. 03 227 54 33, www.zeemanshuis.be. DZ 72–82 €. Nicht nur für Seefahrer. In der Bar und im Restaurant spinnen Globetrotter und Seemänner aus aller Welt ihr Seemannsgarn.

Familiär – **B & B Ann, Paul & Kids 7**: Verschansingstraat 55, Tel. 03 248 02 48, www.bbantwerp.be, DZ 90 €, bei 2–3 Nächten 80 €, Frühstück ab 5 €/Pers. Herzlich aufgenommen werden Gäste bei Familie Van de Putte/Brosens und ihren Kindern. Frühstück? Gern mit der Familie, im Sommer draußen auf der romantischen Terrasse. Zum Zentrum sind es 15 Minuten. Fahrradunterstand.

Jugendherberge – **Pulcinella 8**: Bogaardeplein 1, Tel. 03 234 03 14, www.vjh.be. Übernachtung einschließlich Bettzeug und Frühstück ab 19,50 €.

Jugendlich – **Alias Youthhostel 9**: Provinciestraat 256, Tel. 03 230 05 22, www.youthhotel.be. Gepflegtes Familienhotel, 30 Zimmer mit Bad und Klimaanlage, DZ 49–61 €.

Camping – **De Molen 10**: Jachthavenweg 2, Tel. 03 219 81 79. April–Sept. Ruhig gelegen, am linken Scheldeufer, vier Wanderhütten. Stellplatz ab 15 €.

Essen & Trinken

Entspannt – **Sjalot en Schanul 1**: Oude Beurs 12, Tel. 03 233 88 75. Tgl. außer Di, Mi 17–22 Uhr. Ob draußen auf der Terrasse oder drinnen – man sitzt ganz gemütlich auf einfachen Klappstühlen. Auf der Speisekarte stehen Salate mit Namen wie »Isla Bonita« (mit Hähnchen) oder »Isla Garnita« (mit Krabben), ab 19 €.

Aussichtsreich – **Zuiderterras 2**: Ernst van Dijckkaai 37, Tel. 03 234 12 75, www.zuiderterras.be, tgl. 9–24, Küche 12–22, Fr–So und im Sommer bis 23 Uhr. Spektakuläres, futuristisches Bauwerk. Durch riesige Panoramafenster, im Sommer auch von der Terrasse, genießt man hier die Aussicht auf die Schelde. Hauptgerichte ab 17,50 €. Sehr lecker: das *gegrilde Ierse rib eye* (24,50 €).

Rustikal – **De Peerdestal 3**: Wijngaardstraat 8, Tel. 03 231 95 03, www.depeerdestal.be, tgl. Romantisch, mit rustikalem Interieur und schöner Empore. Französisch–belgische Küche. Neben zartem Pferdesteak und noch zarterem Pferdefilet gibt es Gerichte mit Fleisch anderer Huftiere, Fisch und Meeresfrüchte. Hauptgerichte ab 18 €.

Feiner Italiener – **Pasta 4**: Oude Koornmarkt 32, Tel. 03 213 16 76, www.apmhippo.be, tgl. 11–15, 17–22.30 Uhr. Unten holzgetäfelte Wände mit großen Spiegeln, geht man die Holztreppe hinauf, begleitet einen die Wandbemalung mit Pfauen auf bröckelndem Putz. Ganz oben bietet der Wintergarten eine schöne Aussicht auf die Kathedrale. Hier gibt es handgemachte Pastas, Pizza sucht man vergeblich. Hauptgerichte ab 14 €.

Smakelijk – **Rooden Hoed 5**: Oude Koornmarkt 25, Tel. 03 233 28 44, www.roodenhoed.be, tgl. 12–14.30, 18–22.30 Uhr. Elegante, moderne Einrichtung, freundliche, flinke Bedienung, ausgezeichnete Küche, wobei Muscheln (z. B. in Weißwein, 23 €) und Fischspezialitäten ganz oben auf der Speisekarte stehen. Marktmenü ab 18,50 €.

Jugendstil – **Grand Café Horta 6**: Hopland 2, Tel. 03 203 56 60, www.grandcafehorta.be. Tgl. ab 9 Uhr. Die eisernen Spanten stammen aus dem von Victor Horta in Brüssel erbauten Volkshuis (Maison du Peuple) das trotz heftiger internationaler Proteste im Jahr 1965 abgerissen wurde. Snacks (ab 10 €), Salate (ab 16,50 €), Pasta, *flensjes* und mehr.

Trendy – **Hippodroom 7**: Leopold de Waelplaats 10, Tel. 03 248 52 52. www.hippodroom.be, Mo–Fr 12–14.30, 18–23, Sa nur abends. Schönes Fin-de-siècle-Haus, innen weißer Marmor und roter Samt sowie eine komplett in Messing gehaltene Bar. Im Sommer auch draußen. Hauptgerichte der verfeinerten französisch-belgischen Cuisine ab 17 €.

Mittelalterlich – **Pelgrom und De Grootte Ganz 8**: Pelgrimstraat 15, Tel. 03 234 08 09, www.pelgrom.be, Sa, So ab 12, Mo–Fr ab 17 Uhr. Mittelalterliche Kellergewölbe, Kerzenschein und mediävale Musik. In De Grootte Ganz (Fr, Sa 18–23 Uhr) tafelt man mit Holzlöffeln, trinkt Bier aus Bechern und vertilgt nach uralten Rezepten Zubereitetes. Hauptgerichte ab ca. 15 €.

An der Kathedrale – **In de Schaduw van de Kathedraal 9**: Handschoenmarkt 17, Tel: 03 232 40 14, www.indeschaduwvandekathedraal.be. Tgl. außer Di. Hübsch dekorierte Speiseräume und Terrasse mit schöner Aussicht auf die Kathedrale. *Paling in't groen, Ossehaas, Kalfslever Lyonnais* – drei Klassiker auf der Speisekarte. Hauptgerichte ab 24 €.

Prunkvoll – **De Foyer 10**: Komedieplaats 18, Tel. 03 233 55 17, tgl. 11–22 Uhr, So abend geschl. Marmorsäulen, Kristalllüster und eine prunkvoll geschmückte Kuppe – die Brasserie liegt im Foyer des Theaters. Leichte Mahlzeiten ab 9 €, Menüs ab 20 €.

Einkaufen

Modisches für den Fuß – **Einkaufsstraße Meir 1**: Enormes Angebot an Mode- und Schuhgeschäften, große europäische Kaufhäuser. In der abzweigenden Jezusstraat gibt es hübsche Boutiquen, Cafés und Lebensmittelläden.

Geschliffenes – **Ein Quadratkilometer Diamanten 2**: Das Viertel am Bahnhof erstreckt sich über die Pelikaan-, Vesting-, Rijf- und Hoveniersstraat. Am ADJA-Label im Schaufenster erkennen Sie, wer zu den Renommierten der Branche gehört.

Mixed shopping – **Keyserslei** 3: Exklusive Juweliere, Schuh-Boutiquen und mehrere Shoppingcenter bietet dieser große Boulevard.
Design – **De Winkelhaak** 4: In der Offerandestraat haben sich zahlreiche Designerläden eingenistet.
Asiatisch – **China Town** 5: Van Wesenbekestraat (gegenüber dem Bahnhof). Zahlreiche Läden und Supermärkte mit chinesischen, thailändischen und anderen fernöstlichen Waren und Lebensmitteln.
Anspruchsvoll – **Quellinstraat** 6: Hier reihen sich Modeläden und Boutiquen mit Haute-Couture-Kollektionen und Designerläden; ebenso in der Frankrijklei.
Second-Hand – **Kloosterstraat** 7: Fundgruben für Liebhaber von Trödel, antiquarischen Büchern und Kunst; auch in der Wolle- und Lange Koepoortstraat.
Fashion – **Wilde Zee** 8: In der Gegend zwischen der Huidenfettersstraat und Lange Gasthuisstraat gibt es Mode von Basics und Casual bis Designerklamotten die Menge.
Noblesse – **Horta-Komplex** 9: Schicke Boutiquen, Antiquitäten und Innendesign finden Sie in der Schuttershofstraat, rund um den Horta-Komplex in der Hopland Straat und am Mechelsesteenweg.
Exklusiv – **Das Modeviertel** 10: In der Nationalstraat und den angrenzenden Straßen präsentiert sich Antwerpen als Modestadt von Welt. Mit dabei sind auch die Lomberden- und Steenhouwersvest, und die Kammenstraat mit ihren Streetware-Läden – besonders beliebt bei jungen Modebewussten.
Kunst und Design – **Zuid Viertel** 11: Kunstgalerien und Auktionshäuser liegen im Umfeld der großen Museen, Galerien und exklusives Design sowie Heimtextilien findet man am Vlaamse und Waalse Kaai, tolle Lampen und Trödel eher in der Volkstraat.
Comics – **Mekanik** 12: St-Jacobsmarkt 73. Comics, Poster, Videos und Collectables – einer der größten Comicläden Europas.

Aktiv & Kreativ

Hafenrundfahrten – **Flandria:** Steenplein, Tel. 03 231 31 00, www.flandria.nu, Abfahrt von **Kaai 14** 1, Londenbrug, Londenstraat. **Große Hafenrundfahrt:** Okt.–Nov. Fr–So und in den belgischen Osterferien tgl., Mai–Sept. tgl. 14.30 Uhr, Dauer 2,5–3 Std., Erwachsene 14,50 €, ermäßigt 12,50 €. **Kleine Hafenrundfahrt:** Mai–Juni und Okt.–Nov. Fr–So sowie in den belgischen Osterferien tgl., Juli–Aug. tgl. 10.30 Uhr, Dauer 1,5 Std., Erwachsene 10,50 €, ermäßigt 8,50 €. **Candlelightcruise:** März–Nov. jeden 1. und 3. Sa im Monat, Einschiffung 19.30, Abfahrt 20 Uhr, Dauer 3 Std., 69 €, ermäßigt 66 € (Reservierung erforderlich).
Schelderundfahrt – **Flandria:** s. o., Abfahrt **Steenplein** 2, Mai–Juni Fr–Sa, Juli–Aug. tgl., in den belgischen Osterferien tgl., Sept. Sa, So, jeweils 14 und 16 Uhr, Dauer 50 Min., 7,50 €, ermäßigt 6,50 €.

Abends & Nachts

Antwerpen hat über 1800 Kneipen und Cafés – kein Problem, den Durst zu stillen.
Infos zu Theater, Kino, Livemusik im Magazin *Week Up* (www.weekup.be), erhältlich im Touristenbüro, den Kinos und Theatern …
Infoschalter für Kulturangelegenheiten, Grote Markt 13, Tel. 03 338 95 85.
Tickets online: www.infocultuur.be und www.ticketantwerpen.be.

Viel bewundert und gern getragen – Designermode aus Antwerpen

Unter Heiligen – **Het Elfde Gebod 1**: Torfbrug 10. Vollgestopft mit kleinen und großen Heiligenfiguren. Man kann zahlreiche Biere, darunter Trappistenbiere, probieren. Es ist ziemlich touristisch, aber dennoch einen Besuch wert.

Hochprozentiges – **De Vagant 2**: Reyndersstraat 25, Tel. 03 233 15 38, Mo–Fr ab 11, So ab 12 Uhr. Auf der *jeneverkaart* finden Sie über 200 Jenever mit verschiedenen Aromas und bis zu 54 Prozent, na dann ....

Bier bis zum Abwinken – **Bierhuis Kulminator 3**: Vleminckveld 32, Tel. 03 232 45 38, Di–Fr ab 11, Sa ab 17, Mo ab 20 Uhr. Es sollen insgesamt 700 sein, die verschiedenen Biersorten in dieser Kneipe.

Livemusik

Gratis Jazz – **Café Hopper 4**: Leopold de Waelstraat 2, Tel. 03 248 49 33. Meist montags, mittwochs und sonntags Jazz, in der Regel gratis.

Folk – **Den Heksenketel 5**: Pelgrimsstraat 22. Folk-Podium für lokale Musiker und Durchreisende.

Von Blues bis Jam – **Buster 6**: Kaasrui 1, Tel. 03 232 51 53. Gutes Podiums-Café für Jazz, Blues, Rock, Funk, Jam-Sessions, aber auch Stand-up-Comedy, fast täglich.

Diskotheken

Für funky people – **Café au Lait 7**: Oude Beurs 8. Subtropical Parties, von Afro und Afrohouse bis Tropical, Soul und Funk, aufgelegt von DJs Bubba, Vertigo, Dice und weiteren beliebten Szene-DJs.

Good Vibration – **Café d'Anvers 8**: Verversrui 15, Tel. 03 226 38 70. Fr und Sa ab 23 Uhr. Best of DJs in der ältesten Hausdisko Belgiens in einer ehemaligen Kirche.

Rock aus der Karibik beim Hoogstraten-Festival in der Provinz Antwerpen

Kinos

Kinokomplex – **UGC Cinemas** 9: Van Ertbornstraat 17, Tel. (Info) 09 00 104 40, www.ugc.be. Kinokomplex mit 17 Sälen, in der Stadtmitte.

Multiplex – **Metropolis** 10: Groenendaallaan 394, Tel. 03 544 36 00, www.kinepolis.com. Insgesamt 24 Hightech-Kinosäle stehen zur Auswahl.

Theater und Konzert

Klassisch – **Koninklijk Ballet van Vlaanderen** 11: Westkaai 16, Tel. 03 234 34 38, klassisches Ballett.

International – **de Singel** 12: Desguinlei 25, Tel. 03 248 28 28, www.desingel.be. Internationales Theater und Tanz.

Bühne – **Het Toneelhuis** 13: Komedienplaats 18, Tel. 03 224 88 44, www.toneelhuis.be. Das Theater bietet wegweisende zeitgenössische Theaterproduktionen, Repertoiretheater von neuem Stil, häufig preisgekrönt.

Königlich – **De Vlaamse Opera** 14: Frankrijklei 3, Tel. 03 202 10 11, www.vlaamseopera.be. Haus der renommierten Koninklijke Vlaamse Opera.

Infos & Termine

Infos

Toerisme Antwerpen

Grote Markt 13, Tel. 03 232 01 03, www.antwerpen.be. Außerdem im Hbf.

Termine

Juli, Aug.: Glockenspielkonzerte in der Kathedrale.

Mitte Aug.: Jazz Middelheim, beliebtes Jazz-Festival im Park Den Brandt, www.jazzmiddelheim.be.
15. Aug.: Rubensmarkt: altertümliches Volksfest, Grote Markt.
Aug.: Antilliaanse Feesten Hoogstraten. In Hoogstraten (ca. 38 km nordöstlich von Antwerpen), großes Outdoor-Latin-Festival.
Herbst/Winter: Night ot the Proms: Pop- und Klassikkonzerte im Sportpalast. www.notp.com.
2. Hälfte Aug.: Festival van Vlaanderen: **Laus Polyphoniae (»Alte Musik« und Polyphonie)**, Info: Tel. 09 202 46 60, www.festival.be.

Verkehr

Bahn: IC nach Brüssel, Amsterdam, Lille, Kortrijk, Gent, Brügge, Oostende.
Innerstädtisch verfügt Antwerpen über ein dichtes Straßenbahn- und Busnetz. Vom Bahnhof kommt man am schnellsten mit der Metro (Station Diamant) ins Zentrum (Groenplaats).
Fahrradverleih: *De Windroos*, Steenplein 1, Tel. 03 480 93 88. *Fiets-Dokter*, Verschansingstraat 48, Tel. 03 237 82 54.

Lier ► F 12

Pallieterstad aan de Nete – verschmitzt und ein wenig stolz nennen die Lierenaren ihr Städtchen (Lierre; 34 000 Einw.) nach der lebenslustigen Romanfigur Pallieter, mit der der Schriftsteller und große Sohn der Stadt, **Felix Timmermans** (1886–1947), Lier ins Rampenlicht der Weltliteratur gerückt hat. Oder kurz und bezeichnend: »Lierke Plezierke« – Lustiges Lier! Und in der Tat, Gemütlichkeit und Frohsinn sind jederzeit präsent, beispielsweise bei einem leckeren schäumenden Caves-Bier in den zahlreichen geselligen volks- und praatcafeetjes.

Der Ursprung der Siedlung geht auf eine Klause zurück, die der fränkische Ritter und Missionar Gummarus 760 hier an der Nete erbaut haben soll. Im Mittelalter war Lier ein Zentrum des Tuch- und Viehhandels. Die alte Stadtbefestigung wurde 1784 weitgehend geschleift, der Stadtwall besteht aber noch immer und lädt mit den heutigen Esplanaden zu Spaziergängen ein.

Grote Markt

Auf dem Marktplatz schmiegt sich der schlanke Belfried (14. Jh.), einziger Rest der abgerissenen Tuchhalle, an das frei stehende **Rokoko-Rathaus** (18. Jh.) an. Im Inneren des überwiegend im Stil Ludwigs XV. eingerichteten Bauwerks beeindruckt besonders die herrliche geschwungene Rokoko-Wendeltreppe. Links neben dem Rathaus befindet sich das gotische **Vleeshuis** (Fleischhaus, 1451). Unter den zahlreichen schönen Zunfthäusern, die den Marktplatz einfassen, findet man u. a. D'Eycken Boom (Der Eichenbaum, Nr. 36), einst Haus der Meistersinger, und auch die zu einem Wohnhaus mit Renaissancefassade zusammengefassten Häuser De Clynen Palmboom und Den Palmboom (Kleine Palme und Palme, Nr. 41–42).

Zimmertoren

Zimmerplein 18, www.zimmertoren.be, tgl. außer Mo 9–12, 13.30–17.30 Uhr, Eintritt 3 €, ermäßigt 2 €

Gegenüber dem Rathaus führt die Eickelstraat zum Zimmerplein mit der malerischen Gevangenenpoort (1375). An der Rückseite des alten Festungstors, das jahrhundertelang auch Gefängnis war, ist der **Rusthof van Acker-Peeters** angebaut. Das 1903 im eklektizistischen Stil erbaute Backsteinhaus bildet den Eingang zu einem Hof mit zwölf kleinen Häuschen, die als Altenwohnstätte dienten. Am anderen Ende des Zimmerpleins steht Liers größte Attraktion: der **Zimmertoren** (Zimmerturm) mit der Jubiläumsuhr von 1830, die der Uhrmacher Louis Zimmer schuf. Sie besteht aus 13 verschiedenen Zeitmessern und zeigt u. a. die Greenwichzeit, die Tierkreiszeichen und die Mondphasen an. Im ersten Stock befindet sich das Astronomische Studio mit Planetarium. Eine Uhr des Meisters ist nebenan im **Zimmer-Pavillon** ausgestellt. Sie ist 4,87 m hoch, hat 93 Zifferblätter, wiegt über zwei Tonnen und erlangte auf Weltausstellungen in Brüssel und New York Weltruhm.

Beginenhof

Die Eickelstraat setzt sich in der Begijnhofstraat fort und führt zum Begijnhof (13. Jh.). Man betritt ihn durch ein großes Tor, über dem eine Terrakotta-Figur der hl. Begga (1777), Patronin der Beginen, wacht. Mit seinen von weißen Häuschen gesäumten schmalen Gassen und dem Kreuzweg gehört Liers Beginenhof zu den schönsten des Landes.

St-Gummaruskerk

Kardinaal Mercierplein, Ostern–Okt. tgl. 10–12 Uhr, 14–17 Uhr, Eintritt frei

Einige Häuserblöcke östlich steht die gotische St-Gummaruskerk (1378–1540). Hier gaben sich 1496 Philipp der Schöne und Johanna die Wahnsinnige das Ja-Wort. Zum Inventar gehören der überreich verzierte spätgotische Lettner (16. Jh.) und das Colibrant-Triptychon, das die Heirat Marias darstellt. Herrliche spätgotische Glasmalereien schmücken die Fenster.

Übernachten

Stilvoll – **Hof van Aragon:** Aragonstraat 6, Tel. 03 491 08 00, www.hva.be. DZ 87–119 €. Dieses Hotel im »Maegdenhuys« (16. Jh.), einem ehemaligen Waisenhaus für Mädchen, ist eine geschmackvolle Mischung aus Alt und Neu. Im Zentrum am Ufer der Nete. Die komfortablen Zimmer sind elegant und modern eingerichtet und unterschiedlich groß.

Gemütlich im Grünen – **B & B Huis Goeland:** Hoog-Lachenen 84, Tel. 03 480 44 73, DZ 50–60 €, ab 3 Tage günstiger. Logieren Sie im Haus der Künstlerin Hennie van Engeland im Grünen vor den Toren der Stadt. Räder können Sie hier unterstellen. Und als Künstler bekommen Sie auch noch einen Rabatt!

Essen & Trinken

Spezialitäten: Gewürzkuchen *Lierse vlaaikes* auf der Basis von Kandissirup

Mechelen – Glockenspielstadt

Mechelen verfügt mit der Königlichen Glockenspielschule über eines der renommiertesten Ausbildungszentren für Glockenspieler. Was der *Stadsbeiaardier* in seinen Glockenspielkonzerten den Glocken der St-Rombouts-Kathedrale zu entlocken vermag, davon kann man sich selbst überzeugen: im Sommer Mo 20.30 Uhr Glockenspielkonzert.

und vier Gewürzen, *De Liter van Pallieter* (Starkbier), das *Liers Kerstbier*, ein obergäriges Weihnachtsbier und das säuerliche Caves-Bier.

Für jeden etwas – **Het Moment:** Grote Markt 40, Tel. 03 488 00 68, tgl. Stilvolle Brasserie mit schönem Garten. Hier gibt es leckere Salate und man kann auch gut Fisch essen, wie z. B. *paling in 't groen*, oder auch Fleischgerichte mit Lamm oder Rind. Köstlich: Kaffee mit *Lierse vlaaikes*. À la carte: Hauptgerichte ab 15 €.

Große und kleine Speisen – **Zuster Agnes:** Schappenkoppenstraat 16, Tel. 03 288 94 73, www.zusteragnes.be, tgl. außer Mo 10–22 Uhr. Gemütliches Eetcafé, im Sommer auch draußen Tische. Es werden große und kleine Salate, Tapas, Pfannkuchen (4–7 €), Wokgerichte (ab 14 €.) und mehr serviert.

Aktiv & Kreativ

Fahrradverleih – am Bahnhof, Tel. 03 229 55 03.

Infos & Termine

Toerisme Lier: Grote Markt 57, Tel. 03 800 05 55, www.toerismelier.be.

So nach dem 10. Okt.: St-Gummarusprozession: feierlicher Festzug mit dem Reliquienschrein des Heiligen.

Bahn: IR nach Antwerpen, Lüttich, Aarschot, Diest, Hasselt und Tongeren.

Mechelen ►F 12

Das behagliche Mechelen (81 000 Einw., frz. Malines) an der Dyle kam in

Mechelen: Jachten im Hafen an der Dyle

der Zeit der Habsburger und Burgunder zur Blüte, als Margarete von York, die Witwe Karls des Kühnen, hier ihren Wohnsitz nahm und Margarete von Österreich, Tochter Maximilians I. und Statthalterin der Niederlande, ihre Residenz einrichtete. Erst nach dem Tod der Statthalterin im Jahr 1530 verlegte ihre Nachfolgerin Maria von Ungarn den Regierungssitz nach Brüssel. Die »Perle der burgundischen Niederlande« verlor für einige Jahre an Bedeutung. Neue Geltung erlangte Mechelen, als es 1559 Sitz des Erzbistums wurde. Heute ist die Stadt berühmt für Glockenspiel- und Teppichwebkunst, Bier und Möbel.

St-Rombouts-Kathedrale

Grote Markt

Der mächtige, 97 m hohe Turm der Kathedrale, der schon von weit außerhalb zu sehen ist, gilt als der schönste im ganzen Land. Dem Himmel nah fühlt sich, wer den Turm erklimmt, so wie es 1687 etliche Bürger taten: Sie schleppten schwere Wassereimer hinauf, um einen Brand zu löschen. Nur das Feuer konnten sie nicht finden: Der rot glühende Mond hinter dem Turm hatte ihnen die Feuersbrunst vorgegaukelt.

Dieser Schildbürgerstreich brachte den Mechelenern den Namen »*Maneblussers*« (Mondlöscher) ein. In der Kathedrale schmücken Apostelfiguren die Pfeiler des Mittelschiffs. Der barocke Hochaltar aus Marmor (1666), das Grabmonument des Erzbischofs Andreas Creusens und die »Kreuzigung« (1630) von Anthonis van Dyck zählen zu den meistbeachteten Kunstwerken in der Kirche.

Städtisches Museum im Schepenhuis

Steenweg 1, Di–So 10–17 Uhr, Eintritt 2 €, ermäßigt 1 €

Das **Rathaus** – ein Kuriosum! Der rechte Teil des Bauwerks war als Lakenhalle mit Belfried konzipiert, doch als das Geld ausging, schloss man den Rumpf des Belfrieds mit zwei winzigen Türmchen ab und versah die Halle mit einem dem Markt zugewandten Giebel. Der opulent verzierte linke Palaisflügel, gut 200 Jahre später auf Veranlassung Karls V. für sein höchstes Gericht angebaut, wurde erst Anfang des

20. Jh. im neogotischen Stil vollendet. Des Kaisers Gericht konnte hier nie tagen und musste sich zeitweise mit dem Schepenhuis (Schöffenhaus, 1288) am Südrand des Markts begnügen. Heute beherbergt es Exponate zur Kunst und Geschichte der Blütezeit Mechelens im 15/16. Jh. als Teil der Sammlung des Städtischen Museums, die auf die Bauwerke der »Museumsachse« (Schepenhuis, Brusselpoort, Hof van Busleyden) verteilt sind. Die eigenartige Bronze vor dem Rathaus stellt übrigens Mechelens Maskottchen *Op-Signoorke* dar, eine Puppe, die mit einem großen Leinentuch in die Luft geworfen wird.

Horlogerie- en Klokkenmuseum

Lange Schipstraat 13, www.horlogeriemuseum.be, Mo–Sa 10–12, 14–18 Uhr, Eintritt 6 €, ermäßigt 5 €

Hinter dem Schepenhuis führt die von schönen Giebelhäusern gesäumte Ijzerenlaan zur Dijle, wo sich bei der Grootbrug (Brücke) der malerische **Vismarkt** erstreckt. Rechter Hand an der Dijle lässt das Häusertrio **Het Paradijs** (um 1550, rechts), **Duivelshuis** mit hölzerner Fassade (Teufelshaus, um 1525, Mitte) und **Huis St-Josef** (1669, links) die Besucher unweigerlich zur Kamera greifen. Links der Brücke liegt das **Horlogerie- en Klokkenmuseum** (Uhrenmuseum), in dem diverse handgefertigte Chronometer zu sehen sind.

Onze-Lieve-Vrouw over de Dijle

Jenseits des kleinen Flusses trifft man an der Zoutwerf 5 auf das 1530 mit herrlicher Renaissancefassade erbaute **Huis De Zalm**, ehemals Zunfthaus der Fischhändler. In deren Auftrag fertigte Peter Paul Rubens eines seiner schönsten Gemälde an, das Flügelbild »Petri Fischzug« (1618), zu bewundern in der ab dem 13. Jh. errichteten Kirche Onze-Lieve-Vrouw over de Dijle, die nur ein Steinwurf entfernt ist.

Museum Brusselpoort

Hoogstraat, Di–So 13–17 Uhr, Eintritt 2 €, ermäßigt 1 €

Südwestlich liegt das wuchtige Brusselpoort (Brüsseler Tor). In dem einzigen erhaltenen mittelalterlichen Stadttor (13. Jh.) widmet sich das Museum Brusselpoort der Geschichte der Stadt.

Koninklijke Manufaktuur van Wandtapijten De Wit

Schoutetstaart 7, www.dewit.be, Führungen Sa 10.30 Uhr, Juli u. 25.12.–2.1. geschl., Eintritt 6 €

Von der Nordseite der Kathedrale gelangt man über den Wollemarkt zur **St-Janskerk.** In dieser Kirche können sich Kunstfreunde an dem von Rubens 1617–1619 geschaffenen Johannes-Triptychon erfreuen. Seine Frau saß für die Maria Modell.

Hundert Meter westlich liegen die Refugien der **Abteien von St-Truiden** und **Tongerlo.** Hier fanden die Mönche während der Religionskriege eine sichere Zuflucht. Das restaurierte Gebäude des Tongerloer Refugiums beherbergt die **Koninklijke Manufaktuur van Wandtapijten** mit einer außergewöhnlichen Sammlung alter und moderner Gobelins.

Begijnhof

Hinter der Königlichen Teppichmanufaktur liegen der Kleine und der Große Begijnhof. In den malerischen Häuschen des von schmalen Gassen durchzogenen Kleinen Beginenhofs, dem älteren der beiden, lebten seit dem 13. Jh. Beginen. Der Große Beginenhof, einige Jahrhunderte jünger, zählt zum UNESCO-Welterbe.

Hof van Busleyden

Fr. De Merodestraat 65–67, zzt. wegen Umbau geschlossen

Auch der 1507 in Brabanter Backsteingotik errichtete **Hof van Busleyden** ist

Teil des Städtischen Museums. Zu sehen sind hier Gemälde, Skulpturen und Möbel aus dem 17.–20. Jh. sowie Etliches über Glocken und Glockenspiele. Hier ist auch das Mechelner Maskottchen, die Holzgeschnitzte Puppe von 1647, *Op-Signoorke*, zu Hause.

Kazerne Dossin
Goswin de Stassartstraat 153, www.kazernedossin.be, Eröffnung voraussichtlich Sept. 2012, Do–Di 10–17 Uhr, geschl. an jüdischen Feiertagen, Eintritt 10 €, ermäßigt 4 €.
Es befindet sich nördlich am Kanal, in der ehemaligen Dossin-Kaserne, von der aus im Zweiten Weltkrieg über 25 000 Juden und Zigeuner nach Auschwitz deportiert wurden. Die Ausstellung widmet sich der Geschichte der jüdischen Gemeinschaft Belgiens, dem Antisemitismus, der Deportation und dem belgischen Widerstand gegen die deutsche Besatzung.

Übernachten

Stilvoll und luxuriös – **Hotel Vé:** Vismarkt 14, Tel. 015 20 07 55, www.hotelve.com. DZ an Wochenenden 79–99 €, sonst 109–169 €. Neueres Luxushotel (2006) in ehemaliger Fischräucherei. Fabrikhallen-Atmosphäre? Keineswegs. Hier wurden authentische Bauelemente mit moderner Architektur kombiniert. Luxuriös und edel designed.

Komfort am Stadtrand – **Hotel Egmont:** Oude Brusselsstraat 50, Tel. 01 542 13 99, www.hotel-egmont.be. DZ 105 €, am Wochenende 85 €. Hinter der gesichtslosen Fassade verbergen sich geschmackvoll und komfortabel eingerichtete Zimmer. An der Peripherie der Stadt, aber nur 100 m vom Bahnhof entfernt.

Charmant – **B & B Frans Hals:** Frans Halsvest 99, Tel. 015 34 08 03, www.franshalsbb.be, DZ 80 €. Schmales Haus – geräumige Zimmer. Hier treffen Sie auf Harmen, Lysbeth und Sarah, Namen aus der Familie von Frans Hals, allerdings tragen hier nur die Gästezimmer diese Namen. Alle drei sind individuell und modern eingerichtet.

Im Garten versteckt – **B & B Buggenhout:** Straatje-zonder-einde 3, Tel. 015 20 97 21, www.rentrooms.be, Studio 60–70 €. Sie übernachten in einem Gästehaus im Garten, in einem der beiden sehr gemütlichen und komfortabel ausgestatteten Studios mit Kitchenette.

Jugendherberge – **De Zandpoort:** Zandpoortvest 70, Tel. 015 27 85 39, Fax 015-27 85 40, www.vjh.be. Übernachtung mit Frühstück 17,80–34 €.

Essen & Trinken

Mechelen liegt inmitten der Spargel-Region Belgiens. Die Spargel-Saison dauert von Mitte April bis in den späten Juni hinein. Feinschmecker dürfen himmlische Spargel-Gerichte erwarten! **Mechelner Spezialitäten:** *Mechels begijntje* (alkoholfreier Aperitif), *Maneblussertjes* (Mondlöscher, Plätzchen oder Schokolade in Mondform), *Mustachollen* (Plätzchen nach Rezepten aus dem 16. Jh.).

Sternen-Küche – **D'Hoogh:** Grote Markt 19, Tel. 015 21 75 53, www.dhoogh-restaurant.be, Mi–Fr 12–14, 19–21 Uhr, geschlossen am Sa Mittag, So Abend, Mo, Di. Saisonale Speisen mit einem Akzent klassischer Cuisine. Wochentags bietet das mit einem Michelin-Stern bedachte Gourmet-Restaurant das »all in«-Lunchmenü (60 €).

Gute Wahl – **Passade:** Brusselsesteenweg 301, Tel. 015 21 21 85, www.passade.be, tgl. ab 11, Sa, So ab 12 Uhr. Brasserie in modernem Look, die nicht nur ein Bier oder Kroketten-Snack her-

gibt: Hier kann man richtig gut essen. Gute Wahl: Gewokte noedels met St-Jacobsnootjes, scampi, krab (ca. 25 €)
Trendy – **Grand Café Lamot:** Van Beethovenstraat 8, Tel. 015 20 95 30, www.grandcafelamot.be, tgl. ab 9 Uhr. Trendige Brasserie in Gestalt eines riesigen Glaskastens, direkt an der Dijle. Ein riesiger Kupferbraukessel erinnert daran: Das hier war früher Teil einer Brauerei. Belg.-franz. Cuisine. Spezialität: *Slaatjes* (Salate). Hauptgerichte 18–25 €.

Aktiv & Kreativ

Bootsausflug – **Bootjevaren op de Binnendijle:** Infos bei V-Zit Malinska, Tel. 03 213 22 54, www.v-zit.be.

Abends & Nachts

Bier, ganz frisch – **Browerij Het Anker:** Guido Gezellelaan 49, Tel. 015 28 71 47. In dieser Brauereikneipe, in der die lokalen Biere »Blusser«, »Bruynen«, »Triple Toison d'Or« und »Gouden Carolus« ausgeschenkt werden, kommen Bierliebhaber auf ihre Kosten.
Für Nachteulen – **De Gouden Vis:** Nauwstraat 7. Beliebtes Café, Trubel bis spät in die Nacht
Kultur divers – **Cultuurcentrum:** Tickets im Minderbroedersgang 5, Tel. 015 29 40 00, www.cultuurcentrummechelen.be. Umfangreiches Angebot an Theater, Musik, Tanz.
Kino – **Utopolis:** Spuibeekstraat 5, Tel. 015 55 77 33. Elf Säle.

Infos & Termine

In & Uit Mechelen: Hallestraat 2, Tel. 070 22 00 08, www.mechelen.be.
So vor Himmelfahrt: Hanswijkprocessie: Große Sakrament-Prozession.
Juni–Mitte Sept.: Glockenspiel: Mo 20.30, von Oktober bis Mai Sa 11.30, So 15 Uhr.
Ende August: Maanrock: Rock-Pop-Festival auf dem Grote Markt.
Bahn: IC nach Antwerpen, Brüssel.

In der Provinz Limburg

Tongeren ► H 13

Das im fruchtbaren Haspengau liegende, aus der römischen Civitas *Atuatuca Tungrorum* hervorgegangene Tongeren (Tongres) rühmt sich, die älteste Stadt Belgiens zu sein. Im 4. Jh. wurde Tongeren Bischofssitz des hl. Servatius, der diesen aber bald nach Maastricht verlegte. Die Stadt verlor nun an Bedeutung, blühte jedoch unter den Karolingern erneut auf und wurde zu einer der wohlhabendsten Städte des Lütticher Landes – bis König Ludwig XIV. sie 1677 in Schutt und Asche legte. Heute bietet Tongeren, eine Stadt mit rund 30 000 Einwohnern, Einkaufsstraßen, schicke Boutiquen und exklusive Geschäfte, darunter über 40 Antiquitätenläden, und verbreitet sommertags mit gemütlichen Straßenterrassen, Bistros und lauschigen Plätzen eine erfrischende, nahezu südländische Atmosphäre.

Grote Markt

Über den belebten Marktplatz wacht, mit Asterix-Schnurrbart und stechendem Blick, Tongerens bronzener Stadtheld **Ambiorix**. Der hünenhafte Eburonenhäuptling lehrte Caesars Leute einst das Fürchten. Am **Stadhuisplein** nebenan steht das klassizistische **Rathaus**, 1755 fertiggestellt, nachdem die Franzosen den Vorgängerbau 1677 zerstört hatten.

Onze-Lieve-Vrouwe-Basiliek

Tgl. 9–17 Uhr, Schatzkammer April–Sept tgl. außer Mo vormittags 10–12, 13.30–17 Uhr, Eintritt 2,50 €, ermäßigt 0,50–2 €

Am Monument der Gefallenen vorbei kommt man zur gotischen Onze-Lieve-Vrouwe-Basiliek mit ihrem wuchtigen Turm, erbaut 1240–1546. Als wundertätig verehrt wird das Gnadenbild der Namenspatronin (1479) im linken Seitenschiff. Monumental ist die Le Picard-Orgel mit ihren knapp 4000 Pfeifen, kostbar der gotische Schnitzaltar (16. Jh.) mit 23 Szenen aus dem Leben Marias. Zeugnis eines einst vorhandenen mittelalterlichen Klosters ist der romanische Kreuzgang (12./13. Jh.), in dessen Seitenwänden 60 dem Kirchenboden entnommene Grabsteine eingemauert sind. Die Schatzkammer bewahrt einen bemerkenswerten Kirchenschatz.

Gallo-Romeins Museum

Kielenstraat 15, www.galloromeinsmuseum.be. Di–Fr 9–17, Sa, So, Fei, belg. Schulferien 10–18 Uhr, Eintritt 7 €, ermäßigt ab 1 €

Rechts neben der Kirche befinden sich freigelegte Reste einer römischen **Stadtmauer** und einer der Türme, mit der die 2,6 km lange Mauer alle 20 m

Tongerens Antik- und Trödelmarkt

Sonntagvormittags lädt Tongerens Antik- und Trödelmarkt, der größte der Benelux-Länder, zur Schnäppchenjagd ein. Mehrere Hundert Händler bieten hier ihre Waren feil. Was Sie dort nicht finden, gibt es vielleicht in einem der 46 Antiquitätengeschäfte, die meisten haben sonntagvormittags auf. Beschrieben sind sie in der Broschüre »'n rondje antiek«, erhältlich im Touristenbüro.

bestückt war. Dahinter lädt das Gallo-Römische Museum zu einer Entdeckungsreise in die Vergangenheit ein. Das Geheimnis des rätselhaften Dodekaeders, eines von zwölf Flächen begrenzten bronzenen Gegenstands aus der gallo-römischen Zeit, konnte bis heute nicht ergründet werden.

Beginenhof

Begijnhof-Museum: Onder de Linde 12, Di–So 10–18 Uhr, Eintritt 4 €

Verwinkelte Gassen, kleine Häuschen und Gebetsstätten – Tongerens Beginenhof ist wie eine eigene kleine Stadt in der Stadt. Im Brouwhuis haben die frommen Frauen früher sogar ihr eigenes Bier gebraut. Wie sie lebten, zeigt das kleine Museum. Die Begijnkerk (13. Jh.), die der hl. Katharina geweiht ist, dient bereits seit 1998 als Kulturzentrum. An der Ecke steht die alte Pilgergaststätte, in der die Wallfahrer auf dem Weg nach Santiago de Compostela rasteten.

Moerenpoort

Von dem 200 m östlich gelegenen einzigen noch bestehenden Stadttor (14. Jh.) der mittelalterlichen Stadtbefestigung ziehen sich Reste der Stadtmauer entlang des Leopoldwalls.

Alden Biesen ▶ H 13

www.alden-biesen.be, tgl. außer Mo, Ostern–Okt. 9–17, Nov.–Ostern 10–17 Uhr, Eintritt 3 €, ermäßigt 2,50 €

11 km nordöstlich von Tongeren errichtete der Deutsche Ritterorden 1543–1566 an seinem Ordenssitz Alden Biesen ein Wasserschloss. Perfekt restauriert dient die Schlossanlage heute u. a. als Jugendbegegnungsstätte. Die malerischen Gemächer im Schloss sowie der englische und der französische Garten können besichtigt werden. In einer historischen Ausstellung lernen Besuscher audiovisuell und interaktiv den Deutschen Ritterorden und die Geschichte der Landkommende Alden Biesen kennen. Beim Besuch des schönsten Teils der Wasserburg, der original restaurierten Residenz des Landkomturs, zieht man Stoffgaloschen über, um den wertvollen Parkettboden zu schonen.

Übernachten

Zentral und komfortabel – **Ambiotel:** Veemarkt 2, Tel. 01 226 29 50, www.ambiotel.be, DZ 115–125 €. Das Hotel liegt im Viertel mit den meisten Antikläden, nicht weit vom Bahnhof. Die 22 Zimmer bieten allen Komfort, z. B. Klimaanlage, drahtlosen Internet-Zugang und Safe. Speisen können Sie im Hotel-Restaurant ›Amfora‹.

Ländlich – **Campola:** Koninksemstraat 186, in Koninksem, Tel. 012 23 36 65. DZ 70 € (bei nur 1 Übernachtung zzgl. 15 €). Logieren auf einem Bauernhof von 1949, in gemütlich eingerichteten Gästezimmern mit eigenem Bad. Bei schönem Wetter kann man draußen im Innenhof oder im Garten frühstücken. Fahrräder können untergestellt werden.

Einfach und preiswert – **B & B 't Regulierenhuisje:** Regulierenplein 30, Tel. 012 23 76 62, DZ 70 €. Kleines, kinderfreundliches B & B mit zwei Zimmern – jedes mit eigenem Bad – am Rand des Zentrums. Fahrräder können sicher untergestellt werden.

Jugendherberge – **Begeinhof:** St Ursulastraat 1, Tel. 01 239 13 70, Fax 01 239 13 48, www.vjh.be. Übernachtung mit Frühstück 15–16 €.

Essen & Trinken

Speisen am Meilenstein – **De Mijlpaal:** St-Truiderstraat 25, Tel. 012 26 42 77, www.demijlpaal.org, tgl. 12–14, 19–21 Uhr, außer Di, Mi, Sa mittags. Ein Meilenstein der Kochkunst: Nehmen wir nur das *parelhoen* (gebackenes Perlhuhn-Filet mit geschmolzener Gänseleber, gebackenem Chicorée und Chutney von Kürbis) als Beispiel – es schmeckt wirklich superb! Hauptgerichte ab 28 €.

Am Pilgerweg – **Taverne de Pelgrim:** Brouwerstraat 9, Tel. 012 23 83 22, tgl. außer Mo, Di 11–24 Uhr. Wie weit es noch nach Santiago de Compostela ist? Das wusste hier niemand. Egal, in der rustikalen alten Pilgergaststätte (1632) im Begijnhof kann auch rasten, wer nicht dorthin pilgert. Zu empfehlen: Spareribs und das Bauernomelett. À la carte ab ca. 12 €.

Deftig – **Ben's Café:** Grote Markt 11, Tel. 012 26 30 64. Tgl. ab 9 Uhr. Speisen mit schöner Aussicht auf die Basilika, am besten auf der überdachten Terrasse. Große Speisekarte mit vielen kleinen Gerichten wie Croques, Toasts und Pasta (8–15 €), aber auch Deftiges vom Metzger (Gulasch oder Schmorfleisch ca. 12 €) oder aus dem Meer.

Einkaufen

Antiquitäten – **Leopoldwal:** Antiquitätenläden wie Perlen an einer Kette, hier lässt es sich ausgiebig stöbern.

Donnerstagsmarkt – **Grote Markt:** Frisches Gemüse, Blumen und mehr, natürlich mit Büdchen, an denen es auch Fritten, Kroketten und Bouletten gibt.

Abends & Nachts

Kultur live – **De Velinx:** Dijk 111, Tel. 012 39 38 00, www.develinx.be. Kulturzentrum. Rock, Theater, Konzerte, Film, Tanz ...

Infos & Termine

Infos

Toerisme Tongeren: Via Julianus 5, Tel. 012 80 00 70, www.tongeren.be.

Termine

So vormittag: Antik- und Flohmarkt: größter Flohmarkt der Benelux.

1. Mai: Evermarusspiel: Prozession und Mysterienspiel.
Info/Reservierung Tel. 012 39 39 00, www.develinx.be.

Juli, alle sieben Jahre (zuletzt 2009): Krönungsfest: Prozession und Abendspiel, an dem über 3000 Einwohner teilnehmen.

Juni–Juli: Basilika-Festival van Vlaanderen: Konzerte renommierter Solisten, Ensembles, Chöre und Orchester.

Verkehr

Fahrradverleih: Toerisme Tongeren, April–Sept., Mo–Fr 8.30–16.30, Sa, So, Fei ab 9.30 Uhr (gegen Pfand).

Bahn: IC nach Hasselt, Diest, Brüssel, Aalst, Brügge, Oostende. IR nach Lüttich, Diest, Aarschot, Lier und Antwerpen.

Hasselt ► H 13

Die »Geneverstadt« Hasselt (73 000 Einw.) entstand im 7. Jh. am Helbeek, einem Nebenfluss der Demer. Sie war im frühen Mittelalter ein Marktplatz der Grafschaft Loon, die in etwa dem heutigen Limburg entsprach. Nach der Niederlage Napoleons war Hasselt Hauptstadt der niederländischen Provinz Limburg und wurde nach der Teilung Limburgs 1839 Hauptstadt der belgischen Provinz Limburg.

Nationaal Jenevermuseum

Witte Nonnenstraat 19, www.jenevermuseum.be, April–Okt. Di–So 10–17, Nov.–März Di–Fr 10–17, Sa, So 13—17

Uhr, Jan. geschl., Eintritt 4,50 €, ermäßigt ab 1 €
Einst produzierten in Hasselt 33 Brennereien den hochprozentigen, mit Wacholderbeeren aromatisierten Schnaps, heute sind es noch fünf. Auf der »Geneverroute« durch die gemütliche Innenstadt (Broschüre im Touristenbüro) kommt man am Brunnen »Borrelmanneke« (Schnapsmännchen) und an Gebäuden der Genevergeschichte Hasselts vorbei und gelangt schließlich direkt ins Genevermuseum in einer ehemaligen Brennerei. Es informiert über die Herstellung des 40-Prozentigen und man kann auch ein »*witteke*« kosten.

Modemuseum

Gasthuisstraat 11, www.modemuseumhasselt.be, Di–So 10–17 Uhr, evtl. einige Wochen im Jan. und Juni geschl., Eintritt 6 €, ermäßigt ab 2 €
Hasselts zweiter Trumpf ist die Mode. Hier haben Modebewusste in Boutiquen und Shoppingpassagen die Qual der Wahl; im Tourismusbüro ist die Broschüre »Moderoute Hasselt« erhältlich, die diese schwierige Aufgabe erleichtert. Darüber hinaus bietet das Modemuseum mit Entwürfen, Fotografien, Kunst und Accessoires Einblicke in 200 Jahre Schneiderkunst.

Grote Markt

Bei einem Streifzug durch die Stadt erblickt man am Grote Markt das schöne Renaissance-Fachwerkhaus **Het Sweert** (1659), bis 1713 eine Herberge. Das namensgebende Schwert ist an der Hausecke in der ersten Etage zu entdecken. Westlich, in der **Virga-Jesse-Basilika** (ab 1728) wird das als wundertätig verehrte Bild der Lieben Frau Virga Jesse (14. Jh.), der Schwarzen Jungfrau, aufbewahrt. Siehe auch Infos & Termine.

St-Quintinuskathedraal und Glockenturm

Vismarkt, Öffnungszeiten s. www.hasselt.eu, Eintritt 1,50 €
Am Vismarkt, im Osten des Grote Markt, ragt die St-Quintinuskathedraal (15.–16. Jh.) empor. Die gruseligen Fratzen an den Wasserspeiern sollten die Geister der Finsternis abschrecken. Der Westturm trägt das für seinen Wohlklang berühmte Hasselter Glockenspiel. Hoch oben im Turm ist so

Ein »witteke« am Brunnen »Borrelmaneke« (Schnapsmännchen)

manches über die Uhrwerke, Glocken und Glockenspiele zu erfahren.

Museum Het Stadsmus

Guido Gezellestraat 2, April–Okt. Di–So 10–17, Nov.–März Di–Fr 10–17, Sa, So 13–17 Uhr, mehrere Tage im Jan. geschl., Eintritt frei

Weiter östlich widmet sich dieses Museum der Geschichte der Stadt und der ehemaligen Grafschaft Loon. Das Museum zeigt auch den Kirchenschatz der Kathedrale, darunter die älteste Monstranz der Welt.

Domäne Bokrijk ▶ H 13

www.funinbokrijk.be, Freilichtmuseum: April–Sept. Di–So 10–18 Uhr (wenn Feiertag: auch Mo geöffnet), Eintritt 10 €, ermäßigt 1 €

Die 550 ha große Provinzdomäne Bokrijk, 8 km nördlich von Hasselt, ist das touristische Highlight der Region. Kinder können hier Ponys reiten, sich im Streichelzoo vergnügen oder sich auf dem riesigen Kinderspielplatz tummeln. Das Freilichtmuseum zählt zu den größten Europas. Hier gibt es Bauernhöfe, ganze Dörfer mit Schmiede, Windmühle und Tante-Emma-Läden zu entdecken, alles aus Uromas Zeiten. Ganz wie früher wird Brot im Steinofen gebacken, geklöppelt, geschmiedet, Getreide gemahlen – alles in originalen Handwerkerstätten.

Naturerlebnisse im Nationaal Park Hoge Kempen ▶ H/J 12/13

Die Landschaft des seit 2006 bestehenden 5000 ha großen Nationalparks (www.nationaalpark.be, frei zugänglich) erstreckt sich – daher auch der Name – über den höchstgelegenen Teil des Kempenlandes. Auf Wanderungen und mit dem Rad lässt sich die Natur mit ihren Trocken- und Torfheiden, Mooren, Gruben und Nadelwäldern erkunden. Zu einem besonderen Naturerlebnis lädt der *blotevoetenpad* (Barfußpfad) am Zugang Lieteberg in Zutendaal ein: Mit bloßen Füßen auf Sand, Matsch und Gras, auf Holzpfählen und runden Kieselsteinen die Natur ertasten – ein Wohlfühlerlebnis außergewöhnlicher Art. »Tore« zum Nationalpark sind die Stationen As in As, Pietersheim in Lanaken, Mechelse Heide in Maasmechelen, Kattevennen in Genk und Lieteberg in Zutendaal mit dem Barfußpfad. An den Parkplätzen und Informationspunkten bekommt man auch Wander- und Fahrradkarten. Manches ist hier auch noch im Aufbau.

Übernachten

B & Bs siehe auch www.guesthouses.be/hasselt.

Komfort im Grünen – **Parkhotel:** Genkersteenweg 350, Tel. 011 21 16 52, www.parkhotel-hasselt.be. DZ 79 €, Studio oder Suite 99 €. Das moderne Hotel liegt zwar 3 km vom Zentrum entfernt, aber sehr schön im Grünen. Alle Zimmer sind geräumig und top einge-

Mein Tipp

Mit dem Rad zu den Schlössern des Haspengaus ▶ H 13

Mit 2000 km perfekt ausgeschilderten Radrouten ist Limburg ein Paradies für Radfahrer! Eine der schönsten Routen, besonders zur Blütezeit im April, ist die 59 km (wenn man die Abkürzung nimmt 32 km) lange »Schlösserroute im Haspengau« zu malerischen Schlössern, verträumten Dörfern und an alten Bauernhöfen vorbei. Man kann in Tongeren starten. Infos: www.rad.flandern.de.

richtet. Kinder bis 12 Jahre übernachten umsonst, auch Parken ist gratis.
Gemütliche Appartements – **Het Koetshuis:** Sint Maartenplein 56, Stevoort-Hasselt, Tel. 011 74 44 78, www.koetshuis.be, Appartement (mit Frühstück) 90 €, 2 Nächte 160 €. Fünf komfortable Appartements in neu eingerichtetem ehemaligen Kutschenhaus, 6 km von Hasselt entfernt. Stimmungsvolle Lounge.
Freundlich und einladend – **B & B Bij Lieve & Jos:** Heidestraat 51, Tel. 011 22 10 85, www.bijlieveenjos.be. DZ 90 €, ab 2 Nächte 80 €. Sehr geschmackvoll eingerichtetes Haus mit drei großen, hellen Zimmern, Terrasse und Swimmingpool.
Camping – **Holsteenbron:** Hengelhoefseweg 9, Zonhoven, Tel. 011 81 71 40, www.holsteenbron.be. Ruhiger, kinderfreundlicher Platz im Park Midden-Limburg, mit Sporteinrichtungen und Spielplatz, Cafeteria, Waschsalon. Stellplatz 16–23 €.

Essen & Trinken

Gringos willkommen – **Cafélatino:** Zuivelmarkt 12, Tel. 011 22 34 82, tgl. außer Di ab 18 Uhr. Hübsches,zentral gelegenes Lokal mit herrlicher Gartenterrasse. Es gibt mexikanisch-spanische Küche mit Tapas für den kleinen Hunger und Pollos, Carnes und Pastas, wenn es etwas mehr sein darf. Außerdem auch Vegetarisches. Hauptgerichte 17–23 €.
Originell – **De Geletterde Mens:** Kolonel Dusartplein 48, Tel. 011 35 28 52, www. degeletterdemens.be, tgl. bis 22 Uhr. Mo, Mi, Do ab 9, Di, Fr ab 7, Sa, So ab 10 Uhr. Bücherregale, uralte Schreibmaschinen, Druckerpressen – Dekoration rund um das geschriebenen Wort. Es gibt leckere Suppen, Broodjes, Croques und Pastas für den kleinen Hunger und Hauptgerichte (ca. 11–22 €) wie *Vlaamsche stoofcarbonade* (ca. 14 €).
Fusion Cuisine – **'t Kleine Genoegen:** Raamstraat 3, Tel. 011 22 57 03, www.kleinegenoegen.be, So, Mo geschl. Der Name täuscht: Hier zu speisen, ist ein großes Vergnügen. Der Speiseraum mit hellem Designer-Interieur und Empore ist ein Augenschmaus, die Speisen einer für den Gaumen. Das gilt für die gebackenen Jakobsmuscheln ebenso wie für das Kaninchenfilet in fein abgestimmter Biersoße. Tagesmenü 30 €.

Abends & Nachts

Allround-Musik – **Hooghuis Hasselt:** Lombaardstraat 6, Tel. 011 22 91 97, www.hooghuis-hasselt.be. »Hard-Rock«-Design, Rock, R & B, Boogie in der Woche. Am Wochenende wird oft live gespielt.
Kino – **Kinepolis:** Via Media 1, Tel. 011 29 86 00, www.kinepolis.com.

Infos & Termine

Toerisme: Rathaus, Lombaardstraat 3, Tel. 011 23 95 40, www.hasselt.eu.
August (alle sieben Jahre, zuletzt 2010): Virga-Jesse-Fest zu Ehren der Stadtpatronin, beeindruckende Prozession durch die Stadt und Theateraufführungen.
Mitte Oktober: Jeneverfeesten. www.jeneverfeesten.be, Musik, Stimmung, Festzüge, Wettlauf der Kellner, Kulinarisches und jede Menge Genever.
Busfahren in Hasselt: Gratis!
Alle Linien von H1–H9 und die Pendelbuslinien BP und CP.
Bahn: nach Tongeren, Diest, Leuven, Brüssel, Gent, Oostende, Genk, Aalst. IR nach Lüttich, Diest, Lier und nach Antwerpen.

Das Beste auf einen Blick

Brabant und Hennegau

Highlight!

Leuven: »Jahrhundertealt und quicklebendig« – so sieht sich die Stadt Leuven. Alt sind in der Tat etliche Prachtbauten. Das spätgotische Rathaus ist das vielleicht schönste des ganzen Landes. Die Stadt sprüht vor Vitalität und dazu tragen die 37 000 Studenten der über 500 Jahre alten Universität bei. Zudem hat Leuven einen vorzüglichen Ruf als »Bierstadt«: Hier wird das bekannte Stella Artois gebraut und – so nah an der Quelle – auch einiges an Gerstensaft konsumiert. S. 215

Auf Entdeckungstour

Wo sich die Schiffe liften lassen: In wenigen Minuten liftet das hypermoderne Schiffshebewerk bei Thieu Lastkähne 73 m empor, dafür brauchte man früher fünf Stunden. Musealen Charme haben dagegen die Ascenseurs am Canal du Centre; sie sind UNESCO-Welterbe. S. 228

Kultur & Sehenswertes

Les Écuries: Hausbühne des weit über die Landesgrenzen hinaus berühmten Avantgarde-Tanzensembles Charleroi Danses (Centre Chorégraphique de la Communauté Française Wallonie-Bruxelles) in der ehemaligen Reithalle der Gendarmerie von Charleroi. S. 221

Aktiv & Kreativ

Mountainbiking: Auf dem Circuit Forestier de Belœil geht es durch tiefe Wälder, an einem Kanal entlang und rund um das Mer de Sable. Die Tour ist für jedermann geeignet. S. 224

Wanderung »Sentier de l'Etrange« Interessante und ungewöhnliche Wanderung bei Ronse, auf der man Hercule Poirot, die blaue Hexe, die Eul Pichcure und den Werwolf entdecken kann S. 226

Genießen & Atmosphäre

Château de Belœil: Das malerisch in einem französischen Park gelegene Schloss mit seinen erlesenen Möbeln, Gobelins und Gemälden gilt als schönstes Barockschloss Belgiens. S. 224

La Ferme du Bien-Être: Verwöhnbauernhof in Tournai, auf dem Sie Balneotherapie, Hamam und Sauna entspannt in privater Atmosphäre genießen können. S. 227

Abends & Nachts

Condomus gefällig? Urige Kneipe in Leuven, in der das Hausbier Condomus durch die Pipeline kommt. S. 218

Die im Zentrum Belgiens liegende ursprüngliche Provinz Brabant ist seit 1995 zweigeteilt, in Flämisch-Brabant und Wallonisch-Brabant. Was, abgesehen von den unterschiedlichen Sprachen, für den Besucher unbedeutend ist. Im flämischen Teil liegt die »Oranierstadt« Diest mit ihrem schönen, nach französischem Vorbild erbauten Rathaus, das allerdings mit der Schönheit des prunkbeladenen Rathauses von Leuven nicht mithalten kann. Dennoch lohnt ein Besuch dieses riesigen steinernen »Schmuckkästchens« auf jeden Fall.

Zu den attraktiven Orten im Hennegau zählen Mons mit seinen zahlreichen faszinierenden Museen sowie die alte Stadt Tournai mit ihrer imposanten, fünftürmigen Kathedrale. Nicht auslassen sollte man Belœil, Belgiens schönstes Barockschloss. Kleine Wunder der Technik sind die historischen, zum UNESCO-Welterbe erhobenen *Ascenseurs* am Canal du Centre, das Hebewerk Strépy-Thieu und der *Plan incliné de Ronquières*, die alle dem gleichen Zweck dienen: Schiffe in die Höhe zu liften.

Infobox

Toerisme Vlaams-Brabant
Provincieplein 1, B-3010 Leuven, Tel. 016 26 76 20, www.toerismevlaamsbrabant.be (nl.), Fremdenverkehrsamt der Provinz Flämisch-Brabant.

Internet
www.vlaamsbrabant.be, www.brabant-wallon.be Homepages der Provinzen Flämisch-Brabant und Wallonisch-Brabant, auch auf Deutsch.
www.visithainaut.be (u. a. dt.) Ausgezeichnete Homepage für den grünen Hennegau.
www.wallonie-tourisme.be (u. a. dt.): Umfangreiche Informationen für Besucher der Wallonie, inkl. Hennegau.

Diest ► G 12

Erfrischend anmutig gibt sich an einer Flussschleife der Demer die Oranierstadt Diest (23 000 Einw.). Von 1499 bis 1794 waren Mitglieder des Fürstenhauses von Oranien-Nassau, des heutigen Königshauses der Niederlande, Herren der Stadt. Hier erblickte Philipp von Oranien-Nassau, der Sohn von Wilhelm dem Schweiger, dem großen Freiheitskämpfer der Niederlande, das Licht der Welt und hier liegt er auch begraben.

Grote Markt

Schmucke Patrizierhäuser wie das Haus **De Keizer** (1616, Haus Nr. 24) der St-Sebastiansgilde und **De Lelie** (daneben, 18. Jh.), ehemals Sitz der Rhetorikerkammer, verleihen dem Grote Markt einen besonderen Charme, zu dem das 1728 nach französischem Vorbild erbaute Stadhuis (1725–28) mit riesiger Freitreppe und die monumentale Kirche in der Mitte des Platzes besonders beitragen.

Stadsmuseum »De Hofstadt«

Grote Markt 1, Mai–Sept. tgl. 10–12, 13–17 Uhr, Okt.–April. So, Fei geschl., die letzten 2 Dez.-Wochen u. 1. Jan.-Woche geschl. Eintritt 4 €, erm. 2 €
In den mittelalterlichen Kellergewölben des Rathauses bewahrt die Stadt seine Schätze, darunter Ritterrüstungen, alte Brauereiutensilien und seltene, kunstvoll verzierte Zunftketten.

St-Sulpitius-en-St-Dionysiuskerk

Grote Markt, Schatzkammer: 15. Mai–15. Sept. Di–So 14–17 Uhr, Eintritt 2 €

Das Stedelijk-Museum von Diest in einem Kellergewölbe des Rathauses

Die den Heiligen Sulpitius und Dionysius geweihte Kirche (14.–16. Jh.) in Brabanter Gotik erbaut, hat nur ein winziges Vierungstürmchen mit Glockenspiel, von den Einheimischen liebevoll »*mosterdpot*« (Senftopf) genannt. Zahlreiche Kunstwerke, darunter das Taufbecken des hl. Jan Berchmans, verschönern das Innere. Im Chor befindet sich das Grabmal des 1618 gestorbenen Philipp von Oranien-Nassau.

Lakenhalle

Vor der gotischen Lakenhalle (14. Jh.) hinter der Kirche liegt die 5 t schwere, wuchtige Paradekanone **Holle Griet** aus dem 15. Jh. Die schönere Ansicht der Lakenhalle bietet sich von hinten. Wenige Schritte die malerische Katelstraat hinauf stößt man auf Das Glück (**Het Fortune**) und Das Damebrett (**'t Dambord**), zwei pittoreske Fachwerkhäuser aus dem 6. Jh. mit vorstehenden Stockwerken.

Beginenhof

Durch ein schönes barockes Portal (1671) mit dem Spruch »Komm in meinen Garten, meine Schwester und Braut« und einem Bildnis der Madonna mit dem Kind betritt man den 1252 gegründeten Beginenhof. Hier scharen sich Dutzende kleiner Häuser in mehreren engen Gassen um die im Stil der Brabanter Gotik erbaute **St-Katharinakerk** (13./14. Jh.). Fast alle Häuser sind aus dem 17./18. Jh., haben schöne Türumrandungen und darüber eine Nische mit einer Heiligenfigur.

Scherpenheuvel ▶ G 12
Tausende von Wallfahrern zieht es alljährlich in die **Onze-Lieve-Vrouwkerk** von Scherpenheuvel zu einem als wundertätig verehrten Marienbildnis. Das Anfang des 17. Jh. auf dem *scherpe heuvel* (scharfen Hügel) errichtete, prachtvolle Gotteshaus mit seiner orientalischen Kuppel ist eine der ersten Barockkirchen des Landes. Für das leibliche Wohl der Besucher wird in zahlreichen Restaurants und Teehäusern gesorgt. Probieren Sie auf jeden Fall die *pepernoten* (Pfeffennüsse), ein typisch Scherpenheuveler Gebäck.

Übernachten

Komfortabel – **Prins van Oranje:** Halensebaan 152, Tel. 013 35 10 70, www.prinsvanoranje.be. DZ ab 85 €. Das hübsche Backsteinhaus in flämischem Stil hat geräumige Designer-Gästezimmer mit hübschem Blick auf den Garten. Im Sommer Frühstück auf der Terrasse.
Individuell – **B & B Catalpa:** Schaffensestraat 55, Tel. 013 31 14 39. www.bbdiest.be, DZ 60–70 €. Nettes B & B im Zentrum mit drei individuellen Gästezimmern. Das Auto kann man in der Garage abstellen und es gibt einen Fahrradunterstand.
Familiär – **De Cleynaertskamer:** Speelhofstraat 4, Tel. 013 32 89 67. DZ 55 €. Gemütliche Familienunterkunft. Ideal für Radwanderer: Fahrräder kann man unterstellen und sich auf Anfrage für den Ausflug mit dem Drahtesel am nächsten Tag ein Lunchpaket zusammenstellen lassen.

Essen & Trinken

Probieren Sie die **Diester Spezialitäten**: z. B. das rubinfarbene, süßlich schmeckende *Gildenbier* und den Kräuter-Pfannkuchen *Kruidkoek.*
Herzhaftes je nach Saison – **In Den Zoeten Inval:** Grote Markt 6, Tel. 01 3 32 63 51, www.indenzoeteninval.be, tgl. außer Do 10–22, Mi nur 9–14 Uhr. In denkmalgeschütztem Backsteinhaus mit schönem Stufengiebel. Je nach Saison Lammgerichte oder Wild, aber auch ab und zu Fischgerichte wie den *Vlaamse hutspot* mit Seeteufel. Hauptgerichte 16–25 €.
Urig – **Gasthof 1618:** Kerkstraat 18, Tel. 013 67 77 80, www.gasthof1618.be, Di–So ab 11 Uhr. Rustikale Taverne im Begijnhof. Uriger Speisesaal mit offener Feuerstelle. Genießen Sie eine lokale Spezialität wie Spanferkel mit Sauerkraut, dazu vielleicht ein *Loterbol*, das exklusiv für den Gasthof gebraute Helle. Hauptgerichte 14–28 €.
Für den Ausflug mit Kindern – **De Badmeester:** O. Vanaudenhovelaan 50, Tel. 013 29 63 28. Beliebtes Ausflugslokal in der Provinzialdomäne »Halve Maan«, direkt beim Kinderspielplatz. Selfservice, große Auswahl an kleinen Speisen wie Broodjes, Croques, Pastas und Suppen – natürlich fehlt die Currywurst mit Fritten nicht – aber auch gebackene Forelle oder Spareribs.

Aktiv & Kreativ

Spielen und Schwimmen – **Provinzialdomäne Halve Maan:** April–Sept. tgl. ab 9, Okt.–März tgl. ab 10 Uhr bis eine Stunde vor Sonnenuntergang. Freibad mit Sandstrand, Spielplatz und Minigolf auf der Befestigungsanlage.

Infos & Termine

Toerisme Diest: Koning Albertstraat 16 a, Tel. 013 35 32 74, www.toerismediest. be.

1. So im Monat: Antiquarischer Flohmarkt: 10–18 Uhr, Begijnhof, im Winter im Cultureel Centrum.

Leuven ! ► F 13

Quicklebendig gibt sich die nur 25 km von Brüssel entfernte Universitätsstadt Leuven (Louvain; 96 000 Einw.), dafür sorgen u. a. die 37 000 Studenten der honorigen, über 500 Jahre alten Universität. Stolz ist man hier auch auf den Titel »Bierstadt«. Bereits 1366 tauchte in den herzoglichen Zinsbüchern der Name der Brauerei »Den Horen« auf, die sich über die Jahrhunderte zur weltbekannten Brauerei »Stella Artois« mauserte.

Im 9. Jh. stand hier eine karolingische Festung, im 11. Jh. wuchs um ein neues Schloss der Grafen von Leuven eine Stadt. Im 13.–14. Jh. nahmen Herstellung von Tuch, Stickwerk und Leinen beachtliche Ausmaße an. Die Stadt an der Dijle war damals ein geschäftiger Hafenort – bis aufständische Zunftmitglieder im Streit um das Recht, die Geschicke der Stadt mitzubestimmen, 1379 einige Patrizier aus den Rathausfenstern warfen. Von da an ging es bergab. Erst mit der Gründung der Katholischen Universität 1425 kam erneut Schwung in die Stadt.

Lehrer und Absolventen der berühmten katholischen *Alma mater* wie Erasmus von Rotterdam, Justus Lipsius, Gerard Mercator und Andreas Vesalius haben das Geistesleben Europas beeinflusst. Adrian Florensz Boeyens, Rektor der Universität, wurde 1522 zum Papst Adrian VI. gewählt. 1914 und 1940 vernichteten die deutschen Besatzer über eine Million wertvoller, großenteils unwiederbringlicher Bücher und Manuskripte der Universitätsbibliotheken. 1962 holte die Geschichte zu einem weiteren Schlag aus: Das ewige Gezänk zwischen Wallonen und Flamen führte zur Teilung der Uni in die flämische *Katholieke Universität Leuven* und die ab 1972 nach Louvain-la-Neuve abgewanderte frankophone *Université Catholique de Louvain.*

Stadhuis

Grote Markt, Führungen auf Niederländisch, April–Sept. Mo–Fr 11 und 15, Sa, So, Fei 15, sonst tgl. 15 Uhr, Eintritt 2 €

Der **Grote Markt** wird von dem prunkbeladenen Stadthaus beseelt, einem Juwel flamboyant-gotischer Architektur von 1439. Reihen großzügig mit Maßwerk verzierter Fenster, zwischen denen unter fialengekrönten Baldachinen steingehauene Figuren aus der Geschichte Leuvens stehen, prägen die Fassaden, während die Nischen der Ecktürme mit insgesamt 236 biblischen Figuren bestückt sind. Filigrane Türmchen an den Giebelseiten verleihen dem Bau etwas Leichtes.

St-Pieterskerk

Grote Markt, Schatzkammer Di–Fr 10–17, Sa 10–16.30, So, Fei 14–17 Uhr, 15.3.–15.10. auch Mo 10–17 Uhr, Eintritt 2,50 €, ermäßigt 1,25 €

Auch die St-Pieterskerk gegenüber dem Rathaus wurde im Stil der Brabanter Spätgotik im 15. Jh. erbaut. Ihr Chor steht über der achteckigen romanischen Krypta der ersten Kirche Leuvens aus dem 10 Jh. 140 m hoch sollte der Kirchturm werden, allein, der sandige Baugrund ließ das nicht zu. Bemerkenswert sind die herrlich geschnitzte Barockkanzel (1742), der dreibogige Lettner (1488) und das Chorgestühl. Chor und Chorumgang dienen heute als **Museum für religiöse Kunst**. Dessen herausragendes Kunstwerk ist das Hauptwerk von Dirk Bouts (ca. 1414–75), das »Heilige Abendmahl«.

Fonskes Quell der Weisheit

Links neben dem Rathaus steht das neugotische Bauwerk der **Tafelrond**, ursprünglich im Jahr 1479 für Schützengilden und Rhetorikbünde erbaut. Davor trichtert sich an dem Brunnen **Fons Sapientiae** (Quelle der Weisheit), der von den Leuvenaren liebevoll »Fonske« genannt wird, die Brunnenfigur auf ungewöhnliche Weise Wissen und Weisheit ein.

Oude Markt

Rechts des Rathauses schließt sich der von Giebelhäusern gesäumte Oude Markt an den Grote Markt an. Mit seinen zahlreichen Kneipen, Straßencafés und Restaurants ist er besonders an lauen Sommerabenden ein beliebter Treff. Auf dem Platz setzte man den *Kotmadams*, den mütterlichen Vermieterinnen der Studenten, ein Denkmal.

M-Museum Leuven

Leopold Vanderkelenstraat 28,
Tel. 016 27 29 29, www.mleuven.be,
tgl. außer Mi 11–18, Do bis 22 Uhr,
Eintritt 9 €, ermäßigt ab 3 €

In dem Komplex aus zeitgenössischer Architektur und historischen Gebäuden trifft sich Altes und Neues: Kunst der Spät-Gotik und aus dem 19. Jh. Highlight des Alten: »Die Sieben Sakramente« von Rogier van der Weyden, Highlights des Neuen: zeitgenössische Kunst in Wechselausstellungen. Top-Museum!

St-Michielskerk

Naamsestraat, April–Sept. Di–So
13.30–16.30 Uhr

Die vom Oude Markt nach Süden führende Naamsestaat bringt uns nach wenigen Hundert Metern zur St-Michielskerk. Die ab 1650 erbaute Kir-

Das Rathaus von Leuven hat eine Fassade in spätgotischem Stil

che diente bis zum Verbot des Ordens 1773 den Jesuiten. Heute besticht sie durch ihre Barockfassade. Der pompöse Schmuck innen reflektiert den Geist der Gegenreformation: Er sollte die Gläubigen so beeindrucken, dass ihr Glaube nicht ins Wanken geraten konnte.

Groote Begijnhof

Ein Stück weiter die Naamsestraat nach Süden führt die Sint-Beggabergstraat Richtung Großer Beginenhof, gegründet um 1230. Man betritt ihn durch ein neoklassizistisches Portal. Die 72 Häuser und Konvente stammen aus dem 16.–18. Jh., die turmlose, Johannes dem Täufer gewidmete frühgotische **Beginenhofkirche** wurde 1305 erbaut. Um 1600 wohnten hier etwa 400 Beginen. Der 1962 von der Universität erworbene und vorbildlich restaurierte Hof dient Studenten, Professoren und Universitätsangestellten als »Wohn-City«.

Übernachten

Zentral und angenehm – **Hotel Binnenhof:** Maria Theresiastraat 65, Tel. 016 20 55 92, www.hotelbinnenhof.be. DZ ab 99 €. Das angenehme Hotel lädt mit geräumigen und hellen Zimmern zum komfortablen Übernachten ein. Annehmlichkeiten: Drahtloser Internet-Zugang, schöner Frühstücksraum, gemütliche Bar.

Mediterraner Hauch – **Daniels B & B:** Cadenberch 14, Tel. 016 23 87 80. www.daniels-b-and-b.be, Suite 110 €. Modernes Haus mit zwei Suiten, eingerichtet mit dem Flair und der Leichtigkeit italienischer Interieurtradition. Fünfzehn Minuten zum historischen Zentrum.

Grüne Alternative – **Park bed & breakfast:** Abdijstraat 56, in Heverlee (ca. 4 km südlich von Leuven), Tel. 016 40 53 83, www.parkbedandbreakfast.net, 72–82 €. Haus im Grünen, 2 km von Leuven entfernt – prima Alternative zur Übernachtung in der Stadt. Gemütliche, modern eingerichtete Zimmer. Entspannen Sie auf der schönen Gartenterrasse und im Swimmingpool.

Prima Komfort, guter Preis – **B & B Leuvensend:** Bornestraat 72, in Wilsele, (ca. 4,5 km nördl. von Leuven), Tel. 016 23 82 80, www.leuvensend.com. DZ 55 €, bei nur einer Nacht + 5 €. Großes Einfamilienhaus mit zwei gemütlichen Gästezimmern. Wählen Sie das mit Blick auf den reizenden Garten. Privatparkplatz. Mit den City Bikes der Gastgeber können Sie in die Stadt fahren.

Jugendherberge – **De Blauwput:** Martelarenlaan 11 a, Tel. 016 63 90 62, www.vjh.be. Übernachtung mit Frühstück ca. 18–24 €.

Essen & Trinken

In Leuven ein Restaurant zu finden – kein Problem. Um das Rathaus und in den autofreien Straßen wie der Munt- und Parijsstraat liegen sie dicht beieinander. Als Präsent für die Daheimgebliebenen bieten sich *Fonskes* (Pralinen), *Leuvens Meloentje*, *Peschke* oder *Nootje* (Genever mit Melonen-, Pfirsich-, Haselnussgeschmack) – die Leuvener Spezialitäten an.

Urig – **De Wiering:** Wieringstraat 2, Tel. 016 29 15 45, www.dewiering.be, tgl. 11.30–23 Uhr. Anstelle von Bildern hängen Quetschkommoden an der Wand. Auf knarrenden Holztreppen geht es von Etage zu Etage. Hier gibt es u. a. auf zehn verschiedene Arten zubereitete Spareribs (15–22 €).

Leuvener Allerlei – **De Kansel:** Muntstraat 15, Tel. 016 22 09 23, www.kansel.be, Mo–Fr 12–22.30, Sa bis 24 Uhr, Juni–Aug. auch So. Stimmungsvolles Restaurant mit einer Kirchenkanzel am Eingang. Pasta und Chili, in Bier Ge-

schmortes, und je nach Saison Wild, Chicoréespezialitäten oder Muscheln. Im Sommer kann man auch draußen essen. Hauptgerichte ab 12 €.
Down-to-earth – **De Blauwe Schuit:** Vismarkt 16, Tel. 016 22 05 70, www.deblauweschuit.be, tgl. 10.30–22 Uhr, So geschl. Wining & dining in geselliger Atmosphäre. Gemütliches Interieur und riesige Gartenterrasse unter Schatten spendenden Bäumen. Snacks, leichte Speisen und ein Tagesgericht, das man auf der großen Tafel findet. Ca. 10 €.

Aktiv & Kreativ

Selber Paddeln – **Natur-Natur:** Stationsstraat 13, Korbeek-Dijle, Tel. 016 47 01 02, www.natur-natur.be.
Rad fahren – **Fahrradtouren:** Beim Fremdenverkehrsamt sind Beschreibungen von Routen durch das Leuvener Umland erhältlich.

Abends & Nachts

Art-Nouveau – **Café Gambrinus:** Grote Markt 13. *Das* Grand Café von Leuven, schöne Art-Nouveau-Dekoration.
Bruine Café – **De Blauwe Kater:** Hallengang 1. Gemütliches *bruine café*, 99 verschiedene Biersorten, Mo manchmal Jazz- oder Blueskonzerte.
Irish – **Thomas Stapleton:** Standonckstraat 4. Irischer Pub und Restaurant. Ab und an irische Livemusik.
Disco – **De Rector:** Oude Markt 4. House, Groove, Clubmusic, Dance & Party, je nach DJ.

Infos & Termine

Toerisme Leuven: Naamsestraat 1, Tel. 016 20 30 20, www.visitleuven.be.

Mein Tipp

Condomus gefällig? ► F 13
Einzigartig in Belgien: Die **Hausbrauerei Domus** pumpt die Biere Nostra Domus und Condomus durch Pipelines von der Brauerei direkt in den Zapfhahn der Brauerei-Taverne – frischer und stimmungsvoller geht es nicht. Urige Kneipe! Tiensestraat 8, Mo geschl., Informationen unter www.domusleuven.be.

Juli, an vier Freitagen 20–24 Uhr: BeLEUVENissen: Open-Air-Musik auf sechs Plätzen in der Stadt (Klassik, Jazz und mehr).
Um den 1. So im Aug.: Hapje-Tapje & Barkeeperrennen, Tag für Genießer, kulinarischer Parcours in der Innenstadt.
Sept.–Okt.: Festival von Flandern: exklusive Konzerte (Tel. 016 20 05 40, www.festivalvlaamsbrabant.be).
Fr 12–12.45, So 15–16 Uhr: Glockenspielkonzerte: St-Pieterskerk.
Bahn: IC nach Lüttich, Eupen, Brüssel, Oostende, Gent. Nahverkehrszug nach Lier, Antwerpen.

Nivelles ► E 14

Das brabantische Städtchen Nivelles (Nijvel; 26 000 Einw.) entstand um ein ca. 650 von Itta, der Witwe Pippins d. Ä., gegründetes Nonnenkloster, dem ersten in Belgien. Ihre Tochter, die hl. Gertrude, war die erste Äbtissin. Deren Grab wurde bald zur viel besuchten Wallfahrtsstätte. Im Zweiten Weltkrieg wurde die Stiftskirche mit dem Gertrudenschrein schwer beschädigt.

Collégiale Sainte-Gertrude
48, rue de Saintes, tgl. außer So vormittags 9–17 Uhr, 6 €, ermäßigt 2–5 €
Die monumentale Stiftskirche (7.–11. Jh.) mit einem Längsschiff, das sich über 102 m erstreckt, zwei Querschiffen, zwei Chören und einem wuchtigen Westwerk mit Glockenturm und Seitentürmen gilt als eines der bedeutendsten Zeugnisse ottonisch geprägter romanischer Kirchenarchitektur in Belgien. In der riesigen Krypta unter dem Ostchor stieß man bei Ausgrabungen auf Fundamente der Vorgängerkirche und auf die Gräber der hl. Gertrude und ihrer Mutter.

Museum für Archäologie, Kunst und Geschichte
27, rue de Bruxelles, Di–Fr sowie 2. und 4. So im Monat 9.30–12, 14–17 Uhr, Eintritt 2 €, ermäßigt 1 €
Die sehenswerte Ausstellung ergänzt den Besuch der Stiftskirche mit Exponaten aus dem Kirchenschatz. Dazu zählen z. B. wertvolle Apostelstatuen des gotischen Lettners, kostbare Brüsseler Wandteppiche (16. Jh.), prächtige Gemälde, barocke Terrakotta-Arbeiten von Laurant Delvaux und Funde aus der gallorömischen Zeit.

Übernachten

Geschmackvoll – **Mont saint Roch (B & B):** 34, rue du Mont Saint Roch, Tel. 0498 86 48 90, www.montsaintroch.be, DZ 82–92 €. »La Fleur de Thé« ist das größte der drei Gästezimmer, die alle geschmackvoll und modern eingerichtet sind, jeweils mit eigener Dusche und/oder Badewanne, TV, Minibar.

Ländlich – **B & B Le Haras de Baudemont:** 50, rue de Baudemont, Ittre bei Nivelles, Tel. 0475 87 26 17, www.baudemont.be, DZ 90 €. Das »Elfenbein-Zimmer« und das »Blaue Zimmer« sind groß, hell und gemütlich. Man blickt auf den Schlosspark. Das ehemalige Gestüt am Château de Baudemont lädt zum Entspannen ein. Für die Gäste: Salon mit offenem Kamin, schönes Esszimmer, eine voll ausgestattete Küche, Tennisplatz und Pool.

Essen & Trinken

Lecker: die kulinarischen Spezialitäten *tarte al djote* (Käse mit fein gehackten Kräutern) und *doubles* (zwei mit Käse gefüllte Buchweizenpfannkuchen).
Trendy – **Des Arts:** 51, Grand-Place, Tel. 067 21 83 73, www.brasseriedesarts.be, tgl. außer So abends, Mo 12–23 Uhr. Bis auf einige Kunstwerke an den Wänden ist das Interieur eher spartanisch. Französisch-italienische Küche, köstlicher Lachs. Tagesgerichte ca. 9 €.
Fusion Cuisine – **Ile Maurice:** 13, rue de Bruxelles, Tel. 067 33 32 62, www.restoleprevert.be, tgl. 12–14 & 19–22 Uhr, außer So, Sa mittags. Hier kann man sich Kochkunst vom Indischen Ozean, aber auch Mediterranes schmecken lassen. Einfaches Interieur, Lunch-Menü 10 €, à la carte ab ca. 16 €.

Infos & Termine

Infos
Office du Tourisme: 48, rue de Saintes, Tel. 067 84 08 64, www.tourisme-nivelles.be.

Termine
Februar: Karneval mit großem Umzug der Riesen und der Sociétés de Gilles, Rundtanz und Verbrennung kostümierter Strohpuppen.
April–Sept., meistens jeden 2. So im Monat: großer Trödelmarkt rund um die Stiftskirche.

St.-Michaelstag (29. Sept.) oder am darauffolgenden So: Tour Ste.-Geertrude: Pilgerzug mit dem von Pferden gezogenen Prozessionswagen mit den Reliquien der hl. Gertrude über Land (15 km) auf den Spuren der Heiligen. Anschließend feierlicher Einzug in historischen Kostümen in die Stadt, mit Riesenfiguren, Jongleuren und mehr (www.toursaintegertrude.be).

Verkehr

Bahn: IC nach Brüssel, Charleroi.

Charleroi ► E 15

Industrie, von Eisen-, Glas- und Stahlverarbeitung bis zum Flugzeugbau, ist das Kennzeichen des im Pays Noir – dem »Schwarzen Land« – liegenden Charleroi (202 500 Einw.). Die Stadt besteht aus der Unterstadt, in der sich die Industrieanlagen befinden, und der Oberstadt mit einer großen Fußgängerzone. Zu den wenigen sehenswerten Attraktionen zählen Charlerois Museen.

Musée des Beaux-Arts

Palais des Beaux-Arts, Place de Manège 1, www.charleroi-museum.org, Di–Sa 9–12.30, 13.15–17 Uhr, Eintritt frei
Beachtliche Sammlung mit Werken von Künstlern aus Hainaut sowie u. a. René Magritte, Paul Delvaux und Pierre Paulus.

Zeche »Bois du Cazier«

80, rue du Cazier, Marcinelle (südlich des Zentrums), www.leboisducazier.be, Di–Fr 9–17, Sa, So 10–18 Uhr, Eintritt 6 €, ermäßigt 4,50 €
1956 ereignete sich auf dieser Zeche ein tragisches Bergwerksunglück. An ihre aktive Zeit erinnern u. a. ein Blechwalzwerk, Dampf- und Fördermaschinen und Straßenbahnen. Hier befindet sich auch das **Musée du Verre** (Di–Sa 9–12.30 und 13.15–17 Uhr) mit einer faszinierenden Ausstellung über die Kunst der Glasherstellung, -formgebung und -färbung. Die schöne Sammlung zeigt Glaskunst bis in die Gegenwart.

Musée de la Photographie

Avenue Paul Pastur 11, www.museephoto.be, Di–So 10–18 Uhr, Eintritt 6 €, ermäßigt ab 3 €
Unzählige packende Fotos, dazu die Darstellung der Geschichte der Fotografie und temporäre Ausstellungen über einzelne Fotografen sind auf einer riesigen Flächen von 6000 m^2 in einem schönen Gebäude zu sehen. Das Fotografiemuseum, das 2012 sein 25-jähriges Jubiläum feiern konnte, zählt inzwischen zu den bedeutendsten Museen seines Genres.

Übernachten

Komfortabel – **Leonardo Hotel Charleroi City:** 96, blvd. Tirou, Tel. 071 31 98 11, www.leonardo-hotels.de, DZ ab 80 €, am Wochenende häufig günstiger, Frühstück 10 €/Pers. Für einen Zwischenstopp in Charleroi geeignet. Nur 500 m vom Bahnhof entfernt, modern und luxuriös. Das Restaurant bietet belgische und regionale Spezialitäten, die Bar »Manneken Pis« eine gemütliche Atmosphäre.

Essen & Trinken

Ristorante italiano – **2 Fenêtres:** 27, rue Basslé, Tel. 071 63 43 03, www.2fenetres.be, Sa mittags, So, Mo, Fei geschl., Hauptgericht ab 13 €. Schauen sie sich die kleinen Kunstwerke an und genießen Sie die italienische Küche mit leckeren Salaten, Taglioni, Tagliata und noch viel mehr.

Gastronomie saisonnière – **Côté Terroir:** 6, rue Tumelaire, Tel. 071 30 57 32, www.coteterroir.be, Mi, Sa mittags und So abends (außer an Fei) geschl. Der Speisesaal ist gemütlich und in warmen Farben gehalten, die Küche richtet sich nach dem saisonalen Angebot. Das Lunch-Menü, (etwa *Carpaccio* als Vorspeise, *Piccatta de bœuf à la plancha* als Hauptgericht, anschließend Kaffee) kostet ca. 28 €.

Abends & Nachts

Tanzkunst pur – **Charleroi Danses**: Les Écuries, 65 blvd. Pierre Mayence, Tel. 071 20 56 40, www.charleroi-danses.be. Das einst unter der Leitung des berühmten belgischen Choreographen Frédéric Flamand stehende und heute von einem vierköpfigen Team hervorragender Künstler geführte Avantgarde-Tanzensemble ist für seine Kreationen international bekannt.

Infos

Maison du Tourisme: 20, place Charles II, Tel. 071 86 14 14, www.paysdecharleroi.be, www.mons.be.

Mons (Bergen) ▸ D 14/15

Inmitten des ehemaligen Steinkohlereviers liegt auf einem Hügel die Provinzhauptstadt des Hainaut, Mons (Bergen; 92 000 Einw.). Die Stadt, bis ins 12. Jh. *castri locus* geheißen, wurde während ihrer fast tausendjährigen Geschichte mehrfach von fremden Herrschern eingenommen. Ludwig XIV. prägte wesentlich das heutige Stadtbild.

Grand-Place

An der Grand-Place mit ihren einladenden Cafés steht das von dem schönen Giebelhaus **Toison d'Or** (1615) und der **Chapelle St-Georges** (1604) flankierte, 1458 erbaute spätgotische **Rathaus**. Das schmiedeeiserne Äffchen links neben dem Hauptportal, einst vielleicht Teil eines Kinderprangers, soll Glück bringen, wenn man es berührt. Auf dem ehemaligen Burghügel erhebt sich der 87 m hohe barocke **Belfried** (1661), von dem man eine schöne Aussicht über den Hainaut erhält.

Collégiale Ste-Waudru

In der seit 1450 errichteten Kollegiatskirche Ste Waltrudis steht der »Car d'Or«, die prunkvolle, vergoldete Prozessionskutsche, mit der bei der *Procession de la Trinité* der Reliquienschrein der hl. Waltrudis durch die Stadt gefahren wird. Der goldkupferne Schrein mit dem in eine Hirschhaut eingenähten kopflosen Leichnam der Heiligen befindet sich am Hauptaltar, während der Kopf in einer der Kapellen aufbewahrt wird.

Musée des Arts Décoratifs François Duesberg

12, square F. Roosevelt, Di–So 13.30–18 Uhr, Eintritt 4 €

Vielerlei kunsthandwerkliche Exponate wie Steingut, französische vergoldete Bronzefiguren, erlesenes Porzellan aus Paris und Brüssel, Goldschmiedekunst, Gravuren und Schmuck. Prunkstück ist die in der Welt einzigartige Sammlung feuervergoldeter Kaminuhren und Pendeluhren.

Musée d'Histoire Militaire

13, rue de Houdain, Di–Sa 12–18, So 10–12, 14–18 Uhr, Eintritt 1,25 €

Hier sind Exponate zu den Weltkriegen und zur »Schlacht um Mons« (1914) zu sehen.

Musée d'Histoire naturelle

7, rue des Gaillers, Mo–Fr 8.30–12, 13–17 Uhr, Fei geschl., Eintritt frei
Dieses Museum bietet eine Entdeckungsreise in die Welt der Tiere und Pflanzen, in die Ökologie und andere Naturwissenschaften.

Musée du Folklore et de la Vie montoise

8, rue Neuve, zzt. geschlossen
In der einstigen Krankenabteilung des Couvent des Filles de Notre-Dame erfahren Sie viel über die Prozession des Goldwagens und des mittelalterlichen Kampfes »Lumeçon« (siehe Infos & Termine). Und dies ist nur ein Teil der Ausstellung zur regionalen Volkskunde.

Musée des Beaux Arts Mons

8, rue Neuve, Di–So 12–18, Eintritt 6 €, ermäßigt 3 €
Das Museum zeigt Gemälde meist französischer und belgischer Künstler des 16. bis 18. Jh. und eine große Ausstellung über den belgischen Surrealismus.

Übernachten

Angenehm – **St James:** 6, place de Flandre, Tel. 065 72 48 24, DZ 83 €, Frühstück 12 €/Pers. Die Fassade ist klassisch, das Innere jedoch sehr modern. Alle 21 Zimmer sind mit Designer-Möbeln ausgestattet. Liegt nur zehn Minuten vom Zentrum entfernt.
Zentral – **Infotel:** 32, rue d'Havré, Tel. 065 40 18 30. DZ ab 65 €, Frühstück 13 €/Pers. Ruhiges Hotel mit 20 Zimmern. Sie sind hell und geräumig und alle mit Bad, TV, Telefon und freiem Internetzugang ausgestattet. Parken kann man hier gratis.
Jugendherberge – **AJ de Beffroi:** 2, Rampe du Château, Tel. 065 87 55 70, Fax 065 87 55 71, www.lesaubergesdejeunesse.be. Übernachtung mit Frühstück ab ca. 18 €.

Essen & Trinken

Auf französische Art gegrillt – **Table du Boucher:** 49, rue d'Havré, Tel. 065 31 68 38, tgl. 12–15, 18–23 Uhr. Hübsch im Art-Déco-Stil eingerichtetes Lokal. Wer Lust auf einen Happen Gegrilltes hat, ist hier richtig. Man muss sie nicht unbedingt probieren, aber zu den Spezialitäten des Hauses zählt die *andouillette grillée* (gegrillte Kuttelwurst). Menü ab 25 €.
Lecker und schnörkellos – **Le Pastissou:** 14, rue des Fripiers, Tel. 065 31 92 60, tgl. außer So, Mo 12–14 und 18.30–21.30, Di, Do bis 20.30 Uhr. Bilder aus dem Baskenland an den Wänden deuten an, woher die Küche kommt. Lecker: *Ris de veau au Floc de Gascogne* (Kalbsbries), ca. 19 €. À la carte ab ca. 15 €.
Eine Institution – **No Maison:** 21, Grand-Place, Tel. 065 31 11 11, tgl. ab 10 Uhr. Tische am Fenster bieten eine schöne Aussicht auf die Grand-Place. Leckere belgische Gerichte wie *Les carbonnades à la Chimay*, *Le Chicon au gratin* oder *Le filet américain de cheval*. Hauptgerichte ab ca. 10 €.

Infos & Termine

Maison du Tourisme: 22, Grand-Place, Tel. 065 33 55 80, www.mons.be, www.monsregion.be.
So nach Pfingsten: Ducasse de Mons, im Volksmund *Doudou*: Das faszinierende Fest besteht aus der feierlichen *Procession de la Trinité* mit dem Reliquienschrein der hl. Waltrudis auf dem *Car d'Or* (Goldene Kutsche) und dem Prozessionsspiel »Lumeçon« auf dem Marktplatz, das den Kampf des heili-

Beim Karneval in Binche trippeln die »Gilles« durch die Straßen

gen Georg mit dem Drachen zeigt. Das historische Spektakel wurde von der UNESCO zum Welterbe erhoben.
Bahn: IC nach Charleroi, Namur, Lüttich, Tournai, Lille, Brüssel.

Binche ►E 15

Das zwischen Mons und Charleroi gelegene Städtchen Binche (32 000 Einw.) ist vor allem für seinen Karneval berühmt. Beim großen Umzug trippeln, begleitet von steten Trommelwirbeln, Hunderte bunt kostümierter Narren, die »Gilles«, durch die Straßen und werfen Orangen ins Publikum.

Musée International du Carnaval et du Masque
10, rue St Moustier, www.museedumasque.be, Di–Fr 9.30–17, Sa, So ab 10.30 Uhr, Eintritt 3.50 €, ermäßigt ab 1,75 €
Die Karnevalshochburg hat ein närrisches Museum mit Exponaten aus aller Welt und es zeigt auch einen närrischen Film über den traditionellen Bincher Karneval.

Infos & Termine

Office du Tourisme: Hôtel de Ville, Grand-Place, Tel. 064 33 67 27, www.binche.be.

Das Barockschloss Beloeil ist von einem Wassergraben umgeben

Mardi Gras (Karneval, Fett-Dienstag): Umzug der ›Gilles‹, anschließend Rundtanz auf dem Marktplatz. UNESCO-Welterbe!

Belœil ► D 14

In einem nach französischem Vorbild angelegten schönen Schlosspark in der Nähe von Belœil (13 500 Einwohner) liegt das gleichnamige Schloss **Château de Belœil (**11, rue du Château, Belœil, Tel. 069 68 94 26, www.chateaudebelœil.com, Anfang April–Juni und September an Wochenenden und Feiertagen, Juli–August tgl. 13–18 Uhr, Eintritt 8 €, ermäßigt ab 2,50 €). Das Château gilt als das schönste Barockschloss Belgiens und ist seit über 700 Jahren im Besitz der Familie der Fürsten von Ligne.

Seine Räume sind mit erlesenen Möbeln, Gobelins und Gemälden sowie zahlreichen Geschenken berühmter Freunde und Gäste der Fürsten, darunter z. B Marie Antoinette und Katharina die Große, ausgestattet. Die Bibliothek besitzt über 20 000 wertvolle Bände.

Aktiv & Kreativ

Mountainbiking – **Circuit Forestier de Belœil:** Ausgeschilderte Mountainbiketouren von 10, 15 und 20 km Länge starten am Gymnasium (Sporthalle) von Stambruges.

Infos

Office du Tourisme de Belœil: 27, rue du Château, Belœil, Tel. 069 68 95 16.

Tournai ► C 14

Die an der Schelde gelegene Bischofsstadt Tournai (Doornik; 69 000 Einw.) entstand aus dem römischen *Turnacum* und ist nach Tongeren die zweitälteste Stadt Belgiens. Unter König Childerich wurde sie im 5. Jh. Hauptstadt der Merowinger. Dessen 465 in Tournai geborener Sohn Chlodwig erhob sie zum Bischofssitz.

Während ihrer langen Geschichte war die Stadt schweren Bränden, Belagerungen und Kriegen ausgesetzt und wurde im Jahr 1089 von der Pest stark getroffen. Die mächtige Kathedrale und der Belfried sind UNESCO-Welterbe.

Grand-Place

An dem aufgrund des Verlaufs alter Straßen dreieckig und über einem römischen Friedhof gelegenen Platz zeugen die **Halle aux Draps** (Tuchhalle, 1610) und schöne Patrizierhäuser vom frühen Wohlstand der Stadt.

Belfried

April–Okt. tgl. außer Mo 10–17.30, Nov.–März. tgl. (außer Mo und So morgens) 10–12, 14–17 Uhr, 2 €
Die ursprünglich romanische Kirche **Eglise St-Quentin** (12. Jh.) an der Nordwestseite der Grand-Place ist einem der frühen Bekehrer geweiht. Imposant ragt der 72 m hohe, freistehende Belfried (um 1200), der älteste erhaltene Belgiens, an der Westspitze des Platzes empor. Wer die 257 Stufen hinaufsteigt, wird mit einer herrlichen Aussicht belohnt.

Kathedrale Notre-Dame

Nov.–März tgl. 9.15–12, 14–17, April–Okt. bis 18 Uhr, Schatzkammer ab 9.30 Uhr; Sa, So und Fei jeweils vormittags geschl., 2 €, Familien 3 €
Die mächtige, fünftürmige Cathédrale Notre-Dame ist eines der schönsten Beispiele romanisch-gotischer Kirchen Westeuropas. Langhaus, Querschiff und Vierungsturm aus dem 12. Jh. sind noch von der schweren romanischen Bauweise geprägt, in den im 13./14. Jh. angefügten vier weiteren Türmen, den Abschlüssen des Querschiffs und besonders im riesigen Hochchor zeigt sich bereits der Einfluss der Gotik. Kunstvoll gearbeiteter Figurenschmuck ziert die drei Portale. Das hohe Kreuzgratgewölbe des Langhauses wird von vier übereinander erbauten Arkadenreihen getragen, was an ein römisches Aquädukt erinnert. Ein triumphbogenartiger, mit biblischen Szenen und den Statuen von Maria und der hl. Eleutherius und Piat geschmückter Renaissance-Lettner (1572) trennt Langhaus und Querschiff vom Chor. In den Kapellen des Chorumgangs hängen Gemälde von Peter Paul Rubens und

Frans Pourbus d.Ä. Die Domschatzkammer birgt den Reliquienschrein der hl. Jungfrau (1205) und des hl. Eleutherius (1247).

Musée de la Tapisserie et des Arts du tissu

9, place Reine Astrid. April–Okt. tgl. außer Di 10–17.30, Nov.–März 10–12, 14–17 Uhr, So morgens geschl., Eintritt 2,50 €, ermäßigt 2 €

Tournai war im 15. Jh. die Hochburg der Wandteppich-Herstellung, über 200 Weber gingen damals in der Stadt ihrer Kunst nach. Hier kann man sich an historischen und zeitgenössischen Exemplaren mit herrlichen Graffitimotiven erfreuen und einer Weberin bei der Arbeit über die Schulter schauen.

Musée des Beaux-Arts

Enclos Saint-Martin, April–Okt. tgl. außer Di 10–17.30, Nov.–März 10–12, 14–17 Uhr, So morgens geschl., Eintritt 2,50 €, ermäßigt 2 €

In einem Art-Nouveau-Haus von Victor Horta befindet sich das Museum der Schönen Künste, mit einer erlesenen Sammlung, die der Brüsseler Kunstliebhaber Henri van Cutsem der Stadt vermacht hat. Zu den bedeutendsten Künstlern, deren Werke im Musée des Beaux-Arts zu sehen sind, gehören Rogier van der Weyden, Campin, Jan Gossaert und Bruegel, Snyders, Rubens, Jordeans, Watteau und Piat-Sauvage sowie internationaler Impressionisten wie Manet, Monet, van Gogh und Ensor. Beachtenswert sind auch die Gemälde der Tournaier Maler Grard, Dumoulin, Leroy, Pion und Gallait.

Pont des Trous

Unbedingt sollte man einen Spaziergang in den Nordwesten der Stadt unternehmen. Dort überspannt der von zwei wuchtigen Türmen flankierte mittelalterliche **Pont des Trous** mit seinen drei Steinbögen die Schelde – ein ausgesprochen malerisches Bild. Näherten sich im Mittelalter Angreifer auf dem Fluss, so wurden im Tor riesige Fallgitter herabgelassen und der Feind durch die Schießscharten beschossen – was sich als sehr wirksam erwiesen hat.

Mein Tipp

Der »Sentier de l'Etrange« ► D 13

Schon beim Start in der *Maison du Parc naturel du Pays des Collines* (ruelle des Ecoles 1, Ellezelles, bei Ronse, Tel. 068 54 46 00, www.paysdescollines.be) in Ellezelles findet man eine kleine Figur an der Mauer: Hercule Poirot. Viele Einwohner von Ellezelles sind überzeugt, dass der berühmte Detektiv von Agatha Christie hier geboren ist. Ob das stimmt, ist bisher ein ungelüftetes Geheimnis. Von hier führt die Wanderung auf ausgeschilderten Wegen durch Felder und Wiesen. Und dann tauchen plötzlich am Wegesrand Hexen wie die *Eul Pichoure* und die *Blaue Hexe* auf, sonderbare Wesen, die der Künstler Watkynes schuf – insgesamt sind es über 30! Wer sie sich vorher schon einmal anschauen möchte: Auf der Homepage von Watkynes (www.watkyne.be) sind sie zu finden, außerdem auf den sogenannten Routen-Maps (frz.).

Übernachten

Zentral und modern – **D'Alcantara:** 2, rue des Bouchers St-Jacques, Tel. 069 21 26 48. DZ ab 96 €. Luxuriöses Hotel in einem schönen Patrizierhaus, einen Häuserblock von der Grand-Place entfernt. Alle 17 Zimmer sind anspruchsvoll und modern eingerichtet mit Bad, TV und Minibar.

Zentraler geht es nicht – **L'Europe:** 36, Grand-Place, Tel. 069 22 40 67, DZ 70 €. Schönes Giebelhaus an der Grand-Place mit acht gut ausgestatteten Zimmern, alle mit Bad und TV. Wer die Wahl hat, sollte sich für die Vorderseite mit Aussicht auf den Platz entscheiden.

Tolle Lage – **B & B La Naïade:** 75, bld. Léopold III, in Peruwelz, Tel. 069 78 06 72, www.naiade.be, DZ 75 €, Frühstück 7 €/Pers. Inmitten eines herrlichen 1 ha großen Parks mit wunderschönem Wassergarten. Vier liebevoll eingerichtete Gästezimmer, zwei mit eigenem Bad. Es gibt außerdem einen kleinen Salon mit TV, Computer/Internet und eine Bibliothek.

Jugendherberge – **AJ de Tournai:** 64, rue St-Martin, Tel. 069 21 61 36, Fax 069 21 61 40, www.lesaubergesdejeunesse.be, Übernachtung mit Frühstück ab 18 €.

Essen & Trinken

Qual der Wahl – **L'Ecu de France:** 55, Grand-Place, Tel. 069 55 60 98, tgl. Stimmungsvolles Restaurant im Schatten der Kathedrale. Enorme Auswahl an Speisen und Wein. Schöne Aussicht auf den Platz an den Fenster-Tischen auf der Empore. Gute Wahl: Carpaccio de bœuf au Parmesan (11 €).

Speisen mit Aussicht – **Le Beffroi:** 15, Grand-Place, Tel. 069 84 83 41, tgl. Gemütliche Restaurant-Brasserie mit klassischem Interieur – hier genießt man seine Malzeit im Sommer gern auf der Straßenterrasse. Große Auswahl an Salaten (ab ca. 11 €), köstliches vom Grill, *Côte à l'os grillée* (ab ca. 18 €).

Kulinarisches mit Pfiff – **L'Arche de Noé:** 34, rue des Campeaux, Tel. 069 22 37 97, www.larchedenoe.be. Tgl. Backsteingewölbe, eindrucksvolle Gemälde, die Bar als Bootsrumpf – die Arche hat viel Atmosphäre. Traditionelle Küche mit Pfiff, da kann man das Ende der Sintflut getrost abwarten. Hauptgerichte um 20 €.

Aktiv & Kreativ

Wohlfühlbauernhof – **La Ferme du Bien-Être:** 103, chaussée de Lannoy, Froyennes (Tournai), Tel. 069 54 91 14, www.lafermedubienetre.be. Auf diesem schönen, alten, als Thalassotherapie-Zentrum eingerichteten Hof kann man sich mit Massagen, Sauna, türkischem Dampfbad verwöhnen lassen.

Abends & Nachts

Bier & Spiele – **Aux Amis Reunis:** 89, rue St-Martin (bei der Jugendherberge), tgl. außer So 10–22 Uhr. Historisches Lokal der »Versammelten Freunde« von 1911. Bei lokalen Bieren kann man ein Spielchen *jeu de fer* – Billard von Anno dazumal – wagen.

Infos & Termine

Office du Tourisme: 14, vieux Marché aux Poteries, Tel. 069 22 20 45, www.tournai.be.

Mitte September: Procession Notre-Dame des Malades: große Prozession.

Bahn: IC nach Lille, Mons, Lüttich und Brüssel.

Auf Entdeckungstour

Wo sich die Schiffe liften lassen

Schiffe, die zwischen Brüssel, Charleroi und Mons verkehren, müssen über 70 m Höhe überwinden. Was früher Dutzende Schleusen und Hebewerke erledigten, schaffen heute zwei hypermoderne Schiffshebewerke: das Hebewerk bei Thieu und die »Schiefe Ebene von Ronquières«. Ihre Vorgänger am Canal du Centre brachten es sogar zum UNESCO-Welterbe. Besucher können den Lift in einem Boot selbst erleben.

Reisekarte: ► E 14

Infos (Preise, Abfahrtzeiten sowie Fahrtdauer): http://voiesdeau.hainaut.be

Schiefe Ebene von Ronquières: 1 w, route Baccara, Tel. 067 64 66 80.

Canal du Centre: 90, rue Tout-y-Faut, La Louvière, Tel. 064 84 78 31.

Schiffshebewerk von Strépy-Thieu: 50, rue Cordier, Le Roeulx, Tel. 064 67 12 00.

Startpunkt der Tour ist das Besucherzentrum an der *Plan incliné de Ronquières*, ein kleiner Pavillon, in dem über das eigenartige Hebewerk mit der schiefen Ebene informiert wird. Ein Stück entfernt ragt im Kanal ein mächtiges Stahlgerüst empor. Hier werden Lastkähne in eine riesige, wassergefüllte Wanne bugsiert. Dann senken sich schwere Stahl-Schotte ins Wasser und schließen den Kanal und die Wanne wasserdicht ab. Ächzend setzt sich das Wasserbecken mit den darin schwimmenden Schiffen in Bewegung. Es geht bergauf. Unter der Wanne lassen sich die eisernen Räder zählen, auf denen sie an Strahltrossen auf einem 1434 m langen Schienenstrang den Berg hinauf gezogen wird; es sind 118. Als Gewichtsausgleich zur 5700 t wiegenden Wanne dient ein 5200 t schweres Gegengewicht.

Früher mussten die Schiffe Treppen steigen

Die »Schiefe Ebene von Ronquières« stellt eine erhebliche Erleichterung für die Binnenschifffahrt dar. Wer früher auf dem Wasserweg von Charleroi nach Brüssel fuhr, musste mit dem Boot treppauf, treppab steigen, und zwar 55 mal. So viele Schleusen hatten die Kanalbauer in den 60 km langen Kanal zwischen der Sambre bei Charleroi und der Senne bei Brüssel eingebaut, um den zwischen den Flusstälern liegenden Höhenzug zu überwinden. Als das marode System nach über hundert Jahren einer dringenden Erneuerung bedurfte, schufen die Wasserbauingenieure am Kanal von Charleroi nach Brüssel diese gigantische Variante eines Schiffshebewerks. Damit überwinden die Schiffe jetzt einen Höhenunterschied von 68 m wortwörtlich in einem Rutsch, der Rest wird von nur noch zehn statt 55 Schleusen erledigt.

Zu Fuß zu vier alten Hebewerken

Nächste Station ist der Canal du Centre, rund 18 km südlich. Hier führt in Houdeng-Goegnies, einem Vorort von La Louvière, ein alter Treidelweg am Canal du Centre zu »Ascenseur No 1«. Zwischen den grünen Bäumen nimmt sich die museale, etwas angerostete Stahlkonstruktion in ihrem Industriegrau malerisch aus. »Ascenseur No 1« ist eines von vier 1888–1917 auf einer Strecke von nur 7 km erbauten Schiffshebewerken, die gemeinsam eine Höhe von 68 m überwinden, und das äußerst umweltfreundlich – sie werden nur mit Wasserkraft betrieben. Seitdem ein neues, bei Strépy-Thieu erbautes Hebewerk ganz allein ihre Arbeit erledigt, sind sie in Ruhestand. Bei einem Spaziergang am Canal du Centre kann man sich alle vier alten Hebewerke ansehen und am »Ascenseur No 1« in der Ausstellung »Die fantastische Maschine des Ingenieurs Clarck« die Geschichte und Funktion der hydraulischen Schiffshebewerke kennen lernen.

Das höchste Schiffshebewerk der Welt

Welch ein Kontrast, wenn sich im nahen Strépy-Thieu der futuristisch anmutende »Ascenseur à Bateaux« aus der Landschaft erhebt, ein gewaltiger Betonklotz mit schwarzen Auslegern.

Hat man die imposante äußere Hülle in Augenschein genommen, lässt sich das Innere samt dem Maschinenraum erkunden. Anhand eines Films, animierter Modelle und interaktiver Spiele werden alle technischen Daten dieses mächtigen Hebewerks dargelegt. So liftet der Ascenseur in seinen beiden 8000 t schweren Wassertrögen Schiffe mit bis zu 1350 t in nur wenigen Minuten von Null auf 73 m und verkürzt die ursprüngliche Zeit von fünf Stunden auf knapp 40 Minuten.

Das Beste auf einen Blick

Die Ardennen

Highlights!

Ourthetal: Das Vallée de l'Ourthe bei La-Roche-en-Ardenne ist ein Paradies für Landschaftsschwärmer und Kajakfahrer. S. 260

Arlon: Bei der Quelle der Semois hatten schon die Römer ihren Posten Orolaunum. Das Musée Archéologique zeigt die hier entdeckten römischen Artefakte. S. 263

Namur: Die heimliche Hauptstadt der Wallonie überrascht mit romantischen Gassen und lauschigen Plätzen. S. 271

Dinant: Eine mächtige Zitadelle überragt das zwischen schroffen Felsen und der Maas gelegene Dinant. S. 275

Auf Entdeckungstour

Hohes Venn: Eine Wanderung durch das Moor gibt Einblicke in die faszinierende Natur und Geschichte dieses Landstrichs. S. 236

In den Grotten von Remouchamps: Die Unterwelt der Ardennen bei Remouchamps entpuppt sich als eigentümliche Höhlenlandschaft, durch die sich das Flüsschen Rubicon seinen Weg bahnt. Kalk und Mineralien haben hier bizarre Gebilde geformt. Eine begleitete Tour führt zu Fuß und mit einer Barke durch diese Höhlenwelt. S. 250

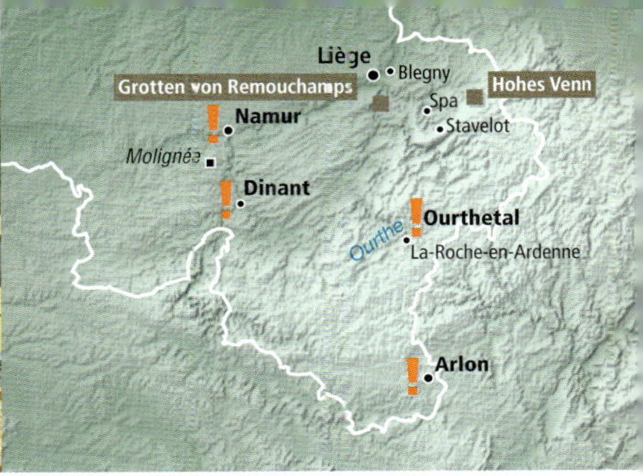

Kultur & Sehenswertes

Pütt zum Anfassen: Man muss hinab, um es zu verstehen. So lautet die Devise der ehemaligen Kumpel, die sich in Blegny mit den Besuchern untertage begeben. S. 244

Steinernes Bilderbuch römischen Alltags: Im Musée Archéologique in Arlon zeigen 300 römische Grabmalskulpturen, wie einst die Römer hier lebten. S. 263

Aktiv & Kreativ

Kajaktouren auf der Ourthe: Sportlich aktiv mit dem Kajak die Ourthe herunter – ein faszinierendes Erlebnis. S. 260

Radfahren mal anders: Eine Fahrt mit der Draisine auf der alten Bahntrasse durch das malerische Tal der Molignée ist ein Spaß für die ganze Familie. S. 278

Genießen & Atmosphäre

Au Vieux Liège: Cuisine der belgischen Spitzenklasse im ältesten Haus Lüttichs. Der Maler Lemaire bezahlte seine Mahlzeiten mit zwei seiner Werke. S. 244

Thermes de Spa: In dem neuen, modernen Thermalzentrum für Gesundheit, Wellness und Beauty kann man sich so richtig auf Vordermann bringen lassen – à la carte oder mit Kurprogramm. S. 249

Abends & Nachts

Kasino Namur: Hier lernen Sie die Regeln des französischen und englischen Roulettes, Poker, Black-Jack und Craps und können gleich zur Tat schreiten, bis es heißt: »Rien ne va plus«. S. 275

Mit ihren waldreichen Hügeln und tiefen, von mäandrierenden Flüssen durchzogenen Tälern sind die im Südosten Belgiens liegenden Ardennen gewiss der landschaftlich reizvollste Teil des Landes. Alte Orte wie Namur im Westen, Bastogne und Arlon im Osten sowie Liège im Norden sind die Eintrittspforten in dieses einmalige Hügelland, in dem alljährlich viele Besucher Entspannung in der Natur suchen.

Flüsse wie die Lesse, Sambre und Ourthe laden zu ausgedehnten Kajaktouren ein, spektakuläre Tropfsteinhöhlen wie die Grotten von Remouchamps, Hotten und Han-sur-Lesse erlauben Einblicke in die Unterwelt der felsigen Landschaft, aus der in dem nostalgischen Kurbad Spa – der Name »Spa« ist längst zum Inbegriff für Wellness geworden – heilsames Wasser sprudelt.

Zahlreiche Wanderwege führen direkt in die Natur, wo Fuchs, Hirsch und Wildschwein anzutreffen sind. Ein Umstand, der sich übrigens zur Jagdsaison zur Freude von Feinschmeckern auf den Speisekarten niederschlägt. In ganz Europa einzigartig ist die Hochmoor- und Waldlandschaft des Hohen Venn im östlichsten Zipfel des Landes.

Zahlreiche mittelalterliche Burgen und Kastelle bezeugen vergangene kriegerische Zeiten. Und in manchen Orten stehen heute noch Panzer als Mahnmal und erinnern an die verheerenden Ereignisse der »Schlacht in den Ardennen« während des Zweiten Weltkriegs.

Und woher stammt der Name »Ardennen«? Schon Julius Cäsar nannte die waldreiche Landschaft »Arduenna silva«, aber der hat ihn vermutlich auch nur bei den Kelten entlehnt.

Infobox

Internet
Infos zu Aktivitäten, Unterkünften und Natur finden Sie auf den folgenden Homepages:
www.paysdesvallees.be (Province de Namur, fr., nl., engl.)
www.ftlb.be (Procince Luxembourg belge, u. a. in Deutsch)
www.provincedeliege.be (Provinz Liège, fr., z. T. in Deutsch)
www.dg.be, www.dglive.be (Deutschsprachige Gemeinschaft Belgiens)

Eupen (Néau) ► J 14

Das nahe der deutsch-belgischen Grenze bei Aachen an den Flüsschen Weser und Hill liegende Städtchen Eupen (Néau; 18 500 Einw.) stand im Laufe seiner Geschichte unter limburgischer, brabanter, österreichischer, spanischer, französischer und preußischer Fahne. Nach dem Ersten Weltkrieg fiel Eupen an Belgien und ist jetzt Hauptstadt der deutschsprachigen Gemeinschaft. Im 17.–18. Jh. verhalfen Tuchmanufakturen reicher Wollhändler der Stadt zur wirtschaftlichen Blüte. Daran erinnert bis heute manch prächtiges Patrizierhaus.

St.-Nikolaus-Kirche

Wahrzeichen Eupens ist die St.-Nikolaus-Kirche (1724) am Marktplatz mit ihren markanten Doppeltürmen. Ins Spendensäckel für den Kirchenbau fielen damals Taler etlicher reicher Kaufleute. Sie erhielten dafür verbriefte Sitzplätze auf den Eichenbänken im Mittelschiff, in deren Armlehnen sie kunstvoll ihre Namen einkerben ließen – ein »Who is Who« Eupens aus dem 18. Jh. Zu den schönen Stadtpalästen zählen das Klösterchen am Marktplatz,

Holzstege führen durch große Teile der Ardennenlandschaft

einst Wohn- und Fabrikhaus einer Tuchmacherfamilie, jetzt Pflegeheim der Franziskanerinnen, sowie das 1760 für einen Tuchfabrikanten errichtete Palais an der Klötzerbahn 32, heute Residenz der Regierung der deutschsprachigen Gemeinschaft.

Stadtmuseum

Wegen Umbau bis 2013 geschlossen
In einem im Jahr 1697 erbauten Herrenhaus eines reichen Tuchhändlers bietet das Stadtmuseum interessante Einblicke in Brauchtum und Vergangenheit der Region. Das Eupener Rathaus (Aachener Str.) mit seiner weißen klassizistischen Fassade war bis zur Französischen Revolution Teil eines Klosters, zu dem auch die sehenswerte benachbarte Barockkirche gehörte.

IKOB – Museum für Zeitgenössische Kunst

Rotenberg 12 B, www.ikob.be, tgl. außer Mo 13–17, Eintritt 3 €, erm. 2 €
Interessante Sammlung zeitgenössischer Kunst aus Benelux und Deutschland.

Töpfereimuseum Raeren ► K 14

Burgstr. 103, Raeren, www.toepferei museum.org, Di–So 10–17 Uhr, Eintritt 3 €, ermäßigt 2 €
In Raeren, 10 km nordöstlich von Eupen, rotierten seit Jahrhunderten die Töpferscheiben. Was dabei herauskam, aber auch Rheinisches Steinzeug, römische und moderne Keramik, ist heute im Töpfereimuseum in der malerischen Wasserburg Raeren zu sehen.

Übernachten

Zentral – **Zum Goldenen Anker:** Marktplatz 13, Tel. 087 74 39 97. DZ 60 €. Gemütliche Pension an dem kleinen Marktplatz gegenüber der Kirche St-Nicolas. Nicht alle Zimmer haben eine Dusche.

Klassisch – **Hotel-Restaurant Tychon:** Aachener Straße 30, Eynatten, Tel. 087 85 12 36, www.hotel-tychon.be, DZ 80 €. 10 km von Eupen entfernt, an der Autobahnausfahrt am Ortsrand Eynattens. Die Zimmer sind klassisch eingerichtet, auf der Speisekarte steht klassische Küche. À la carte ab 12 €.
Jugend- und Gästehaus – **Gîte d'etape:** Judenstr. 79, Tel. 087 55 31 26, www.giteupen.org. Bis Mitte 2013 geschl. Übernachtung mit Frühstück 8–15 €.
Camping – **Hertogenwald:** Oestr. 78, Tel. 087 74 32 22, im Sommer. In ruhiger, schöner Waldlage. Animation. Stellplatz 13–16 €.

Essen & Trinken

Klein aber fein – **Delcœur:** Gospertstr. 24, Tel. 087 56 16 66, Do, Sa mittag geschl. Das versteckt in einem alten Herrenhaus gelegene Brasserie-Restaurant ist eher klein. Riesig dagegen ist die Vinothek mit 200 Weinen. Ausgezeichnete regionale und französische Küche. Lecker: Zanderfilet mit Senfnudeln und Erbsenschoten (19 €). À la carte ab 15 €.
Beim Italiener – **La Luna:** Rathausplatz 13, Tel. 087 55 83 85. www.lalunaristorante.be. Tgl. In lockerer Atmosphäre zwischen Bourdeaux-roten Wänden lecker speisen: Süppchen, verschiedenste Pizzen (7–12 €) sowie Pasta (ab 11 €), Fisch und Fleisch (ab 17 €).

Infos & Termine

Tourist Info: Marktplatz 7, Tel. 087 55 34 50, www.eupen.be.
Karnevalssonntag und Rosenmontag: Karneval mit Umzügen.
11. Nov., St. Martin: Ostbelgiens größter St.-Martinsumzug.
August: Blumenkorso in Hergenrath, Umzug mit geschmückten Wagen.
Bahn: IC nach Lüttich, Brüssel, Gent, Brügge, Oostende, Aachen, Köln.

Limbourg ► J 14

Kaum zu glauben – das winzige, 8 km westlich von Eupen gelegene ehemalige Festungsstädtchen Limbourg, dessen pittoreske Oberstadt hoch oben auf einem felsigen Hügel liegt, war einst die Hauptstadt des großen gleichnamigen Herzogtums. Das Schloss der Herzöge auf dem Hügel ist vor langer Zeit zerstört worden. Eine Erkundung der Oberstadt führt an der alten Stadtmauer entlang, durch stille Gassen und schließlich auf den kopfsteingepflasterten, von rustikalen Bruchsteinhäusern gesäumten Dorfplatz, an dem sich auch die alte gotische St-Georges-Kirche (14./15. Jh.) befindet, die aus der Schlosskapelle hervorging.

Verviers ► J 14

Verviers (55 000 Einw.), das Tor zu den Ardennen, hat seine Wurzeln in der römischen Siedlung Viroviris. Die Industriestadt überrascht an der **Place du Marché** mit schönen Barock- und Rokokohäusern und einem aparten klassizistischen Rathaus.

In Verviers kann man das interessante **Musée d´Archéologie et du Folklore** (42, rue des Raines, Di, Do, 14–17, Sa 9–12, So, Fei 10–13 Uhr, Eintritt 2 €, ermäßigt 1 €) besuchen. Es befindet sich in den stilvollen Räumen eines stattlichen Bürgerhauses. Sie beherbergen u. a. eine der schönsten Spitzen-Sammlungen des gesamten belgischen Königreichs.

Das **Musée des Beaux-Arts et de la Céramique** (17, rue Renier, Mo, Mi, Sa 14–17, So 15–18 Uhr, Eintritt 2 €, ermäßigt 1 €) ist in einem einstigen Altmännerhospiz (17. Jh.) eingerichtet und wartet mit einer Sammlung Porzellan und Fayencen aus Europa und Asien auf sowie mit Gemälden großer Meister, darunter auch Pieter Pourbus und René Magritte.

Übernachten

Modern – **La Villa Fleurie:** 18 b, rue de la Libération, Tel. 087 22 38 21, www.lavillafleurie.be. DZ 60 €. In diesem modernen Haus am Ende einer ruhigen Siedlung, zehn Autominuten von Verviers entfernt, gibt es zwei gemütlich eingerichtete Gästezimmer. Entspannen kann man auf der gemütlichen Gartenterrasse und im Swimmingpool.
Hübscher Campingplatz – **Wesertal:** 68, rue de l'Invasion, Membach-Baelen, Tel. 087 55 59 61, www.wesertal.com. Schöner Platz mit Schatten spendenden Bäumen, ca. 15 km von Verviers. Stellplatz ca. 15 €.

Essen & Trinken

Handfest – **L'auberg'in:** 76, rue Xhavée, Tel. 087 33 97 68. Mo, Mi geschl. Dieses kleine, einfache Brasserie-Restaurant bietet sowohl französische als auch regionale Küche. Auf den Tisch kommen Fischgerichte und Gegrilltes, während der Saison sind auch die Muscheln empfehlenswert. Man kann zwischen fünf verschiedenen Arten der Zubereitung wählen. Tipp: Ossobuco maison et fettuccini (ca. 15 €).
Griechisch – **Eau 1725:** 96, rue Jules Cerexhe, Tel. 087 30 15 25, tgl. außer Mi und Mo mittags. Stattliches Herrenhaus aus dem 18. Jh., schnörkellose Einrichtung, schön sitzt man in den uralten Kellergewölben. Handfestes für ganz Hungrige: Special Grill 1725 (ca. 15–17 €).

Infos & Termine

Maison du Tourisme du Pays de Vesdre: Rue Jules Cerexhe 86, Tel. 087 30 79 26, www.paysdevesdre.be.

Liège (Lüttich) ► H 14

Lebensfreude, französisches Flair und auch ein Quäntchen Kleinbürgertum sind die Kennzeichen der von bewaldeten Hügeln umgebenen, am Zusammenfluss von Maas und Ourthe liegenden Provinzhauptstadt (Luik, Lüttich; 192 500 Einw.). Umgeben ist die alte Bischofsstadt von einer siechenden Industriekruste, im historischen Herzen der »Tochter der Maas« kontrastieren ansehnliche historische Häuser mit gesichtslosen Bausünden, was dem Charme der alten Stadt jedoch kaum Abbruch tut.

Am Beginn der Stadtgeschichte steht der ruchlose Mord an Bischof Lambertus von Maastricht-Tongeren im Jahr 705 an einer Kapelle gegenüber der Ourthemündung. Zum Gedenken an den Toten ließ sein Nachfolger am Ort des Verbrechens eine Kirche erbauen, 721 machte er die Stadt sogar zum Bischofssitz. Im 10. Jh. gelangte die entstehende Stadt unter Fürstbischof Notker (972–1008) zur Blüte; 1467 ließ Karl der Kühne die Stadtfestung schleifen. Später setzte er Lüttich nach einem Aufstand der Bewohner in Brand – nur Kirchen und Klöster blieben verschont. Kohle und Eisenerz aus den Ardennen förderten die industrielle Entwicklung. Mit der Besetzung durch die Franzosen (1795–1815) setzte die industrielle Revolution in Lüttich ein: Napoleon ließ hier Kanonen gießen, die Metallindustrie wurde ausgebaut. 1889 wurde die Waffenfabrik Fabrique Nationale d'Armes de Guerre, heute ▷ S. 239

Auf Entdeckungstour

Unterwegs im Hohen Venn

Pfeifengras und Flatterbinse, Hochmoor und Wald – der Naturpark im Osten Belgiens ist eine der schönsten Landschaften Europas, zu jeder Jahreszeit. Auf hölzernen Stegen lässt sich das Hochmoor erkunden.

Reisekarte: ► K 14/15

Infos: Ein Faltblatt über die Regeln erhält man im Naturparkzentrum Botrange (Route de Botrange 131, B-4950 Robertville, Tel. 080 44 03 00, www.botrange.be), das auch Ausstellungen zeigt.

Eine der schönsten Wanderungen durch die faszinierende Landschaft des Hohen Venn beginnt an der *Baraque Michel*, einer Mischung aus urig gemütlicher Fuhrmannskneipe und heimeliger Gaststätte. *Baraque Michel*, war ursprünglich eine winzige Hütte im Moor, die um 1808 von Michel Schmitz erbaut wurde. Der Schneider hatte sich einst bei dichtem Nebel mitten im Hochmoor verirrt. Wie durch ein Wunder fand er schließlich doch noch hinaus, trieb – so die Legende – einen Holzstecken in den Boden und schwor der Heiligen Jungfrau zum Dank, an dieser Stelle eine Hütte zu bauen und fortan Verirrten zu helfen. Er hielt seinen Schwur und baute aus Torf, Lehm und Gras eine Hütte, in der er bis zu seinem Tod im Jahr 1819 als Einsiedler lebte. Daran brachte er eine Glocke an, die er Abend für Abend läutete. Im Laufe der Zeit half das Signal etwa hundert Verirrten, zu der Hütte zu finden.

Auf Holzstegen durchs Moor

Vom Parkplatz an der Herberge führt der Weg an der links neben *Baraque Michel* liegenden *Kapelle Fischbach* vorbei zum Moor. Von hier zieht der Moorweg *Neue Vekée* rechts direkt in die Moorlandschaft hinein. Wie etliche der Wege durch die sumpfige Moorlandschaft verläuft er auf einem nur schulterbreiten Holzsteg, der zum Schutz der Natur und der eigenen Sicherheit auf keinen Fall verlassen werden darf. Muss entgegenkommenden Wanderern ausgewichen werden, ist der Schritt ins Moor jedoch unvermeidlich. Leicht sinkt man dort ein, wie das schmatzende Geräusch verrät, wenn sich die Schuhe beim Zurücktreten auf den Steg aus dem Morast lösen. »Ernst ist das Venn, und die es nicht genau kennen, nennen es trostlos,« schreibt die Eifel-Literatin Clara Viebig. Doch die manchmal nebelige oder wolkenverhangene Landschaft, die dann sehr trist wirken kann, ändert ständig ihr Gesicht. Besonders reizvoll ist sie früh am Morgen. Dann breiten sich zwischen den Halmen von Flatterbinse, Pfeifen- und Wollgras mit Tauperlen behangene Spinnweben aus oder glitzern im Gezweig dürrer Sträucher. Silhouetten von Bäumen treten aus dem Dunst, zwergwüchsige Moorbirken, oft mit Zwillingsstämmen gewachsen, als gäbe ihnen das eine zusätzliche Chance, in der rauen Landschaft zu überleben.

Am »Kreuz der Verlobten«

Am Ende des Stegs tritt der Weg aus dem Moor aus und setzt sich in einer breiten Waldschneise fort. Bis linker Hand ein markantes Kreuz auftaucht: das »Kreuz der Verlobten«. Es markiert die Stelle bei dem alten preußisch-belgischen Grenzstein No. 151, an dem 1871 ein Zöllner die im Schneesturm erfrorene Marie Solheid fand. Ihr Verlobter lag 2 km entfernt tot im Schnee. Er hatte versucht, Hilfe zu holen. Das junge Paar war auf dem Weg nach Xhoffraix gewesen, um die Papiere für seine Trauung zu besorgen.

Vielleicht wäre es damals gar nicht erst zu dem Unglück gekommen, hätte nur jemand die Glocke von *Baraque Michel* geläutet oder die Laterne im Türmchen der nahen Kapelle angesteckt, so wie es die Bewohner der Hütte zuvor Jahr um Jahr jeden Abend getan hatten. Doch dieser selbstlose Hilfsdienst war damals schon eingestellt worden.

Wenige Schritte am Kreuz vorbei zweigt links ein schmaler Pfad von der Schneise ab und führt direkt in den Wald. Nach wenigen Hundert Metern auf diesem Pfad ist der *Vennbach* er-

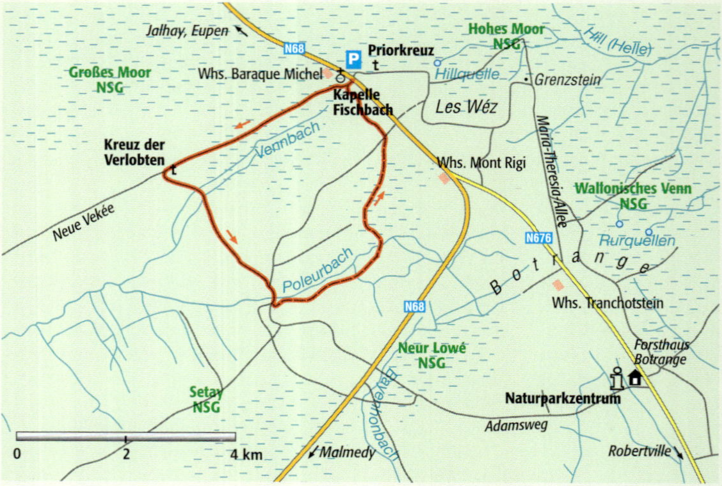

reicht. Seine von Birken und Fichten bestandenen Ufer und die großen, von plätscherndem Wasser umspülten Steine im Bach sehen sehr malerisch aus. Eine Brücke gibt es hier nicht, sodass die Bachüberquerung auf den Steinen zum Balanceakt wird.

Hoch über dem Pouleurbach

Jenseits des Bachs geht der Weg bald in eine Schneise und schließlich in eine Forststraße über, die nach einiger Zeit den *Poleurbach* kreuzt. Nahe der Brücke bietet links eine offene Schutzhütte Unterschlupf. Einige Meter folgt die Route der Straße noch an der Hütte vorbei, steigt jedoch dann in einer Spitzkehre links auf einem engen Pfad steil den Berg hinauf und setzt sich als »Höhenweg« entlang des *Poleurbachs* fort. Wurzelgeflecht macht den Weg zum Stolperpfad; Moosbelag und verrottende Bäume, zwischen denen hier und dort Pilze hervorschauen, bieten bei der Wanderung viel Freude an der Schönheit der Natur. Das Beste ist jedoch die herrliche Aussicht in das nahezu senkrecht abfallende *Poleurtal* mit dem mäandernden Bach.

Am Ende geht der Pfad in einen Holzsteg über, der wiederum durch Moor führt, über ausgedehnte Flächen voller Büschel von Pfeifengras, die sich wie Köpfe mit Beatles-Frisuren ausnehmen. Und hier und dort trotzt ein »Prüüßeboom«, wie der Volksmund die von den Preußen eingeschleppte Fichte nennt, dem Wind und dem sauren Moorboden. Ein Stück weiter auf dem sich durch die Landschaft windenden Plankensteg ins Moor hinein stößt man bei einem alten Torfstich auf Informationstafeln, die über die einst hier ausgeübte Torfstecherei informieren. Vom Rand des Moors ist es bis zum Ausgangspunkt der Wanderung, *Baraque Michel*, nicht mehr weit. Hier kann man den Wandertag bei würzigem Trappistenbier und herzhaftem Ardenner Schinken ausklingen lassen.

weltweit berühmt für Jagdgewehre, gegründet – Lüttich war Industriemetropole. Dem Zweiten Weltkrieg fielen über 23 000 Gebäude zum Opfer. In der zweiten Hälfte des 20. Jh. führten die Krise in der Stahlindustrie und hohe Verschuldung zum wirtschaftlichen Niedergang der Stadt.

Place St-Lambert/Archéoforum 1

Freigelegte Gewölbe einer römischen Villa – der heute so belebte Platz ist der älteste Teil Lüttichs. Reihen eiserner Masten auf dem Platz verdeutlichen, wo früher die im Jahr 1796 von Revolutionären verwüstete Kathedrale St Lambert stand. Jetzt dominiert das mächtige, 1526 errichtete und 1734 mit neuer Hauptfassade versehene Palais des Princes-Evêques den Platz. Der als Justizpalast und Sitz der Provinzregierung genutzte einstige Fürstbischöfliche Palast hat zwei malerische, von Arkadengängen umgebene Innenhöfe. Im **Archéoforum** (www.archeoforumdeliege.be, nur geführte Besichtigungen, tgl. außer Mo 11, 13, 15 Uhr, Ferien geschl., 5,50 €, erm. 4,50 €) wird auf einem unterirdischen Rundgang anhand archäologischer Ausgrabungen die Geschichte Lièges präsentiert.

Place du Marché 2

Giebelhäuser aus dem 17. Jh. mit gemütlichen Cafés säumen den Marktplatz mit dem barocken **Hôtel de Ville** (18. Jh.). An der Wand neben der Freitreppe gedenkt man mit einer Bronzeplatte Widerstandskämpfern, darunter des Stadtpolizisten Arnold Maigret, dessen Name Georges Simenon entlehnte und dem Kommissar seiner Kriminalromane gab. In der Mitte des Platzes ragt als Sinnbild städtischer Freiheit Lüttichs Wahrzeichen empor: Le Perron, der 1697 auf einem kolossalen Brunnen errichtete Gerichtspfahl.

Mein Tipp

Spaziergang auf den Weinbergpfaden

Entdecken Sie einen verborgenen Winkel Lüttichs auf den romantischen *Sentiers des coteaux*! Von der Impasse des Ursulines geht es über enge Treppengassen hinauf in den parkartig angelegten Hang, an dem früher Wein angebaut wurde. Genießen Sie die schöne Aussicht über die Dächer der Stadt und entdecken Sie den Turm des Alten Röhrichs, die Überreste eines Anwesens des deutschen Ritterordens. Über steile Wendeltreppen gelangen Sie schließlich hinab an die Nordseite des Palais des Princes-Evêques, dort endet der Pfad.

Musée de la Vie Wallone 3

www.viewallonne.be, Di–Sa 9.30–18 Uhr, 1.1.–8.1. geschl., Eintritt 5 €, ermäßigt ab 3 €

Das in einem ehemaligen Minoritenkloster (17. Jh.) eingerichtete, sehenswerte Museum präsentiert eine aufschlussreiche Sammlung zu Kultur, Brauchtum und Handwerk in der Wallonie. Highlights sind die Sonnenuhrenkollektion des Antwerpener Poeten Max Elskamp und ein Marionettentheater.

Montagne de Bueren 4

Der Aufstieg über die 373 Stufen der berühmten Treppenstraße zur Zitadelle wird mit einer schönen Aussicht auf die Stadt belohnt. Aber auch unten gibt es einiges zu sehen: Am Fuß der Treppe führt linker Hand die **Impasse des Ursulines** zu dem ehemaligen **Beginenkloster**, einem Ensemble aus

hübsch restaurierten Fachwerkhäusern aus dem 17./18. Jh. In einem der malerischen Innenhöfe lädt das **Restaurant Beguinage** zur Rast ein. Eine Idylle mit den ältesten, reizvoll wieder hergestellten Wohnquartieren der Stadt kann man bei einem Bummel durch die schmalen Sackgassen **Impasse Venta, de la Couronne** und de **l'Ange** am Ende der Rue En Hors-Château, entdecken.

Eglise St-Barthélemy 5

Mo–Sa 10–12, 14–17, So 14–17 Uhr, Taufbecken: Eintritt 2 €, erm. ab 0,75 €

Die Kirche (11.–12. Jh.) mit den Zwillingstürmen birgt Lüttichs bedeutendstes

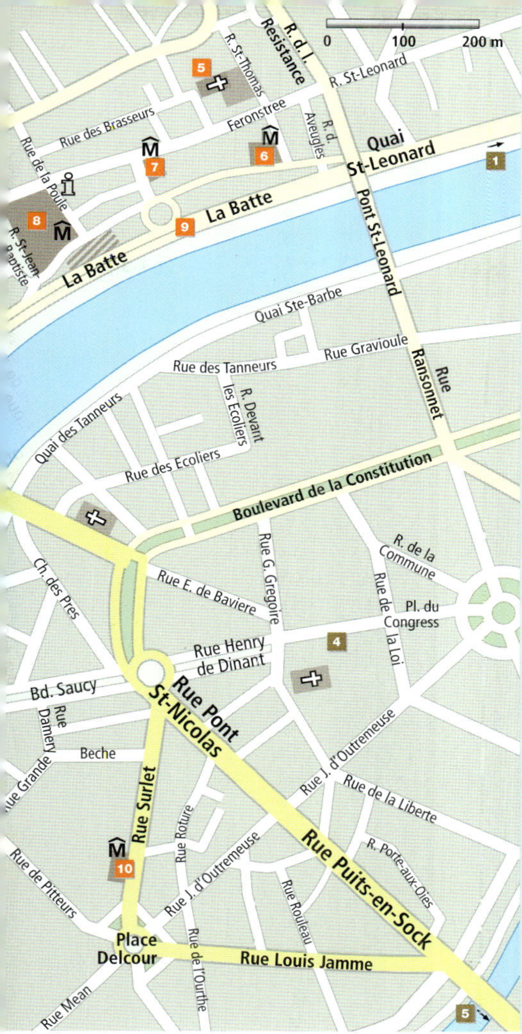

Lüttich

Sehenswert

1 Place St-Lambert/ Archéoforum
2 Place du Marché
3 Musée de la Vie Wallone
4 Montagne de Bueren
5 Eglise St-Barthélemy
6 Grand Curtius
7 Musée d'Ansembourg
8 BAL – Musée des Beaux-Arts de Liège
9 Trödelmarkt La Batte
10 Musee Tchantchès
11 La Maison de la Science
12 Aquarium-Museum

Übernachten

1 Ramadaplaza
2 Hotel Les Acteurs
3 Binnenship L'Embrun
4 JH Georges Simenon
5 Camping – Wégimont

Essen & Trinken

1 La Main à la Pâte
2 As Cuhès
3 Le Bistro d'en Face

Abends & Nachts

Kneipen

1 La Maison du Pékèt
2 La Bouch'rit

Theater & Konzert

3 L'Opéra Royal de Wallonie
4 L'Orchestre Philharmonique de Liège

Kunstwerk: ein romanisches, mit Reliefs verziertes Messingtaufbecken aus dem 12. Jh., das auf 12 Stieren steht, die die 12 Apostel symbolisieren. Es wurde dem Goldschmied Renier aus Huy zugeschrieben, doch dies ist nicht sicher: Die Zusammensetzung des Metalls deutet eher auf eine mediterrane Herkunft hin.

Grand Curtius 6

Tgl. außer Di 10–18 Uhr, Eintritt 9 €, ermäßigt 5 €

Mammut-Museum Mit archäologischen Funden. Mit Kunstwerken, zu denen Glanzstücke wie das Evangeliar des Bischofs Notker, die Madonna des Dom Rupert (um 1140) und das Tympanon »Mysterium des Apollon« (um 1150) zählen. Mit einer einzigartigen Sammlung antiker, venezianischer und böhmischer Glaskunst in Jugend- und Art-Déco-Stil, die die Geschichte der Glaskunst dokumentiert. Außerdem: Flinten, Büchsen, Pistolen und Blankwaffen, teils reich ziseliert, die Herzen von Waffenliebhabern höher schlagen lassen. Und schließlich: sakrale maasländische Kunst im einstigen Fürstbistum Lüttich ab dem frühen Mittelalter.

Musée d'Ansembourg 7

Di–Sa 13–18, So 11–16.30 Uhr, Eintritt 5 €, ermäßigt 3 €

Deckenstuckwerk, spanische Ledertapeten und Oudenaarder Wandteppiche, Lütticher Möbel und Delfter Blau: Das Museum lädt in die großbürgerliche und aristokratische Wohnwelt eines reichen Bankiers des 18. Jh. ein.

BAL – Musée des Beaux-Arts de Liège 8

Di–Sa 13–18, So 11–18 Uhr, Eintritt 5 €, ermäßigt 3 €

Außen Beton à la 1970er-Jahre, innen à la New Yorker Guggenheim-Museum: Der Abstieg von der vierten Etage führt an den Werken wallonischer und Brüsseler Künstler vorbei, die hier chronologisch vom 16. Jh. bis zur Gegenwart präsentiert werden. Mit dabei sind die großen Meister René Magritte und Paul Delvaux.

Trödelmarkt La Batte 9

Quai Roosevelt bis Quai de Maastricht, So von 8–14 Uhr

Immer sonntags findet am Maasufer Belgiens größter Trödelmarkt statt. Man feilscht um Antiquitäten, Nippes und Trödel, um Federvieh und Haustier, kauft Gemüse, Obst und Käse, kos-

Der Pont de Fragnée, die historische Brücke über die Maas

tet den *Peket*, einen lokalen Genever, streift umher und genießt unverfälschtes Lütticher Lokalkolorit.

Musée Tchantchès 10

56, rue Surlet, www.tchantches.be, Di, Do 14–16 Uhr, im Juli geschl., Eintritt 1 €

Besonders ausgeprägt präsentiert sich dieses Kolorit jenseits der Maas, wo man einen eigenen Dialekt pflegt und die eigenwilligen »Inselbewohner« der St-Nikolaus-Pfarrei ihr Viertel 1927 zur »Freien Republik Outremeuse« erklärten. In diesem Arbeiterviertel verbrachte Georges Simenon seine Kindheit, hier ist Lüttichs populäre Folklorefigur *Tchantchès* zu Hause. In den Marionettentheatern der Stadt und auf der Bühne des Musée Tchantchès vollbringt er seine Heldentaten, redselig, trinkfest und gutherzig.

Liège City Pass

Ermäßigter Eintritt in die wichtigsten Museen, Sehenswürdigkeiten usw. 12 € (48 Std.), Familien: 36 € (48 Std.). Erhältlich im Office du Tourisme und der Maison du Tourisme du Pays de Liège.

La Maison de la Science 11

Mo–Fr 10–12.30, 13.30–17, Sa, So, Fei 14–18 Uhr, Juli–Aug. tgl. 13.30–18 Uhr, Eintritt 3,50 €

Zentrum der Entdeckungen und merkwürdigen Experimente, in dem jedermann auch selber herumlaborieren kann, etwa mit flüssigem Stickstoff. Außerdem: Hier kann man dem Phänomen der optischen Täuschungen auf den Grund gehen, alte Maschinen – zu ihrer Zeit die Besten ihrer Art – bestaunen und vieles mehr.

Aquarium-Museum 12

Mo–Fr 9–17, Sa, So, Fei 10–18, Osterferien und Juli–Aug. 10–18 Uhr, Eintritt 6 €, ermäßigt ab 4,30 €

Im Aquarium gibt es merkwürdige Meeresbewohner wie Clownfische, elektrische Fische, Höhlen- und Steinfische zu bestaunen, Haie und Piranhas sind natürlich auch dabei. Und im Museum fast 20 000 Tierarten, vom winzigen Floh bis zum 19-Meter-Wal, den allerdings nur als Skelett.

Übernachten

Business – **Ramadaplaza 1**: Quai St-Léonard, 36, Tel. 04 22 88 111, www.ramadaplaza-liege.com. DZ ab 120 €. Das sechsstöckige, an der Maas gelegene Hotel ist eines der besten der Stadt, die Gästezimmer up to date. Das gastronomische Hotel-Restaurant, *Le Couvent*, befindet sich im Flügel des ursprünglichen Gebäudes, eines Konvents mit Deckengewölben aus dem 17. Jh.

Stylish – **Hotel Les Acteurs** 2: 10, rue des Urbanistes, Tel. 04 223 00 80, www.lesacteurs.be, DZ ab 60 €, Frühstück 7 €/Pers. Das 16-Zimmer-Hotel zeichnet sich durch seine moderne, in modischem Designer-Interieur gehaltene Ausstattung aus.

Romantisches Schiffsflair – **Binnenship L'Embrun** 3: Jachthafen, bei der Albert I.-Brücke, Tel. 0476 05 20 05, www.penichehotel.com, Doppelkabine 61–86 €, Kapitänskabine 101 €. Eng sind sie schon, die Kabinen mit den Schlafkojen, aber man ist hier ja auch auf einem schmalen Binnenschiff. Komfortabler ist da schon die Kajüte des Kapitäns. Das Richtige für romantisch Veranlagte.

Jugendherberge – **Georges Simenon** 4: 2, rue Georges Simenon, Tel. 04 34 45 689, www.lesaubergesdejeunesse.be. Übernachtung mit Frühstück 18–33,50 €.

Mein Tipp

Pütt zum Anfassen

In dem Bergarbeiterstädtchen Blegny, 15 km nordöstlich von Lüttich, fährt man in die alte Kohlenmine **Blegny Trembleur** ein und lauscht den Geschichten ehemaliger Bergarbeiter. Wer es noch genauer wissen will, kann die Eindrücke aus der Unterwelt in dem dazugehörigen Museum vertiefen. www.blegnymine.be, Mitte Feb.–-Nov. Sa, So, Fei Zeche 13.30–15.30, Bergwerksmuseum 11–17 Uhr, Eintritt 8,50 €, ermäßigt 5,90–7,40 €.

Camping – **Wégimont** 5: 76, chaussée de Wégimont, Soumagne, Tel. 04 237 24 00. An der N604 Lüttich-Verviers. Großer Platz, Schwimmbad, Minigolf, Fischen, Tennis, Snackbar. Ab 13 €.

Essen & Trinken

Lüttich ist ein Schlaraffenland für Genießer, wobei es hier auch mal etwas Deftiges sein darf, wie die Lütticher Spezialitäten *Rodge Tripe* (Blutwurst), oder Ausgefallenes wie die *Boudin Blanc* (Weißwurst mit Kirschen) oder einfach Leckeres wie *Matoufet* (Pfannengericht aus Mehl, Eiern und Speck) oder *Salade Liègeoise* (Lütticher Salat mit Speck, grünen Böhnchen, Kartoffeln und Zwiebeln).

Cuisine italienne – **La Main à la Pâte** 1: 23, rue Saint- Paul, Tel. 04 222 13 40, www.lamainalapate.be, tgl., Tagesgericht 8,50 €, Pizza ab 9 €. Schönes altes Lütticher Haus in schmaler Gasse, im Sommer auch draußen. Lange Regale mit Weinflaschen signalisieren, dass es zum Essen guten Wein gibt.

Eine Institution – **As Ouhès** 2: 21, place du Marché, Tel. 04 223 32 25, tgl. Spezialitäten wie Buchweizenpfannkuchen, Kaninchenkeule in dunkler Biersoße oder Lütticher Kalbsnierchen. Nur wenige Besucher wissen, dass hier einst ein Friedhof war, und wer freundlich fragt, kann vielleicht einen Blick auf die alten Grabplatten werfen, die sich hinter einer Wand in der Besenkammer befinden. À la carte ab 13 €, Menü ab 20 €.

Typisch Lüttich – **Le Bistrot d'en Face** 3: 10, rue de la Goffe, Tel. 04 223 15 84. Mo, Di, Sa mittags geschl. Urgemütliches Bistrot in uraltem Haus aus dem 16. Jh. Typisch Lütticher und französische Küche. Herzhaft: *Terrine de foie gras de canard maison* (ca. 15 €). Hauptgerichte ab 15 €.

Abends & Nachts

Kneipen, Bars, Tanz, Musik, Bier in Strömen und viel junges Volk – Nachtschwärmer kommen ganz besonders im Viertel **Le Carré** auf ihre Kosten. Die monatlich erscheinende Broschüre **Agenda** (frz.; s. auch www.liege-tourisme.be) listet auf, was in Lüttich angesagt ist.

Hochprozentig – **La Maison du Pékèt** 1: 4, rue de l'Epée (hinter dem Rathaus). Geboten wird eine breite Palette an Genever-Getränken.

Comedy, Tanz, Magie – **La Bouch'rit** 2: 161, rue Saint-Gille, www.bouchrit.be. Café-Dinner-Theater, Darbietungen mit Lokalkolorit.

Oper – **L'Opéra Royal de Wallonie** 3: 1, rue des Dominicains, Tel. 04221 47 20, www.operaliege.be. Opernaufführungen.

Konzert – **L'Orchestre Philharmonique de Liège** 4: 25, bvld. Piercot, Tel. 04220 00 00, www.opl.be. Konzerte, Musicals.

Infos & Termine

Office du Tourisme: 92, en Féronstrée, Tel. 0422 19 221, www.liege.be/tourisme-de.

Maison du Tourisme du Pays de Liège: 35, place St-Lambert, Tel. 04237 92 92.

Jeden So 8–14 Uhr: La Batte: Maasufer, großer Sonntagsmarkt mit Trödel, Antiquitäten, Wein, Käse, Kleidern, Blumen, Tieren und mehr.

Anfang Mai: Jazz a la Liège: bekanntes Jazz-Fest.

Um den 15. Aug.: Sommerfest in Outremeuse, volkstümliche Festwoche mit Trödelmarkt, Marionetten, Theater, Prozession, folkloristischem Umzug.

Bahn: Bahnhof in Lüttich-Guillemins (»Eisenbahnkathedrale« des Star-Architekten Calatrava«). Von dort ins Zentrum mit den Bus Linien 1, 4 oder mit dem Zug nach Liège-Palais. IC nach Aachen, Köln, Brüssel, Eupen, Gent, Brügge, Oostende, Namur, Charleroi, Mons, Tournai, Lille Thalys nach Brüssel, Paris, Aachen, Köln.

Stavelot ►J 15

Inmitten der herrlichen Natur der Ardennen liegt im Tal der Amblève das kleine Stavelot (6700 Einw.). Seine Wurzeln gehen auf die von Remaklus Mitte des 7. Jh. errichteten Abtei von *Stablo* zurück. Vereint mit jener von Malmédy bildete sie das Abteifürstentum von Stavelot-Malmédy und wurde zum Quell regen kulturellen und geistigen Lebens in der Region.

Schmale Straßen mit kleinen Plätzen, alten Fachwerkhäusern und ursprünglichen Holzfassaden verleihen dem Ort ein hübsches Antlitz. Die Kapuze einer weißen Mönchskutte um das Haupt, die knallrote Nase, Marke Karotte, keck himmelwärts gerichtet, begrüßt die Figur eines der *Blancs Moussis*, Stavelots berühmter mittelalterlicher Narrenfigur, den Ankömmling am Ortseingang (siehe S. 55).

Museen in der Altstadt

Alle drei Museen. www.abbayedestavelot.be, tgl. 10–18 Uhr, Eintritt 8,50 €, ermäßigt 7 €

Im historischen Herzen der Stadt Stavelot zeugen die freigelegten Fundamente der **Abteikirche**, der »römische Turm« und die Abteigebäude von der Größe der einstigen Fürstenabtei. Sie beherbergt jetzt das **Musée de la Principauté de Stavelot-Malmédy**, das mit einem multimedialen Parcours, archäologischen Funden und religiösen Kirchenschätzen die Historie des Abteifürstentums beleuchtet. Im **Musée du Circuit de Spa-Francorchamps** erfahren Freaks des Autorennsports alles

Mein Tipp

Ein Traum von Hotel
Übernachten im »China-Zimmer«, in dem zwei mannsgroße chinesische Krieger Wache halten, oder im »Französischen Zimmer« in einem französischen Bett mit Seidenkissen oder im »Afrika-Zimmer« mit dem riesigen Vierpfostenbett und der schönen Aussicht auf die Seen von Stavelot. Das sind nur drei der sechs exquisit ausgestatteten und reich dekorierten Übernachtungswelten in diesem restaurierten Natursteinhaus von 1820. Nicht ohne Grund geben sich hier Fotografen und Redakteure diverser Hochglanz-Magazine sowie TV-Kamerateams die Klinke in die Hand. **Boutique Hotel Dufays:** 115, rue Neuve, Tel. 080 54 80 08, www.bbb-dufays.be, DZ 115 €, am Wochenende und in den Ferien 125 €.

über die Geschichte der nahe Stavelot gelegenen Rennpiste: 80 Formel-1-Rennwagen, Oldtimer und vorsintflutliche Rennräder lassen ihre Herzen höherschlagen. Das **Musée Guillaume Apollinaire** widmet sich dem französischen Poeten (1880–1918), der den Sommer 1899 in Stavelot verbrachte und von Amors Pfeil getroffen etliche Gedichte und Balladen schrieb, dann die Zeche prellte und hier nie wieder gesehen wurde …

Place St-Remacle

Auf der Place St-Remacle symbolisiert der **Perron** auf dem Brunnen Fontaine du Perron seit 1769 die Eigenständigkeit der Stadt. Die im 18. Jh. erbaute **Eglise St-Sébastien** birgt den Schrein mit den Gebeinen des hl. Remaklus, ein einzigartiges Prunkstück maasländischer Kirchenkunst.

Übernachten

Zentral – **La Maison:** 19, Grand-Place, Tel. 080 88 08 91, www.hotellamaison.be, DZ ab 110 €. Direkt am Marktplatz, wo jedes Jahr wieder zur Fastenzeit der berühmte »Laetare« gefeiert wird, liegt dieses imposante Herrenhaus aus dem 18. Jh. In den zwölf behaglichen, mit Antiquitäten geschmückten Zimmern spürt man noch einen Hauch vergangener Jahrhunderte.
Camping – **De Challes:** 5, rue de Challes, Tel. 080 86 23 31, April–Okt. 2 km vom Zentrum entfernt. Stellplatz ca. 15 €.

Essen & Trinken

Kleiner Italiener – **Figaro:** 4, place du Vinâve, Tel. 080 86 42 86, tgl. Mittags und abends. Pizzas und Pasta aus der Küche des sonnigen Südens – kleine Gerichte zu kleinen Preisen. Am besten sitzt man hier im Sommer, dann stehen die Tische draußen auf dem Platz. Pizzen ab 8 €.
Poetisch – **Ô Mal-Aimé:** 12, rue Neuve, Tel. 080 86 20 01, www.omalaime.be, Fr–So ab 18 Uhr, So auch mittags. Das Restaurant, einst die Pension Constant, ist noch immer vom Geist des französischen Poeten Guillaume Apollinaire durchdrungen – selbst auf der Toilette hängen seine Gedichte. Hier wohnte er, prellte die Zeche und verschwand (s. auch links). Jetzt kommen hier leckere Lammkoteletts, Steaks und Omeletts auf den Tisch. Auch Vegetarier sind hier herzlich willkommen. Drei-Gänge-Menü ab 30 €.

Infos & Termine

Office du Tourisme: Ancienne Abbaye, 32, place St-Remacle, Tel. 080 86 27 06, www.stavelot.be
Wochenende drei Wochen vor Ostern: Karneval: traditioneller Karnevalsumzug mit den *Blancs Moussis*.
Bahn: Nächster Bahnhof in Trois Ponts.
Bus: Verbindungen von Trois Ponts und von Spa nach Stavelot.

Malmédy ► J 15

Eingebettet in die bewaldete Hügellandschaft am Rand des Hohen Venns liegt das Ardennen-Städtchen Malmédy (12 000 Einw.). Es entstand um die 648 von dem »Ardennenapostel« Remaklus gegründete Abtei *malmundarium* (»vom Bösen gereinigt«). Der Ort wurde mehrmals verwüstet, 1690 von der Soldateska Ludwigs XIV., 1944 von amerikanischen Bombern, die die bereits von eigenen Truppen eingenommene Stadt irrtümlich in Schutt und Asche legten.

Zahlreiche mit Schieferplatten in verschiedenen Mustern verkleidete Hausfassaden, z. B. in der Rue Neuve, Rue de la Warche und Rue Derriöre-La Vaulx erinnern an das Malmédy vergangener Zeiten. An den Plätzen der Stadt laden Cafés zum Entspannen ein. Malmédys Fritten gehören zu den besten ganz Belgiens! So gestärkt kann man auf den Kalvarienberg aufsteigen und die herrliche Aussicht genießen.

Cathédrale St-Pierre, Paul et Quirin

Die 1775 als Abteikirche erbaute Kathedrale mit ihren weithin sichtbaren Doppeltürmen ist der Mittelpunkt Malmédys. Darin wird der Reliquienschrein des hl. Quirinus aufbewahrt. In den Chorfenstern sind die drei Kirchenheiligen dargestellt. Direkt an die Kathedrale schließt das alte Abteigebäude an.

Malmundarium

9, place du Châtelet, neben der Kathedrale, www.malmundarium.be, Ostern–Allerheiligen Di–So 10–18, Nov.–Ostern 10–17 Uhr, belg. Ferien auch Mo, Eintritt 6 €, erm. ab 3 €
Im Lederatelier wecken Geruch, Textur und Lichtspiele alle Sinne, im Karnevalsatelier kann man die typischen Kostüme und Masken des wallonischen Cwarmê-Karneval betrachten, im Papieratelier erfährt man alles über die Papierherstellung, im Historium durchlebt man eine Zeitreise durch die 1400 jährige Geschichte Malmedys – alles unter einem Dach.

Übernachten

Zentral – **Albert 1er:** 40, place Albert 1er, Tel. 080 33 04 52, www.hotel-albertpremier.be, 6 DZ à 115 €. Das zentral gelegene Haus hat geräumige, modern eingerichtete Zimmer. Sein Feinschmecker-Restaurant ist für seine vorzügliche französisch-italienische Küche bekannt.
Drei Sterne – **L'Esprit Sain:** 46, chemin-rue, Tel. 080 33 03 14, DZ 98 €. Dieses kleine Drei-Sterne-Hotel liegt mitten im Zentrum. Elf Zimmer mit Bad, TV, Telefon. Restaurant mit regionaler und französischer Küche.
Familienfreundliche Herberge – **B & B Au P'tit Bonheur de la Cascade:** 7, route de Hargister, Longfaye bei Malmédy, Tel. 0478 27 80 46, DZ 75 €. Zu den Vorzügen zählen ein großer Garten mit Teich, eine Liegewiese, eine Terrasse und ein Kinderspielplatz im Grünen, alles nur 6 km von Malmedy entfernt. Die Zimmer sind modern eingerichtet, mit fließend Kalt- und Warmwasser und TV.

Jugendherberge – **Hautes Fagnes:** 36, route d'Eupen, Tel. 080 33 83 86, www.lesaubergesdejeunesse.be, inkl. Frühstück 16–33,50 €.
Camping – **Familial:** 19, rue des Bruyères, Malmédy-Arimont, Tel./Fax 080 33 08 62. Waldnah auf einer Anhöhe gelegen, Pool, Frittüre und Kantine. Stellplatz 14–18 €.

Essen & Trinken

Lunchbar – **Coté Cuisine:** 8 c, place de Cochem, Tel. 080 770119, www.cotecuisine.be, tgl. außer Di und Mi. Kleines, modernes Restaurant, auf dessen Speisekarte sich u. a. Lasagne, zahlreiche Tapas und leckere Salate finden lassen. À la carte ab 7 €.
Gemütlich, herzhaft, gut – **Vî Mâm'Dî:** 41, place Albert 1er, Tel. 080 33 96 36, www.avimamdi.be, tgl. Gemütlichkeit wird in dieser rustikalen Brasserie großgeschrieben. Auf den Tisch kommen herzhafte Ardenner Gerichte wie *Jambonneau grillé* (15,50 €) vom Holzkohlegrill oder *Potée Liègeoise* (Lütticher Eintopf mit Landwurst, ca. 13 €).

Grotten wie aus Tausendundeiner Nacht

Es braucht nicht viel Fantasie, um sich angesichts des prächtigen Farbenspiels der tropfenden Steine, glitzernden Vorhänge und der zahlreichen über Jahrhunderte entstandenen Figuren in ein Märchen versetzt zu fühlen. Die 200 m lange und 35 m hohe Galerie in 65 m Tiefe der **Grotten von Hotton** (www.grottesdehotton.be) ist die größte Belgiens.
Chemin du Spéléoclub de Belgique, April–Okt. 10–17, Juli–Aug. bis 18, Nov.–März Sa, So Tour um 12.30, 14 und 15.30 Uhr, Eintritt 9 €, erm. 6 €.

Infos & Termine

Infos

Haus des Tourismus: 28a, place Albert 1er, Tel. 080 33 02 50, www.malmedy.be.

Termine

Fastnachts-Sa–Di: Cwarmê: berühmter Karneval.
30. April: Maiennacht: junge Burschen ziehen umher und bringen ihren Herzensdamen Ständchen.

Verkehr

Bahn: Nächster Bahnhof in Trois Ponts.
Bus: Verbindungen von Trois Ponts, Verviers und Lüttich nach Malmédy.

Spa ► J 14

Die Großen, die Schönen und Reichen Europas – seit dem 16. Jh. suchen sie das Kurbad Spa (10 500 Einw.) auf, um ihre Leiden mit den hiesigen Heilwässern zu kurieren und Müßiggang zu pflegen. Schon der römische Geschichtsschreiber Plinius berichtete von der Ansiedlung *Aquae Sepadonae*, »wo eine berühmte Quelle sprudelt, in der Luftbläschen moussieren«. Rund 300 Quellen zählte man hier. Das Wasser enthält Schwefel, Eisen oder Carbonat oder kommt, wie die Quelle, an der Zar Peter der Große sein chronisches Magenleiden kurierte, praktisch ganz ohne Natriumsalze aus.

Parc de Sept Heures, Kurhaus und Kasino

Wenn auch Europas Promis in der »Ville d'Eaux«, der »Stadt der Wässer« kaum noch anzutreffen sind, der liebenswerte Charme vergangener Tage

Entspannung pur in Spa – die Heilwasser stammen aus rund 300 Quellen

ist hier noch gut spürbar. Westlich der Place Royal im **Parc de Sept Heures** mit dem Wandelgang Leopold II. (1878) führen ältere Herrschaften noch immer ihre mit Schleifchen verschönerten Pudel aus.

Auf der anderen Seite des Platzes steht mit gebrechlicher Fassade das alte **Kurhaus** (1868), das seine Funktion an das neue, moderne Thermalzentrum oben auf dem Hügel Annette-et-Lubin abgetreten hat. Im Kasino nebenan – im Jahr 1752 als Erstes ganz Europas vom Lütticher Fürstbischof ins Leben gerufen – lässt sich Göttin Fortuna herausfordern.

Pouhon Pierre le Grand

Wenige Schritte, und man ist am östlich liegenden Pouhon Pierre le Grand, dem nach Zar Peter dem Großen benannten alten Brunnenhaus. Auch hier kann man einen Becher Quellwasser genießen.

Musée de la Ville d'Eaux und Musée du Cheval

77 B, avenue Reine Astrid, beide Museen März–13. Nov. tgl. 14–18 Uhr, Eintritt 3 €, ermäßigt 1–2 €

In der ehemaligen königlichen Villa befindet sich das **Musée de la Ville d'Eaux** mit einer schönen Sammlung von *Jolités*, den berühmten bemalten Dosen von Spa. In den einstigen Ställen widmet sich das **Musée du Cheval** dem Pferd und der Reitkunst.

Thermes de Spa

www.thermesdespa.com

Eine Panorama-Seilbahn führt vom Stadtzentrum von Spa aus hinauf auf den Hügel, auf dem sich das moderne Thermalzentrum für Gesundheit, Wellness und Beauty befindet, eine Einrichtung von erstklassigem Ruf mit einer umfangreichen Auswahl an Anwendungen *à la carte* und Kurprogrammen. ▷ S. 252

Auf Entdeckungstour

In den Grotten von Remouchamps

Es tropft und tropft und tropft … Kalk und Mineralien, im ewig tropfenden Wasser aus dem Gestein gelöst, formen hier bizarre Gebilde. Auf einer geführten Tour geht es zu Fuß und mit der Barke durch die faszinierende Höhlenwelt.

Reisekarte: ► J 14

Zugang: Grottes de Remouchamps, ca. 18 km von Spa, 3, rue de Louveigné (mitten im Ort), Tel. 04 360 90 70, www.grottes.be, Feb.–Nov. tgl. 9–18 Uhr, sonst nur an WE und in den Weihnachtsferien 10–17 Uhr. Erwachsene 11 €, erm. ab 8 €. Die Führung dauert ca. 1 Std. und 15 Min.

Fantasievolle illuminierte Figuren warten in der 600 m langen Höhle von Remouchamps auf Entdecker. Hier gibt es auch Jahrmillionen alte Fossilien und den gemächlich durch die Unterwelt gleitenden Fluss Rubikon, der sich tief in das Gestein eingegraben hat. Und mit etwas Glück erspäht man die scheuen Wesen, die in dieser Höhle wohnen, sich aber flatternd davonmachen, wenn sie ihr Sonarsystem vor Eindringlingen warnt – Fledermäuse. Gleich im Eingangsbereich trifft man auf eine Wohnwelt besonderer Art: Hier herrschten in der Altsteinzeit Jäger. Daran schließt sich eine Galerie an, die früher als Weinkeller diente. Ab hier wird der Weg in die Tiefe der Grotte vom Rubikon begleitet.

Nichts für Klaustrophobiker

Der Weg ist rutschig und die Felsendecke oft so niedrig, dass man sich bei dem schummerigen Licht leicht den Kopf stößt. Ein Stück weiter geht es unter einem gewaltigen, 40 t schweren Felskoloss hindurch, der von der Decke gefallen ist und nun zwischen den Wänden klemmt. Es ist geisterhaft still, nur das Tropfen von Wasser dringt an das Ohr.

Wasser ist der Baumeister dieser Höhlenwelt. Vor Millionen von Jahren war das hier einmal der Grund eines Meeres, gebildet durch Ablagerungen von Muschelkalk und Korallen. Dann zog sich das Meer zurück. Risse entstanden im Kalkboden, Regenwasser sickerte ein und wusch Rinnen und unterirdische Kanäle in den Kalk, in die schließlich der Fluss Rubikon eindrang.

Steinerne Vorhänge

Vor den Besuchern öffnet sich nun eine weite Halle, in der drei Elefanten stehen. Keine echten natürlich, sondern ein riesiger Stalagmit, der mit etwas Fantasie an drei dieser Rüsseltiere erinnert. An der Höhlenwand hängen uralte steinerne Vorhänge. Daran hat die Natur lange geschneidert. Alle hundert Jahre hat sie gerade einmal einen Zentimeter Vorhang fertig gestellt. Einige Vorhänge sind rötlich-orange, gefärbt durch Eisenoxid. Andere, aus reinem Calcit, sind fast strahlend weiß. Ein Stück weiter liegt die »Salle de la Vierge«, benannt nach einem Stalaktiten, in dem man die Figur Marias mit Kind zu erkennen glaubt. An der Höhlendecke befinden sich 360 Millionen Jahre alte fossile Reste von Meeresbewohnern. Wissenschaftler identifizierten sie als die von Stomatoporen, einer Mischung aus Schwämmen und Korallen.

In der Kathedrale

Eine eiserne Wendeltreppe von 1912 führt am Ende des Gangs 10 m hinab zum Fluss, auf dem Kähne für die Rückfahrt bereitstehen. Doch zunächst geht es auf steilen Treppen 20 m hinauf in die sogenannte »Kathedrale«, in der die Tropfsteingebilde an eine Weihnachtskrippe und an Orgelpfeifen erinnern. Die Höhle befindet sich 20 m unter der Erde, und zufällig genau unter »La Redoute«, dem steilsten Straßenabschnitt der Strecke, auf der alljährlich das klassische Radrennen Liège-Bastogne-Liège ausgetragen wird.

Der Rückweg ist ein Erlebnis besonderer Art. Er führt auf dem weltweit längsten unterirdischen Schifffahrtsweg in einem Kahn auf einer Strecke von 600 m über den Fluss. Kurz vor dem Ende der engen Felsenröhren taucht »Die Palme« auf, eine von Scheinwerfern angestrahlte Tropfsteinsäule mitten im Fluss. Am Ende gleitet das Boot durch einen engen Trichter und legt am Ufer in der sich weitenden Höhle am Ausgang an.

Übernachten

Charme der alten Tage – **Hotel Cardinal:** 21, place Royal, Tel. 087 77 10 64; www.hotel-cardinal.be, DZ ab 90 €. Das Haus hat die Anmut von damals bewahrt und ist doch mit allem modernen Komfort ausgestattet, einschließlich Internetzugang in den Zimmern. Der Kardinal? Das ist der Vogel, und den finden Sie im Marmor-Treppenaufgang. Und zum Kasino braucht man nur über die Straße zu gehen.

Nouvelles tendances – **La Tonnellerie:** 1, parc de Sept Heures, Tel. 087 77 22 84, www.latonnellerie.be, DZ 90–115 €. Im Grünen und doch zentral in einem von hohen Bäumen umgebenen Park. Die gemütlichen Zimmer bieten Blick auf den Park oder den Wald. Das Restaurant wird für seine mediterrane Kochkunst gepriesen.

Schöne Aussichten – **L'Auberge du Lac:** 3, rte du Lac de Warfa, Jalhay, Tel. 087 77 17 72, www.aubergedulac.be, DZ ab 90 €. Im Grünen, nur wenige Schritte von Spa entfernt am Lac de Warfaaz. Es ist ein beliebtes Ziel für Sommerfrischler! Alle fünf Zimmer sind komfortabel eingerichtet und haben eine schöne Aussicht auf den See.

Camping – **Spa d'Or:** 17, Stokay, 5 km nordöstl. von Spa, Tel. 087 47 44 00, www.campingspador.be, ganzjährig. Komfort-Platz mit Laden, Spielplatz, Schwimmbad, Restaurant, Kinderanimation etc. Stellplatz ca. 15–24 €.

Essen & Trinken

Die Feinschmeckerszene nimmt hier einen neuen Aufschwung.

Einfallsreich – **L'Art de Vivre:** 53, avenue Reine Astrid, Tel. 087 77 04 44, www.artdevivre.be, tgl. außer Mo mittags, Mi, Do 12–14 & 19–21 Uhr. Das Auge isst mit, sowohl was das angenehme Interieur des Restaurants betrifft als auch die herrlichen Kreationen auf dem Teller. Ausgezeichnet ist beispielsweise Parmentier vom Fasan auf Chicorée und Pfifferlingen. À la carte ab 25 €, Drei-Gänge-Lunch 35 €.

Ehrgeizig – **Le Relais de la Sauvenière:** 116, rue de la Sauvenière, Tel. 087 77 42 04, Mo, Di mittag. Sa mittag geschl. Ein aufgehender Stern am Himmel der Gastronomie in Spa: Das Lokal mit Riesenkamin und Eichenbalken ist urgemütlich, die Speisekarte mit regionalen Gerichten interessant. Köstlich: Pangasius-Filet mit knackigem Gemüse (ca. 17 €). À la carte ab 15 €.

Schönes Ausflugsziel – **Le Jardin des Elfes:** Lac de Warfaaz, Tel. 087 77 17 18, www.lejardindeselfes.be. Di–So 10–20 Uhr. Idyllisch am Lac de Warfaaz (nordwestlich von Spa) gelegenes Ausflugslokal mit großem Kinderspielplatz, direkt am Seeufer. Neben Fritten, Waffeln und *croque monsieur* stehen frische Salate (ab 13 €), Fisch- und Fleischgerichte (13–20 €) auf der Karte.

Mein Tipp

Ein Traum von Chambres d'hôtes
Gedeckte Farben, liebe- und stilvoll von Françoise und Patrick Chamberland mit Antiquitäten und Accessoires zur Geltung gebrachtes Interieur – kurz: hier stimmt jedes Detail. Und natürlich gibt es eine exzellente Verköstigung! **La Chamboise:** 44, avenue Fernand Jérôme, Sart-lez-Spa, Jalhay, Tel. 087 47 46 80, www.lachamboise.be, DZ ab 120 €.

Im Kasino von Spa kann man am Spieltisch sein Glück versuchen

Hauptaltar der Stiftskirche von Huy: »Gruppe des letzten Abendmahls«

Aktiv & Kreativ

Therme de Spa: Colline Annette et Lubin, Tel. 087 77 25 60, www.thermesdespa.com, Bäder: tgl. 10–21, Fr bis 22, So bis 20 Uhr. Kuren ab 9 Uhr.

Abends & Nachts

Spielplatz für Erwachsene – **Kasino:** 4, rue Royal, Tel. 087 77 20 52, www.casinodespa.be, tgl. ab 11 Uhr.

Infos & Termine

Office du Tourisme: 41, place Royale, Tel. 087 79 53 53, www.spa-info.be.
Juli: Francopholies de Spa: Musik-, Theater- und Gesangsaufführungen.
Aug./Sept.: Grand Prix de Belgique de Formule 1: Formel-1-Rennen auf dem Circuit de Spa-Francorchamps.
Bahn: nach Verviers und Welkenraedt.

Circuit de Spa-Francorchamps
www.spa-francorchamps.be, Besichtigung: 15. März–15. Nov., jeden 1. und 3. Di des Monats 14 Uhr, 9,50 €, ermäßigt 6,50 €
Wenige Kilometer von Spa entfernt liegt die bekannte Motorsport-Rennstrecke »Circuit de Spa-Francorchamps«, auf der u. a. im Rahmen der Formel-1-Weltmeisterschaft der »Große Preis von Belgien« ausgetragen wird. Kontrollzentrum, Presseraum, Kabinen der Sprecher, Zeitabnahmeraum und vieles mehr können besichtigt werden. Der Führer erwartet Sie am Eingang »Ster« der Rennstrecke an der Kontrollstation.

Huy ► G 14

Eines der ältesten Städtchen Belgiens ist das an der Maas zu Füßen einer mächtigen, auf einem hohen Felsen errichteten Zitadelle liegende Huy (Hoei; 21 000 Einw.): Es wurde bereits im Jahr

636 urkundlich erwähnt. Zinngießerei und Kupferschmiedekunst machten den Ort im Mittelalter zu einem florierenden Handelsplatz, mit ihm verbinden sich die Namen der zwei bedeutendsten Meister maasländischer Metallgusskunst, Renier und Godefroid de Claire. Seit der Merowingerzeit wird hier auch Wein angebaut.

Musée de la Résistance et des Champs de Concentration

Fort Militaire Chaussée Napoléon, April, Mai, Sept. Mo–Fr 9.30–17, Sa, So, Fei 10–18, Juli–Aug. tgl. 10–18 Uhr, Einlass bis 1 Std. vor Schluss, Eintritt 4 €, ermäßigt 3,50 €

Hoch über der Stadt thront die mächtige Zitadelle, die 1818 von den Niederländern über den Resten einer jahrhundertealten, im Jahr 1717 geschleiften Festung errichtet wurde. In der Zeit des Zweiten Weltkriegs diente die Zitadelle den Nazis als Gefängnis sowie als Zwangsarbeiter- und Durchgangslager. Das heutzutage in der Festung eingerichtete Museum erinnert an die schreckliche Zeit. Zur Zitadelle hinauf kommt man mit der Seilbahn, deren Station am anderen Maasufer liegt.

Stiftskirche Notre-Dame

Parvis-Théoduin de Bavière, tgl. außer Mo 9–12, 14–17 Uhr, Schatzkammer: April–Juni 1. Wochenende des Monats 14–16.45 Uhr, Mitte Juli–Anfang Sept. tgl. 14–18 Uhr, Eintritt 3 €, ermäßigt 2 €

Am Fuß des Zitadellenfelsens ragt die Stiftskirche Notre-Dame (1311–1536) empor, der bedeutendste hochgotische Kirchenbau Belgiens. Im mächtigen Westturm, dessen Spitze 1893 Opfer eines Blitzschlags wurde, befindet sich die prachtvolle Fensterrosette Li Rondia mit 9 m Durchmesser. Ein Glanzstück der Bildhauerkunst ist das Bogenfeld des Bethlehemportals (14. Jh.) mit ausdrucksvollen biblischen Szenen. Sehenswert sind die romanische Krypta und die Schatzkammer mit vier kostbaren Reliquienschreinen, darunter die der hl. Domitian und Mengold Der Hauptaltar im großen Kirchenschiff ist eine Schnitzarbeit von Pierre Peters aus dem Jahr 1913. Sie stellt das letzte Abendmahl dar.

Grand-Place

Zahlreiche Restaurants säumen die Grand-Place und verbreiten im Sommer mit ihren Straßenterrassen eine nahezu mediterrane Atmosphäre. Vor dem repräsentativen, 1766 im Stil Ludwigs XV. erbauten Rathaus befindet sich der figurengeschmückte Brunnen 'Li Bassiniai (1406), der einzige erhaltene Bronzebrunnen Belgiens.

Musée de la Charte des Libertés

20, rue Vankeerberghen, Mitte Mai–Sept. Mo–Fr 14–16, Sa, So bis 18 Uhr, sonst nur Mo–Fr, Eintritt frei

An der spitztürmigen Kirche St-Mengold hinter dem Rathaus vorbei geht es zum ehemaligen Kloster der Frères Mineurs (1244), in dem heute das Musée de la Charte des Libertés mit Sammlungen zur Geschichte, Tradition und Folklore, zu Handwerk und Kunstschaffen das Kulturerbe der Stadt zur Geltung bringt.

Château de Jehay ▶ **H 14**
1, rue du Parc, Amay, April–Anfang Nov. Di–Fr 14–18, Sa, So, Fei ab 11, Einlass bis 17 Uhr, Eintritt 5 €, ermäßigt ab 2,50 €
Mit seinem mit weißen Felsquadern gespickten Mauerwerk ist das Mitte des 16. Jh. errichtete Château de Jehay, 10 km nordwestlich von Huy, eine auffällige Erscheinung. In seinen Gemäuern hat Graf Guy van den Steen, Bildhauer, Antiquar, Archäologe, Höhlenforscher und Sammler, in seinem Privatmuseum einen riesigen Fundus an Kunstwerken, Antiquitäten und archäologischen Funden (22 000!) zusammengetragen. Zu den Glanzstücken zählen Gemälde von Bruegel, Murillo und Tintoretto, aber auch ein 20 000 Jahre altes Boot und Kuriositäten wie eine prähistorische Pfeife aus Menschenknochen.

Übernachten

Voller Charme – **Le Champerdrix:** 8, rue Alphonse Libert, in Bas Oha, Tel. 085 82 33 99, www.champerdrix.be, DZ 85 €. Das Drei-Sterne-Hotel mit 8 komfortablen Zimmern liegt, nur getrennt von der Straße, an der Maas. Salons mit Veranda, gastronomisches Restaurant.
Familiär – **Hotel Du Fort:** 5, chaussée Napoléon, Tel. 085 21 24 03, www.hoteldufort.be, DZ 75–95 €, Frühstück 7,50 €/Pers. Freundliches, vor wenigen Jahren renoviertes Familienhotel mit moderner Einrichtung und Restaurant.
Camping – **Mosan:** 3, rue de la Paix, Tihange-Huy, Tel. 085 23 10 51, Fax 085 25 18 53, Apr.–Sept. In waldreicher Umgebung, 2 km von Huy. Für Zelte, Wohnmobile, Wohnwagen. Standplatz ca. 15 €.

Essen & Trinken

Romantisch – **Les Caves Gourmandes:** 5a, place St-Séverin, Tel. 085 21 26 23, Fr–Di 12–14.30, 19–21.30 Uhr. Die Treppe runter, und man ist in diesem Kellergewölbe-Restaurant. Am liebsten würde man die Desserts vorneweg naschen, doch Geduld! Vielleicht doch erst das *Entrecôte brésilienne* vorweg? Hauptgerichte ab ca. 20 €.
Sonnig – **La Brasserie:** 19, Grand-Place, Tel. 085 21 25 55, Mo–Fr ab 9, Sa, So, Fei ab 10 Uhr. Im Sommer sitzt man hier entspannt auf der großen Sonnenterrasse auf der Grand -Place und kann sich mit Sandwiches, Pizza und Pasta (9–11 €), *Jambon San Daniele* und Steaks aller Art vom Grill (16–19 €) bewirten lassen.

Infos & Termine

Office du Tourisme: 1, quai de Namur, Tel. 085 21 29 15, www.huy.be.
Juli/Aug.: Ça Jazz à Huy: Jazzfest.
Bahn: IC nach Lüttich, Namur, Brüssel, Charleroi, Lille.

Durbuy ▶ H 15

Nur wenige Hundert Seelen zählt die in eine Talsenke der Ourthe eingebettete »kleinste Stadt der Welt«. Tatsächlich verfügt Durbuy seit 1331 über die Privilegien einer Stadt.

Eine Handvoll schiefergedeckter Häuser aus Kalk- oder Backstein entlang kopfsteingepflasterter Gassen, eine Kirche, eine alte Getreidehalle aus Fachwerk und eine alte Brücke – im mittelalterlichen Durbuy scheint die Zeit stillzustehen. Hinten begrenzt der Fels La Felize den Ort, den Platz vorne an der Ourthebrücke nimmt das **Château Comtes d'Ursel** (11. Jh.) ein, die Schlossburg der Grafen von Durbuy.

Franziskaner und Franziskanerinnen gründeten im 17. Jh. in Durbuy zwei Klöster, die nach der Französischen Revolution verscherbelt oder abgerissen wurden, die noch erhaltene Klostermauer zieht sich bis an den Fels. Von dort oben hat man eine schöne Sicht auf die Stadt.

Barvaux

Allzu großem Sommertrubel kann man bei einer schönen Wanderung auf dem GR 57 nach Barvaux entfliehen, um dort im Labyrinthe, einem riesigen Irrgarten aus Maispflanzen, oder dem Labyrinth der Türen umherzuirren (Barvaux-sur-Ourthe, rue Basse-Commène, www.lelabyrinthe.be, Juli–Aug. tgl., Sept. Sa, So 10.30–19.30 Uhr, Einlass bis 17.30 Uhr, 9,50 €, ermäßigt 7 €).

Übernachten

Paradiesisch – **Tropical Hotel:** 41, rue des Comtes de Luxembourg, Tel. 086 21 39 95, www.tropical-hotel.be. DZ 104–166 €. Riesendach aus Glas, einladende Liegestühle und ein von tropischen Pflanzen gesäumter Pool. Einige der stilvoll eingerichteten Zimmer blicken auf den »tropischen Garten«. Fitnessraum, Sauna, Solarium, Tennisplatz.

Feudal – **Le Manoir de l'Ormille:** 40, rue de Barvaux, Bomal-sur-Ourthe, Tel. 086 43 47 62, www.ormille.be. DZ 90–110 €. Große Gärten mit alten Statuen, Faunen, Kelchen und Arkaden erfreuen die Gäste. Und mittendrin liegt das hübsche kleine Schloss im Belle-Epoque-Stil, mit 4 m hohen Salons, Stuckdecken, Lüstern und knarrenden Holztreppen. Die Gästezimmer sind individuell, anspruchsvoll und modern, von allen blickt man ins Grüne.

Camping – **Le Vedeur:** Rue de Vedeur, Tel. 086 21 02 09, Mitte April–Mitte Okt. Ruhig, an der Ourthe. Stellplatz 9–24 €.

Essen & Trinken

Gemütlich – **Le Fou du Roy:** 4, rue du Comte T. d'Ursel, Tel. 086 21 08 68, www.fouduroy.be. Mo, Di geschl. Heimelig mit Antiquitäten dekorierte Speiseräume im einstigen Pförtnerhaus des Schlosses. Regionale Küche mit einem Hauch von Mittelmeer und Asien. Lunch-Menü 30 €.

Feine französische Küche – **Le Clos des Récollets:** 9, rue de la Prévôté, Tel. 086 21 29 69, www.closdesrecollets.be, Di, Mi geschl. Schönes, altes Natursteinhaus, dessen Flair man zu bewahren sucht. Hier wird französische Cuisine serviert, neben gebackenen Jakobsmuscheln und Lammmedaillon steht zur Jagdsaison auch Wild auf der Speisekarte. À la carte ab 22 €.

Aktiv & Kreativ

Golfplatz – **Golf Blue Green:** 34, route d'Oppagne, Tel. 086 21 44 54, www.bluegreen.com. Parcours mit 9 und 18 Löchern.

Infos

Office du Tourisme: 25, place aux Foires, Tel. 086 21 24 28, www.durbuyinfo.be.

Lieblingsort

Unter skurillen Wesen – Im Parc des Topiaires

Im Parc des Topiaires in Durbuy halten sich zahlreiche Tiere und andere Wesen auf – alle sind grün und keines bewegt sich. Denn sie sind aus Buchsbäumchen moduliert. Da gibt es den überdimensionalen Elefanten, die Bärenfamilie und die Pudel, aber auch Kaffeekanne und -tassen sowie diese Figuren auf einer Bank. Parkbänke und die gemütliche Terrasse des Cafés laden zum Verweilen mit Blick auf das Schloss ein.

Parc des Topiaires: Durbuy (► H 15), 1, rue Haie Himbe, www.topiairesdurbuy.be, Anfang März–Okt. tgl. 10–18, Anfang–Mitte Nov. tgl. 10–17, Mitte–Ende Dez. Sa, So, Ferien 10–16 Uhr, Eintritt 4,50 €, ermäßigt 1 €).

Bahn: Nächster Bahnhof in Barvaux, 4 km von Durbuy.

La-Roche-en-Ardenne ► H 16

In bewaldeten Hügeln und überragt von der Ruine einer mächtigen Burg liegt La-Roche-en-Ardenne (4300 Einw.), die »Perle der Ardennen«, an einer Flussschleife der Ourthe. Schon die Römer fanden Gefallen an der überaus reizvollen Lage. Im Jahr 1046 tauchte der Ort erstmals unter dem Namen Rupes Seremani in einer mittelalterlichen Urkunde auf.

Beim Kampf um die Brücke wurde die Stadt Ende 1944 von den Alliierten bombardiert und bei der Totaloffensive im Januar 1945 erneut von deren Artillerie unter schweres Granatfeuer genommen, über 90 % wurden damals zerstört. Heute ist das Ardennenstädtchen der bedeutendste Fremdenverkehrsort an der oberen Ourthe. 120 km Wanderwege erschließen die Wälder der Gegend.

Ruines du Château

4, rue du vieux Château, April–Juni-Sept.–Okt. tgl. 11–17, Juli–Aug. tgl. 10–18.30, Nov.–März wochentags 13–16, Sa, So 11–16.30 Uhr, Eintritt 5 €, erm. ab 3 €

In der restaurierten Burg aus dem 9. Jh. wurde das Burggespenst aus der Sage vom Schwarzen Ritter wieder aktiviert – in Form junger Darstellerinnen, die in flatternde, weiße Tücher gehüllt durch die alten Gemäuer huschen.

Musée de la Bataille des Ardennes

5, rue Châmont, April–Dez. tgl. außer Mo, Di 10–18 Uhr, sonst an Wochenenden, Eintritt 6,40 €, ermäßigt 3,20 €

An der Ourthe erinnert ein aufgestellter Panzer an die Befreiung durch die Alliierten. Noch mehr Kriegsgerät präsentiert das Museum. Es beleuchtet den Kriegsschauplatz Ardennen mit einer umfangreichen Militaria-Sammlung.

Töpfereimuseum Les Grès de la Roche

28, rue Rompré, tgl. 10–17, Nov.–März Sa, So ab 11 Uhr,
geschl.: Mo, Fei (außer Juli/Aug.),
Mitte Jan.–Anfang Febr.,
Eintritt 5 €, ermäßigt ab 3,50 €

Im Töpfereimuseum wird bei der Herstellung von schönen kobaltblau bemalten Krügen die traditionelle Kunst des Töpferns demonstriert. Im **Schinkenmuseum** im gleichen Haus kann man man alles über Ardenner Schinken erfahren.

Ourthetal! ► H 15/16

Enge Flusswindungen, schroffe Felsen, hinter denen sich tiefe, dunkle Wälder ausdehnen – die wildromantische Landschaft des Vallée de l'Ourthe zählt zu den reizvollsten der Ardennen, wobei der oberhalb von La-Roche-en-Ardenne verlaufende Talabschnitt den unteren Teil noch einmal toppt! Wanderer, Kanuten und Radsportler finden hier ihr Eldorado.

Kajaktour auf der Ourthe

Zuerst geht es mit dem Bus der Veranstalter zum Staudamm Barrage de Nisramont, dann mit dem Kajak 21 km durch die Hérou-Schlucht zurück nach La-Roche-en-Ardenne, Dauer 4–6 Stunden. Oder man paddelt die kürzere Tour von Maboge 10 km auf der Ourthe hinunter nach La-Roche-en-Ardenne. Paddeldauer für diese Strecke ca. zwei Stunden. Alternativ kann der sportliche Typ mit den kräftigen Waden von La-

Beliebt: Kajaktouren auf der Ourthe

Roche-en-Ardenne nach Maboge biken und dann im Kajak zurückpaddeln. Veranstalter in La-Roche-en-Ardenne: Outdoor Centre, Au Setier 1, Nadrin, Tel. 084 44 41 12, www.outdoor-centre.be. Ardenne Aventures: 35, rue de l'Église, La-Roche-en-Ardenne, Tel. 084 41 19 00, www.ardenne-aventures.be.

Übernachten

Unten am Fluss – **Moulin de la Strument:** 62, petite Strument, Tel. 084 41 15 07, www.strument.be. Jan. geschl., DZ ab 85 €. Gastieren im alten Mühlhaus, direkt am Fluss. Acht Zimmer im Landhausstil bieten dazu allen Komfort. Das Restaurant bietet ausgezeichnete regionale Gerichte, Ardenner Forelle, Zander, Wild.

Tolle Aussicht – **Les Genets:** 2, corniche de Deister, Tel. 084 41 18 77, www.lesgenetshotel.com, DZ 90 €. Schöne, ruhige Lage oberhalb des Ortes. Acht behaglich und komfortabel eingerichtete Zimmer mit toller Aussicht auf das Ourthetal, die Stadt und die Burg erwarten die Gäste. Wer keine Lust hat, in den Ort hinabzustiefeln, kann auch hier in dem gemütlichen Restaurant speisen. Vorzüglich sind die *cailles royales à la Bordelaise* (ca. 22 €). À la carte ab 15 €.

Jugendherberge – **Barrière de Champlon:** 5, rue de la Gendamierie, In Champlon (13 km). Tel. 084 45 52 94, Fax 084 45 70 45, www.lesaubergesdejeunesse.be, Übernachtung mit Frühstück 16–33 €.

Camping – **Lohan:** 20a, rue de Houffalize, Tel. 084 41 15 45, April–Okt. Familiengerechter Campingplatz an der Ourthe. Stellplatz ab 13 €.

Essen & Trinken

Waidmannskost – **La Huchette:** 6, rue de l'Eglise, Tel. 084 41 13 33, Mo abends, Di abends, Mi geschl. Hier diniert man in dem gemütlichen, modern eingerichteten Speisesaal oder auf der Terrasse. Die französische Kochkunst ist ganzjährig ein Genuss, doch wer die Ardennen liebt, kommt zur Jagdsaison: Dann finden sich Hasenrücken, Wildragout, Rehfilet und Fasan auf dem Speiseplan. À la carte ab 18 €.

Speisen von früher – **Taverne du Potier:** 28, rue Rompré, Tel. 084 41 18 78, nur mittags geöffnet. Das Restaurant des Töpfereimuseums ist schlicht, aber gemütlich. Traditionelle Speisen wie *Potage Cultivateur* (Gemüsesuppe des Tages, 3 €), Hauptgerichte wie gegrillte Haxe mit Äpfeln und Senfsauce oder *Tagliatelles à l'Ardennaise* für ca. 11–18 € und Menüs für ca. 13–28 €.

Infos

Maison du Tourisme: 15, place du Marché, Tel. 084 36 77 36, www.coeurdelardenne.be
Bahn: Der nächste Bahnhof liegt in Melreux (19 km).
Bus: Linie 13 von Melreux nach La-Roche-en-Ardenne.

Bastogne ► J 16

Nahe der Grenze zu Luxemburg liegt auf einem weitläufigen Plateau der Ardennen das Städtchen Bastogne (Bastenaken; 14 400 Einw.). Im Jahr 1944 befreiten 18 000 US-amerikanische Truppen unter General McAuliffe Bastogne von deutscher Besatzung, wurden jedoch während der Ardennenoffensive von einer Übermacht deutscher Soldaten in der Stadt eingekesselt. Sechs Tage dauerte die erbitterte Schlacht um die Stadt, bis General Patton Bastogne erneut befreite. Die Stadt lag in Trümmern, 15 000 Menschen hatten bei den Kämpfen ihr Leben gelassen.

Von den historischen Bauwerken sind nur noch die Porte de Trèves (Trierer Pforte, 14. Jh.) der mittelalterlichen Stadtfestung und die benachbarte Kirche St-Pierre (1100–25) erhalten. Imposant ist ihre mehrfarbige Deckenmalerei mit biblischen Szenen, die großzügig von stilisierten Blattranken umgeben sind.

Place McAuliffe

Auf der Place McAuliffe, der nach dem Befreier benannten alten Grand-Place, wurde ein amerikanischer Panzer aufgestellt und dem General ein Denkmal errichtet. An der Rue Joseph Renquin wird General Patton mit einem Denkmal geehrt.

Original Museum »Au Pays d'Ardenne«

20, rue de Neufchâteau, tgl. 9–17, Juli–Aug. 9–18 Uhr, Eintritt 3 €
In diesem volks- und landeskundliche Museum stehen das Leben in den Ardennen, die Besonderheiten der hiesigen Natur und ihre Nutzung sowie das Handwerk im Vordergrund.

Musée en Piconrue

2, place en Piconrue, tgl. außer Mo 10–18 Uhr, Kasse bis 17 Uhr, Eintritt 4 €, ermäßigt ab 1,50 €
Das spannende Museum bringt den Besuchern den Volksglauben und die Volkskunde in den Ardennen näher und man wird mit dem örtlichen Zugang zu Themen wie Aberglaube, Wunder, Riten und Frömmigkeit vertraut gemacht.

Bastogne Historical Center

www.bastognehistoricalcenter.be, wegen Umbau und Neugestaltung zzt. geschl.
Das historische Zentrum auf dem Mardasson-Hügel, 3 km nordöstlich der Stadt, dokumentiert mit Waffen, Panzern und Uniformen, Wachsfiguren der beteiligten Generäle und Filmvorführungen die verheerenden Ereignisse der Ardennenschlacht. Hier steht auch das größte und beeindruckendste Ehrenmal für die 76 890 in der Schlacht gefallenen amerikanischen Soldaten. An dem monumenta-

Maitrank – nicht nur im Mai
Diese Arloner Spezialität besteht aus trockenem Moselwein, angesetzt mit Waldmeisterknospen, einem Schuss Kognak und Zucker. Das Ganze wird mit einer Orangenscheibe garniert und gekühlt serviert. Jedes Jahr im Mai wird von der Maitrank-Bruderschaft am 3. oder 4. Sonntag im Mai ein Festival des Maitranks organisiert. Den Trank gibt es aber das ganze Jahr über.

len Mahnmal kann man die Namen der an den Kämpfen beteiligten Einheiten und den Ablauf der Schlacht nachlesen.

Übernachten

Modern und zentral – **Collin:** 8, place McAuliffe, Tel. 061 21 43 58, www.hotel-collin.com, DZ 90–125 €. Mit modernem Komfort ausgestattetes Vier-Sterne-Hotel, mitten in der Stadt. Die 16 Zimmer sind geräumig und gemütlich in warmen Farben eingerichtet. Garage für Gäste.
Zentral und familär – **Hotel Leo:** 50, place McAuliffe, Tel. 061 21 14 41, www.hotel-leo.com. DZ ab 80 €. Das im Herzen der Stadt gelegene Familienhotel bietet zwölf große, moderne und mit Klimaanlagen ausgestattete Zimmer. Parken gratis.
Camping – **De Renval:** 148, rue de Marché, Tel. 061 21 29 85, ganzjährig, ca. 1 km vom Zentrum, Stellplatz 15–21 €.

Essen & Trinken

Blauer Eisenbahnwagen – **Wagon Léo:** 4, rue Vivier, Tel. 061 21 14 41, tgl. außer Mo 11.30–21.30 Uhr. Wenn Sie den blauen Eisenbahn-Restaurantwagen sehen, dann sind Sie richtig: das Léo, eine Institution in Bastogne! Dahinter liegt der Speisesaal mit einem breiten Angebot an traditionellen Fisch- und Fleischgerichten wie Rumpsteak oder *filet nature* oder *super truite à la Luxembourgeoise*. Business-Lunch ca. 20 €, Tagesgericht ca. 13 €.
Brasserie im Jugendstil – **Café 1900:** 8, place McAuliffe, Tel. 061 21 48 88, tgl. außer Mi, Do 11.30–21.30 Uhr. Die Einrichtung prägte der Art Nouveau, die Küche ist französisch-regional. Im Sommer sitzt man auch draußen auf der Straßenterrasse. Hauptgerichte um 18 €. Spezialitäten: Muscheln und Wild, Kalbsnierchen.

Infos & Termine

Syndicat d'Initiative: 60, place McAuliffe, Tel. 061 21 27 11, www.si-bastogne.be.
Dezember: *Foire aux noix:* Nussmarkt, dessen Entstehung auf die Antwort General McAuliffes auf die Aufforderung der Deutschen, sich zu ergeben, zurückgeht: »Nuts!« («Blödsinn!«).
Bahn: nächster Bahnhof in Libramont.
Bus: Verbindungen nach Libramont und Liège.

Arlon! ► J 18

Auf einem Hügel im südöstlichen Winkel Belgiens liegt an der Quelle des Flusses Semois die alte Stadt Arlon (Aarlen, Arel; 28 000 Einw.), Hauptstadt der Provinz Luxembourg. Schon die Römer hatten hier, wo sich einst wichtige Heer- und Handelsstraßen kreuzten, einen Posten mit Namen *Orolaunum*.

Musée Archéologique

13, rue des Martyrs, www.ial.be, Di–Sa 9–12, 13–17.30, Anfang April–25. Sept.

Abbaye d´Orval, einst eine der reichsten Zisterzienserabteien Europas

auch So, Fei 13.30–1 7.30 Uhr, Eintritt 4 €, ermäßigt 1–3 €
Die Attraktion sind 300 römische Grabmalskulpturen mit Reliefs, die u. a. Szenen aus dem Leben der Römer darstellen – ein einzigartiges gemeißeltes Bilderbuch römischen Alltags! Man fand sie bei Ausgrabungen in einem noch heute erkennbaren Ringwall, mit dem sich die galloromanischen Ahnen der Stadtbewohner der einfallenden Germanenhorden zu erwehren suchten. Auch die *Tour romaine* (Römischer Turm, 3. Jh.) nahe der Grand-Place war Teil dieser Verteidigungsanlage.

Galloromanische Säule und Basilique romaine

In der Fußgängerzone ragt auf einem Sockel mit Darstellungen römischer Götter die Galloromanische Säule (Reproduktion) empor. Einige Häuserblöcke südlich der Grand-Place stößt man auf die Reste der Basilique romaine, der ältesten belgischen Kirche (5.–6. Jh.). Nebenan hat man Teile von römischen Thermen freigelegt, darunter die eines Badehauses aus dem 1. Jh.

Eglise St-Donat

Die Kuppe des Hügels im Stadtzentrum, einst Standort der mittelalterlichen Grafenburg derer von Arlon, nimmt die 1626 von Kapuzinern auf den Burgruinen erbaute Kirche St-Donat ein. Herrliche Fresken aus dem 17.–18. Jh. erzählen in diesem Gotteshaus die Legende vom hl. Donatus. Vom Kirchturm hat man eine schöne Aussicht über das Dreiländereck.

Übernachten

Ländlich-ruhig – **Peiffeschof**: 111, chemin du Peiffeschof, Tel. 063 41 00 50, www.peiffeschof.be, DZ 96–146 €, Frühstück 11 €/Pers. Mitten in der Natur, ca. 3 km von der Stadt entfernt. Neun modern eingerichtete Zimmer. Das Hotel-Restaurant mit großem Natursteinkamin, Raucherzimmer und schöner Terrasse verwöhnt seine Gäste mit gastronomischen Speisen und Gerichten der regionalen Küche.

Zentral – **L'Ecu de Bourgogne:** 10, place Léopold, Tel. 063 22 02 22. DZ 63–73 €. Trumpf ist die Lage! Am zentralen Platz, im Herzen der Stadt. Die Zimmer mit Bad sind gemütlich eingerichtet, es gibt einen Lift und einen Fernsehraum.

Essen & Trinken

Gehoben – **L'Arlequin:** 6, place Léopold, Tel. 063 22 28 30, tgl. 12–14, 19–21 Uhr. Mo, Do abend geschl. Hauptgerichte ab 22 €. Die Einrichtung ist klassisch, die Küche französisch mit leckeren Spargelgerichten, Fisch und Fleisch. Köstlich: Kabeljaurücken mit Estragon und Nordseegarnelen (28 €).

Gute Küche – **Chez Le P'tit Marcel:** 50, rue des Faubourgs, Tel. 063 22 25 97, Mo ganztägig, Di und Sa mittags geschl. Klassisch und gemütlich eingerichtet und auf Muscheln spezialisiert. Die gibt es in zehn Varianten (21–26 €) – natürlich mit Fritten. Außerdem: Fisch und Meeresfrüchte sowie Fleischgerichte vom Kalb und Rind.

Infos & Termine

Maison du Tourisme: 2, rue des Faubourgs, Tel. 063 21 63 60, www.arlon-tourisme.be.

Erster Sonntag des Monats (März–Nov.): Trödelmarkt

Bahn: IC nach Namur, Brüssel, Luxembourg.

Abbaye d´Orval ►H 18

www.orval.be, Juni–Sept. tgl. 9.30–18.30, Okt., März–Mai 9.30–18 Uhr, Nov.–Febr. tgl. 10.30–17.30 Uhr, Eintritt 5,50 €, ermäßigt ab 3 €

Im Val d'Or liegt eines der größten Klöster Europas, dessen Name Synonym für ein würziges Trappistenbier ist: die auf ein im 11. Jh. von Benediktinern aus dem italienischen Kalabrien gegründetes Kloster zurückgehende Zisterzienserabtei Orval. Über die Jahrhunderte entwickelte sich Orval zu einem der reichsten Klöster Europas, bis es die französische Revolutionssoldateska im Jahr 1793 zerstörte. Erst im Jahr 1926 begannen französische Trappisten mit dem Aufbau einer neuen Klosteranlage.

Ein Besuch des Klosters umfasst eine audiovisuelle Präsentation der Klostergeschichte und des heutigen Klosterlebens sowie die Besichtigung der noch immer sehr imposanten mittelalterlichen Ruinen, des Kloster- und des Heilkundemuseums in der alten Apotheke und des medizinischen Kräutergartens. Noch immer werden im Kloster das berühmte Bier und der Käse hergestellt; beides kann man hier kaufen.

Bouillon ►G 17

Trutzig wacht auf einem Felssporn in einer Flussschleife der Semois eine mittelalterliche Burg über Bouillon (5500 Einw.). Gottfried, Herzog von Niederlothringen, soll sie 1050 erbaut haben. 46 Jahre darauf vermachte der ihm nachfolgende Gottfried von Bouillon die Burg dem Lütticher Fürstbischof, er brauchte Mittel für seinen Kreuzzug ins Heilige Land. Eine kräftige Brühe soll – so erzählt man wenigstens in Bouillon – seine Soldaten auf der Reise bei Kräften gehalten haben. Er eroberte drei Jahre darauf den Tempelberg, doch raffte ihn schon nach einem weiteren Jahr der Pesttod dahin.

Château Fort

1, Esplanade Godefroid, Jan. Sa, So 10–17, Dez., Febr. Mo–Fr 13–17, Sa, So 10–17, März, Nov. tgl.10–17, Okt. Mo–Fr 10–17, Sa, So 10–18, April–Juni, Sept. Mo–Fr 10–18, Sa, So 10–18.30, Juli, Aug. tgl. 10–19 Uhr, Kasse schließt 45 Min. früher, Eintritt 6,50 €, ermäßigt ab 4,50 €

Kaiser Karl V., Ludwig XIV. und Napoleon III. fochten um Burg und Siedlung Bouillon. Auch den französischen Dichter Victor Hugo zog es mehrfach an diesen Ort. Er erwähnte die Burg zwar nirgends, doch befindet sich eine Zeichnung der Festung in seinem Nachlass.

Heute erklimmen alljährlich Tausende Besucher die Stufen zu dem Château. Es bietet umwerfend schöne Ausblicke auf Stadt und Fluss und in düsteren Kerkern und Folterkammern lernt man das Gruseln. Der Saal »Godefroy de Bouillon« ist in den Fels gehauen, über dem Holzkreuz im Boden legten die Kreuzfahrer ihr Gelöbnis ab.

Musée Ducal

1, rue de Petit, Ostern–Sept. tgl. 10–18, Okt.–15. Nov. bis 17 Uhr, Eintritt 4 €, ermäßigt ab 2,50 €

Über Kreuzzug und Ritter, Burg und mittelalterliche Waffen informiert das Museum zu Füßen der Festung. Interessant auch die Abteilung zur lokalen Geschichte und Folklore, in der u.a. eine urige, mittelalterliche Küche rekonstruiert wurde.

Archéoscope Godefroy de Bouillon

14, quai des Saulx, Schulferien 10–16, Febr., Dez. Di–Fr 13–16, Sa, So 10–16, März, April tgl. 10–16, Mai, Juni, Sept. tgl. 10–17, Juli, Aug. bis 17.30, Okt., Nov. Di–So 10–16 Uhr, Eintritt 6,25 €, ermäßigt ab 4,95 €

Eine Reise durch Raum und Zeit unternehmen Besucher des am anderen Ufer der Semois liegenden, im alten Kloster der Sépulcrines (17. Jh.) eingerichteten Museums, wenn sie den wackeren Kreuzritter Godefroy de Bouillon auf dem ersten Kreuzzug nach Jerusalem begleiten. Aufwendige audiovisuelle Technologien mit spektakulären Spezialeffekten sorgen dabei für Spannung.

Übernachten

Romantisch – **La Ferronnière:** 44, voie Jocquée, Tel. 061 23 07 50, www.laferronniere.be. DZ 90–125 €. Charmante, mit Efeu bewachsene Fachwerk-Villa mit schönem Garten und Terrasse, direkt am Waldrand. Sieben geräumige Zimmer – von einigen haben Sie Sicht auf den Garten und die Burg.

Top-Aussicht – **Hotel Cosy:** 23, rue Au-dessus de la Ville, Tel. 061 46 04 62, www.hotelcosy.be. DZ 82–110 €. Die Zimmer »Confort superieur vue« bieten schöne Aussichten auf Bouillon, Semois und Burg. Behaglich und mit modernem Komfort eingerichtet sind alle elf Zimmer. Aussichtsterrasse und Lounge laden zum Relaxen ein.

Jugendherberge – **AJ de Bouillon:** 16, route du Christ, Tel. 061 46 81 37, www.lesaubergesdejeunesse.be, Übernachtung mit Frühstück 16–33 €.

Essen & Trinken

Elsässisch – **Auberge d'Alsace:** 3, Faubourg de France, Tel. 061 46 65 88, www.aubergedalsace.be. Mo, Di, Mi und Jan. geschl. Das Restaurant des Hotel de France hat ein rustikales Interieur und bietet französische und regionale Küche (*côte à l'os*, Fisch, Elsässer Perlhuhn, *filet pur catalane*). Hauptgericht ab 17 €. An den gastronomischen Wochenenden gibt es vorzügliche elsässische Cuisine!

Typisch Ardennen – **La Vieille Ardenne:** 9, Grand-Rue, Tel. 061 46 62 77. Außerhalb der Saison Mi geschl. Rustikale Einrichtung, handfestes Essen, das ist genau das Richtige für alle, denen es nach einem herzhaften Kalbsschnitzel mit Orval-Käse oder Ardenner Forelle gelüstet. Im Herbst stehen auch Wild-Gerichte auf der Speisekarte. Hauptgerichte ab 14 €.
Muschelspezialist – **Roy de la Moule:** 42, quai du rempart, Tel. 061 46 62 49, www.roydelamoule.be, tgl. Zu Füßen des Schlosses, im Sommer auch draußen. Muscheln nach mind. 35 Rezepten (16 €). Auch andere Speisen.

Aktiv & Kreativ

Kajaktouren - **Semois Kajaks,** 6, rue de Libehan, Tel. 0475 24 74 23, www.semois-kayaks.be.

Infos

Maison du Tourisme: 12, quai des Saulx, Tel. 061 46 52 11, www.bouillon-tourisme.be.
Bahn: Nächster Bahnhof in Libramont.
Bus: Verbindung von Libramont nach Bouillon.

St-Hubert und Umgebung ► H 16

Bis 825 hieß das von wildreichen Wäldern umgebene Ardennenstädtchen (5600 Einw.) noch *Andaginum* und bestand nur aus wenigen Häusern, die sich um eine Benediktinerabtei samt kleiner Kirche scharten. An Karfreitag des Jahres 683 soll sich im nahen Wald das in der Hubertus-Legende überlieferte Ereignis zugetragen haben. Der hl. Hubertus war Bischof von Tongeren und Lüttich. Im Jahr 825 wurden seine Gebeine nach *Andaginum* überführt, das in der Folge den Namen St-Hubert annahm und zu einem viel besuchten Wallfahrtsort der Jäger wurde.

Basilique St-Hubert

Place d'Abbaye, April–Okt. tgl. 9–18, sonst bis 17 Uhr, Eintritt frei
An der Stelle der Abteikirche steht heute die im 16. Jh. erbaute spätgotische Basilique St-Hubert mit Renaissance-Barock-Fassade aus dem 18. Jh., in der die Legende des hl. Hubertus dargestellt ist. Im Inneren finden sich am Chorgestühl Schnitzarbeiten mit Szenen aus dem Leben des hl. Hubertus sowie des hl. Benedikt, beachtenswert ist der reich verzierte Hubertusaltar. Die Schatzkammer birgt Stola, Jagdhorn und Bischofsstab des Jagdpatrons, daneben liegt das von Leopold I. gestiftete Mausoleum des Heiligen, dessen Gebeine seit der Französischen Revolution unauffindbar sind.

Ausflug in den Wildpark

125, rue St-Michel, Jan.–Febr. Sa, So 10.30–17.30, März–April, Okt.–Dez. tgl. 10–17.30, Mai, Juni, Sept. werktags 10–18, Sa, So 10–18.30, Juli–Aug. tgl. 10–19 Uhr, Do außerhalb der Ferien geschl., 3 €, ermäßigt 1,50–2 €
Hirsch und Reh bekommt man im 15 ha großen **Parc à gibier,** 2 km nördlich von St-Hubert zu Gesicht. Dort sind sie vor den Flinten der Grünröcke sicher.

Musées du Fourneau Saint-Michel ► H 16

www.fourneausaintmichel.be, März–Juni, Sept.–Nov. tgl. 9.30–17, Juli–Aug. tgl. 9.30–17.30 Uhr, Mo geschl., außer Fei und Juli–Aug., Eintritt (beide Museen) 7 €, erm. ab 3 €
Das in **Fourneau St-Michel** angelegte Freilandmuseum besteht aus der alten

Klosterschmiede Fourneau St-Michel (18. Jh.) und dem weitläufigen **Musée de la Vie Rurale en Wallonie** mit 50 Bauwerken aus vergangenen Tagen, darunter Bauernhöfe und Handwerkerhäuser, strohgedeckte Häuschen, Tabakschuppen, Schule und Kapelle.

Euro Space Center Transinne

► G 16

1, rue Devent les Hetres, Transinne, www.eurospacecenter.be, Öffnungszeiten s. Homepage, Eintritt 11 €, ermäßigt 8–10 €

In die Welt der Schwarzen Löcher, Raketen und Astronauten entführt das Euro Space Center Transinne mit seinen Raumfähren, der Space Show, dem Holorama und dem Planetarium. Hier können 10–18Jährige den Flug im Space Shuttle zu einer Space Station simulieren. Beim Training im *Moonwalk-chair*, im *Multi-axis-chair* etc. wird man ganz schön durchgeschüttelt (für Gruppen, 1 Woche Space Camp; in den Schulferien individuell).

Übernachten

Stilvoll – **L'Ancien Hôpital:** 23, rue de la Fontaine, St-Hubert, Tel. 061 41 69 65, www.ancienhopital.be. DZ ab 95 €. Sechs gemütliche, stilvoll modern eingerichtete Zimmer, das preisgünstigste mit Hochbett, das teuerste mit Jacuzzi, in einem ehemaligen Hospital. Entspannung bieten die kleine Bar und der hübsche Garten, Mountainbike-Verleih gratis.

Charming B&B – **La Renardière:** 94, rue de Grupont, in Charly, 22 km von Saint-Hubert entfernt, Tel. 084 34 51 67, www.larenardiere-ardenne.be, DZ 75 €, bei mehreren Übernachtungen günstiger. Charmantes B&B in einem typischen Ardenner Landhaus aus Bruchsteinen von 1860, mitten im Ort. In dem gemütlichen Wohnzimmer mit offenem Kamin kann man den Tag ausklingen lassen. Vier gemütlich im Landhausstil eingerichtete Gästezimmer, zwei mit Dusche, zwei mit Badewanne.

Herzlich Willkommen – **B & B Les Trois Chênes:** 79, rue de Porcheresse, Daverdisse (ca. 23 km westl. von St-Hubert), Tel. 0470 55 92 61, www.les-trois-chenes.be. DZ ab 80 €. Fünf hübsch eingerichtete Gästezimmer in ehemaliger, restaurierter Scheune, inmitten herrlicher Natur. Freuen Sie sich auf ein Willkommensgetränk mit den Gastgebern am Kamin oder auf der Terrasse und ein üppiges Frühstück mit lokalen Produkten und hausgemachter Marmelade – guten Appetit!.

Heimelig – **Le Cor de Chasse:** 3, avenue Nestor Martin, St-Hubert, Tel. 061 61 16 44, www.lecordechassesainthubert.be. DZ 72 €. Gemütliches, kleines Hotel-Restaurant mit 11 komfortablen Zimmern (mit wifi) und rustikalem Kamin-Salon, das auch Halbpension (DZ 122 €) und Vollpension (145 €) anbietet. Köstlichkeiten aus der französischen Küche, etwa Gänseleber mit Äpfelchen (19 €), kann man im Sommer auch im Garten speisen.

Essen & Trinken

Natürlich steht in St-Hubert während der Jagdsaison die regionale Spezialität – nämlich Wild – auf den Speisekarten.

Gastronomisch – **Les 7 Fontaines d'Awenne:** 21, Grand-Rue, in Awenne (ca. 12 km nordwestl. von St. Hubert) Tel. 084 36 65 04, www.les7fontaines be. Mo, Di und Krokusferien geschl. Eichenbalken und Wildtrophäen – hier treffen die Gäste auf das klassisch-rustikale Interieur der Ardennen. Raffiniert-kreative Cuisine, vortrefflich z. B. Hirschnüsschen in Tomatenkruste.

Hauptgerichte ab 31 €, Drei-Gänge-Business-Mittagsmenü 30 €.

Experimentierfreudig – **Le Basilic:** 8, place de l'Abbaye, St-Hubert, Tel. 061 50 48 58, www.le-basilic.be, Mo geschl. Zeitgenössisch im Designerstil eingerichtetes Restaurant mit experimentierfreudiger Küche. Köstlich: Jakobsmuscheln und gebratene Blutwurst, Gewürztraminersauce und Gänseleberpastete. À la carte ab 22 €.

Infos & Termine

Maison du Tourisme: 12, rue St-Gilles, Tel. 061 61 30 10, www.saint-hubert-tourisme.be.

1. Sonntag im September: Hubertus-Fest, mit Jägermesse um 11 Uhr, großem Halali und historischem Umzug.

Bahn: Nächster Bahnhof in Libramont.

Bus: TEC-Bus Libramont–St-Hubert.

Redu ► G 16

Bücherfreunde sind im Bücherdorf Redu, 18 km westlich von St-Hubert gelegen, richtig. Dort können sie in rund 30 Buch-Antiquariaten nach Schnäppchen zwischen zwei Buchdeckeln fahnden. Samstags, sonntags, an Feiertagen und in den Ferien sind die meisten Buchhandlungen geöffnet, donnerstags und freitags halten viele Antiquare ihre Läden offen.

An sonnigen Sonntagen füllen Marktbesucher schon mittags die Straßen, in denen man Tische und Kisten mit antiquarischen Büchern findet. Redu war ein nahezu vom Aussterben bedrohtes Bauerndorf, bis ein Brüsseler, der hier einen alten Bauernhof gekauft hatte, auf die Idee mit den Büchern kam. Vorbild war ihm das bekannte Bücherdorf Hay-on-Wye im englischen Wales.

Besonders schön sind die Ardennen, wenn sich im Herbst das Laub färbt

Infos

Tourisme Redu: 63, place de l'Esro, Tel. 061 65 66 99, www.redu-villagedulivre.be.

Rochefort ► G 16

Kennern belgischen Biers ist Rochefort ein Begriff, steht der Name doch für eines der sechs traditionsreichen Trappistenbiere des Landes. Die Sommerfrische (12 000 Einw.) am Rand des **Nationalparks Lesse et Lomme** ist ein beliebter Ausgangspunkt für Wanderungen und Freizeitaktivitäten. Lomme und Lesse haben hier riesige Höhlenlabyrinthe ausgewaschen.

Grottes de Lorette-Rochefort

Infos auch unter der Website www.grottes.de-han.be, 31. März–Juni, Sept.–4. Nov. Mo–Fr 11–12.30, 14–15.30, Sa, So, Fei 11.30–13.30, 15–16.30, 1.–9. Juli und 22.–31. Aug. 11.15–16.30 Uhr, alle 90 Min.; 10. Juli–31. Aug. 11.15–16.30 alle 45 Min.; Mi geschl. (außer Juli, Aug.), Eintritt 8 €, ermäßigt ab 5 €

Die Tropfsteinhöhlen warten u. a. mit dem Höllental, der fast 90 m hohen Salle du Sabbat und faszinierenden Klang- und Lichtspielen auf.

Grottes de Han-sur-Lesse

Tel. 084 37 72 13, www.grottes-de-han.be, Eintritt 16 €, erm. ab 10 €

Noch spektakulärer sind diese 15 km langen, teilweise von der Lesse durchflossenen Höhlen, die größten Europas. Zuerst fährt man in der 100-jährigen Stadtbahn (Abfahrt gegenüber der Kirche von Han) zur Grotte. Dann geht es zu Fuß 2 km durch tropfsteinerne Unterwelt (Führung u. a. auf Deutsch). Highlight ist eine Klang-Licht-Show in einer 20 m hohen Höhle.

Réserve d'Animaux Sauvages

Teil des Nationalparks Lesse et Lomme ist das 250 ha große Wildreservat oberhalb der Höhlen. Hier leben neben Reh, Hirsch und Wildschwein in einem Gehege auch Nachfahren und -züchtungen prähistorischer Wildtiere wie Wisent, Auerochse und Tarpan, die einst in den großen Wäldern der Ardennen beheimatet waren.

Übernachten

Romantisch – **Hotel la Malle Poste**: 46, rue de Behogne, Tel. 084 21 09 86, www.malleposte.net, DZ 150–190 €. In einer Poststation aus dem 17. Jh. befindet sich jetzt ein Hotel mit charmant designten Zimmern und Suiten. Zugang zu Schwimmhalle, Sauna, Hammam und Fitnessraum inklusive.

Charmant – **Le Vieux Logis:** 71, rue Jacquet, Tel. 084 21 10 24, www.levieuxlogis.be, DZ 80 €. Schönes altes Bruchsteinhaus aus dem 17. Jh. zu Füßen des Schlosses. Zehn rustikal eingerichtete Zimmer – einige mit Blümchentapete. Gästegarage, Parkplatz.

Harmonisches Hotelrestaurant – **Maison Lemonnier:** 82, rue Baronne Lemonnier, in Lavaux Ste Anne, Tel. 084 38 88 83, www.lemonnier.be. DZ 100–125 €, Frühstück 12 €/Pers. Logieren Sie in dem ehemaligen Jagdpavillon von Schloss Lavaux-Ste-Anne, in einem der acht großen, harmonisch eingerichteten Zimmer. Das Restaurant bietet erlesene Gastronomie und während der Jagdsaison auch eine gute Auswahl an Wild-Gerichten.

Gîte d'étape – **Vieux Moulin:** 25, rue du Hableau, Tel. 084 21 46 04, www.giterochefort.be. Übernachtung und Frühstück 13–16 €/Person.

Camping – **Les Roches:** 26, rue du Hableau, Tel. 084 21 19 00, April–Anfang Nov., Stellplatz 15–25 €.

Essen & Trinken

Gegen großen Hunger – **Le Tems d'une Grillade:** 90, rue de France, Tel. 084 46 69 55, www.letempsdunegrillade.be, Di, Mi geschl. Rustikal-modernes Interieur, schöne Terrasse, traditionelle französische Küche und Herzhaftes vom Grill. Wer so richtigen Hunger hat, sollte den 1 kg schweren Côte à l'Os (28 €) probieren. Hauptgericht ab 11 €.
Cuisine traditionelle & tex-mex – **Buffalo Lunch:** 16, place Albert 1, Tel. 084 21 00 70, Mo nachmittags, Di geschl. In der gemütlichen Atmosphäre steigt schnell der Duft von Gegrilltem in die Nase, von deftigem Côtes à l'os, Jambonneau (Schweinshaxe), Spareribs und Hamburgern. Doch hier gibt es auch Crèpes und Scampi mexicains. À la carte 14 €.

Infos

Maison du Tourisme: 5, rue de Behogne, Tel. 084 34 51 72, www.valdelesse.be.
Bahn: Nächster Bahnhof in Jemelle.
Bus: Linie 29, Jemelle–Rochefort.

Namur ! ►G 14

Romantische Gassen, idyllische Plätze, belebte Boulevards. Und hoch oben die mächtige Zitadelle. Das an der Mündung der Sambre in die Maas liegende Namur (Namen; 109 000 Einw.) geht auf das römische Lager *namurum castrum* zurück. Ende des 10 Jh. stand auf dem Zitadellenfels eine Grafenburg, zu deren Füßen sich die Siedlung befand. Gegen Ende des Mittelalters war die Festung eine der mächtigsten Europas. Namur ist heute Bischofs- und Universitätsstadt, Hauptstadt der Region Wallonie und der Provinz Namur.

Zitadelle 1

68, route Merveilleuse, Tel. 081 65 45 00, www.citadelle.namur.be, Infozentrum Terra Nova: April–Sept. tgl. 10.30–18.30 Uhr, im Winter: s. Homepage, Citadelle Pass 9 €, erm. 6 €
Eine geführte Tour durch die Zitadelle beinhaltet eine kommentierte Rundfahrt mit dem Touristenbähnchen, eine Führungen durch das beeindruckende Labyrinth der unterirdischen Gänge des »Termitenhügel Europas« (Napoleon), und den »La Médiéviale« genannten Streifzug auf den mittelalterlichen Spuren der Festung, verbunden mit dem Besuch des mittelalterlichen Gartens und der Ausstellung »La vie de château« (»Leben im Schloss«) zur Geschichte des **Château des Comtes** 2 inmitten des ehemaligen Bergfrieds. Hier können Sie auch nach alter Technik selber Münzgeld prägen und mit nach Hause nehmen! Die Touren (frz., nl., engl.) starten am Kasernengebäude »Terra Nova«. Man kann aber auch auf 5 verschiedenen, farbig markierten Rundgängen die Zitadelle selbst erkunden.

Espace Archéologique St-Pierre 3

Di–So 12–17 Uhr, Eintritt frei
Themenausstellungen mit interessanten Fundstücken, die Archäologen in der Zitadelle und an anderen Stellen ausgegraben haben.

Parfümerie Guy Delforge 4

www.delforge.com, Mo–Sa 10–17.30, April–Okt. bis 18, So, Fei 14–18 Uhr, Führungen Einzelpersonen Sa und während Schulferien Mo–Sa 15.30 Uhr, außer feiertags, 3,50 €, ermäßigt 3 €. Gruppen: das ganze Jahr Mo–Sa, nur mit Reservierung
Parfüm statt Pulver wird heute in den Gewölben des einstigen Laboratoire d'Artillerie fabriziert. Dort hat Guy Delforge in den alten Gemäuern, die

Blick von der Zitadelle über Namur, die Hauptstadt der Wallonie

nacheinander als Offiziersmesse, Artillerielabor und militärischer Taubenschlag dienten, seine Parfüm-Manufaktur eingerichtet. Besucher können während der Führungen zuschauen, wie er in seinem Labor mit Messzylindern und Teststäbchen hantierend neue Düfte kreiert. Wenige Schritte weiter steht man in den Kasematten Karls des Kühnen. Hier reifen hinter 4 m dicken Festungsmauern die Düfte bei kühlen Temperaturen. Hier stößt man auch auf die Duftorgel aus 130 Behältern mit verschiedenen Essenzen und kann seinen Geruchssinn beim Dufttest erproben.

Musée Archéologique 5

21, rue du Pont, Di–Fr 10–17, Sa, So 10.40–17 Uhr, Eintritt 3 €, erm. 1,50 €

Das alte Namur liegt gegenüber der Zitadelle auf der anderen Seite der Sambre. Das Museum in der alten Fleischhalle (1550) am Ufer des Flusses beleuchtet die Zeiten, als die Römer, Franken und Merowinger die Gegend bewohnten.

Musée Africain 6

1, rue du 1er Lanciers, Di, Do, So 14–17 Uhr, Juli, Aug. tgl. außer Fei, Eintritt 2 €, erm. 1,50 €

Im mit Zinnen und Türmchen bewehrten Wachgebäude der ehemaligen Leopold-Kaserne (Ende 19. Jh.): afrikanische Kunst, Eisenarbeiten, Töpferwaren, Textilien, Flechtwerk, Musikinstrumente und Waffen aus dem Kongo, außerdem eine riesige Bibliothek.

Musée Provincial des Arts Anciens 7

24, rue de Fer, tgl. außer Mo 10–18 Uhr, Eintritt 5 €, erm. ab 2,50 €

Goldschmiedekunst aus Mittelalter und Renaissance, aber auch Skulpturen, Kirchenfenster, Glaskunst und Dinanderien, kunstvoll getriebenes Messinggerät, finden Sie in diesem schönen ehemaligen Patrizierhaus aus dem 18. Jh. Das Highlight ist der **Trésor du Prieuré d'Oignies,** der vom Mönch Hugo d'Oignies um 1230 geschaffene, einmalige Kirchenschatz des Klosters Oignies.

Cathédrale St-Aubain 8

Place St-Aubain

Auf dem Platz, an dem auch der weiße Bischofspalast aus dem Jahr 1728 – heute ist hier die Provinzialregierung untergebracht – liegt, ragt der von dem Mailänder Gaetano Pizzoni im 18. Jh. erbaute klassizistische Kuppelbau der Kathedrale St-Aubain empor. Die Kirchenhalle wird u. a. von Figuren von Laurant Delvaux aus der Abtei Floreffe geschmückt.

Beim Hauptaltar ruht hinter einer Marmorplatte das Herz Don Juans von Österreich, Sohn von Kaiser Karl V. Der Sieger der Seeschlacht bei Lepanto gegen die Türken belagerte Namur im Jahr 1578 und verstarb plötzlich und unerwartet – mutmaßlich wurde er vergiftet.

Musée de Groesbeeck de Croix 9

3, rue Saintraint, Di–So 10–12.30, 13.15–17 Uhr, Führungen Erwachsene 3 €, ermäßigt 1,50 €

So wohnte der Adel – ein Highlight für alle, die sich an stilvoller Wohnkultur erfreuen! Elegantes, harmonisch abgestimmtes Interieur in dem im 18. Jh. im Stil Louis XV. errichteten Stadtpalast der Familie Groesbeeck.

Übernachten

Bezaubernd – **Les Tanneurs 1**: 13, rue des Tanneries, Tel. 081 24 00 24, www.tanneurs.com, DZ ab 55 €, Frühstück 10 €/Pers. Alte Gemäuer, Ziegelsteindecken und Steinbogengänge – das charmante Hotel in den restaurierten Gerberhäusern des 17. Jh. ist einfach bezaubernd. Komfortable, individuell eingerichtete Zimmer, einige sogar mit Wasserbett.

Frisch renoviert – **Beauregard 2**: 1, Av. Baron de Moreau, Tel. 081 23 00 28, www.hotelbeauregard.be, DZ ab ca. 85 €. Zu Füßen der Zitadelle und direkt an der Maas gelegen, bieten komfortable Zimmer eine schöne Aussicht auf den Fluss. Und für Unterhaltung ist auch gesorgt: Das Kasino liegt im gleichen Haus!

Standard, zentral – **Grand Hotel de Flandre 3**: 14, place de la Station, Tel. 081 23 18 68, www.hotelflandre.be. DZ 75–95 €, Frühstück 12 €/Person. Nicht

Namur

Sehenswert
1 Zitadelle
2 Château des Comtes
3 Espace Archéologique St-Pierre
4 Parfümerie Guy Delforge
5 Musée Archéologique
6 Musée Africain
7 Musée Provincial des Arts Anciens
8 Cathédrale St-Aubain
9 Musée de Groesbeeck

Übernachten
1 Les Tanneurs
2 Beauregard
3 Grand Hotel de Flandre
4 Jugendherberge Felicien Rops
5 Camping – Les Trieux

Essen & Trinken
1 Le Temps des Cérises
2 Le Panorama
3 Brasserie Henri
4 La Maison des Desserts

Aktiv & Kreativ
1 Bootsausflüge

Abends & Nachts
1 Kasino
2 Extérieur-Nuit
3 Le Piano Bar

gerade das, was man bei einem Grand Hotel erwarten würde, aber für den Preis okay. Gegenüber dem Bahnhof, weshalb die Zimmer nach vorn gegen Schall isoliert sind.

Jugendherberge – **Felicien Rops** 4: 8, av. Félicien Rops, Tel. 081 22 36 88, Fax 22 44 12, www.lesaubergesdejeunesse.be. Übernachtung mit Frühstück 16–33 €.

Camping – **Les Trieux** 5: 99, rue des Tris, in Malonne, Tel. 081 44 55 83. Stellplatz ca. 11–15 €. Ruhig und schön gelegen, 5 km von Namur.

Essen & Trinken

Kenner der belgischen Gourmet-Szene wissen es: Namur ist die Genießerhauptstadt der Wallonie. Spezialitäten sind die Baisers *Flawinne* und *Biértuné Picar* (Bonbons aus Schokolade, Butter und Haselnüssen).

Köstlich und gemütlich – **Le Temps des Cérises** 1: 22, rue des Brasseurs, Tel. 081 22 53 26, www.cerises.be. Di–Fr ab 12 und 18.30 Uhr, und Sa abends. Knallrotes Mobiliar, große Spiegel und zahlreiche Sprüche von Gästen zieren hier die Wände – in diesem Restaurant ist es urgemütlich! Die Inhaberin Dominique zaubert regionale Köstlichkeiten wie *Jambonneau fermier gratiné au Maçon* (19,50 €) auf den Tisch.

Tolle Aussicht – **Le Panorama** 2: 82, route Merveilleuse, Tel. 0474 11 77 95, ab Mitte Feb. tgl. ab 9 Uhr. Ideale Einkehrmöglichkeit bei einer Erkundung der Zitadelle, fantastische Aussicht auf das Maastal von der Terrasse. Pasta und Sandwiches, aber auch Speisen aus der französischen Küche, etwa *Cabillaud á la cumé de champignon*. Snacks ab ca. 9 €, Hauptgerichte ab ca. 13 €.

Klassisch und gut – **Brasserie Henry** 3: 3, place Saint Aubain, Tel. 081 22 02 04, www.brasseriehenry.net. Tgl. Grand Café mit klassischer Einrichtung – eine Namurer Institution. Hierher kommt man für ein kühles Bier und um einen Happen zu essen. Belgisch-französische Küche. *Plate du jour* 9 €.

Willkommen im Schlaraffenland – **La Maison des Desserts** 4: 17, rue Haute-Marcelle, Tel. 081 22 74 51, tgl. außer Mo, bis 19 Uhr. In diesem schönen Lokal, das wie ein Bistro eingerichtet ist, kann man sich kleine Gerichte wie Pfannkuchen, Quiches und Salate schmecken lassen. Absolut empfehlenswert ist auch die riesige Auswahl leckerer Desserts. Die Gerichte kosten 7–19 €.

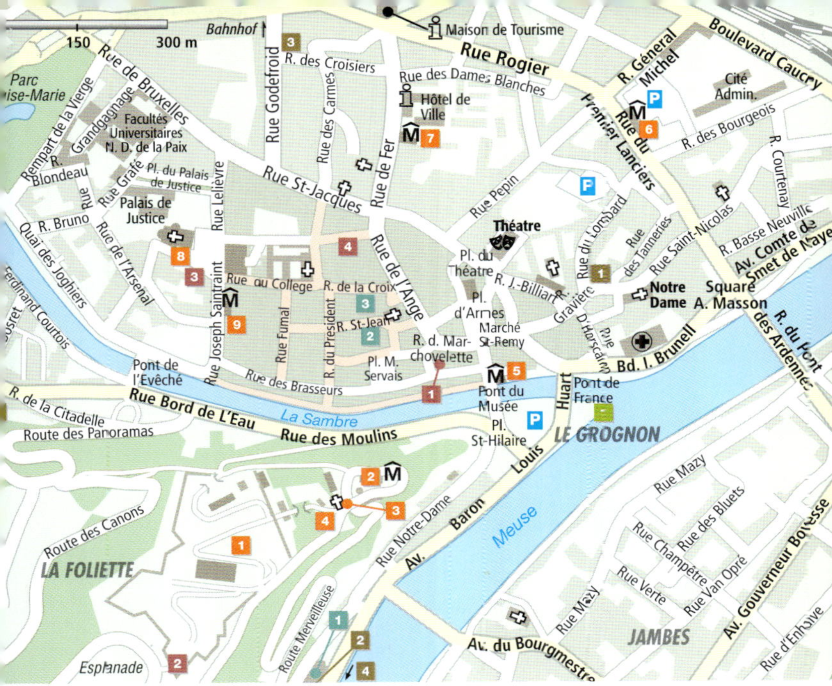

Aktiv & Kreativ

Mit dem Boot – **Ausflüge auf Maas und Sambre** 1: April–Mitte Okt. tgl., Abfahrt der Boote von Grognon (am Fuß der Zitadelle), Tel. 082 22 23 15, www.bateaux-meuse.be.

Abends & Nachts

Nichts geht mehr – **Kasino** 1: 1, av. Baron de Moreau, Tel. 0475 86 21 49, Spiele tgl. ab 15, Jackpots ab 10 Uhr.

Einfach »in« – **Extérieur-Nuit** 2: 6, place Chanoine-Descamps, wochentags bis 23, Wochenende bis 1 Uhr. Postmoderne Kneipe mit schöner Terrasse, im Sommer brechend voll.

Jazz – **Le Piano Bar** 3: 10, place du Marché-aux-Légumes. Fr und Sa abend Jazz – nicht nur auf dem Piano.

Infos & Termine

Maison du Tourisme: Square Léopold, Tel. 081 24 64 49, www.mtpn.be.
Office du Tourisme: Hôtel de Ville, Tel. 081 24 64 44, www.namurtourisme.be
September: Fêtes de Wallonie: folkloristisches Fest, u. a. der Kampf der *échasseurs* (historisch gekleidete Stelzenläufer).
Bahn: IC nach Brüssel, Charleroi, Liège, Luxembourg, Mons.

Dinant! ► G 15

Das zwischen der Maas und schroffen, von einer wuchtigen Zitadelle besetzten Felsen liegende Dinant (13 000 Einw.) zählt zu den beliebtesten Touristenzielen der Ardennen. Maas und Lesse, die in der Nähe in die

Maas eintritt, sind Tummelplätze für Bootsausflügler, Kanuten und Kajakfahrer.

Von ihrer strategischen Lage beeindruckt waren die Kriegsherren, die Stadt und Zitadelle immer wieder attackierten, belagerten und niederbrannten. Besonders grausam war Philipp der Gute, der 800 Einwohner im Fluss ertränkte. Im Jahr 1554 wurde die Stadt von den Franzosen gebrandschatzt, 1675 und 1692 unter Ludwig XIV. erneut eingenommen. Im Ersten Weltkrieg wurde sie von den Deutschen zerstört; 674 Einwohner fanden den Tod. 1940 und 1944 kam es zu Überfällen und Zerstörung durch deutsche Truppen. Es dauerte bis zum Jahr 2001, bis Deutschland ein offizielles Wort der Entschuldigung und die Bewohner von Dinant eines der Versöhnung fanden.

Bekannt ist Dinant für seine Dinanderien, kunstvoll von Hand getriebene Kupfer- und Messingwaren, mit denen sich die Bewohner bereits im Mittelalter ihr Einkommen sicherten. Von »dinanderie«, dem französischen Begriff für diese Kunst, entlehnt sich auch der Name der Stadt.

Collégiale Notre-Dame

Die von dem zwiebelförmigen Turm überragte ehemalige Stiftskirche ist ein schönes Beispiel maasländischer Gotik des 13. Jh. Messingpulte, Leuchter und Taufbecken im Innern der Kirche sind formvollendete Dinanderien.

Zitadelle

3–5, place Reine Astrid, www.citadelledinant.be, April–Sep. tgl. 10–18, Okt.–März tgl. außer Fr 10–16.30 (Seilbahn nur an WE und in Ferien), Jan. Sa, So und in Ferien 10–16.30 Uhr, Eintritt 7,50 €, ermäßigt 5,50 €

Mit der Kabinenseilbahn kommt man hinauf zur **Zitadelle**, in der sich ein Museum der Geschichte der Festung und der Stadt widmet. Auf den Felsen hatte schon Kaiser Julian im 4. Jh. ein Kastell erbauen lassen.

Mein Tipp

Hideaway der Luxusklasse ► G 15

Eindrucksvoll die Fernsicht, erstaunlich das Interieur der sorgfältig restaurierten Naturstein-Bauernhäuser, hoch oben über der Maas: Erlesene Antiquitäten, kostbare Möbel und die von Marie-Christine und Alain, den Gastgebern, selbst entworfenen Fayence-Kacheln mit verschiedenen Motiven in Bädern und Küchen geben den Räumen eine persönliche Note. Drinnen lädt der Wohnsalon mit großem Kamin, draußen die Terrasse, der Pool und der große Garten zum Entspannen ein. Country-Lodges mit fünf Schlafzimmern und vier bzw. fünf Bädern, Küche, Wohn- und Esszimmer für 12–14 Gäste. Wochenende je nach Saison 700–900 €; von Mo–Fr 800–1000 €, von Fr–So 900–1400 €. Gästezimmer: für zwei Personen 104 € (plus 13 €, für nur eine Nacht am Wochenende). **La Ferme de l'Airbois**: 55, Tricointe, Yvoir, Tel. 082 61 41 43, www.airbois.com.

Ein Denkmal für Aldolphe Sax, den Erfinder des Saxophons

Saxophone

Dinant ist der Geburtsort des Erfinders des Saxophons, **Adolphe Sax** (1814–94). Ihm hat man auf der rue Sax – Haus Nr. 31 ist sein Geburtshaus – mit einem riesigen, golden glänzenden Saxophon ein Denkmal gesetzt.

Grotte »La Merveilleuse«

142, route de Philippeville. April–Okt. tgl. 11–17, an WE und Fei im Juli–Aug. 10–18, Nov.–März an WE und in den Ferien 13–16 Uhr; geführter Besuch (Dauer 50 Min., frz., nl., engl.), Beginn zu jeder vollen Stunde, Eintritt 8 €, ermäßigt 5,50 €

Die ca. 500 m lange Tropfsteinhöhle in der Nähe von Dinant gehört aufgrund ihres feinen, weißen Tropfsteins, ihrer »Wasserfälle« und ihrer vielen anderen Felsformationen zu den schönsten Grotten, die man in Belgien besuchen kann.

Übernachten

An der Maas – **Ibis Dinant:** Rempart d'albeau 16, Tel. 082 21 15 00, www.ibishotel.com. DZ ab 65 €, Frühstück 13,50 €/Pers. Am Maas-Ufer, nicht weit vom Zentrum. 59 klimatisierte Zimmer,

Bar mit Snacks und kleinen Gerichten, Wifi-Zugang.
Vier-Sterne-Hotel – **Jardins de la Molignée:** 1, route de la Molignée, in Anhée (ca. 8 km nördl. von Dinant), Tel. 082 61 33 75, www.jardins.molignee.com. DZ ab 100 €. Komfort in einer alten Schmiede aus dem 17. Jh., einschließlich Lift, Bar und Sauna, Restaurant und Brasserie, in der man das selbstgebraute »Moli'bière« probieren kann.
Camping – **Villatoile:** In Anseremme, Ferme de Pont-à-Lesse, Tel. 082 22 22 85, www.villatoile.be, April–15. Okt. Der Platz liegt 4 km von Dinant entfernt am Ufer der Lesse, Restaurant, Snackbar. Stellplatz ca. 18 €.

Essen & Trinken

Speisen am Fluss – **Le Jardin de Fiorine:** 3, rue G. Couset, Tel. 082 22 74 74, www.jardindefiorine.be, tgl. außer Mi, So abends. Die behagliche, in warmen Farben gehaltene Einrichtung kommt gut an und auch der herrliche Garten direkt an der Maas. Ausgezeichnete französische Küche und Weinkarte. Menü ab 30 €, à la carte ab 23 €.
Mit Aussicht – **La Citadelle:** 3, place Reine Astrid, Tel. 082 22 36 70, tgl. außer Mo. Mit Aussicht auf den Platz und die Kirche Notre-Dame sitzt man hier gemütlich auf der Terrasse, bei einem Leffe-Bier der ortsansässigen Brauerei oder bei handfesten Speisen. À la carte ab 13 €.
Ausgezeichnet – **La Broche:** Rue Grande 22, Tel. 082 22 82 81, www.labroche.be. Di und Mi mittags geschl. Klassisch-modern eingerichtet, mit alten Photos an den Wänden. Französische Cuisine mit orientalischem Einschlag, faire Preise. Lecker: Pappadum mit gegrillten Scampis und Vinegrette mit Madras-Curry. Lunch 19,50 €.

Aktiv & Kreativ

Bootsausflüge – **Compagnie des Bateaux Touristes de la Meuse:** 64, rue Daoust, Dinant, Tel. 082 22 23 15, www.bateaux-meuse.be, Abfahrt von Kaai 5, Dauer 45 Min. bis 3 Std.
Fahrt mit der Draisine – Tel. 082 69 90 79, ganzjährig; ab Falaen (82, rue de la Gare): tgl. zwischen 11–11.30, 13–13.30, 15–15.30, 17–17.30 Uhr; ab Warnant (116, rue de la Molignee, Anhee): tgl. außer Mo zwischen 10–10.30, 12–12.30, 14–14.30, 16–16.30 Uhr. Fahrspaß für die ganze Familie: eine oder zwei Stunden mit der Draisine für bis zu vier Leute durch das Tal der Molignée (► F 15).

Abends & Nachts

Ihr Einsatz bitte – **Kasino:** 6, bd. des Souverains, Tel. 082 69 84 84, tgl. 15–4 Uhr.

Infos

Maison du Tourisme: 8, av. Cadoux, Tel. 082 22 28 70, www.dinant-tourisme.be.
Bahn: IC nach Namur, Brüssel.

Chimay ► E 16

Im »Botte du Hainaut«, dem stiefelförmigen Südwestzipfel des Hennegau, liegt das Städtchen Chimay (10 000 Einw.), bekannt für das kräftige Trappistenbier und die alljährlichen (Juni–Juli) Musikfestspiele im Schloss.

Château des Princes de Chimay & Parc du Château

14, rue du Château, Führungen Ostern–Allerheiligen tgl. 10, 11, 15, 16 Uhr, Eintritt in den Park frei, Führung 6–7 €

Nicht weit von der pittoresken kleinen **Grand-Place** liegt oberhalb des Flüsschens Eau Blanche das Schloss von Chimay aus dem 14. Jh. Hier verbrachte Thérèse Tallien (1773–1835) ihre letzten Jahre. Die Frau des Prokonsuls der französischen Republik, Jean-Lambert Tallien, drängte diesen dazu, gemeinsam mit anderen den Tyrannen Robespierre zu Fall zu bringen, was auch gelang. In der Kapelle wurde einst das berühmte Turiner Grabtuch aufbewahrt, bis der Bischof von Lüttich Zweifel an dessen Echtheit bekam und es an das Haus von Savoyen verkaufte. Das Tuch wird heute in der Kathedrale von Turin, dem Duomo di San Giovanni, aufbewahrt und gehört dem Heiligen Stuhl. Einzigartig ist das 1863 im Schloss erbaute Theater, in dem schon internationale Legenden wie Mstislaw Rostropovitch und Yehudi Menuhin Konzerte gaben.

St-Pierre-et-Paul

Die **Stiftskirche** (13. Jh.) an der Grand-Place birgt die Gräber des Charles de Croy, Kammerherr Karls V., von Madame Tallien und Jean Froissart.

Étang de Virelles und Barrages de l'Eau d'Heure

Nur 3 km nördlich von Chimay bietet der in einem Naturschutzgebiet liegende See Erholung. Etwas weiter nördlich erreicht man die Barrages de l'Eau d'Heure. Belgiens größtes Stauseengebiet ist ein Eldorado für Wassersportler. Auf dem 790 m langen Staudamm Barrage de la Plate-Taille bietet ein 107 m hoher Aussichtsturm eine herrliche Fernsicht und ist deshalb ein beliebtes Ziel für Wanderer.

Übernachten

Ländlich – **Hostellerie du Gahy:** 2, rue du Gahy, in Momignies, Tel. 060 51 10 93. DZ ab 100 €. Dieser schöne Landgasthof in einem ehemaligen, 300 Jahre alten Bauernhaus, 4 km von Chimay entfernt bietet seinen Gästen sechs gemütliche Zimmern. Ausgezeichnetes Restaurant. Köstlich: *Foie gras poêlé à la rhubarbe*, 18 €.

Charmant – **Chambres d'hôte Le Petit Chapitre:** 5, place du Chapitre, Tel. 060 21 10 42. DZ 85–100 €. Unbedingt reservieren! Übernachten im »Opéra«, »Bleue«, »Coton« oder »Oiseaux« – alle vier Zimmer haben ihren eigenen Namen, ihren eigenen Charme und sind individuell mit antiken Möbeln im Louis-XVI-Stil und Antiquitäten ausgestattet.

Camping – **Communal:** 1, allée des Princes, Tel. 060 51 12 57, April–Okt. Standplatz ca. 15 €.

Essen & Trinken

Zu den Spezialitäten in Chimay und im Botte du Hainaut zählen Trappistenbier und Käse aus der Abtei Chimay sowie das Pökelfleisch *Bernardins* und die Aperitifs *Pinet de Chimay* und *La Principauté*.

Gut tafeln – **Chez Edgard & Madeleine:** Rue du lac 35, Tel. 060 21 10 71, Mo und So abends geschl. Der Saal rundum holzgetäfelt und zeitgenössisch modern eingerichtet, die Küche mit französischer und lokaler Kochkunst. Zergeht auf der Zunge: Mélange von Kalbsbries und Nierchen in Chimaybier (20 €).

Infos

Maison du Tourisme de la Botte du Hainaut: 6, rue de Noailles, Tel. 060 21 98 84, www.bottedhainaut.eu.

Bahn: nächster Bahnhof in Couvin.

Bus: Verbindung von Couvin bis nach Chimay.

Sprachführer

In der niederländischen Schriftsprache stößt man manchmal auf ein Trema wie z. B. in Indië oder drieëntwintig, d. h. beide Vokale müssen einzeln gesprochen werden.

Aussprachehilfen

NL	Deutsch	NL	Deutsch
ei z. B. in plein	wie äi in Lady, aber kurz	ui z. B. in uit	etwa öi
eu z. B. in deur	wie ö in dösen	ij z. B. in lijn	wie ei
oe z. B in boek	wie u	g z. B. in tegel	etwa wie ch in fluchen
ou z. B. in oud	wie au	sch z. B. in schaap	s + ch getrennt sprechen
u z. B in nul	wie ü		

Deutsch	Französisch	Niederländisch
Allgemeines		
Guten Morgen	Bonjour!	Goedemorgen!
Guten Tag	Bonjour!	Dag! Goedendag!
Guten Abend	Bonsoir!	Goedenavond!
Auf Wiedersehen	Au revoir!	tot ziens
Entschuldigung	pardon	pardon
Hallo/Grüß dich	Salut	Hallo, Dag
bitte	s'il vous plaît	alstublieft
Vielen Dank	merci beaucoup	dank u wel/bedankt
ja/nein	oui/non	ja/nee
Wann?	Quand?	Wanneer?
Unterwegs		
Haltestelle	arrêt	bushalte/tramhalte
Bus	bus/car	bus
Auto	voiture	wagen
Ausfahrt/Ausgang	sortie	uitrit
Tankstelle	station-service	tankstation
Benzin	essence	benzine
rechts	à droite	rechts
links	à gauche	links
geradeaus	tout droit	rechtdoor/rechtuit
Telefon	téléphone	telefoon
Postamt	poste	postkantoor
Bahnhof	gare	station
Flughafen	aéroport	luchthaven
Stadtplan	plan de ville	plattegrond
Eingang	entrée	ingang
geöffnet	ouvert	open
geschlossen	fermé	gesloten

Rathaus	hôtel de ville	stadhuis
Straße	rue	straat

Notfall

Hilfe!	Au secours!	Hulp!
Polizei	police	Politie
Arzt	médecin	dokter
Apotheke	pharmacie	apotheek
Krankenhaus	hôpital	ziekenhuis/hospitaal
Panne	panne	pech
Schmerzen	douleur	pijn
Zahnschmerzen	mal aux dents	tandpijn/kiespijn
Durchfall	diarrhée	diarree
Fieber	fièvre	koorts
Halsschmerzen	mal à la gorge	keelpijn
Insektenstich	piqûre d'insecte	insectensteek

Übernachten

Hotel	hôtel	hotel
Pension	pension	pension
Einzelzimmer	chambre individuelle	eenpersoonskamer
Doppelzimmer	chambre double	tweepersoonskamer
Dusche	douche	douche
mit Frühstück	avec petit-déjeuner	met ontbijt
Halbpension	demi-pension	halfpension
Gepäck	bagages	bagage
Rechnung	addition	rekening
Preis	prix	prijs

Nützliche Sätze

Sprechen Sie Deutsch/Englisch?	Parlez-vous allemand/anglais?	Spreekt u Duits/Engels?
Ich verstehe nicht.	Je ne comprends pas.	Ik verstehe niet.
Wie heißen Sie?	vous appellez-vous?	Hoe heet u?
Wo ist bitte ...?	Pardon, où est ...?	Waar is ...?
Könnten Sie mir bitte helfen?	Pourriez-vous m'aider, s. v. p.?	Kunt u mij alstubliefst helpen?
Ich habe hier Schmerzen.	J'ai mal ici.	Ik heb hier pijn.
Haben Sie ein freies Zimmer?	Avez-vous une chambre libre?	Heeft u een kamer vrij?
Wie viel kostet das?	Ça coûte combien?	Hoeveel kost dat?
Ich brauche ...	J'ai besoin de ...	Ik heb ... nodig.
Wann öffnet/schließt ...?	Quand ouvre/ferme ...?	Wanneer opent/het sluiten?
Haben Sie ...?	Est-ce que vous avez ..?	Heeft u ...?
Gibt es hier ein gutes Restaurant?	Il y a ici un bon restaurant?	Waar is hier en goed ..
Prost! Auf ihr Wohl!	Santé! A la vôtre!	Proost! Op uw gezondheid!
Die Rechnung, bitte.	L'addition s'il vous plaît!	De rekening, alstublieft.

Französisch	Niederländisch	Deutsch
Zubereitung/Spezialitäten		
rôti, -ie	gebraden	gebraten
cuit, -e	gekookt	gekocht
braisé, -ée	gestoofd	geschmort
frit, -e	gefrituurd	frittiert
grillé, ée	gegrild	gegrillt
du four	uit het bakoven	aus dem Backofen
chaud, -e	warm	warm
froid, -e	koud	kalt
âcre, piquant, -e	scherp/pikant	scharf
Fisch und Meeresfrüchte		
aiglefin	schelvis	Schellfisch
anguille en vert	paling in 't groen	Aal in grüner Kräutersoße
brochet	snoek	Hecht
cabillaud	kabeljauw	Kabeljau
carpe	karper	Karpfen
crevettes	garnalen	Krabben, Garnelen
hareng	haring	Hering
homard	zeekreeft	Hummer
huîtres	oesters	Austern
maquereau	makreel	Makrele
plie	schol	Scholle
moules	mosselen	Muscheln
saumon	zalm	Lachs
sole	zeetong	Seezunge
truite	forel	Forelle
Fleisch		
agneau	lam/lamsvlees	Lamm
bifteck	biefstuk	Beefsteak
bœuf	rund/rundvlees	Rind
côtelette	kotelet/karbonade	Kotelett
hachée	gehak	Gehacktes
jambon	ham	Schinken
porc	varken/varkensvlees	Schwein
rognons	nieren	Nieren
saucisson	worst	Wurst
veau	kalf/kalfsvlees	Kalb
Geflügel und Wild		
canard	eend	Ente
dindon	kalkoen	Puter, Truthahn

foie	lever	Leber
lapin	konijn	Kaninchen
oie	gans	Gans
poule	kip	Huhn
poulet	kip/haantje	Hähnchen

Gemüse

asperge	asperges	Spargel
chicorée	witlof/Brussels lof	Chicorée
choucroute	zuurkool	Sauerkraut
chou de Bruxelles	spruitjes	Rosenkohl
chou-fleur	bloemkool	Blumenkohl
chou vert	boerenkool	Grünkohl
haricots verts	sperziebonen	grüne Bohnen
haricots blanc	witte bonen	weiße Bohnen
petits pois	erwten	Erbsen
poireau	look/prei	Lauch

Beilagen

nouilles, pâtes	noedels/macaroni	Nudeln
pomme de terre	patat, aardappelen	Kartoffel
purée de pommes de terre	aardappelpuree	Kartoffelpüree
salade de concombre	komkommersalade	Gurkensalat
salade varié	gemengde sla	Gemischter Salat
riz	rijst	Reis

Nachspeisen und Gebäck

crêpes	flensjes	Crêpes
fraises	aardbeien	Erdbeeren
gaufre	wafel	Waffel
glace	ijs	Eiscreme
salade de fruits	vruchtensalade	Obstsalat

Getränke

bière	bier, pilsje	Bier, Pils
cacao	cacao/chocolademelk	Kakao
café (au lait)	koffie (met melk)	Kaffee (mit Milch)
crème	room	Sahne
décaféiné	koffie zonder cafeïne	koffeinfreier Kaffee
eau	water	Wasser
eau minérale	mineraalwater	Mineralwasser
jus d'orange	sinaasappelsap	Orangensaft
jus de pomme	appelsap	Apfelsaft
thé	thee	Tee
vin (blanc, rouge)	wijn (witte, rode)	Wein (weiß, rot)

Danksagung

Dank sagen möchte ich den Mitarbeiterinnen und Mitarbeitern von Belgien Tourismus Wallonie-Brüssel, insbesondere Frau Vanessa Gromer und Frau Anne Weger, sowie Sandra Anders von Tourismus Flandern-Brüssel, für ihre große Hilfsbereitschaft und Unterstützung bei der Beschaffung von Informationen.

Abbildungsnachweis
akg-Images, Berlin: S. 59 (electa); 62 (Hilbich); 50, 60/61 (Lessing)
Bildagentur Huber, Garmisch-Partenkirchen: S. 10 u. li., 142/143 (Damm); 74/75, 210 li., 216 (Gräfenhain)
dpa picture-alliance, Frankfurt a. M.: S. 153 (akg-Images); 224/225 (Fara); 272/273 (Fishman); (Huber/Gräfenhain); 254/255, 261 (Jüttner); 46 (Lalmand); 79, 223 (Le Four); 210 re., 116 (Ostende)
Flandern Tourismus: S. 200 (Clement); 11 li., 186/187 (De Kievith); 185 (Kouprianoff); 190 (Diamantmuseum); 199 (DTV Mechelen); 207 (Toerisme Limburg); 44, 179 li., 196, 204 (Weichselbaum)
Fondation Folon: S. 106
Getty Images, München: S. 49 (Renders)
Udo Haafke, Ratingen: S. 11 u. re., 137, 258/259
Jahreszeiten Verlag/Jan-Peter Westermann: Titelbild
laif, Köln: S. 12/13 (Boening); 230 re., 249, 253 (Bungert); 25, 68, 178 re., 195 (Gonzalez); 109 li., 132 (Hahn); 76 re., 98/99 (Hemis/Colin); 178 li., 188 (Hollandse Hoogte); 146 (Kreuels); 9, Umschlagrückseite (Kouprianoff); 66/67 (Le Figaro); 73 (Reporters); Umschlagklappe vorn (Stand)
Look, München: S. 134 li., 135 li., 156/157, 163 (age fotostock), 233 (TerraVista)
Mauritius Images, Mittenwald: S. 111 (Nägele)
Petra Sparrer, Köln: S. 19, 22, 39, 52, 64, 69, 70, 76 li., 77 li., 82, 83, 91
Stockfood, München: S. 134 re., 166
Reinhard Tiburzy, Aachen: S. 8, 10 o. li. und re., 10 u. re.,11 o. li., o. re., 30, 34/35, 42, 55, 77 o. re., 88/89, 94/95, 100, 104, 106, 108 o.li., o. re., 113/114, 124, 128/129, 131, 148, 160/161, 172, 176, 181, 211 li., 213, 228, 230 li., 231 li., 236, 242/243, 250, 264, 269, 277

Kartografie
DuMont Reisekartografie, Fürstenfeldbruck

Umschlagfotos
Titelbild: Handwerkerbrunnen am Grote Markt in Antwerpen
Umschlagklappe vorn: Schloss von Durbuy

Hinweis: Autor und Verlag haben alle Informationen mit größtmöglicher Sorgfalt geprüft. Gleichwohl sind Fehler nicht vollständig auszuschließen. Alle Angaben erfolgen ohne Gewähr. Bitte schreiben Sie uns! Über Ihre Rückmeldung und Verbesserungsvorschläge zu diesem Buch freuen sich Autor und Verlag:
DuMont Reiseverlag, Postfach 3151, 73751 Ostfildern,
info@dumontreise.de, www.dumontreise.de

3., aktualisierte Auflage 2012

Redaktion/Lektorat: Petra Sparrer, Susanne Völler
Grafisches Konzept: Groschwitz/Blachnierek, Hamburg
Printed in China

FSC www.fsc.org MIX Paper from responsible sources FSC® C002957